厦 门 大 学 研 究 生 教 材 资

# EXPERIMENTAL ADVERTISING:
## A HANDS-ON GUIDE

# 实 验 广 告 学
## —— 操 作 指 南

王 霏 著

厦门大学出版社 国家一级出版社
XIAMEN UNIVERSITY PRESS 全国百佳图书出版单位

图书在版编目（ＣＩＰ）数据

实验广告学：操作指南 / 王霏著. -- 厦门：厦门
大学出版社，2022.7
ISBN 978-7-5615-8671-6

Ⅰ．①实… Ⅱ．①王… Ⅲ．①广告学－研究 Ⅳ.
①F713.80

中国版本图书馆CIP数据核字(2022)第121629号

| | |
|---|---|
| 出 版 人 | 郑文礼 |
| 责任编辑 | 刘　璐 |
| 封面制作 | 蔡炜荣 |
| 技术编辑 | 朱　楷 |

出版发行　厦门大学出版社

| | |
|---|---|
| 社　　址 | 厦门市软件园二期望海路 39 号 |
| 邮政编码 | 361008 |
| 总　　机 | 0592-2181111　0592-2181406(传真) |
| 营销中心 | 0592-2184458　0592-2181365 |
| 网　　址 | http://www.xmupress.com |
| 邮　　箱 | xmup@xmupress.com |
| 印　　刷 | 厦门集大印刷有限公司 |

| | |
|---|---|
| 开本 | 720 mm×1 020 mm　1/16 |
| 印张 | 28.25 |
| 字数 | 503 千字 |
| 版次 | 2022 年 7 月第 1 版 |
| 印次 | 2022 年 7 月第 1 次印刷 |
| 定价 | 99.00 元 |

厦门大学出版社
微信二维码

厦门大学出版社
微博二维码

# 前　言

　　这是一本为有志于使用实验法研究新闻传播学现象的初学者写的书。

　　一年级研究生,入学即意味着加入研究者行列,成为一名准研究人员。作为研究新手,需要接受各类方法学训练。对于那些从未使用过实验法,但又希望通过实验解决特定新闻传播学现象问题的初学者,或者那些已经开展实验设计,但对某些技术细节不甚清楚的研究者,本书或许可以提供一点帮助,至少一点线索。

　　研究,离不开研究方法的运用。只有扎实地掌握研究方法,才能为以后的研究铺平道路。通常认为,研究问题决定了研究方法,但反过来,掌握的研究方法也决定了研究者所能发现和解决的研究问题。研究方法作为一种思维透镜,可以帮助研究者发现特定的研究问题,只有深谙某种研究方法,才能提出某类问题。同样,只有深谙某种研究方法,也才能解决这类问题。然而,当前的新闻传播学教育与研究中,实验法似乎仍然处于研究方法的末端,鲜有人使用。信息革命代替以往的工业革命,研究信息传播问题或许同研究资源分配问题一样重要。相信新闻传播学未来发展,可能也会像现在经济学那样蓬勃多元,需要发展自己的原生理论。对于构建或发展抽象理论、发现事物之间相关乃至因果关系这类问题,定量研究方法特别是实验法当仁不让,值得研究者花费时间和精力去掌握。定量研究方法的初学者,往往被量表调查法中眼花缭乱的多个变量、模型以及复杂的统计手段所阻吓,看到实验法仅有少数几个变量,而且统计方法似乎只用方差分析就够了,菜单操作,简单易懂上手快,于是认为实验法最容易掌握。实际上,这只是迷惑人的假象而已。真正着手学习实验法,就会发现要掌握实验法,其过程困难重重。

　　那么,怎样才能有效率地学习实验法?估计所有的建议起点都是首先学习实验法相关的基础理论,对实验法有一个宏观的全局性认识。关于广告学乃至新闻传播学中一般实验设计的基础理论,在"实验广告学"三部曲的第一本书《实验广告学》中,已经详细讲述过了。然而,仅仅学习理论知识并不能使人自动学会如何做一项实验研究。即使拥有完备的实验设计相关理论知识，对于没有做过实验研究的初学者来说，面对即将开展的实验，可能仍然是茫然无措的。当然，模仿实验研究的个中高手，或许是一条不错的路径。因为实证研究类的论文，都要求研究方法部分阐述要具体详细，清晰到可以被其他研究者重复出来的程度。那么，阅读发表在优秀期刊上的文章，不正是学习高手如何做实验研究的正道吗？然而，正如鲁迅先生在《故事新编·出关》中所说的那样，"迹是鞋子踏成的，但迹难道就是鞋子吗？"文章被写出来，是经过修饰之后的作品，作品背后如何设框架、如何补细节则全无交代。对于经验丰富的研究者，自然懂得背后的玄机，不但可以完全复刻他人的研究过程，甚至还可以设计出更加高妙的手段来。然而，对于初学者，往往读实验报告时觉得处处清楚明白，真正上手做实验，不但前面的实验设计错漏百出，中间的实验实施左支右绌，而且在后面的数据分析中，面对各种复杂的统计手段要求无计可施。同样是初学者，使用量表调查法做研究，如果模仿优秀期刊上的研究，选用成熟量表，所做出的结果可能没有创新，但不失为一个规范的研究，可以作为未来研究进阶的基础。而使用实验法，即使模仿前人研究，所做的研究也可能因为操控不良、测量不当、程序失范，实验结果根本无效。实验设计、实施乃至数据处理的每一个步骤都可能造成实验效度降低。

如何做实验，本质上是一种程序性的知识，用文字表达出来总嫌不够清晰。学习实验法最简单、最直接的方法或许是由实验研究经验丰富者手把手来教，而初学者边做边学（learning by doing）。初学者跟着经验丰富的研究者，如学徒制的方式，一路从实验设计到数据处理，从头至尾地经历完整的实验研究历程，获得鲜活的一手实践经验。然而，由于现实中的种种原因，初学者可能没有这样的机缘。在需求与现实的缝隙里，退而求其次，用文字详细讲述如何做实验也算差强人意。希望本书能做一点有益的填充，即使如萤虫之火，能够给黑暗中摸索的初学者一点线索，也就够了。

本书的根本任务是通过详细阐述几项典型实验设计的完整过程，帮助初学者了解实验设计的基本流程、规则、细节，当然最终目的是能够掌握基本的实验设计理念、出发点、目标以及具体操作。为了实现这样的目标，选择真实验设计、析因设计以及重复测量设计中典型的实验设计作为样例，用大致七章的内容来详细解读。各章节内容如下：

第一章，主要是实验研究之外的一些基本准备，包括心态和资源的准备，文献检索与管理以及研究对象的确定。当然，这些基本准备不只实验研究所独有,是做研究都需具备的。

　　第二、三章,单因素被试间实验设计。单因素被试间实验设计,单纯从设计角度来看,是最简单的一种实验设计。依托这样的设计类型,第二章详细讲述了各类变量操作化、实施前的各种准备工作以及数据的输入与整理,这些内容是实验研究的基础,在所有设计中都存在,没有本质区别,在后续章节中将不再详细解说。第三章则讲述了各类基本的数据分析方法,包括 $t$ 检验、方差分析、协方差分析以及因变量是计数数据的卡方分析与解读。

　　第四章,两因素被试间实验设计。本章重点讲述了典型的两因素被试间实验设计以及包含连续变量的实验设计,还讲述了多分类变量转化为虚拟变量的操作、受调节的中介分析(条件过程模型)等。这类设计的特点和数据处理手段,也可以迁移到三因素的情况。

　　第五章,三因素被试间实验设计。三因素基本上是实验设计中所能处理的最高形式,多于三个因素的设计,由于可能包含难以理解和解读的高阶交互效应,因此在现实研究中几乎不存在。在实验设计方面,三因素被试间实验设计与两因素被试间实验设计没有本质差异。但在结果分析上要复杂得多。除了常规的方差分析,本章的重点在于简单交互效应、二级简单效应以及几个更加复杂的条件过程模型解读。

　　第六章,被试内实验设计。完全被试内实验设计,最复杂之处在于多个实验处理的顺序安排。在本书中,由于自变量类型的设定,该类实验设计显得非常笨拙,而且内部效度失灵的风险很高。实际上,如果自变量设置得当,这样的设计类型应该非常适合广告学的研究。因为广告刺激中,往往包含刺激特点或环境特点自变量,这些自变量的操作化比较简单,且反映同一个因素的操作化实例同质性好,适合使用被试内设计。此外,被试对这些因素的认识个体差异又很大,最好使用被试内实验设计。被试内实验设计的数据统计原理与方法不同于之前的被试间实验设计,需要读者细心体会。

　　第七章,混合实验设计。混合实验设计兼具了被试间设计和被试内设计的特点。在本章中,重点对混合设计不同类型的简单交互效应以及二级简单效应的语法和结果进行详细解读。同样道理,混合实验设计对于广告学的研究应该比较适合,其关键还是自变量的设置。

　　总之,本书涉及的实验设计类型主要包括真实验设计、析因设计和混合设计,涉及的具体内容主要包括变量操作化、实验程序设计、样本量确定以及实验数据的各类统计方法。因而,初学者展开学习之前,最好已经具备几款软件,如文献管理软件 Mendeley、样本量计算软件 G＊power、数据统计软件 SPSS 和中介及调节分析宏命令 PROCESS(可以插入 SPSS 中,具体参见软件安装指导)。

当然,本书写作有着双重避重就轻之嫌。第一层,关于实验设计类型。与第一本《实验广告学》中理论阐述相对照,就会发现所罗门四组实验设计、区组设计、拉丁方设计等在本书中完全没有涉及,这些尚且可用在实际研究中较少见到做借口。更关键的是,我逐渐意识到广告学乃至新闻传播学存在大量的长期效果或社会层面的影响亟待研究,现实中也累积了大量的相关数据,对于这些效果和数据,交叉滞后分析(cross-lagged panel analysis)和中断时间序列设计(interrupted time series design)或许是更有效的研究手段,而这两类方法同样没有涉及。或许等待时机成熟,有待来者进一步引进吧。第二层,关于实验设计的重点。即使本书只专注于真实验设计、析因设计和重复测量设计等少数几种类型,从较高层次上阐述实验设计理念、出发点、目标等才是实验设计的重点,相应地,自变量的操纵技巧、干扰变量的精心控制、因变量的创造性测量、实验程序的巧妙安排等最能体现实验设计的理念与精髓。然而,随着写作的展开,本书重点逐渐从实验设计的变量操作化,转移到了数据分析手段和结果解读上。一方面,没能把实验设计的理念等高层次的"道"讲清楚,的确是本人力所不逮;另一方面,把数据分析手段等低层次的"术"作为重点之一详细讲述却是有意为之。原则上,统计方法应该在统计学课程中讲述,然而,统计课程可能只讲述各类分析方法的原理和基本步骤,而对于初学者来说,困难之处在于如何使用这些方法解决具体问题,尤其是对结果的解读,即如何将出现显著的统计结果与具体的研究问题对应起来。另外,对于一些比较复杂的高级统计手段,例如简单交互效应、简单效应和二级简单效应的分析手段、条件过程模型的结果解读等,是一般教科书没有详细介绍的。希望这些看起来细碎的统计方法及结果解读能够帮助正在写学位论文的研究生。

这本书可能对"如何做"讲了很多,但对于基本的概念术语并没有详细列出。这样做的基本假定是,即便读者是实验法的初学者,但已经对一些基础知识,特别是一般实验设计术语、测量学和统计学的基础知识,如被试、随机分配、被试间设计、被试内设计、混合设计,以及变异、样本、调节与中介分析等有了基本了解。当然,在读本书的时候,除了学习如何做实验设计,如何使用特定的数据处理方法之外,最好不要忘记结合理论,找一些合适的实验设计以及心理统计学之类的著作,对背后的理论进行扩展学习。另外,读者可以按照书中的操作,自己制作实验材料以及测量手段,就近取材,以身边的人为被试,收集一点数据,然后再按照书中的方法进行数据分析。当然,本书为每个实验设计虚拟了一组数据,读者可以跟随书中的步骤,亲自练习,与书中的结果相对照。更好的方式是读者自己改变实验设计、改变变量的操作化、改变实验程序,乃至改变虚拟数据,把改变后的结果与原来的方法、程序和结果相对照,相信对实验设计的理解会更深刻,正如心理学家勒温(Kurt Lewin,传播学中提出 gatekeeper 的卢因)所说的那样,"If you want truly to understand something, try to change it"。

还需要说明的有以下几点。首先,关于研究背景介绍。本书在讲述具体的实验设计前,都要在背景介绍里涉及一些所谓的理论推导——主要是关于构念水平(construal level)理论的内容——如果读者不甚明白,自然是作者写作不精,读者不要自我怀疑。而且,即使读不懂这些具体的理论推导也没关系,读者只需要在自己关注的研究领域中能够熟练进行理论推导即可。本书试图解决的问题是如何做实验以及处理相关数据,读者如果能从中获益,把书中学到的方法应用于自己的研究主题上则是善莫大焉。其次,关于同一研究主题。在本书的写作过程中,之所以有意识地使用同一个研究主题,同一个案例贯穿所有实验设计的始终,是因为期望以此避免读者花不必要的时间精力去了解自己不感兴趣的研究主题,而专注于实验设计本身。当然,本书所使用的案例未必是最优的,有些自变量的选择显得很笨拙,尤其是在重复测量部分的设计,也许换作其他的刺激特点自变量会更好;因变量的测量则更显得单薄,缺乏层次,如果能使用多种测量手段,反映从认知、情感(态度)、行为乃至生理生化变化会更好。最后,关于变量的角色。直到写作完毕,对各个章节进行修订时,我才意识到,多因素实验设计中使用的调节变量"空间距离"是单因素设计中的因变量,在单因素设计中作为控制变量的"广告吸引力"则成了后面多因素设计中的因变量。在同一本书中,"瞻之在前,忽焉在后"的安排,可能对初学者造成困惑——为什么一个变量既可以是自变量(控制变量、调节变量),又可以是因变量?实际上这样的安排本身并没有什么问题,因为在现实中,每一个实验设计可能对应的是一个独立的研究,彼此间没有直接关系。某个概念的角色也并非一成不变,在这个实验中做自变量,在另外一个实验中则有可能做控制变量。初学者仔细体会,如果能明白这一层,也会对实验设计大有帮助。

最后,还是要感谢一些人。虽然是循例,但的确是衷心的。

出版第一本《实验广告学》时，我还郑重其事地请我的导师李纾研究员和我尊重的师长黄合水教授写了序言。现在这样一本满脸油汗笨功夫的操作手册，不值得再劳烦二位，但仍深深感谢两位师长的教导。

感谢厦门大学的白海青老师，是他提醒我，应该写出一本让初学者一看就能读懂，而且能够立刻上手去做的实验法教材。白老师还是我在新闻传播学院的好朋友，能在工作场所交到朋友，真令人倍感幸运和感激。

感谢厦门大学管理学院的陈瑞老师。在我最初遇到中介分析方面困难时，陈瑞老师及时帮我解决了困惑。

感谢中国科学院心理研究所的陈毅文老师。在我读硕士研究生的时候，陈老师教统计方法，可惜我当时学得一塌糊涂（当然，现在也不太灵）。好在他把课件慷慨地留给了我们，使我至少能应付各类简单效应分析。

感谢中国科学院心理研究所的郑蕊老师。每当我对统计方法存在困惑的时候，总会从她那里得到专业的解答。

感谢中国科学院心理研究所的包寒吴霜博士以及华南师范大学的邱宗满先生。虽然与他们并没有见过面，但我对简单效应分析和条件过程模型的基本理解就来自他们在网络上的无私奉献。当然，还要感谢许多有趣的公众号，例如"荷兰心理统计联盟"，在这些公众号里，我学到了很多知识。

感谢我的研究生许雯莹、赵美玲、刘中静、倪郑颖、何文杏和王宇晗，她们是这本书部分章节的第一批读者，另外，顺便帮我检查是否有错别字及语病等问题。

感谢本书的责任编辑刘璐老师，封面设计蔡炜荣老师，这是我第二本经他们之手的书了。

还要感谢厦门大学研究生院发起的"厦门大学研究生教材资助项目"，为本书出版费用提供了全部支持。

当然，从来不会忘记的是我的家人、朋友，虽然未必对这本书有什么具体直接的促进，但他们一直是给我力量的人。

# 目　录

# 第一章　绪论

　　研究,从来不仅仅是开始动手做那一刻及以后的种种事情,在真正上手去做一项实验之前,研究的历程就已经开始了。

　　对于初学者来说,着手做自己的第一项研究之前,总是茫然无措,不知从何做起。因此,在第一次实验研究真正开展之前,清楚地了解实验设计和操作之外的事情对于初学者是大有裨益的。然而,许多教科书默认研究者已经完全清楚这些事情,做好了心理和各方面资源的准备,往往跳过这些内容,直接进入实验设计部分。本章选择直面这些问题,带领初学者循序渐进地进入实验设计中。具体而言,本章内容包括:

　　第一节,基本准备。在一般人想象中,实验可以在几个小时之内完成,与这种朴素认识不同,实际上的实验研究是一段相当漫长并且令人兴奋但也疲乏的旅程,因而在做实验之前,首先需要做一些基本的准备,包括心态和应对资源等方面的准备。这些基本的准备不能直接决定实验研究的质量,但可能会影响实验研究的成败。做足了这些看似与实验研究本身无直接关系的准备工作之后,才算真正开始了实验研究之旅。

　　第二节,文献检索与管理。这是做研究的基本功,与研究开展有着密切的联系。研究者应该熟悉与自己研究领域相关的多个数据库,知道最基本的检索手段。更重要的是,随着研究年限的增长,研究者可能积累了大量文献,如何在自己的文献库中,迅速定位文献,以及对文献进行基本管理,也是非常重要的技巧,所幸现在有多款文献管理软件可供选择,帮助研究者进行文献管理。熟练掌握某款文献管理软件,可以使随后的研究事半功倍。

　　第三节,熟悉领域内研究主题,提出有价值的研究问题,这是设计和实施实验之前一个关键步骤。在不以研究方法为研究对象的常规研究中,实验法本身只是一种研究手段,并不是研究本身。研究是针对特定问题的研究,研究问题直接决定了该研究的价值,也决定了后续的实验设计类型和技术手段。要发现有价值的选题,首先需要熟悉本领域的研究主题,要了解本领域内核心期刊近期所发表的文章;然后在熟悉相应理论的基础上,针对特定研究问题进行推理,做出假设,最后才是设计实验来验证。

# 第一节　基本准备

开展一项实验研究,是一个非常漫长而复杂的过程。初学者往往对研究的复杂性认识不足,手忙脚乱地开始一项新研究,导致错漏百出,不但得不到应有的结果,还浪费了时间和各类资源。有时候,甚至不需要多个错误,只是因为一个不经意但关键的错漏,而毁掉整个实验。当然,初学者对研究的认识也可能走向另外一个极端,即极度夸大实验研究过程中可能遭遇的困难,一再拖延,不敢尝试去做。因此,在做实验研究之前,做好心态和应对资源两大方面的准备,可以做到既不轻率开展实验,心态和资源都无以为继,导致实验失败,也不逡巡不前,只临渊慕鱼。

## 一、心态准备

初做研究,容易有两种极端的心态,要么雄心勃勃,要么畏首畏尾。

有雄心是好的,它可以促使你迫切、专注地做事情。但雄心有时候也会转化为幻觉,觉得自己的第一个研究就要是一个惊世骇俗、改变学科历史的研究,然而,通常这样的事情不会发生。一鸣惊人的心态只会延误研究者选择合适课题、开展实验研究的时机。保持一种平常心态,根据自己的兴趣和知识储备,选择合适的研究主题,在该研究主题下,寻找需要研究的问题。一个比较简单可行的方法是,与导师或者其他有经验的研究者进行广泛而深入的探讨,在此基础上,选择自己感兴趣的研究对象,发展合适的研究问题,并采用比较容易上手的实验手段。设定符合自己研究能力的现实目标,既不过于简单,缺乏挑战性而不能从中获得有益的经验,也不过于复杂,以至于力所不逮,无法开展研究,自然也无法获得有益的经验。实际上,对于初学者,完全模仿经典的实验进行设计,重复前人经典研究,也算是一条快速学习实验法的便捷路径。

与雄心勃勃相似的心态是追求完美(Stearns,1987)。对于选题如是,对研究设计亦如是。初学者往往存在错误的执念,要做出完美的研究。为了做出完美的研究,设计出完美的实验,对实验设计反复修改,不断确认,以至于无法进行到下一个流程。实验设计总会有这样或那样的瑕疵,要修改的话可能是永无止境的。在时间、精力有限的条件制约下,需要权衡投入产出比。如果实验设计的严谨性达到了一般要求,那么就应该尽快实施实验,即便当前的实验有瑕疵,只要没有重大失误,也可以作为更严谨实验的辅助支撑证据,为更严谨的实验设计铺平道路,增长实验研究的经验。同样道理,在实验实施过程中,也往往会存在一些瑕疵,只要不是根本性、系统性的错误,就应该继续下去,随机噪声最多会增加数据的离散程度而已。

与雄心勃勃相反的心态是畏首畏尾,害怕出错。对于实验法的训练来说,从失败的实验中汲取的经验和教训,和从成功的实验中汲取的一样多,甚至影响更深远。第一次做实验,几乎一定会出错。实验设计有重大缺陷,没有考虑清楚自变量的操纵、干扰变量的控制以及因变量的测量等,或者在实验实施过程中手忙脚乱,导致实验程序没有标准化,在不同被试前呈现的指导语不同,呈现的自变量操控也有差异;这些都会导致实验研究的内部效度和变量的构念效度严重降低。甚至做完整个实验之后,才发现关键设计是错误的,极大浪费了时间、经费和被试资源,但这样的代价几乎是必需的。没有人能在初次做实验时就非常熟练、稳妥,甚至即使已经充当过多次熟练实验者的助手之后,独立开展实验也难免出错。认识到出错是难以避免的,可以大大缓解实验前畏难的情绪,也可以缓解实验后由于失误带来的挫败感。

当然,要避免急于求成和敷衍塞责。初学者可以边做边学,也必然付出代价,但这并不意味着可以鲁莽行事。在设计实验之前,应该确保对相关基础知识和必要的技术手段已经有所把握,没有把握的地方,可以与经验丰富的研究者进行探讨,宁愿在实验设计阶段花费较长时间,斟酌修改,也不要在实施阶段甚至完成实验后才发现问题。在实施实验的过程中,不要急躁和敷衍,确保严格按照实验程序、认真完成每一步工作。

最后,要有接受实验失败的勇气和百折不挠的精神。在实验研究中,永远做好最坏的打算。实验研究往往不会获得预期的结果,甚至可以认为,一次实验得不到阳性结果才是实验研究的常态。获得阳性结果,一般来说,会认为自变量的确对因变量有影响,不需要重复,可以继续下一个实验。这是因为后续实验一般和前面的实验有关联,通常是系统性重复,例如增加新的调节变量或者中介变量;又或者是概念重复,例如对自变量和因变量重新操作化。无论哪种,都可以视作对前面实验的再验证。然而得到阴性结果,则不能轻易地认为自变量对因变量没有影响。因为导致实验失败的因素很多:理论推理有错误,自变量操纵出现问题,干扰变量没有控制好,因变量测量不敏感,被试差异过大等,都可能导致实验失败。遇到这种情况,要坦然接受实验失败的现实,并从中发现教训,找出导致实验失败的影响因素。再次设计新实验时,就可以有目的、尽可能地排除这些影响因素。在排除了这些因素之后,仍然无法获得阳性结果,才可以考虑更换选题。

## 二、资源准备

实验设计和实施是一个耗费时间、精力乃至金钱的过程,良好的心态之外,还需要准备充分的资源来应对。

首先,智力资源。在实验设计之前,具有基本的实验设计理论,掌握基本的技术手段是必备条件。例如,研究者至少要理解操作化、随机分配、主试、被试、自变量、因变量等基本概念。但这些还不够,因变量的测量往往涉及测量学知识,因此应该具备一定的测量学理论储备,例如测量的四个尺度(measurement scales)、李克特量表(Likert scale)、语义区分量表、量表的信效度等等。初学者至少应该熟悉这些最基本的概念或理论。同等重要的是,还需要具备一点统计学知识,基础概念(比如集中量数,包括平均值、中数、众数等),离散量数(包括标准差、方差、全距等),以及在实验法中使用的推论统计手段(如方差分析、多元线性回归等),乃至较高等级的中介分析等都要掌握。只有掌握了这些知识,在实验设计时才不至于困惑,或者留下很多错漏。

上述知识是实验设计者应该必备的内在智力储备,实际上,外在智力储备也一样重要,那就是可供咨询的专家和文献资源。几乎没有人能掌握所有知识,在实验设计和实施过程中,如果遇到困难,身旁有可以咨询的专家,是解决困难最简单、最直接的方法。这里所谓的专家并不一定是导师一级的人物,身边的同学甚至也可以成为初学者实验设计的咨询专家,只要他在实验设计方面有一定的专长。有时候,即使身边的同学对于实验设计一无所知,也可以作为预实验的被试,把设计好的实验程序让同学做一遍,然后做一个简单的访谈,听取他们对实验材料和程序的直接感受。在与本领域的专家或者目标研究对象的讨论中,实验设计的漏洞得以发现和避免,实验设计的水平得到提升。对于文献资源,要有方便的文献获取途径,保证在实验设计过程中,可以及时获取相关文献,以便进行参照和改进。此时对文献的理解不应该仅仅局限于一般了解,或者仅仅对本领域中综述性文献的熟悉,应该对经典文献和最新文献都有所把握,尤其是那些与自己实验设计在主题、实验设计类型、实用技术手段等方面直接相关的文献。关于文献检索和管理基本技巧,可以在本章第二节中了解。

　　其次,时间资源。与一般想象不同,广告学实验最耗费时间的部分并不在实验实施阶段,而是在实验设计阶段。实验真正执行起来,往往很快就能收集到合适数量的数据。而设计实验则需要耗费很长时间,其中,往往是那些细节最占时间。实验设计,最根本的在于操纵自变量,同时,最重要的是排除额外变量的干扰。额外变量的干扰,当然在实施过程中也可能产生,但实际上,更多的在实验设计阶段就已经出现了。设计不够严密的实验,在实验材料中会掺杂一些系统性干扰因素,以至于即使出现阳性结果,也不能排除其他替代解释(alternative explanation)。这样的实验是失败的。因此,要花费大量时间在实验的设计上,特别是排除额外因素的干扰上。这是一项额外耗费心力的工作,需要考虑到方方面面。

　　再次,人力资源。在研究过程中,这一点是最容易被忽视的。这里的人力资源包括主试和被试两方面。一般情况下,实验设计者可以充当主试,亲自主持实验实施。但有时候,实验要在不同地方同时展开,或者实验条件众多,难以在短时间内收集到合适数量的被试,因此需要增加主试;或者,在另外一些特定的情况下,需要进行双盲实验,实验设计者不能作为主试。这些情况下都需要雇佣主试。主试的选择可能决定了实验的成败。因此,寻找合适的主试,并对主试进行严格培训也是需要积极准备的工作之一。

　　当然,实际的实验执行过程中,也可能会遇到被试选择的问题,如何满足随机化选择和分配被试的基本要求,又可以在较短时间、较少花费的基础上完成实验也是一项重要挑战。招募实验被试也是一项烦琐而耗费精力的工作。如果是实验室实验的话,需要招募到足够数量且符合要求的被试是非常困难的。在心理学实验中,往往使用大学生作为被试,然而,对于广告学研究,有时候大学生被试会被认为比较“特殊”,单纯使用大学生被试会被质疑外部效度不够,因此可能需要招募“一般”的被试。在哪里招募,数量是否足够,被试选择是否足够随机(即招募到的被试是否具有代表性),在计划时间内是否能够完成实验,都是需要考虑的问题。目前,有些实验可以在线上展开,有些平台保有一定数量的被试库(subject pool)。研究者可以考虑与这些平台合作,提出相应要求,选择合适的被试。但线上实验有诸多限制,例如有些实验需要使用特定设备(眼动仪、脑电设备或多导生理仪等),这样的实验就难以在线上展开。又或者最普遍的担忧是由于网络上的被试存在一定的匿名性,且完成网上实验时所处的环境五花八门,因而有可能对实验的卷入度不够,或者环境噪声影响过大,导致数据离散程度加大。而研究者对线上实验的监控程度较低,难以排除上述因素的影响。

最后,经费资源。做实验是要花钱的,很多初学者没有意识到这一点。按照研究伦理要求,研究者需要支付给被试一定数额的金钱或者小礼物作为被试费,如果与平台合作,也需要按照被试数量、实验长度和难度支付给平台费用。雇佣主试或者实验助手,原则上也应该给予一定的劳务费用。顺利完成整个实验研究,通常需要一笔不菲的经费支持。因此,更应该谨慎周全地设计实验,避免因失误而多次重复实验,造成浪费。

# 第二节　文献检索与管理

做好各种心态和资源准备,仅仅是为实验设计顺利进行提供了初步保障,接下来还应该进一步对与研究直接相关的一些知识和技能有所准备。首先,需要了解本领域中,前人的研究成果和进展状况,这就涉及如何检索本领域内文献的问题。另外,随着研究积累,个人文献库内也会保存大量文献,如何迅速找到想要找的文献,甚至发现文献之间的关系,以及在研究报告写作过程中,方便地插入文献等,这些都涉及文献检索与管理技巧。在本节中,我们将以中国知网(CNKI)为例,详细讲述文献检索技巧,以 Mendeley 文献管理软件为例,详细阐述文献管理基本技巧。对于文章写作时,如何插入相应的文献,操作较为简单,读者可自行练习。

## 一、文献检索

确定研究主题,提出相应的研究问题,需要对相关理论背景和研究范式进行综述,这就涉及文献检索问题。实验研究文献通常发表在专业学术期刊以及学术会议上,学术期刊是最可靠和最直接的文献来源。一般学术期刊归属不同出版集团,出版集团将自己所属期刊内容电子化,存储在网络上,形成了众多的数据库。与广告相关的数据库有很多,中文数据库有中国知网、万方和维普,英文数据库有 EBSCO、Emerald、JSTOR、SAGE、Science Direct(Elsevier)、Springer、Taylor & Francis、Wiley 等。一方面,这些数据库各有侧重,包含不同学科的期刊;另一方面,所涵盖的期刊可能存在交叉,因此部分检索内容可能重复。各个高校和科研机构通常会购买这些数据库的服务，方便研究人员检索和下载文献全文。

无论是中文数据库还是英文数据库，搜索界面可能不同，但基本搜索逻辑是一致的。下面，我们以中文数据库中国知网为例，演示如何检索文献。

一般通过所在机构的图书馆进入相应的数据库链接，然后可以看到搜索页面，图 1.1 即中国知网在 2022 年左右采用的检索页面。

**图 1.1　中国知网检索页面**

页面中，左侧竖栏是文献所属的大类，默认为全部选择，使用时可以去掉那些与自己领域无关的专业大类，仅留下最相关的领域，如基础科学、社会科学Ⅰ辑、社会科学Ⅱ辑以及经济与管理科学。是否去掉无关专业大类，对搜索结果影响不是很大，在实际搜索中，往往忽视这一步。页面中部主体就是检索选项，包含多种选择的组合。

在页面中部的"输入检索条件："下，第一行第一个方框中包含下拉菜单，包括"主题、篇关摘、关键词、篇名、摘要、全文、参考文献、分类号、DOI"等，含义是，要搜索的关键词可以在以上类别中精确检索。如果仅仅是泛泛搜索，可以忽略这个选项，以默认的"主题"搜索即可。第二个是空白的输入框，这里就要输入自己要检索的主题或理论，也就是关键词。例如，在本书中，我们要一直使用的一个理论是"构念水平"，输入该关键词即可。接下来的"词频"框不能改变，可以忽略。第四个框也包含了下拉菜单，包括"并含、或含、不含"三个选项。第五个方框是搜索框，可以输入自己要检索的关键词。"并含"即在同一次检索中，要同时包含前后两个输入的关键词；"或含"即在同一次搜索中，包含前后两次输入的关键词中的一个或两个都可；"不含"即在所有包含第一个关键词的文献中,还要排除包含第二个关键词的文献。当确认某些包含第二个关键词的文献属于与你的研究完全无关的领域时,可以设置排除。

第二行的检索和第一行基本相同,这样可以增加多个关键词,以便更加精确定位所需要的文献。

第三行仍然是增加关键词限定,但略有不同。第一个方框是下拉菜单,包含"作者、第一作者、通讯作者",后面的方框包含作者单位,这些限定可以进一步精确自己的查找。或者当我们关注某些作者,那么前面的输入框可以忽略,在作者输入框内输入目标作者,就可以找到相关文献。

第四行限定了文献年代和卷期号,卷期号用处不是很大,我们很少能记得文献的卷期。但时间限制很有用,例如,我们希望搜索近 5 年的文献,就可以在搜索框内限定时间。

第五行限定了来源期刊,输入特定的期刊全名或者期刊名称中部分文字即可搜索。

第六行包含期刊来源,可以限定检索期刊的收录情况。

第七行为支持基金,对一般研究者没有什么价值,可忽略。

第八行可忽略。

在输入自己需要限定的内容之后就可以点击检索了。

实际上搜索的时候,粗放的搜索使用"一般搜索"选项即可,即输入自己关心的一个关键词,当我们已经知道了文章的名字,也可以在"一般搜索"选项里,输入文章全名,可以精确定位文献。

以上是针对某个数据库的检索说明,对于英文数据库,检索设置大同小异。

## 二、文献管理

随着下载搜集的文献增多,管理文献变得越来越复杂。存放文献,查找读过的文献,检索阅读笔记,比较多个主题类似的文献等工作也就更困难。因此,研究者需要一款文献管理软件来建立并管理自己的文献库。

目前,各类文献管理软件非常多,例如 Endnote、Zotero、Mendeley、BibTeX、RefMan 和 RefWorks 等,功能大同小异,文献管理的基本功能都可以实现,研究者根据实际情况,选择适合自己的工具即可。考虑到 Mendeley 目前是一款免费软件,文献管理功能可以满足一般研究人员需求,而且容易上手,在本节中,即以 Mendeley 文献管理软件为例,讲述如何建立和管理自己的文献库,主要涉及个人文献库的建立、存储、检索、快速定位文献等功能。

## （一）安装并创建账户

下载安装 Mendeley 软件相对简单，直接在搜索引擎中搜索"Mendeley"，就可以找到其官网，下载最新版本即可，按照指示安装完毕，然后需要注册新账户。这样做的好处是，自己在本地电脑上的文献可以上传到云账户，如果当地文献不幸丢失，可以从云账户下载。或者在另外一台电脑上，通过 Mendeley 软件登录自己的账户，直接把自己文献库里的文献从云账户下载到新电脑里，非常方便。

账户注册完毕，就可以打开软件使用了，界面如图 1.2。当然，在没有导入文献之前，图片中核心区域应该是空白的。

图 1.2　Mendeley 软件界面

## （二）界面介绍

整个页面看起来很复杂，实际上常用按钮并不多。最上面两行是菜单栏，包含了 Mendeley 软件所有功能。在这部分暂时不做详细介绍，待后面应用到哪些功能再做阐述。菜单栏下面是主要窗口区域，大体上包含三个板块：

最左边板块，上半部分是文献库的管理区域，见图 1.3。最上面一行是文献搜索，可以通过链接网络搜索相关文献。接下来是文献库的一些管理功能，"All Documents"包含了自己文献库中所有文献，"Recently Added"包含了最近加入自己文献库的文献，"Recently Read"包含了最近阅读过的文献。"Favorites"包括了加星收藏的文献，依照个人喜好，可加可不加。"Needs

Review"包含的文献需要手动检查,其导入的信息可能不准确,点击相应文献,在最右栏中即可看到。"My Publications"包含了自己发表的文献,"Unsorted"下面可以建立文件夹,对自己的文献进行分门别类,这个也依照个人喜好,可用可不用。"Groups"设置研究组,共享文献。最后是"Trash",删除后的文献会放在这里。

**图 1.3　文献库管理**

最左边板块,下半部分是过滤器,可以选择不同标准来分类文献,默认为"Filter by Authors",下面文字框内呈现文献库内所有作者。点击作者,文献库中该作者的所有文献就会呈现在窗口中部位置。还可以通过其他标准来分类文献,点击该栏即可看到下拉菜单,例如"作者和摘要"、"自己设定的标签"和"出版物"等。这个栏目似乎用得较少。

中部板块,最上面一行是文献库类别,默认为"All Documents",点击左边文献库管理区的选项,可以改变不同的文献库。在"All Documents"旁有一个按钮"Edit Settings",点击该按钮,在窗口中部就会出现一个同步文献的选项,"Synchronization Options",已经默认勾选了同步附件,即勾选文档中的附件都会被同步到网络上,无须任何操作。

在"All Documents"下面的视窗中,大片区域就是 Mendeley 个人数据库中所存储的文献。第二行标签提供了这些文献的一般信息,见图 1.4。

**图 1.4　中部板块顶部文献信息**

从左向右依次是加星收藏、是否阅读过、附件格式(一般呈现 PDF 图标,如果呈现文本图标,说明可能包含两个以上的附件)、作者、文献标题、出版年份、出版物名称(期刊或者书名等)以及文献添加入自己文献库的时间。点击任何一个按钮,文献库中的文献就会按照一定规则重新排列。如点击"加星收藏",加星文献就会排到前面,没有加星的文献就会排到后面;点击"作者"或者"标题栏",文献就会按照字母表顺序重新排列。

最右的板块是文献细节区域,如图 1.5。

Details　　Notes　　Contents

**图 1.5　右板块的选项卡**

第一个选项卡是"Details",即文献细节,会包含文献类型、文章题目、作者、期刊名称、发表年份、卷、期、页码以及摘要、标签等等,其中"Files"提供了该文献在文献库中的链接,直接点击可以在 Mendeley 软件中打开,右键点击还有多个选项,包括通过 PDF 软件独立打开,打开文献所在的文件夹以及删除文献等。第二个选项卡是"Notes",即笔记,通过 Mendeley 软件阅读文献过程中,可能会加入一些批注,在文章中加入的批注也会在这里出现。而且,上面的输入框为"General Notes",可以做一些读书笔记或者标记。第三个选项卡是"Contents",即文章的框架,有些文章列出了内容框架,有些文章没有列出内容框架,通常用得较少,可以忽略。

(三)基本设置

要建立自己的数据库,需要确定在数据库中保存和呈现哪些信息。我们通常没有意识到一篇文献包含了其承载研究主题以外的更多信息,例如文献的作者、标题、摘要、发表杂志、发表时间、卷期号、页码、DOI、下载链接等,这些信息对于我们定位该文献非常重要。在 Mendeley 软件中,我们可以通过选项决定保留和呈现哪些信息。如图1.2中顶部菜单栏第四项"Tools",点击进入下拉菜单,最下一栏选项为"Options",点击,就会看到如图1.6弹窗。该弹窗中包含若干个选项卡,后面三个选项卡较少用到,包含了与其他文献管理软件对接和设置网络代理之类的功能,一般不需要改动。重点看前面三个选项卡。

1.第一项是"Document Details",就是文件细节信息,见图1.6。第二行是文件类型选项,是下拉菜单,包含若干文献类型,可根据实际情况选择。例如,我们读的文献很多是学术期刊,选择"Journal Article"即可,或者读专著,选择"Book";或者书的章节,选择"Book Section"即可。在第三行及下面的多个选项框,即需要保存和展示的文献信息。具体如图1.6和图1.7。通常这部分不需要改动,保留默认设置即可。

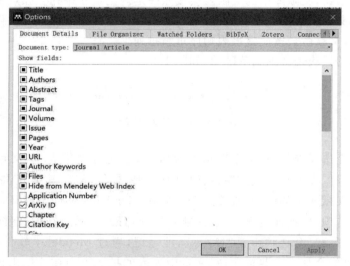

图1.6 "Options"选项弹出窗口

2.第二个选项卡是"File Organizer",是文件组织规则选项卡,如图1.8,该选项卡用来设置文献在本地电脑里的存储文件路径(位置)和文献命名规则。第一行及后面的二、三行,是选择如何组织文件。第二行可以选择把下载的PDF文件拷贝到本地电脑的哪个目录之下,后面有个浏览选项,使用者可以自由选择存放文献的目录,例如我们可以存放在C盘的"1工作"文件夹下的"文献"文件夹。第三行"Open folder in Windows Explorer",点击可以打开上述设定的目录。

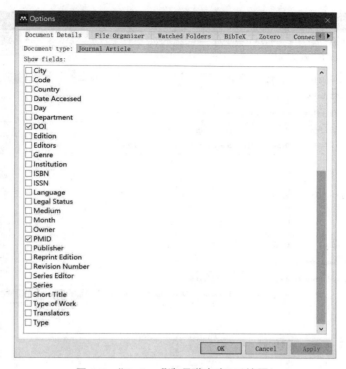

图 1.7 "Options"选项弹出窗口(续图)

第四及后面的五、六、七行是文献整理板块,可以确定一定的规则,对文献做进一步整理。如果积累的文献有数千条,全部堆放在一个文件夹下也会很杂乱,还可能导致打开文件夹缓慢。这时,把文献进一步归类,放到若干个子文件夹下,就可以避免这些问题。这个板块的功能就是确定子文件夹的命名规则,第五行即可选的分类规则,一共四类,包括作者、文章标题、杂志标题和发表年份,可以使用上述任何一个或多个选项确定子文件夹命名。直接拖拽上面任何一项到第六行内输入框即可。第六行即选定的分类规则。在本例中,我们选择"发表年份"作为子文件夹的命名规则,那些没有使用到的规则仍然留在第五行选项框内。依照我们设定的规则,文献会按照发表年份归入不同子文件夹;当然,如果觉得有必要,还可以进一步细分子文件夹。例如,在"发表年份"子文件夹下再细分为"期刊"子文件夹。第七行是文献存放路径或位置,在本例中,仅选定"发表年份"子文件夹路径,没有做进一步细分。如图 1.8 所示。

图 1.8 "Option"弹窗第二选项卡

第八行以及后面的第九到十二行,是文献命名规则。将文献存储在指定目录下,还对文献命名做统一设定。第九行是可以使用的文献命名规则,跟子文件夹命名规则相似,也是包括作者、文章标题、杂志标题和发表年份等四项。也是直接拖拽任何一个或多个选项到第十一行中的输入框内即可。在本例中,我们选定的文献命名规则是根据文献题目来命名,其余不用的三项指标仍然放在第九行的选项框内。当然,我们可以使用多个元素为文献来命名,例如"作者+文献名称"或者"文献名称+发表年份"等,但不建议使用这样复杂的命名规则,因为在后面文献阅读时,很少直接打开文件,而是使用 Mendeley

软件打开,这样的话,文件如何命名就不那么重要。另外,如果使用两或两个以上的元素来为文献命名,多个元素间的连接规则可以根据第十行下拉菜单中的选项而定,默认使用破折号;还有其他选项,可根据喜好自选。在本例中,我们使用"文献名称"作为文件命名,第十二行即选定规则之后的示例。

　　设定好上述规则之后,就可以把自己以前的未经整理的文献导入了,具体导入方法见本节第四部分。在这里,我们可以看一下文献导入之后的存储状态。如图1.9即文献归类存储之后某一个子文件夹的状况。从存储路径上可以看到,这是存储在设定路径下的"2019"子文件夹(因为子文件夹命名规则是按发表年份)中的文献,文件夹内的文献命名是各自的题目,这些文献按照题目首单词的字母表顺序排列,一目了然,查找方便。然而,正如前面所讲,在之后检索或者阅读文献的时候,我们一般都是在 Mendeley 软件中进行,很少进入文件夹内查看。

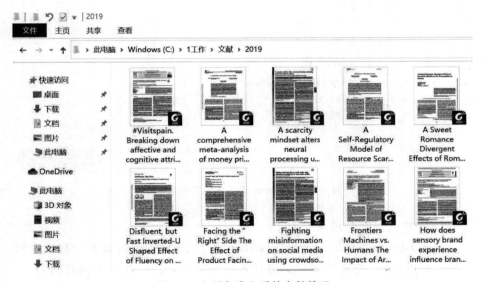

**图1.9　文献归类之后的存储情况**

　　3.第三个选项卡是"Watched Folders",如图1.10。在该选项卡中,通过勾选其中一个或多个文件夹,可以选定需要 Mendeley 监测的文件夹。凡是进入这些选定的文件夹内的 PDF 文档,都会被自动导入文献库中,无须手动导入。

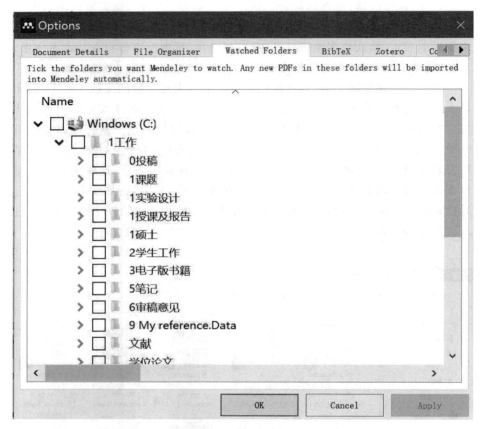

图 1.10 "Option"弹窗中第三个选项卡

（四）导入文献与检索文献

　　Mendeley 软件最大的优势是可以批量导入 PDF 文件,大概原理是通过读取文档的 DOI,把文档基本信息导入数据库中,并将 PDF 文档自动归类。然而,很不幸的是,中文文档的 DOI 标记通常不规范,因此在导入中文文献时,文献库中的信息总是不完整或者出错,这也是 Mendeley 软件的一个重大缺点。

　　研究者积累的大量 PDF 格式文献,可能存储在本地电脑的若干个文件夹里,要导入 Mendeley 文献库中,可以按照第三部分中自动导入设置完成。即使使用手动导入,操作也非常简单,只需要点击软件界面(见图 1.2)中第二行最左边的"Add"按钮即可。点击"Add"之后就会有窗口弹出,如图 1.11。添加的文件夹路径可以手动改变。在本例中,我们选择的是电脑中"文档"文件夹。可以看到,在该文件夹中,有两篇 PDF 文档,点击选择这两篇文档,然后点击视图右下侧的"打开"按钮,文档和相关信息就会被自动导入文献库中,导入后的效果如图 1.2 所示。文档会按照指定路径另外存储到电脑指定的文件夹里,如图 1.9 所示。在"文档"文件夹中的文献就可以删除了。

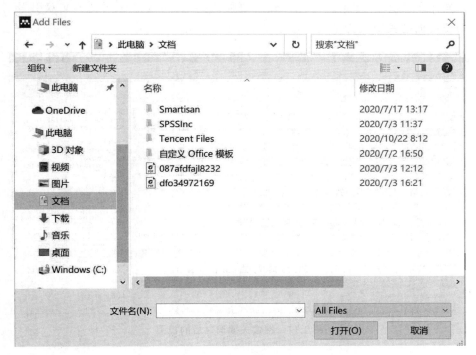

图 1.11　点击"Add"之后的弹出窗口

　　文献可能不是在同一时间导入的,研究者会陆续下载一些文献。有时候会出现同一篇文献被多次导入文献库中的情况,所以基本上过一段时间文献又积累了一些之后,就需要查重。点击主窗口上第一行菜单栏中的"Tools"下拉菜单,可以看到"Check for Duplicates"选项,点击,如果有重复输入的文献,软件就会找出重复的文献,并要求合并两者。

　　文献管理软件的一个重要优势在于,可以很容易地检索和定位自己文献库中特定文献。在 Mendeley 软件第二行最右边的搜索框内(如图 1.12 所示），输入关键词，软件可以在 PDF 中全文检索该关键词。例如，我们在搜索框内输入关键词 construal level，需要特别说明的是，如果仅仅输入上面两个单词，那么在 Mendeley 软件搜索中属于模糊搜索，所以凡是包含 construal 和 level 的文献都会被呈现出来（当然，同时包含上述两词的文献也会被呈现出来）。如果要精确搜索，就需要在搜索框内键入英文的双引号左边部分，如"construal level"。当然也可以把左右双引号都输入，如"construal level"，但实际操作中没必要，单边即可。另外需要强调的是，输入的必须是英文双引号，即使后面的关键词为中文。搜索结果如图 1.12。

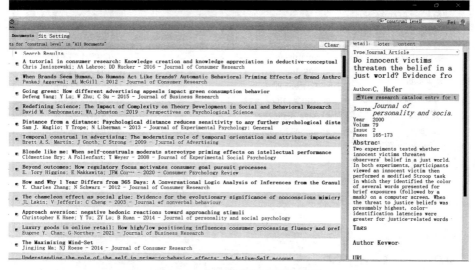

**图 1.12　搜索关键词之后的视图**

从图 1.12 可以看到，所有包含 construal level 关键词的文献被列出来，而且关键词被涂黄突出显示。这时候，随意双击其中一篇文献，就可以在 Mendeley 软件的主窗口中打开该文献，效果如图 1.13 所示。这时候，文章内所有符合搜索条件的关键词也被涂黄了，方便直接定位该关键词，而且在文档上方的区域还显示出该文献中包含的该关键词数量，在本文献中有 20 个，可以通过点击页面上方的"previous"或"next"的方式，查看每一个关键词在文献中的位置。当然，如果文献原始文件不是 PDF 格式，而是图片格式，那么这样的搜索就不能够实现。

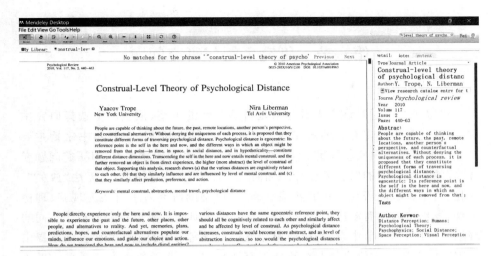

**图 1.13　打开一篇文献之后的视图**

　　另外,需要说明的是,如果在搜索框内输入了英文的双引号进行精确搜索,的确可以在文献库中精确地搜索,呈现所有包含该关键词的文献;但如果打开某一个文献,页面上方会提示"No matches for the phrase"construal level"",在该文献中也无法再看到相应的关键词被涂黄。这时候,删除搜索框中的双引号,就可以在单个文献全文中看到被涂黄的关键词了。

　　除了加双引号进行全文精确搜索以外,还可以在指定范围内搜索。在搜索区有下拉菜单,点开就可以选择作者、文献名称、期刊名称、发表年份以及自己的阅读笔记。可以使用多个限制条件进行,比如,首先点击下拉菜单,限定发表年份,输入年份,然后再输入想要搜索的关键词,那么搜索到的文献就符合两个限定条件——发表年份和关键词。

　　以上,仅仅是介绍了 Mendeley 的基本功能,更多功能,比如自动生成参考文献、与其他科研人员在线协作等,可以借助软件的操作手册了解学习,留待熟悉基本功能之后再深入探索。

# 第三节　研究主题与研究问题

　　选定研究主题对许多人看起来是自然而然的事情,但实际上选择研究主题,尤其是从中提出有力的研究问题是非常困难的事情。虽然本书宗旨主要是介绍如何做一项实验研究,如何选题并不是本书的阐述重点,但研究问题就像"有的放矢"的"的",实验设计是如何"放矢"。没有"标的",就无法"放矢"。并且,对本领域内研究主题的熟练掌握,可以帮助研究者了解研究现状、理论进展,发现前人没有解决的研究问题,也有助于研究者游刃有余地利用不同的理论。因此,在本节中,还是要简单介绍一下研究主题的范畴和研究问题提出等内容。对广告学研究主题在整体上有所把握,有助于初学者选择自己感兴趣的课题和理论,并发展出合适的研究问题。了解研究问题提出的一般过程,也有助于初学者顺利做出实验设计的初步尝试。

## 一、研究主题

　　研究主题通常指研究对象中涵盖较宽泛的某些现象和理论。对于广告学研究来说,研究对象是广告现象,研究主题可能包括,各类诉求、各类广告形式的说服效果、代言人形象、广告文本特征、媒介特征带来的影响以及受众特征等等。初学者对本领域研究主题应该有一个宏观上的把握,并注意跟踪研究发展前沿。参加学术会议是了解本领域研究最新进展最直接的方式,但往往只能了解比较零散的信息,而且要在了解学者研究领域的基础上才比较有效率。要比较系统地了解研究发展,持续跟踪本领域内核心期刊文献是一种不错的方式,通过阅读期刊文献了解研究最新进展效率高、成本低。对于广告学研究的主题,在《广告期刊》(*Journal of Advertising*)、《广告研究期刊》(*Journal of Advertising Research*)和《国际广告期刊》(*International Journal of Advertising*)三本刊物上发表的文章最有代表性。这三本刊物近5年来所发表的文章可以反映世界范围内的研究者所看重的研究主题以及相关理论。当然,并不是所有的主题都是采用实验法,但对于任何涉及"真假"的问题,原则上都可以使用实验法进行研究。另外,需要特别说明的是,单纯阅读广告类期刊的研究还不足够。广告学是受到多个学科影响的交叉学科,从广告学期刊所发表的文献可以看出,研究涉及的很多理论来源于心理学和营销学。研究主题和理论扩散大体上表现为这样一个过程:与人(消费者、受众)有关的理论往往首先在心理学研究中被提出,之后,该研究主题或理论开始扩展到营销学领域,再后,又扩散到广告学研究领域。如果只看广告学的期刊,不从源头上阅读相关理论,容易跟风做流行的研究。并且,这种跟风往往已经落后十余年。因此,要做优秀的广告学研究,应该扩大文献搜集和阅读范畴。从经验上来看,营销学的几本重要期刊,例如《营销研究期刊》(*Journal of Marketing Research*)、《消费者研究期刊》(*Journal of Consumer Research*)和《消费者心理期刊》(*Journal of Consumer Psychology*)也会发一些广告研究主题的实验研究。并且,相对来说,这几本营销学期刊在研究主题的新颖性、研究方法的严密性和研究布局的严整性方面更胜一筹。他山之石,可以攻玉,阅读心理学和营销学的期刊,可以开阔视野,引领研究,至少做出不一样的研究。

## 二、研究问题

熟悉本领域内的研究主题,未必就能做出优秀的实验研究。实验研究是针对特定研究问题进行的,研究问题与研究主题还是有很大差别的。了解研究主题和研究问题的区别和联系,有助于初学者顺利地开展研究工作。

研究主题,是本领域中某类现象或者理论的集合,通常包含很多概念和理论,这些概念或理论甚至只是松散地联系在一起,对应的未必是同一类现象。比如研究主题是广告信息特征的说服效果,其研究范围可能涵盖广告诉求(advertising appeal)、广告文本或者文案的特征、广告文案与广告图片的关系等多个子领域,每个领域内又包含若干概念和相应的理论。例如,广告诉求中,恐惧诉求包括一系列研究和理论,而幽默诉求包含的研究和理论与恐惧诉求所包含的研究和理论又不相同。只有在这些更细分的现象或领域内,发现两个或多个抽象概念之间存在关系,这时候才真正的进入研究问题阶段。研究问题即要解决这些抽象概念之间是否存在关系以及存在怎样的关系。

研究问题处于抽象的理论和具体的研究假设中间阶段,属于概括化(generalization)命题。研究问题背后有特定的理论支持,理论涵盖更广泛的范围,通过理论可以推出多个研究问题,研究问题相对具体,涵盖的范围较窄,但又具有一定的抽象性,因此在研究中需要进一步操作化,转化为可以通过实验检验的研究假设。我们以一个具体的例子来说明研究主题(理论)、研究问题和研究假设三者之间的关系。

在广告信息效果的研究中,研究主题涵盖非常广泛,例如,可能包括广告信息中的时间框架(temporal frame)(H Chang et al.,2015；D H Kim et al.,2018；Martin et al.,2009；Pounders et al.,2015)、广告诉求的抽象性框架(D Yang et al.,2015)、广告诉求中合意性与可行性(desirability vs. feasibility)框架(Han et al.,2019；Kazakova et al.,2016；Ryoo et al.,2017)以及广告诉求中的社会距离(social distance)框架(Park et al.,2015)等。每个主题下会包含若干具体的研究,这些单个研究即探讨了具体的研究问题。我们选择广告诉求中合意性与可行性框架主题继续深入探讨。所谓合意性诉求指的是在广告信息中强调为什么(why)要选择某个产品或行动,例如在旅游地形象广告中,可以强调旅游地多么漂亮,可以给游客带来什么好处等；而可行性诉求指的是在广告信息中强调如何(how)选择某个产品或行动,例如在旅游地形象广告中,可以强调旅游地基础设施好、接待能力强等保障旅游顺利的措施。那么,这两类诉求方式有可能会使得受众的反应不同吗？这里就需要构念水平理论(construal level theory,CLT)①来做指导了。该理论认为,信息的抽象程度与受众的心理距离会相互影响(Trope et al.,2010),合意性诉求比较抽象,而可行性诉求则比较具体。抽象诉求会让受众与广告产品的心理距离较远,而具体诉求会让受众与广告产品的心理距离较近。在本案例中,可以推测,旅游地合意性诉求广告会让旅游者与该旅游地的心理距离较远,而可行性诉求广告会让旅游者与该旅游地的心理距离较近,这就是一个研究问题,可以通过实验验证该命题的真假。然而,研究问题的阐述仍然比较宽泛,可能包含更加具体的、可以直接检验的研究假设。通常,心理距离指的是与此时此地的自我直接经验偏离的程度,包含四个维度——时间维度、空间维度、社会距离维度和假设性的(hypotheticality,即发生概率大小)维度(Liberman et al.,2014)。在时间维度上,"今天"是近的心理距离,"一个月后"是远的心理距离；在空间维度上,"这里"是近的心理距离,"1000 公里以外的那里"是远的心理距离；在社会维度上,"我自己"是近的心理距离,"陌生人"是远的心理距离；在假设性的维度上,"100％发生可能性"是近的心理距离,"9％发生可能性"是远

---

① 实际上,我们在上面所列举的时间框架、抽象性框架以及社会距离框架也都涉及了构念水平理论。从这里就可以看出,理论不但可以跨越多个研究主题,可以解释不同现象,而且还可以衍生出几乎无穷多个研究问题。正是理论的引入,激发了大量相关研究。

的心理距离。那么,研究问题可以进一步产生多个更加具体的、可以通过实验检验的研究假设。在本例中,可以生成的研究假设包括:(1)相对于可行性诉求,旅游地合意性诉求会让旅游者觉得该旅游地点在地理上离自己较远;(2)相对于可行性诉求,旅游地合意性诉求会让旅行者计划在(时间上)较远的将来到该地旅行……研究假设已经具体到可以通过设计实验进行观察和检验,通常研究假设会在文章中被明确地提出。

从上述研究主题到研究问题、研究问题再到研究假设的推导过程可以看出,理论指导非常重要而且必要。我们可以通过一系列推导,从理论中获得具体的研究问题和研究假设,这样的策略被称为理论驱动或者“自上而下”的策略。这样做的好处是,理论前提为深入探索提供了必要的指导框架,发现在一般情况下难以发现的问题,就像放大镜一样,放大平时不会关注到的细节。例如,在平面广告中,理论推测画面中商品的位置(左右)可能影响人们对该商品的评价,而且实验研究也证实了这一点(Zhang et al.,2019);然而,对于一般人,即使看过千百张平面广告也不太可能发现这个问题,就是因为缺乏理论指导。从理论中获得具体的研究问题还可以直接保证获取问题的理论重要性,从理论中推导出的问题可以成为支持或者反对该理论的实证证据。

如何快速地通过理论发现问题?最直接的方法是阅读文献。首先,可以阅读该领域内的综述文章(review),通常综述性文献会高屋建瓴地总结本研究主题的相关理论,视角全面,信息丰富,甚至还会指出那些矛盾的证据(mixed evidence)、存在争议的结论、尚待探索的具体方向等。当然,有些所谓的尚待探索的方向也可能是作者并不真想去探索的,虚晃一枪。更可靠的方法是从具体研究中梳理研究问题。在读文献的过程中,一种情况是受到现有研究的启发,发现以往研究仅仅探讨了现象或问题的某个方面,但留下了现象或问题的其他方面没有被探索,这些研究并不能拼凑起该现象或问题的完整图景(whole picture),这些研究之间还存在未经探讨的部分(即所谓 gap),这时候就可以根据理论,做出假设并设计实验来验证。例如,英纳汉等人通过分析认为,以往的研究发现广告图片中商品的空间定向,如水平位置、垂直位置及朝向等对广告效果有影响,而且运动朝向会影响人们对艺术品的评价,但以往的研究没有探讨运动朝向如何影响广告效果,于是他们就提出运动朝向可能影响品牌信任这一研究问题(Monahan & Romero,2020)。另外一种情况,读文献会发现,对于同一现象,不同的理论却有着完全不同的预测,这时候就是提出新研究问题的好时机——根据不同理论进行假设,并设计实验检验这些假设,最终支持一方面的理论,否定另一个理论,甚至同时否定两个理论,发展出自己的新理论。

对于初学者,从文献中获得研究问题,从理论中推导出研究假设是最简单、最直接的方式。当然,还有另外一种方式产生研究问题,被称为数据驱动或者"自下而上"的策略,即根据个人经验或者社会需求来选定研究问题。通过个人对本领域现象的观察,或者根据社会各方面已经明确提出的需求,都可以形成新的研究问题。用这样的方式获得研究问题似乎更加简单直接,因为被个人直觉所意识到或者已经被其他人明确提出,说明具有重大的实践意义。然而,对于初学者,实际上存在更大的困难。初学者对于某个研究领域,刚刚入门,直觉发现的问题或许早已被研究得非常透彻了。比如,从直觉上都可以发现,广告中代言人外貌吸引力可能对广告效果有很大影响,或者专业气质等外在形象对广告说服力有很大影响,这些的确是重要的问题,但已经被众多研究深入探讨过了。初学者从直觉层次发现的问题只是最肤浅的表层问题。或者,即使是那些没有被研究过的现象,初学者也难以抽象出适合的研究问题,难以找到适用的概念和理论来分析该类问题,或者难以找到合适的操作化手段来设计实验。因此,对于初学者,最保险的方式是从文献中发现研究问题,随着研究经验的丰富,掌握的理论和研究范式的积累,或许能够从直觉中发现更有价值的问题。

发现问题是整个研究中最困难的环节,当研究问题被明确提出,这个问题甚至相当于已经被解决了一半。一旦提出有价值的研究问题,研究者就可以开始设计实验了。

# 第二章 单因素被试间实验设计：
## 变量、设计与实施

单因素被试间实验设计（single-factor between-subject design）在实验设计中属于最简单的一种设计类型，一般用来探讨一个自变量与一个因变量之间的因果关系。需要特别说明的是，实验设计简单，并不意味着该研究简单或者价值低，恰恰相反，单因素实验设计的研究价值往往更高。能够探讨两个因素间简单的因果关系，这样的因果关系有价值而且又是前人不曾发现，这样的情况很少见，往往预示着开辟了一个新领域。2002年诺贝尔经济学奖得主卡尼曼（Kahneman）曾经就说过，自己是一名"主效应"心理学家（Evans，2016）。卡尼曼和他的合作者们往往使用单因素被试间实验设计探讨研究对象，开辟了一个又一个新领域。很多追随者则使用多因素实验设计（增加调节变量）来对这些领域进行拓展。

本章主要对单因素被试间实验设计的前期设计、变量操作化以及实施所做准备等部分进行详细剖析。基本内容如下：

第一节，研究背景及变量操作化。首先需要设定一个具体的研究问题，这个问题属于广告学研究中比较常见的主题。根据确定的研究问题，详细分析自变量、因变量、中介变量与控制变量的操控与测量。这些实际上就是实验设计的大部分内涵，所谓实验设计，无非是计划如何操纵自变量、控制额外变量、记录因变量的变化，以及如何选择和分配被试（Smith et al.，2012）。如何操纵和测量各种变量、安排其顺序比较烦琐，需要深入思考，在实验实施前可能反复修改。虽然假设推导过程并非本书的重点，但变量的操作化往往需要理论来支撑，因此本章会顺便介绍相关理论。

第二节，设计如何操纵和测量各类变量之后，就进入了实验程序设计部分。在实验前，应该清晰地设定开展实验的每一个步骤，包括如何指导被试进入角色，如何让被试接受刺激，如何记录被试的反应，以及实验结束后赠送礼物或被试费、解释研究内容和送被试离开（debrief and dismiss）等工作。在该部分,重要的工作还包括向所在单位伦理审核委员会提交实验申请以及准备需要被试签署的知情同意书。伦理审核和被试知情同意是涉及人类被试研究中的必要环节,许多杂志在投稿时需要特别申明该项研究已经通过审核并获得了被试书面签名的知情同意书。

第三节,实验的实施。相对于实验设计的冗长反复,实验施测相对较快,主要需要考虑的问题是被试的选择和分配。选择和分配被试,一般遵照随机原则,尤其是被试的随机分配,是实验设计中最重要的基础原则。另外,每个实验处理的样本量也是需要考虑的重要因素,在实验实施之前,根据效应值、统计检验力以及显著性水平测算样本量已经成为许多杂志投稿的基本要求之一。实验执行完毕之后,还应该包括赠送礼物或被试费,向被试解释实验目的并回答被试疑问,最后送被试离开等程序。

本章仅仅对单因素被试间实验设计、变量操作化以及如何确定样本、收集数据进行详细阐述。对于如何处理数据,则在第三章进行详细讨论。

# 第一节　研究酝酿与设计

要开启一项研究,首先需要明确研究问题。研究者通过阅读文献,可能经常会看到各类广告诉求的效果研究,例如理性诉求与感性诉求、收益诉求与损失诉求、享乐诉求与实用诉求、生动诉求与平淡诉求、恐惧与非恐惧诉求等。本节即首先选定一个在广告学领域较少研究的合意性诉求和可行性诉求为切入主题,依托旅游地广告中的合意性诉求和可行性诉求的效果差异这个具体案例,详细阐述研究背景,并提出明确的研究问题。然后,在明确研究问题和研究假设的基础上,本节还会详细阐述自变量的操纵、干扰变量的控制以及中介变量和因变量的测量等。

## 一、研究背景

研究背景即与研究所探讨主题相关联的一些现实情境或理论体系,是展开研究的依据。我们选定旅游地广告诉求效果差异为具体案例,需要了解旅游地以及广告诉求等方面的相关文献,明晰可能涉及的概念或理论体系。研究的出发点可能是基于以下思考:

在去某地旅游之前，游客往往想要知道的是该旅游地有什么特殊的吸引力，能为自己带来什么，同时也会担忧旅游地的基本保障问题，例如交通是否方便，食宿是否安全，等等。旅游地形象广告因应了游客的这种需求，往往会强调这两个方面。有些广告会宣传旅游地为游客带来的抽象益处，例如"放松身心、异国情调、体验不一样的人生、逃离乏味生活、增长见识"等，这类诉求可以称为合意性诉求（desirability appeal），因为它们宣传了旅游地能够给游客带来的主观体验，指出了去该旅游地旅游的理由（why）和价值；而有些广告会宣传旅游地具体的特点，例如"良好的基础设施、便利的住宿条件、令人兴奋的娱乐活动、吸引人的美食、热情好客的居民、便利发达的交通、干净卫生的环境"，这类诉求可以称为可行性诉求（feasibility appeal），因为它们指出了旅游地如何（how）保障游客的旅游体验。

发现广告文案中可能蕴含不同的诉求类型，并且以既有的概念来概括这些诉求，是形成研究问题的第一步，下一步的问题可能要探索这些诉求会使广告效果在哪些方面表现出差异，以上都需要透过特定的理论视角来完成。在本案例中，可能涉及的理论是构念水平理论（construal level theory）。构念水平理论（Trope et al.，2003；Trope et al.，2010；Trope et al.，2007）认为，人们对事物的表征具有不同的抽象程度，包含了从具体到抽象等一系列构念水平，高水平构念更加偏重事物一般化的、抽象的和整体的特征，而低水平构念更加偏重事物特定的、具体的和局部的特征。人们对事物加工的构念水平与他们和该事物的心理距离相互影响。具体而言，高构念水平会让人觉得该事物与自己的心理距离较远，而低构念水平则会让人觉得该事物与自己的心理距离较近；反之，与自己心理距离较远的事物在人们认知表征中是高构念水平，而与自己心理距离近的事物在人们认知表征中则是低构念水平。心理距离指的是在时间、空间、社会距离和或然性等维度上与此时、此地的自我经验偏离的程度。时间上的距离，指未来或者过去与自己当下的时间远近，比如，明天是近的将来，而三个月后则是较远的将来；空间上的距离，指地理上离自己远近，比如，从家到办公室是近的，而从自己居住的城市到另外一个城市则是远的；社会距离，指自己与他人、亲密他人与陌生他人、团体内和团体外等差别；或然性指的是事件发生概率较高还是较低，是真实发生的还是假设发生的等。

从上述理论分析中可以推测，合意性诉求可能使受众产生较高的构念水平，因而造成受众与该诉求指涉的事物有较大的心理距离，而可行性诉求可能使受众产生较低的构念水平,因而造成受众与该诉求指涉的事物有较小的心理距离。对这样的假设进一步操作化,在旅游场景中,心理距离可以操作化为旅游地点与受众的空间距离和受众计划去该地点旅游的时间,因而可以做出这样的具体研究假设:合意性诉求和可行性诉求可能使得受众在旅游地(与自己的)空间距离判断和计划出行时间上存在差异。

## 二、自变量的操纵

在上述研究假设中,涉及的自变量是旅游地的广告诉求类型,包括两个水平——合意性和可行性。可行性诉求和合意性诉求分别强调了信息的不同方面,合意性指的是行动目标状态的效价(valence),而可行性指的是达到目标状态的难易程度,合意性反映了某行动较高等级的理由层面(why),而可行性反映了某行动较低等级的如何做层面(how)。例如,以下指导语即可以引导人们思考"为什么"要做某项活动,反映了合意性诉求:"在日常生活中,无论我们做什么事情,都有其内在原因。我们通常能够把做事的动机归因于我们特定的生活目标。比如,你现在正在认真学习大学英语,为什么要学习英语呢?可能是为了通过四级考试。那为什么要通过四级考试呢?可能是为了拿到本科学历。那为什么要拿到本科学历呢?可能是为了找份好工作,为将来的幸福生活打好基础。有学者认为,通过问自己为什么,把自己的行动和特定的生活目标联系起来的思维练习有助于提高我们的生活满意度"。而以下指导语则可以引导人们思考"怎么做",反映了可行性诉求:"日常生活中,无论我们做什么事情,都有一个如何做的问题。我们总是能把一个大的人生目标分解成我们特定的行为。比如,你希望自己将来生活幸福,如何才能生活幸福?可能需要找到一个好工作。如何才能找到一个好工作?可能需要一个本科学历。如何才能拿到本科学历?可能需要通过四级考试。如何才能通过四级考试?可能需要努力学习英语。有学者认为,通过问自己怎么做,把我们特定的生活目标分解成具体的行为,有助于提高我们的生活满意度"(陈海贤等,2012)。

操作化这两个构念水平是实验设计需要考虑的问题,可以参照前人对这两个构念的操作化。实例一:韩等人(Han et al.,2019)探讨合意性诉求和可行性诉求对环保回收态度影响时,强调两者在原因(why)和方法(how)框架方面的差异,因此,对于同样的绿色广告,可行性诉求表述为"我如何做回收?让纸张保持干燥。洗净所有罐子,去掉盖子。不要把铝罐与其他材料混合",合意性诉求表述为"我为什么做回收?回收节省能源。回收可以节约自然资源,例如木材和水。回收有助于为子孙后代保护环境"。实例二:李等人(A Y Lee et al.,2010)试图探讨构念水平对品牌态度的影响,在实验 3 中,为了启动高构念水平,就使用了合意性诉求,广告的标题是"终极有氧机,适合锻炼",副标题是"为什么要锻炼?",广告文案列出两条——"保证你的肌肉发达而健美(buff)"和"在实现心血管训练的同时,为你的身体提供完整的调理";为了启动低构念水平,使用了可行性诉求,广告标题是:"终极有氧机,带有好特点",副标题是,"如何去锻炼",广告文案同样是两条:"无冲击踏步器,为每一步提供缓冲"和"多倾角设置,与精确的、获得专利的步态几何结构相补充"。实例三:余等人(Ryoo et al.,2017)要探讨构念水平对消费者可持续绿色行为的关系,向被试展示广告,宣传使用可重复利用的咖啡杯代替一次性咖啡杯,对于高构念水平的合意性诉求,主要的小标题是"我们为什么使用马克杯而不使用一次性杯子?",具体文案是:"理由 1,一次性杯子造成资源耗竭并且破坏环境;理由 2,使用马克杯,我们能够节省资源并且保持环境清洁、减少废物产生;理由 3,保护环境是我们的责任!"对于低构念水平的可行性诉求,主要的小标题是"我们如何使用马克杯而不使用一次性杯子?",具体文案是:"步骤 1,浏览菜单并选择你要喝的咖啡;步骤 2,当你下订单之后,告诉收银员你想要用马克杯,不用一次性杯子;步骤 3,喝完之后,在你离开时把马克杯放在支架上。"

　　初学者看过上述三个实例之后可能更加困惑:对于合意性诉求和可行性诉求两个抽象构念,为什么每个研究的操作化定义都不一样?实际上,这正是构念操作化的特点所在。不同的研究者,出于不同的研究目的,针对不同的研究对象和情境,对同一构念进行灵活的操作化。实际上,这也正是概念重复(conceptual replication)所要做的事情。虽然操作化定义各不相同,但这些具象的操作化定义都共同反映了同一个抽象构念。当然,研究中,也有一些构念的操作化会形成基本固定的模式,不同的研究者,即使在研究完全不同问题时,也直接借用前人的操作化定义,例如,对于自我构念(self-construal)中的独立自我(independent self)和互依自我(interdependent self)两个构念的操作化,手段很多,也基本上形成了固定的模式,有假定情景法(Hong et al.,2015;Y L Zhang et al.,2006)、填写量表任务(Bry et al.,2008;Schlosser,2015)、圈定代词(pronoun-circling)任务(Utz,2004;White et al.,2012),以及散句测验任务(Kühnen et al.,2000)等。需要特别说明的是,构念的操作化手段,只要恰当引用,即使原封不动地复制前人研究中所使用的手段,也完全没有问题,这样做与写作中所谓的抄袭并不相同。

通过仔细回顾和检视前人相关理论和研究,研究者对于合意性诉求和可行性诉求抽象的构念层面和具象的操作化定义层面已经有了较深入的了解,接下来就可以为后续的实验设计制作所需要的材料了。具体到我们将要做的研究对象和情境——关于旅游地形象的广告,前人的任何关于合意性和可行性诉求的广告,即使广告产品或主题可以与旅游情境完全无关,都可以为我们设计旅游地广告诉求提供形式和操作化方面的参照,但具体到两类广告诉求的详细内容,则需要从旅游相关的研究领域中寻找材料。在这方面,旅游地形象(destination image)以及旅游动机(travel motivation)等方面的研究(H Zhang et al.,2014)可以提供内容参考。例如,旅游地形象的认知组成部分(cognitive component)就包含了受众对旅游地的知识,主要关注的是有形的方面(Garay,2019;Lin et al.,2007;Tang et al.,2014),如良好的基础设施、激动人心的娱乐休闲、诱人的美食、热情好客的居民、便利的交通等(Baloglu et al.,1999;S Kim et al.,2003;Lin et al.,2007;Martín et al.,2008;Stylos et al.,2013;Tang et al.,2014),这些都是旅游地可行性方面的诉求。对应的旅游地的情感组成部分(affective component)以及旅游动机,包含了选择旅游地的动机或者旅游地带来的主观感受(Garay,2019;Tang et al.,2014),如放松身心、美景、异国情调(Baloglu et al.,1999;S Kim et al.,2003;Tang et al.,2014)、体验不同的生活方式、逃离沉闷的日常生活、增长见闻等(Baloglu et al.,1999;Jang et al.,2002;Li et al.,2010;Martín et al.,2008),这些都是旅游地合意性方面的诉求。研究者可以从这些具体的内容中选择合适的条目制作自己的实验材料。

例如,我们可以制作这样的材料:对于可行性诉求,标题"我们怎么样追求旅行品质",具体文案包括"交通方便快捷、餐饮娱乐集中、居民友好热情";对于合意性诉求,标题"我们为什么追求旅行品质?",具体文案包括"享受闲适时光、体验多样生活、遇见未知自己"等。广告文案设计完毕,还需要把它做成真正的平面广告,因此还需要参照现实中平面广告的形式,虽然在美学等方面未必能与真正的旅游地平面广告相媲美,只要在形式上看起来符合相应要求即可。最终制作效果如图 2.1。

a.为可行性诉求　　　　　　　　b.为合意性诉求

图 2.1　实验材料中的两幅海报

　　上面所制作的实验材料可以满足单个实验所需的实验材料要求，然而，在一项完整的研究中，一个实验通常不能彻底解决问题，是不完整的，需要多个实验。在第二个实验中，涉及同样的自变量时，最好改变操作化定义。因为如果在所有实验中，自变量的操作化定义都是一样的，即使所有实验都得到了一致结果，也会令人怀疑并非由于操作化定义所反映的抽象构念对因变量造成了影响，而有可能是所使用的特定的操作化手段本身对因变量造成了影响。在同一项研究的不同实验中，对自变量使用不同的操作化定义也正是汇聚性操作（converging operation）的要求。这样做的好处是，如果在一项研究中，对同一抽象构念使用不同的操作化定义，最终都得到了相同的结果，就可以说明，的确是这些操作化定义共同反映的抽象概念造成了影响，而不是特定的操作化本身造成的。另外，多个操作化定义，可以从不同角度、更加全面而精确地反映这个抽象构念。

　　因此，在新的实验中，我们需要制作反映合意性诉求和可行性诉求的新广告。例如：可行性诉求广告，标题"保障您的旅行质量"，文案包括"在这里，景点设施完善、交通住宿舒适、公共环境卫生"；合意性诉求广告，标题"满足您的旅行期待"，文案包括"在这里，寻求精神愉悦、开阔视野心胸、拥抱未知世界"。

同样,模仿现实中的平面广告,把广告文案放到图片中,最终制作效果如图2.2。

a.为可行性诉求

b.为合意性诉求

图 2.2  新实验中所使用的海报

通常,在实验中还需要对自变量的操作化定义是否成功进行检验,即操纵检验(manipulation check)。操纵检验也因自变量的不同而不同,同样需要研究者在学习前人方法、技巧的基础上灵活设置。在本案例中,在参照前人研究的基础上(Han et al.,2019;Ryoo et al.,2017),实验任务可以要求被试在以下 3 则条目上做出反应,见表 2.1。

表 2.1  自变量的操纵检验

| 广告中的文字传达的信息 | | | | | | | |
| --- | --- | --- | --- | --- | --- | --- | --- |
| 具体的 | 1 | 2 | 3 | 4 | 5 | 6 | 7 | 抽象的 |
| 更强调细节特点的 | 1 | 2 | 3 | 4 | 5 | 6 | 7 | 更强调整体感受的 |
| 更强调旅行过程保障的 | 1 | 2 | 3 | 4 | 5 | 6 | 7 | 更强调旅行目的满足的 |

这个操纵检验所采用的是双极的语义区分量表(bipolar semantic differential scale),在本案例中采用 7 点测量表度,实际上,5 点或者 9 点都可以。

对于操纵检验,还有一个很重要的问题是,这样的测量应该放在实验程序的什么位置?凭直觉来看,向被试呈现实验刺激(自变量)之后,立刻进行测量是合理的，由于这样的测量甚至还能起到加强自变量效果的作用，也的确有很多实验程序是这样设置的，例如阿革瓦等人（Aggarwal et al.，2005）通过假定情境法启动被试与假定人物的关系，一组被试被启动了交易关系（exchange relationship），另外一组被试被启动了共同关系（communal relationship），在被试阅读完启动材料之后，要求被试将自己代入故事情景中，并回答是否为对方支付午餐费，随后还要求被试完成了 12 个条目的关系规范启动检验。一方面，午餐费支付问题和 12 个条目的问题，都可以作为关系规范启动是否成功的操纵检验；另一方面，操纵检验又反过来加强了前面情境启动的效果。当然，这样做的问题也很明显，即操纵检验往往提供了需要特征（demand characteristic），使得被试可以推测研究者的实验目的，从而影响了内部效度。因此，当有理由怀疑操纵检验可能干扰自变量的效果时，可以把操纵检验放到因变量测量之后，这样就可以避免操纵检验的干扰。当然，还有另外一种方式：做一个先导（pilot）实验，即在做正式实验之前，招募另外一些与正式实验同质的被试（这些被试不再参加随后的正式实验），单独做一个实验，首先操纵自变量，然后只做操纵检验，不再做因变量测量。单独的预实验可以检验自变量操纵是否成功。虽然预实验增加了研究成本，但好处是，在正式实验之前就明确了自变量操控是成功的，同时避免了安排测量位置的问题，可以使正式实验得到比较纯净的结果。

　　另外，为了照顾到单因素多组被试间实验设计中的数据统计状况，在本案例中，加入自变量包含三个水平的情况，即自变量除了上述两个水平之外，还需要加入第三个水平：简单邀约。图片背景与其他两类诉求完全一致，只是在广告文案上简单写出"请到这里来旅游"。在理论上，这个条件与合意性诉求和可行性诉求的比较并不重要，只是在实验设计和数据统计上，可以帮助读者了解自变量多水平实验设计的独特之处。

## 三、干扰变量的控制

　　表面上，上述过程已经完成了自变量的操作化定义，制作了符合要求的实验材料，可以进行实验了。实际上，对于实验材料的制作，并没有彻底讲清楚。因为在自变量操作化定义过程中，不可避免地引入了干扰变量，有些干扰变量是非系统性的、偶然的，对每个被试的影响并不相同，这类干扰变量只会增加数据的离散程度。例如，广告文案中含糊的表达，导致被试对文案的理解各异，这样的干扰变量无法消除，但可以尽量减小。还有一类干扰变量是系统性的,对所有被试的影响方向一致,如果不加以控制,会严重干扰自变量的效果,这类干扰变量就要谨慎对待,严格消除;如果不能消除,至少要加以测量,并作为协变量在随后的数据处理中引入,用统计的方法"排除"这类干扰变量的影响。对干扰变量的测量,又称为混淆检验(confound check),有些研究把操纵检验和混淆检验专门做了区分(Meyers-Levy et al.,2004;Raghubir et al.,2011),但也有些研究把两者统称为操纵检验(Dubois et al.,2015)。在本书中,对两者不做区分,统称为操纵检验。

在研究中,至于哪些是可能的干扰变量,需要视具体的研究问题而定。发现、排除、控制或者有意识地测量干扰变量,体现了研究者自身经验的丰富程度和对以往研究成果的把握深度。研究者需要学习前人在该类问题上如何控制干扰变量,也需要运用自身经验,敏锐地捕捉可能的干扰变量。当然,有时候研究者甚至会陷入"不识庐山真面目"的境地,所以需要咨询那些对自己研究不了解的,但其他研究经验丰富的研究者,请"旁观者"对自己研究中可能出现的干扰变量提出建议。实际上,在实验设计层面,审稿人对于研究设计的质疑大部分集中在干扰变量的控制是否成功上。在某种意义上来说,实验研究无非是排除其他可能的替代解释(alternative explanation)的过程。

具体到本案例中,我们通过分析合意性诉求广告和可行性诉求广告具体说明如何排除或控制干扰变量。在自变量操作化定义的过程中,可能引入哪些干扰变量呢?对比同一个实验中两个实验材料,它们属于同一变量的两个水平,彼此作为对照条件。在这个实验中,一个水平是合意性诉求,另外一个水平是可行性诉求。要比较这两个水平对因变量效果的差异,就要求这两者具有可比性,也就是说,两个水平除了关键的、要操纵的构念差异之外,其他方面要保持完全一致。最直观的如保持文案字数尽量一致,文字的感情色彩尽量一致,另外,平面广告的背景图片也要一致。当一个因素在所有条件下都保持一致时,就意味着它对因变量的影响保持恒定,可以排除该因素对自变量效果的干扰。但并不是所有的干扰因素都可以通过这样的安排来排除,有时候干扰是由实验材料自身属性决定的,无法通过改变实验材料来排除,就需要通过测量的方式来反映可能存在的差异。根据前人的研究(Han et al.,2019)和研究者的经验,合意性诉求和可行性诉求所使用的文案很可能在吸引力和说服力上存在差异,而且吸引力和说服力的差异足以影响因变量,即存在这样的可能性,合意性诉求广告比可行性诉求广告的吸引力和说服力更强,而由于广告的吸引力较高,导致受众看到这样的广告之后,更希望尽快安排去广告中的旅游地旅行,或者主观上认为该旅游地距离自己也较近。这样的话,即使这两类广告在因变量(空间距离和计划出行时间上)存在差异,也可能并不是由于构念水平造成的影响,而是由于广告说服力或者吸引力造成的结果。为了排除至少是控制这些可能的替代解释(alternative explanation),研究者需要测量这两个变量。对于广告态度的测量非常多,研究者并不需要穷尽所有相关研究,只需要选择几项与自己所研究变量构念相近①的研究即可,例如,张等人(C Chang,2011)、金等人(S Kim et al.,2009),以及范等人(Pham et al.,2004)等的研究。而且,实验研究的一个好处是,对于因变量或者其他一些变量的测量,特别是使用量表的测量,其构念往往比较简单,一般不存在包含多个维度的复杂结构,并不像调查法(survey)中对量表的多种效度检验要求那么严格,因此,一般只需要表面效度或专家效度足够高即可。当然,对于包含多个条目的测量问卷,还需要报告基本的信度信息(通常报告克伦巴赫阿尔法系数,Cronbach's α)。因此,在实验中,变量的测量并非刻板地引用前人所使用的变量以及测量条目,往往根据自身研究的情境,对条目的数量及内容进行微调。这类量表通常使用李克特量表(Likert scale),量表的尺度可以根据前人研究中的量表数值,也可以指定5点或7点,没有本质差异。

在本案例中,我们可能使用以下4则条目来测量广告文字吸引力,见表2.2。

表2.2　广告吸引力测量量表

| 看到广告时的直接感受 | 非常<br>不同意 | | | | | | 非常<br>同意 |
|---|---|---|---|---|---|---|---|
| 这则广告文字能吸引我 | 1 | 2 | 3 | 4 | 5 | 6 | 7 |
| 这则广告文字能引起我的兴趣 | 1 | 2 | 3 | 4 | 5 | 6 | 7 |
| 这则广告文字能打动我 | 1 | 2 | 3 | 4 | 5 | 6 | 7 |
| 这则广告文字符合我心意 | 1 | 2 | 3 | 4 | 5 | 6 | 7 |

对于说服力,可以使用以下6则条目来测量广告文字说服力,见表2.3。

---

① 注意,这里所说的相近,仅仅指的是变量构念本身和相关测量手段,并非指自变量与因变量之间的关系,从这几个研究主题来看,与本案例中提及的研究主题并不相近。

**表 2.3　广告说服力测量量表**

| 看到广告时的直接感受 | 非常<br>不同意 | | | | | | 非常<br>同意 |
|---|---|---|---|---|---|---|---|
| 这则广告文字是有说服力的 | 1 | 2 | 3 | 4 | 5 | 6 | 7 |
| 这则广告文字是令人信服的 | 1 | 2 | 3 | 4 | 5 | 6 | 7 |
| 这则广告文字是使人确信的 | 1 | 2 | 3 | 4 | 5 | 6 | 7 |
| 这则广告文字是有影响力的 | 1 | 2 | 3 | 4 | 5 | 6 | 7 |
| 这则广告文字是有效果的 | 1 | 2 | 3 | 4 | 5 | 6 | 7 |
| 这则广告文字是有用的 | 1 | 2 | 3 | 4 | 5 | 6 | 7 |

与自变量操纵检验情况相似,这些潜在的干扰变量的测量应该放置在实验程序的哪个位置,也是需要研究者慎重考虑的问题。其处理方式也与自变量的操纵检验相似,或者直接在自变量操纵完成之后、因变量测量之前,或者放在因变量测量之后,当然,也可以在先导研究中完成。先导研究赋予了研究者更多的自由度,可以制作多则实验材料,通过先导研究,排除那些自变量操纵不成功、干扰变量存在差异的选项,保留那些符合实验要求的选项。

对其他可能的替代解释的排除,对干扰变量的控制,还表现在同一项研究中的多个实验使用不同的自变量的操作化定义上。对比本案例中,两组实验材料(图 2.1 和图 2.2)反映的都是合意性诉求和可行性诉求,但在文案和平面广告的图案上则完全不同。从文案方面看,变化体现合意性和可行性诉求的条目,使之涵盖范围更广泛。如果不这样做,在所有实验中都使用同样的操作化手段,即使这些实验都得到一致的结果,也会被质疑可能存在其他的替代解释,例如很可能是由于特定的操作化定义,本案例中的某些条目(享受闲适时光、体验多样生活、遇见未知自己)本身对因变量有影响,而不是其反映的抽象构念(合意性诉求)对因变量造成了影响。因此,对于同样的抽象的构念,在多个实验中应该使用不同的操作化实例来反映,这样,如果多个实验得到了一致性的结果,就能比较可靠地推测是抽象的构念而非特定的操作化定义对因变量造成了影响。

另外,对于那些在实验中保持恒定的因素,在不同的实验中也需要改变,例如两个实验材料所使用的平面广告的背景图案。这样做的目的是增加研究结论的可推广性，如果发现一致的结果，则可以表明研究的自变量-因变量的因果关系是稳健的。

## 四、因变量的测量

因变量的选择和设定与研究问题有直接关系。在单因素组间实验设计中，就是要研究自变量对某个或某些因变量的影响，在研究假设中，已经明确地指出自变量和因变量是什么。关于因变量的测量可谓五花八门，因变量测量技术的发展水平在某种程度上反映了学科发展的成熟水平。某些学科已经从多角度、多层面对实验研究中因变量（效果、影响、反应等）进行分析，发展出了从一般行为观察到生理、生化等一系列测量技术和手段。这些技术和手段能够全面地反映实际情况。广告学研究要更进一步发展，也需要多方参考各类测量方法和技术。实际上，引介和发展新的实验技术也是实验广告学最重要的使命之一。

### （一）自陈量表（self-report inventory）

在广告学研究中，最常见也最"简单"的就是自陈量表了。自陈量表是通过书面形式并以严格设计的心理测量条目（item）或问题，向研究对象收集研究资料和数据的一种方法（王重鸣，2001）。自陈量表通常包含多个条目，用来共同反映某个抽象概念。这些条目往往陈述了特定的行为或现象，是可以直接观察的。条目的阐述不要使用专业词汇，要使用被试都能懂的、常规含义的词汇。使用自陈量表的研究俯拾皆是，例如，Coleman et al.（2020）要探讨善因营销广告中的内疚和骄傲诉求对广告态度、品牌态度、购买意向以及口碑传播意向等因素的影响，四项因变量即采用了自陈量表；再如 Usrey et al.（2020）探讨在广告中内隐地（implicitly）或者外显地（explicitly）呈现绿色信号（green signals），对于产品表现的评估、购买意图和对产品的熟悉程度等影响，三项因变量也采用了自陈量表。

### （二）内隐测量（implicit measurement）

自陈量表施测简单易行，只需要被试根据自己的直观感受填答即可。但自陈量表的问题也很明显。在有些情况下，被试无法意识到或者无法清晰地表达自己的感受；在另外一些情况下，被试因为种种考虑不愿意暴露自己真实的感受，例如当被试认为自己真实的想法有违世俗的伦理道德甚至可能不被调查者喜欢时，被试可能隐藏自己真实的感受，而选择那些"被认可"的选项。要解决这类矛盾，内隐测量可能是最合适的替代手段。内隐测量是一种间接反映某种心理特性的测量方式,称为内隐测量需要满足至少三个条件(De Houwer et al.,2009):(1)测量的结果与要测量的心理属性有因果关系;(2)心理属性影响测量结果的过程需要明晰;(3)这个过程是自动运作的(operate automatically)。关于内隐测量的手段非常多,影响比较大的是内隐联想测验(implicit association test,IAT),该方法使用标准化的实验程序,仅要求被试简单地按键来对某些词项进行归类,最终通过被试的反应时长短来反映某些概念在被试头脑中的联系强度(A G Greenwald et al.,2000;A G Greenwald et al.,2003)。在消费行为学以及广告和品牌研究中,内隐联想测验也被广泛应用。例如,布鲁纳等人(Brunel et al.,2004)验证了该测量方式在被试的品牌态度、广告态度等有效性,吉布森(Gibson,2008)则使用该测量方式探讨评估行为条件作用(evaluative conditioning)如何影响被试对成熟品牌的态度。关于内隐测量,还有很多手段,研究者可以在阅读相关文献时留心学习。

(三)直接观察(direct observation)

除了无法探测被试"不能"或"不愿"表达的感受之外,自陈量表往往被认为缺乏外部效度,难以与实际效应和行为相对应,而且可靠性不高。因此,在实验中,如果除了采用自陈量表之外,还可以采用更直接的、不借助其他工具的行为观察,实验研究结果的可靠性会有较大提升。直接行为的测量,看起来简单,实际上很难获得。如果在实验中可以使用与现实中相似的行为指标,通常会被认为具有较高的可信度和价值。使用直接行为观察的研究也很多,在心理学和营销学领域尤其明显,例如,霍兰德等人(Holland et al.,2005)在研究气味对行为和认知的影响时,实验三即观察被试吃过一种易碎的饼干之后擦碎屑的次数,以此来反映被试希望保持清洁的程度;再如史蒂芬等人(Stephens et al.,2009)要探讨骂脏话(swearing)的效果,即要求被试把手浸入冰水混合物中,计算被试在冰水中浸泡时间用以反映其对疼痛的忍耐程度。广告学是非常强调实用性的学科,在广告学研究中,这类直接行为观察更应该广泛使用,广告效果最好可以通过直接观察受众的外显行为来表现。

(四)眼动追踪(eyetracking)

除去不凭借仪器设备的直接行为观察,有时候凭借特定仪器设备的观察也属于行为观察。眼动追踪就是通过眼动仪追踪受众在观看事物时眼球的移动轨迹,因而也是一种行为观察。眼球运动非常快速,注视者本人甚至也不能全面地认识到自己都看了哪些事物,没看哪些以及注视的持续时间等,眼动仪的出现解决了这些问题。眼动仪可以精确地反映被试注视点顺序变化(第一个注视点、第二个注视点……乃至最后一个注视点），每个注视点的注视持续时间，甚至在注视特定区域时瞳孔大小（Bijleveld et al.，2009；Mathôt et al.，2015）。瞳孔大小通常被用作反映被试的兴趣、疲劳程度等指标。研究者可以选择视觉区域内特定的区域（兴趣区，AOI），通过比较在特定区域注视点的数量、持续时长、注视轨迹等反映被试的某些心理活动特征。在研究广告效果中，眼动仪已经被广泛采用，例如，瑞纳等人（Rayner et al.，2001）探讨平面广告中文字和图片信息的阅读和整合问题，瑞纳等人（Rayner et al.，2008）探讨观众的浏览目标对观看平面广告的影响问题，哈顿等人（Hutton et al.，2011）探讨注视线索对于平面广告注意的影响问题，瑟法斯等人（Serfas et al.，2014）通过瞳孔大小反映购买冲动对购物和非购物情境下唤醒的影响问题等，都使用了眼动仪作为直接观察的辅助工具。

（五）外周生理测量

借助特定的仪器设备，研究者甚至可以观察被试在生理层面的反应。一般生理指标丰富多样，包括诸如心电、脑电、肌电、眼电、血压、体温、肌张力、心率、音高、呼吸流速、肺功能、组织血流、血管血流、氧气含量、二氧化碳含量、血氧饱和度、心输出量、脉搏容积等。使用多导生理仪（polygraph）可以在线（online）捕捉这些生理信号。某些生理指标可以反映被试情绪以及注意程度的变化，例如，脸部肌肉活动可以反映情绪活动的效价或愉悦度（valence/pleasure）、心率可以反映认知过程中的注意程度、音高可以反映被试的唤醒程度、皮肤电可以反映被试的焦虑程度（Venkatraman et al.，2015；Y J Wang et al.，2008），这些指标能够比较客观地反映被试的心理变化，因而在营销及广告研究中应该广泛采用。

（六）中枢神经活动测量

生理反应不仅仅包括外周的生理反应，更重要和更直接的生理反应是中枢神经系统的活动。对于中枢神经活动的监测可能涉及多种技术，每种技术分别对应了相应的指标。例如，正电子发射层析技术（positron emission tomography，PET）通过跟踪注入人体的同位素放射信号来测量大脑的各种活动，主要包括葡萄糖代谢、耗氧量和血流量等指标；而脑电图（electroence phalgoraphy，EEG）则通过测量头皮表面微弱的电信号（主要是 alpha 波，8～12 Hz）来反映大脑皮层神经细胞的电活动。由于脑电信号存在巨大噪声，因此可能需要重复刺激，从多次相同刺激下获得的波幅、潜伏期和电位做叠加，过滤掉噪声，获得与刺激相关的电信号，这样做又称为事件相关电位法

(Event-related potential，ERP)；功能磁共振成像技术（functional magnetic resonance imaging，fMRI)通过监测大脑组织的耗氧情况反映大脑区域的活动情况，可以同时提供大脑结构和功能的图像，空间精度非常高（Venkatraman et al.，2015；Y J Wang et al.，2008；朱滢，2000）。此外，检测中枢神经系统活动的手段还包括检测大脑活动产生的磁信号的脑磁图（MEG）以及使大脑某个区域暂时失去功能的透颅磁刺激（rTMS）等技术。在营销学和广告与品牌研究领域，使用 fMRI 进行的研究比较多，可能与 fMRI 能够提供明确的大脑激活区域有关，例如努森等人（Knutson et al.，2007）探讨了伏隔核（nucleus accumbens，NAcc）以及内测前额叶皮层（mesial prefrontal cortex，MPFC）在产品购买中的作用；麦克鲁尔等人（McClure et al.，2004）探讨了腹内侧前额叶（ventromedial prefrontal cortex，VMPFC)、海马（hippocampus)、背侧前额叶皮质（dorsolateral prefrontal cortex，DLPFC）以及中脑对碳酸饮料和具有文化意义的品牌偏好的作用；张等人（Chan et al.，2018）则探讨了品牌在大脑中的神经简写（neuralprofiling）。

（七）生化指标测量

除了对生理层面的测量，还可以从生化层面对广告效果进行测量。传统上，各类激素，如 5-羟色胺（Serotonin)、多巴胺（dopamine）（Fiorillo，2013)、睾酮（testosterone）（Maner et al.，2008)、皮质醇（cortisol）（Reinhard et al.，2012）等激素被广泛地研究，这些激素既可以激发特定的心理状态（作为自变量使用)，也可以被某些心理状态或现实刺激所激发（作为因变量使用）。例如，纳维等人（Nave et al.，2018）的研究发现，男性被试在注射睾酮之后会更加喜欢那些象征地位的品牌，在这个研究中，激素变化就被用作了自变量；萨德等人（Saad et al.，2009）的研究发现，男性在进行炫耀性消费之后，其睾酮水平会有所提升，而男性的社会地位遭受威胁之后，其睾酮水平会有所下降。在这个研究中，激素变化则被用作了因变量。

因变量的测量五花八门，令人眼花缭乱。研究者应该博采众长，根据自己的研究问题，实事求是地选择合适的因变量测量手段，一方面，做到尽量全面综合地反映要研究的因变量，另一方面，不能为了多样而多样，采用花哨而无直接关系的测量手段。

在本案例中，要探讨的问题是广告诉求对被试心理距离的影响，具体来说，就是被试看到同一个旅游地的不同类型诉求的广告（合意性诉求和可行性诉求）之后，对该旅游地与自身所在地的空间距离以及计划出行时间的反应是否有所不同。

对于时间距离，可以使用单个条目，要求被试在双极语义区分量表上做出选择，见表 2.4：

**表 2.4　计划出行时间测量**

看过这则旅游广告之后，如果你要去这个城市旅行，更愿意什么时候出行？

| 近期出行（如本周末） | 1 | 2 | 3 | 4 | 5 | 6 | 7 | 远期出行（如半年后） |
|---|---|---|---|---|---|---|---|---|

对于空间距离，也可以使用单个条目，要求被试在双极语义区分量表上做出选择，见表 2.5：

**表 2.5　城市距离测量**

从广告中的文字来看，你觉得这座城市与你所在城市的距离是？

| 近的 | 1 | 2 | 3 | 4 | 5 | 6 | 7 | 远的 |
|---|---|---|---|---|---|---|---|---|

上述两个因变量——时间和空间距离，构念相对简单，其测量方法也相对简单，因此在本案例中，都使用单一条目（single-item）的自陈量表。需要说明的是，在自陈量表的使用上，不必过分迷信多条目（multiple-item）量表，有研究发现在营销领域内，对于许多特定的单一对象或属性，单条目量表在预测效度上可以与多条目量表相媲美（Bergkvist et al., 2007）。

另外，为了使初学者了解更全面的因变量测量类型和相应的统计方法，在本案例中，还假定第三种实验情况，即不考虑上述两个因变量，而改为另外一个因变量，要求被试回答："看过该广告之后，你乐意本周末还是半年后去该旅游地旅行？"选择只包含"本周末"和"半年后"两个选项。这样，最终获得的因变量的数据类型为计数数据，所使用的统计方法与上述连续变量所使用的统计方法不同。

## 五、中介模型与中介变量的测量

中介变量能够为自变量与因变量提供因果联系，解释两者关系成立的背后机制（Kantowitz et al., 2014）。相对于自变量，中介变量本质上就是因变量，因此在中介变量的选择和确定上，也需要对应相应的研究问题，依据特定的理论逐步推理获得。在本案例中，理论推导的因果链条是合意性诉求和可行性诉求激活了被试的不同层次的构念水平，不同层次的构念水平进一步导致被试对旅游地的心理距离判断有所不同。被试的构念水平变化是中介变量。变量之间的关系见图 2.3。

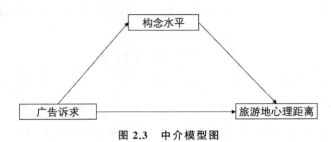

图 2.3　中介模型图

　　中介变量在测量方法和手段上,与一般因变量的测量并无二致。需要注意的事项参照因变量测量即可。与因变量测量不同的是,在测量顺序问题上,中介变量在实验程序哪部分施测是需要重点考虑的问题。因变量是研究的重点,一般会优先考虑。中介变量的测量同操纵检验相似,但又有所不同。因为自变量的操纵检验和混淆检验,如果有必要,可以另外做一个先导研究,即在正式实验中并不必然要做操纵检验,而中介变量的测量一定要在正式实验中做。那么就必然涉及到底是先测量中介变量还是先测量因变量的问题。根据直觉,中介变量要放在因变量测量之前,因为在因果关系的链条上,是自变量影响中介变量,然后中介变量再影响因变量的过程。但事实的发生顺序和对事实测量的顺序并不必然要一一对应,事实已然发生,无论先测中介变量还是先测因变量,原则上都不会影响测量结果。然而,两者顺序的选择在实际上的确存在互相干扰的问题。如果中介变量在因变量之前测量,中介变量的测量很可能会为后面的反应提供需要特征(demand characteristic),即被试根据前面中介变量的测量推测对后面因变量测量应有的反应,使得原本并不存在的关系变成了虚假的相关,或者原本存在的关系变成了不相关。但如果先测因变量,因变量数量或者测量条目众多,也可能会影响自变量与中介变量之间关系的发现。因此,到底先测量中介变量还是先测量因变量需要依据现实情况做出选择,没有一成不变的解答。大部分情况下,中介变量的测量放在因变量测量的后面应是可行的。

　　在本案例中,构念水平是需要测量的中介变量。对构念水平测量最常用的是行为识别量表(Behavior identification form, BIF)(Vallacher et al., 1989),该量表由 25 道题目组成,每道题目都陈述一种常见的行为,随后有两个选项,代表高层次构念的选项强调了行为的目的(合意性),代表低层次构念的选项则强调了行为的手段(可行性)。任务要求被试选择自己认为合适的选项即可。行为识别量表本身的指导语相对较长,具体见表2.6。

表 2.6　行为识别量表

任何行为都可以用不同的方式来反映。例如,人们既可以说"在纸上打印",也可以说"敲击按键",还可以说"表达想法"。我们想知道,对于以下这些不同的行为,你个人偏好哪种表达方式。这些行为都有两种不同的表达方式,例如,上课,a.坐在椅子上,b.看着黑板。你的任务是,选择符合你个人看法的 a 或 b 选项即可,选择没有对错之分。

下面是 25 项特定的行为及表达选项,请选择:

| | | |
|---|---|---|
| 1.列清单<br>　a.变得有条理*<br>　b.把事情写下来 | 2.阅读<br>　a.逐行看文字<br>　b.获得知识* | 3.参军<br>　a.保卫祖国*<br>　b.报名入伍 |
| 4.洗衣服<br>　a.去除污垢*<br>　b.把衣服放进洗衣机 | 5.摘苹果<br>　a.获得一些吃的*<br>　b.把苹果从树枝上摘下 | 6.砍树<br>　a.使用斧头*<br>　b.得到木材 |
| 7.为铺地毯丈量房间尺寸<br>　a.做好修改的准备*<br>　b.使用尺子 | 8.打扫房间<br>　a.爱干净*<br>　b.清扫地板 | 9.粉刷房间<br>　a.用刷子涂抹墙壁<br>　b.令房间焕然一新* |
| 10.交房租<br>　a.继续租住在该房间*<br>　b.付款给房东 | 11.照料室内植物<br>　a.给植物浇水<br>　b.使房间赏心悦目* | 12.锁门<br>　a.旋转钥匙<br>　b.保障房间安全* |
| 13.投票<br>　a.影响选举结果*<br>　b.填写一张选票 | 14.爬树<br>　a.获得良好视野*<br>　b.抓住树枝 | 15.填写个性测试题<br>　a.回答问题<br>　b.揭示自己是什么样的人* |
| 16.刷牙<br>　a.防止蛀牙*<br>　b.用牙刷在嘴里来回刷 | 17.考试<br>　a.回答问题<br>　b.检验知识水平* | 18.问候某人<br>　a.说"你好"<br>　b.展现友好* |
| 19.抵制诱惑<br>　a.说"不"<br>　b.展示道德勇气* | 20.吃东西<br>　a.获得营养*<br>　b.咀嚼吞咽 | 21.在花园里种植<br>　a.播种<br>　b.得到新鲜的蔬菜* |
| 22.驾驶去旅行<br>　a.跟随地图前进<br>　b.欣赏乡村风光* | 23.补牙<br>　a.保护牙齿*<br>　b.去看牙医 | 24.和小孩子说话<br>　a.教会孩子一些事情*<br>　b.用简单的言语 |

续表

| 25.按门铃<br>　a.移动手指<br>　b.看看某人是否在家* | | |
|---|---|---|

　　行为识别量表需要采用如下计分方式:如果被试选择了抽象水平较高的、与行为目的有关的条目(带 * 的选项,在实际实测时,要把星号去掉),计为 1 分;如果选择了抽象水平较低的、与行为方式有关的条目,计为 0 分。25 项题目得分加总之后再除以 25,即可获得单一的行为识别指数(single index of action identification),该指数总分在 0 到 1 分之间,分数越高,表明构念水平也越高。这样的计分方式与我们熟悉的李克特量表不同,但基本上也会按照等距量表的尺度来做数据处理。

# 第二节　实验程序与实施前准备

　　如何操纵自变量,如何控制干扰变量和如何测量因变量和中介变量,甚至安排各个变量的测量顺序都是实验设计重要的部分,完成这些内容,实验设计就完成了大半。然而,在真正进入施测阶段前,实验程序还需要严密设计。实验程序设计主要涉及各个部分如何衔接,如何让被试接受特定的任务,做出指定的反应,这些都需要指导语作为启(开始、引导)、承(从一部分过渡到另一部分)、转(改变实验的指向)、合(整合各个部分、结束实验)的关键。实际上指导语的标准化是实验程序标准化的一部分。另外,广告学实验实施,研究对象往往是人对广告的反应,因此涉及某些特定的研究伦理,在选择被试时还需要履行特定的伦理规范。

## 一、实验程序设计

　　实验是一个有机的过程,实验程序不仅仅包含如何安排各个变量的顺序问题,还包含各变量操纵或测量的启承转合问题,即如何自然地向被试呈现实验刺激(自变量水平),如何要求被试完成相应的测量(操纵检验、中介变量和因变量),这些都涉及指导语的问题。

**（一）指导语**

对于指导语，主要有以下几点要求：（1）内容确定，不能有歧义，不能使用语义含糊的词语或句子。指导语要明确指引被试去做什么，甚至不要做什么都要有清晰的阐述；（2）完整，指导语能够涵盖所有任务，不能只陈述部分要求，余下的靠被试去猜测；（3）简明扼要，指导语要完整，但同时内容不宜过多，过长的指导语可能引起被试厌烦，或者迷失在细节里，无法完成整体任务；（4）标准化，对于每个被试所呈现的指导语都要保持一致，在以书面形式为主的测试中，这一点比较容易实现，但在需要面对面陈述指导语时，往往由于各种原因，主试对不同的被试所陈述的指导语有所不同，可能增加随机变异，甚至有些情况下会变成系统性偏差。

指导语不仅仅需要在纸面上字斟句酌，还需要在现实施测时落到实处。如何呈现指导语也是需要考虑的重要问题。最简单的方式是所有指导语、自变量刺激和其他变量的测量都以书面形式出现，分发给被试，要求被试按照书面上的文字指导按部就班地完成即可。有些自变量刺激则需要主试亲自实施，或者通过口头语言传达。口头传达，可能由主试和被试面对面传达，也可能采用录音向每位被试重复播放。各种方式各有利弊。书面呈现的好处是可以保持标准化，针对每位被试的指导语都是完全一致的，但缺点是需要被试具有一定的文化水平，而且还需要较高的卷入度，认真地读完指导语，在很多情况下，被试并没有耐心读完一大段描述，只是简单地选择后面的选项而已；口头传达的好处是有人际互动，接近现实情况，并且存在一定的人际压力促使被试认真完成实验，但缺点是不容易保持标准化，主试可能受到练习和疲劳以及被试特征的影响，导致指导语在被试间存在差异；录播方式的优点同书面呈现，即容易保持标准化，且录播还有额外的好处，就是对被试的文化程度要求较低，但缺点是缺少人际互动，而且容易留给被试怪异的感觉。现实中不存在完美的指导语呈现方式，具体使用哪种方式，需要按照实际情况来灵活安排。指导语起到了启承转合的作用，连接了实验程序的各个部分，根据实验设计安排深思熟虑的指导语，整个实验程序就可以完成了。

**（二）研究假设与实验设计**

在做足文献与理论的准备之后，就可以提出明确的研究问题和假设。具体到本案例，我们要探讨旅游地形象广告诉求与游客心理距离的关系问题。这项研究兼具理论意义和实践价值：在理论方面，是扩展构念水平适用范围到特定类型的商品（服务型或体验型商品）上；在实践方面，结论有助于针对不同出行计划的游客推送合适的广告,因为这些并不是本书阐述的重点,因此不再详细讨论。

旅游地合意性诉求和可行性诉求是非常常见的旅游地形象广告诉求手段。根据构念水平理论可知,合意性诉求包含了更抽象的、更高层次的构念,而可行性诉求包含了更具体的、更低层次的构念。高层次的构念引发高的心理距离,低层次的构念引发低的心理距离。即合意性诉求会让受众与产品产生较高的心理距离,而可行性诉求会让受众与产品产生较近的心理距离。根据理论做出的上述推理,虽然相较于理论,已经相对具体,然而要通过实验检验,上述陈述还是相对宽泛,因此上述推理获得的陈述属于概括化陈述,从概括化陈述做进一步推理,就可以得到可以被实验数据检验的假设。具体到本案例中,我们可以推测:旅游地广告的诉求类型会影响游客的心理距离。心理距离可以进一步明确化为时间距离和空间距离,因而可以做出四个假设:

假设1:相对于可行性诉求广告,合意性诉求广告会让游客认为广告中的旅游地点在地理上离自己较远(主效应1);

假设2:相对于可行性诉求广告,合意性诉求广告会让游客计划在较远的将来去广告中的旅游地点旅行(主效应2);

假设3:相对于可行性诉求,合意性诉求能够引发游客产生更抽象的构念水平,从而导致游客认为广告中的旅游地点在地理上离自己较远(中介分析1);

假设4:相对于可行性诉求,合意性诉求能够引发游客产生更抽象的构念水平,从而导致游客计划在较远的将来去广告中的旅游地旅行(中介分析2)。

要检验上述研究假设,可以通过单因素被试间实验设计完成。单因素被试间实验设计,又称为单因素完全随机实验设计。在这类设计中,要求随机分配被试到多个小组中,由于是随机分配,理论上,各个小组的被试在任意特征上不存在显著差异,而且每组中,任意特征值大小都呈现正态分布。因此,随机分配到不同组的被试,会形成(各个方面都相同的)对等组。在本案例中,从实验假设可以看出,广告诉求包含两个水平,即合意性诉求和可行性诉求,是一个自变量的两个水平,随机分配一组被试接受自变量的某一个水平,另外一组被试则接受自变量的另外一个水平。这两个被试组互为实验组和控制组,即如果把可行性诉求组作为控制组,那么合意性诉求组就是实验组,反之则反。

单因素被试间实验设计并非仅限于两组的情况,可以包含多个组。在上述程序中,我们主要阐述只有这两组的情况。但在实际研究中,单个因变量也可能包含多个水平,在数据处理上存在多个水平之间两两比较的问题,为了对应实际研究情况,涵盖相应的统计方法,除了单因素两水平的被试间实验设计,我们增加了第三个水平,增加了包含协变量的情况,并且还设计了因变量是计数数据的情况。因此,本案例实际上包含四种实验设计:单因素两水平被试间实验设计、单因素三水平被试间实验设计、单因素三水平带协变量的被试间实验设计和因变量为计数数据的单因素两水平被试间实验设计。这四个实验的实验设计和程序在下面分别阐述。

1.单因素两水平被试间实验设计,该设计是被试间实验设计中最基本、最简单的模式,其基本模式如下:

$$R \quad T_1 \quad O_1$$
$$R \quad T_2 \quad O_2$$

R 为随机分配被试;T 为某具体的实验处理,角标则表明是自变量的水平数,例如 2 表示该自变量的第二个水平;O 为因变量测量,角标数字表明组别。本案例中,单个自变量是广告诉求,包含两个水平——可行性诉求和合意性诉求,因变量为空间距离和出行时间。

具体的实验程序如下:

第一步,随机分配被试到两个组。首先指导语要求被试认真观看相应的平面广告,每个被试只观看两幅平面广告中的一幅。指导语如下:"下图是一座城市的旅游广告。请仔细观看,根据你的直觉,对这则广告内容做出评价。"然后呈现其中一幅平面广告图片,具体实验材料见本章第一节第二部分。相应地,观看不同平面广告的被试被标记为"可行性诉求组"或者"合意性诉求组"。

第二步,在被试看过图片之后,呈现中介变量的测量,此处为构念水平。首先呈现指导语,然后是测量条目。具体内容可参见本章第一节第五部分。

第三步,呈现两个因变量的测量,即时间和空间距离的判断,指导语和测量条目见本章第一节第四部分。两个因变量测量顺序可以随机也可以固定。

第四步,呈现自变量的操纵检验和混淆检验,包括文字抽象程度测量、文字吸引力和说服力测量。指导语和测量条目见本章第一节第三部分。在这部分,为了避免被试可能忘记自变量的具体内容,可以再次呈现之前呈现的平面广告。是否再次呈现自变量刺激,可以根据实际情况,灵活安排。

第五步,如果有必要,还可以检验被试对实验的卷入程度,例如,将前面的刺激材料和未出现过的相似的材料混合呈现,要求被试选择刚才看到过的材料,以便检验其卷入度或记忆程度。这也是操纵检验的一部分。

第六步,测量被试的一些人口统计学变量,如性别、年龄、受教育程度以及收入等。实际上在实验研究中,如果没有特别理由,一般不对这些人口统计学变量进行深入分析,而仅仅做描述性统计。很多情况下,只是在实验报告中方法部分,报告被试的年龄和性别构成。

最后一步,所有测量完成之后,主试告知被试整个实验完成,向被试赠送礼物或者给予一定数额的被试费。为被试解释实验目的,送被试离开(debrief and dismiss)。

被试完成实验主题部分,然后填写人口统计学变量,实验结束,主试向被试解释实验设计及目的,送被试离开等步骤,在几乎所有的设计中都相同,为避免重复,此后所有实验程序中,从填写人口统计学变量开始到最终结束的步骤,都会写作"最后一步,同前"。

2.单因素三水平被试间实验设计。该类设计与单因素两水平被试间实验设计没有本质差异,只是由于自变量的水平数增加,被试需要被随机分到多组中,而且数据处理上也更复杂。该类设计基本模式如下:

$$R \quad T_1 \quad O_1$$
$$R \quad T_2 \quad O_2$$
$$R \quad T_3 \quad O_3$$

相对于单因素两水平被试间实验设计,除了合意性诉求和可行性诉求之外,本设计还增加了一组,为"简单邀约组",这组可以视为控制组或基线组,简单邀约的具体操纵见本章第一节自变量操纵部分。该类设计与单因素两水平设计在实验程序上没有太大差异,只是在第一步中,被试被随机分配到三个处理组,即增加了一组为"简单邀约组"。随后的程序与两水平的单因素实验设计相同,此处不再赘述。

3.为了演示更多的统计方法,我们还加入了单因素三水平带有协变量的被试间实验设计。该设计的程序与一般的单因素三水平被试间实验设计没有本质差异,只是由于存在协变量,需要有额外的测量(尽管协变量通常被认为是自变量,但用作协变量的自变量通常是测量得来的)。多个测量就带来了测量顺序的问题,研究者需要考虑协变量的测量放在因变量测量之前还是测量之后。在本案例中,我们测量了两个协变量——广告诉求的吸引力和说服力,具体条目见本章第一节第三部分。这两个协变量放在因变量测量之后进行,见单因素两水平设计中的第四步。

4.因变量是计数数据的实验设计。该设计只涉及因变量的测量改变,因此,程序完全与第一种情况下的单因素两水平实验设计相同,只是在第三步因变量的测量中,不再要求被试通过李克特量表进行打分,而是在"明天去"还是"半年后去"两个选项中,任意选择一个选项即可。

## 二、伦理审核与被试知情同意

为了保护被试的合法权益和福祉,防止实验对被试造成心理或者身体上的伤害,研究者所在机构有责任就实验流程对被试可能造成的风险进行评估。一般承担该项责任的是伦理道德委员会(美国称为 Institutional Review Board,IRB,在美国,至少在某些学校,主试要开展涉及人类被试的研究,必须通过 IRB 的考试)。每个学校的申请流程和申请表可能不尽相同,具体操作需要咨询本机构的相关负责人。表 2.7 是我们根据本案例实际研究需要制作的一份伦理审核申请表,该表格主要参考中国科学院心理研究所在人类被试中采用的伦理审核申请表。

表 2.7　厦门大学新闻传播学院研究项目伦理审核申请
（人类被试）

| 项目名称 | 合意性诉求与可行性诉求的效果:构念水平对心理距离的影响 | | | |
|---|---|---|---|---|
| 项目负责人 | 姓名 | 王霏 | | |
| | 学位 | 博士 | 职称 | 副教授 |
| | 单位 | 厦门大学 | 电话 | ××××× |
| 项目合作方负责人 | 姓名 | ×××× | 单位 | |
| | 职称 | ×××× | 电话 | |
| 项目来源 | ××××××研究基金 | | | |
| 项目期限 | 2020 年 01 月—2023 年 12 月 | | | |
| 被试情况和权益 | 年龄 | 18~65 | 数目 | 280 |
| | 群体类别 | 年龄在 18~65 岁间,不限群体 | | |
| | 是否自愿(有无自愿书) | 自愿,数据采集方招募 | | |
| | 是否知情(有无知情书) | 知情,数据采集方告知,无须知情书 | | |
| | 有无伤害 | 无 | | |
| | 数据是否需保密 | 无 | | |
| | 实验期限 | 2020 年 06 月 12 日—2020 年 06 月 18 日 | | |

续表

| 项目内容<br>（1000 字以内） | 1.研究目的和预期成果<br>探讨合意性诉求和可行性诉求对受众的心理距离的影响,为两类诉求效果的探讨提供新视角。预期成果为研究报告。 |
| --- | --- |
| | 2.方法和技术手段<br>采用实验方法,主要在线上展开。采用平面广告作为刺激材料,并使用自我报告的量表,要求被试填答。 |
| | 3.研究计划<br>研究交由专业的数据采样公司(问卷星)取样,与问卷星公司签订合同,在协商期限内完成取样。 |

伦理委员会(Institutional Review Board,IRB)审核意见

伦理委员会主任签字

年　月　日

　　与伦理审核申请表同时需要准备的是被试的知情同意书。美国心理学会(APA)对被试需要知晓的内容有非常具体的要求。原则上,我们要展开实验,招募到合适的被试之后,需要向他们展示知情同意书,被试仔细阅读之后签字,表明完全了解自己的权利和责任,然后才可以展开实验。当然,有些实验研究需要委托第三方展开,例如需要他们入户邀请被试,或者在网络上发出邀请等。这种情况下,一般第三方需要承担被试知情同意的责任。

　　表 2.8 是一份可以参照的知情同意书,该知情同意书模板来源于中国科学院心理研究所。

### 表 2.8 被试知情同意书
**（Informed Consent Form for Experimental Participants）**

请您仔细阅读被试知情同意书后再参加本次调查。

（Please read the following information carefully before you sign to participate in the experiment.）

| 协议题目<br>（Protocol Title） | 手表广告研究<br>Evaluation of Watch Advertisement | |
|---|---|---|
| 主要研究者<br>（Principal Investigator） | 王霏 副教授<br>Fei WANG,<br>Associate Professor | 厦门大学广告系<br>Department of Advertising,<br>Xiamen University |
| 合作研究者<br>（Co-Investigator） | ×××× | ×××××× |
| 被试类型<br>（Participant Population） | 大中专学生<br>（College Students） | |
| 项目联系人和地址<br>（Study Contact） | 王霏，厦门大学新闻传播学院 | |
| 联系电话<br>（Telephone） | ×××××× | 电子邮箱<br>（E-mail） feiwang@xmu.edu.cn |

**研究目的（Purpose）**

我们邀请您参加一个关于大学生群体对某个手表广告的看法的研究。希望您能够同意参加本项研究。

（You have been asked to participate in a research study that focuses on the evaluation of watch advertisement. We would like your permission to enroll you as a participant in this research study.）

**研究程序（Procedure）**

首先，需要您观看一则手表广告，然后在电脑上填写 30 道左右的问题，总耗时约 5 分钟。

（Firstly, you will be showed a watch advertisement, then you should fill out a questionnaire with about 30 items. It will cost you about 5 minutes.）

**费用（Costs）**

本研究不会向您收取任何费用。

（No charges will be billed to you for this study.）

续表

### 潜在风险和副作用（Risks and Discomforts）

就研究者知识所及，目前无可预见的风险和副作用。

（As far as the researchers are aware, there are no foreseeable risks and discomforts.）

### 受益（Benefits）

虽然参加本研究对您本人并不带来直接利益，但这个项目的研究将可能为发展广告学理论带来益处。

（There is no other direct benefit of your participation in this experiment. However, this research may eventually be helpful for advertising theory.）

鉴于参加本研究需要花费您的时间，我们为您提供一个小礼品作为补偿。

（Considering the research will cost your time, a small gift will be given for offset.）

### 隐私（Confidentiality）

本研究为匿名调查，不会收集能够识别您身份的任何信息。研究结果可能会在学术期刊/书籍上发表，或者用于教学。但是您的名字或者其他可以确认您身份的信息将不会在任何发表或教学的材料中出现。

（This anonymous research will not collect any personal information. The results of this study may be published in an academic journal/book or used for teaching purposes. However, your name or other identifiers will not be used in any publication or teaching materials.）

### 研究终止（Withdraw from the Research）

您的参与调查完全基于自愿的原则，您可以在调查的任何过程中要求退出，并且不会因为退出调查而对您的工作和生活带来任何影响。

（Participation is voluntary, refusal to take part in the study involves no penalty or loss of benefits to which participants is otherwise entitled, and participants may withdraw from the study at any time without penalty or loss of benefits to which they are otherwise entitled.）

### 疑问解答（Further Questions）

如果您对本研究有任何问题和疑虑，可以与研究者联系，研究者会回答您与研究相关的问题。联系信息见项目联系人和地址栏。

（If you have any further questions or discomforts about this research, please do not hesitate and feel free to contact the researchers. The Study Contact column shows the information you need.）

续表

**主试声明（Experimenter）**

　　我已经解释了研究的目的、研究的程序、潜在的危险和不舒适以及被试的权益，并尽最大可能回答了与研究有关的问题

　　（I have explained the purpose of the research, the study procedures, identifying those that are investigational, the possible risks and discomforts as well as potential benefits and have answered any questions regarding the study to the best of my ability.）


　　　　　　　　　　签名（Signature）：　　　　　　　　　日期（Date）：


**被试（Participant）**

　　我声明我已经被告知本研究的目的、过程、可能的危险和副作用以及潜在的获益和费用。我的所有问题都得到满意的回答。我已经详细阅读了本被试同意书。我在数据采集/知情同意表格上的签名表明我愿意参加本研究。

　　（I confirm that the purpose of the research, the study procedures and the possible risks and discomforts as well as potential benefits that I may experience have been explained to me. All my questions have been satisfactorily answered. I have read this consent form. My signature in the form of data collection and informed consent indicates my willingness to participate in this study.）


　　　　　　　　　　签名（Signature）：　　　　　　　　　日期（Date）：


　　从表2.8中协议题目和研究目的部分可以发现，研究者并没有呈现真实的研究主题，而是呈现了表面上的研究主题，但此处描述的实验任务与实际的实验任务一致。这样做主要是为了避免被试准确地了解研究者的实验目的。另外，知情同意书中很重要的信息要包括负责人的联系方式，一旦被试需要求助，可以直接联系该负责人。在该知情同意书中，还要简略列出实验程序，即大体上需要被试做什么；在实验中可能遇到的风险和副作用、实验的费用、隐私保护、实验自愿参加、自由终止等条款。

　　以上，实验设计及准备工作基本完成，接下来就可以进入正式的实验了。

# 第三节　实验实施

实验设计主要是在书面上完成了整个实验安排,接下来就要开展实验。实验实施的重点之一在于选择和分配被试,选择什么样的被试、选择多少被试、如何分配被试等都是需要考虑的重要问题。在完成被试的招募与分配之后,就可以执行实验程序、收集数据了。在实验实施的过程中,要尽量保证实施程序的标准化,以减少可能的干扰因素。

## 一、确定抽样方法及被试招募

实际研究中,研究者不可能对研究对象的所有个体(即总体)进行考查,因此需要抽取其中一部分个体作为样本进行研究,根据样本获得的结果推论总体情况。因此,涉及如何取样的问题。取样的一般程序是,首先要确定研究对象的总体是谁。一般情况下广告学研究对象大部分是所有社会大众,当然,有些特殊的广告形式可能针对特殊的人群,例如儿童、老年人、残疾人或者广告从业者等。在实际研究中,一个突出的问题是,使用大学生样本是否可行。原则上,大学生也是社会大众的一部分,同样也是广告的重要受众,但大学生在某些特征上与一般社会大众的平均特征存在显著差别,例如,大学生的受教育水平、收入水平、年龄分布等,因此,完全依靠大学生样本获得的结论是否能推广到其他总体中去还存在疑问。在广告学研究中,除非特别针对大学生群体的研究,其他使用大学生样本的研究论文在投稿时可能遭受编辑和审稿人的质疑。为了避免出现这样的问题,在并非针对大学生总体的研究中,尽量避免完全使用大学生样本。当然,很多情况下,没有理论或证据表明大学生总体与其他总体存在本质差异,大学生样本足以代表一般社会大众。折中的做法是在一个整体研究的多个实验中,有些使用大学生样本,有些使用一般社会大众样本,只要在两者中研究结论一致,就可以表明从大学生样本中获得的结论具有代表性,可以推广到大学生以外的群体中去。

从总体中抽取一部分单位作为样本进行调查,并根据样本调查结果来推断总体特征。在理论上,抽样的方法有很多,例如,简单随机抽样、系统随机抽样、分层随机抽样、整群随机抽样以及多阶段随机抽样等。在实际研究中,往往采用非概率抽样(non-probability sampling)。这类抽样方法在抽取样本时并不是依据随机原则,而是根据研究目的对数据的要求,采用某种方式从总体中抽出部分单位对其实施调查。这类抽样方法也很多,例如:根据研究者是否容易接触到被试,根据方便原则,自行确定抽取的样本,这种方式被称为方便取样。对于高校的研究者来说,最方便的样本就是大学生;研究者还可以根据自身经验、判断和对被试的了解,有目的地抽取一些典型或者代表作为样本,这种方式被称为判断抽样,不过这种方式极易受到研究者经验、专业水平和创造性影响;研究者还可以发布广告,被试自愿参加;或者,在某些被试参加实验之后,研究者请这些被试提供线索或者介绍自己熟悉的人参加,这样的抽样方式被称为滚雪球抽样。这些非概率抽样手段的优点是容易实施操作,成本比较低廉,但缺点是样本代表性较差,从样本获得的结论难以推导到总体上去。在一般的研究中,难以保证随机取样。

实验研究,完全可以采用非概率抽样,使用大学生被试的方便取样是最常用的手段。不过,现在有些全国性的网络平台,拥有一定规模的被试池(subject pool),在各个特征上比较接近全国性简单随机取样的要求,因此,最好在这些平台上进行随机取样。至少,使用方便样本(例如大学生)获得了有趣结果,再用随机取样的样本进一步检验。使用网络调查公司的服务,只需要编制好实验程序,与对方谈妥数据收集方面的要求,就可以在线收集数据了。国内有问卷星,国外有 MTurk 等公司提供此类服务。如果使用网络平台收集数据,需要按照实验设计程序,设定指导语、启动材料、刺激材料、因变量及中介变量测量、人口统计学变量等内容,形成一整套"问卷"有多少个实验处理,就需要多少个链接,然后随机分配给被试,每名被试只接受唯一的链接即可。

如果确定使用方便样本,一般社会人群可以到街头,采用拦访的形式招募被试向他们说明缘由,请自愿参加者或在街头或到实验室完成实验。对于大学生样本,可在校园里或者微信群等社交平台张贴招募广告,被试招募广告一般包括以下内容:标题、实验的一般描述(要求)、完成实验所在的地点、时间、时长以及报酬等,还可以附上报名的二维码。图 2.4 是一个简单的实例,研究者根据自己的研究可以灵活修改。

招募:广告评价实验参与者
地点:厦门大学新闻传播学院南光二 206。
内容:观看平面广告,根据问卷回答问题。
时长:8～12 分钟。
报酬:15 元。
可选时间段:10 月 15 日 9:00—11:30,14:30—17:00;10 月 16 日 9:00—11:30。可与联系人商讨其他方便的时间。

对你的要求:
1.18～45 周岁;
2.身体健康,睡眠充足;
3.实验前 6 小时,没有喝咖啡、茶或酒等饮料。

联系方式:王同学,电话××××××××××,或扫描下面二维码加微信。

(微信二维码)

**图 2.4 被试招募广告**

## 二、确定样本容量

确定研究对象之后,还要确定研究所需要的研究对象数量,即样本容量。一般情况下,样本容量越大,代表性越好,但样本容量大意味着需要投入的人力、物力资源也越大。最理想的做法是在保证样本代表性的要求前提下,尽量选择最少量的被试。从现实角度来考虑,现在很多杂志投稿要求中,都需要研究者报告在研究设计时如何确定样本量。

当统计模型确定之后,即确定数据统计需要使用 $t$ 检验、方差分析、回归分析还是卡方检验,样本量受制于显著性水平 $\alpha$ 值、统计功效(statistical power)$1-\beta$ 和研究变量的效应值(effect size)等三个参数。这三类参数的含义,难以用简单的语言进行陈述,研究者需要自行查阅相关的统计类书籍。在研究中,假设检验的显著性水平 $\alpha$ 值一般选定 0.05,统计功效则一般设定为 0.8(Field,2018),当然更严格的可以设置 0.95,研究变量的效应值主要根据前人类似主题研究的元分析或者单个实验研究获得的结果,最差的情况下,直接设置中等水平大小(但实际上很多研究的效应值甚至达不到低水平效应值)。目前,帮助计算样本量的一款统计软件是 G * power 软件包[①],由德国几位心理学教授开发,现在已经发展到第三版。完整讲述这款软件所有功能是不现实的,需要初学者自行安装该软件,并仔细阅读操作手册,以便全面学习。在此,我们依托本案例,仅仅讲述相关的参数获得过程。在本案例中,前三个设计的因变量时空距离判断都是连续变量,因此可以采用方差分析,但为了让初学者全面了解其他可能的统计方法,我们还会对单因素两水平被试间设计使用 $t$ 检验,第四个设计的因变量(是否在本周末去该地旅行)是计数数据,需采用卡方分析。当然,对于复杂的中介效应分析,G * power 软件包尚不能计算其所需的样本量,需要使用蒙特卡洛(Monte-Carlo)方法(Zhang,2014),在本书中不会涉及该方法。本书中所有的中介分析研究,所采用的样本量都是依据方差分析或多元回归分析中计算所获得的样本量设置。

　　一般情况下,我们获得的数据符合参数检验要求,因此通常使用参数检验方法,但如果有证据表明数据分布不符合参数检验要求,例如数据分布不能达到正态分布要求等,可以使用非参数检验方法,包括威尔克松(Wilcoxon)检验、中数检验、科-瓦氏(Kruskal-Wallis)H 检验等。但非参数检验不能充分利用数据蕴含的全部信息,而且往往不能反映多因素设计中自变量之间的交互效应(张厚粲等,2009),因此,在可以使用参数检验方法的情况下,尽量使用参数检验方法。通观营销类、广告学类期刊中所发表的文章,非参数检验非常少见,在本书中,除去讲述卡方检验(因为涉及计数数据),不会涉及其他类非参数检验方法的使用。

　　在本案例中,我们要计算四个实验设计所需要的样本量:第一个,单因素两水平被试间实验设计,该设计可以使用方差分析和 $t$ 检验,因此分成两种情况计算样本量;第二个,单因素三水平被试间实验设计,该设计也需要使用方差分析,与两水平的情况没有多大差异,因此合并讲述;第三个,带有协变量的单因素三水平被试间实验设计,该设计需要使用协方差分析,需要单独计算样本量;第四个,因变量是计数数据的实验设计,同样单独计算样本量。因此,样本量的计算也分成四种情况。

　　要计算特定设计的样本量,首先,打开 G * power 程序,其初始界面如图

　　① 当然,G * power 软件除了可以计算样本量之外,还包含其他更多功能,具体请参考该软件的操作手册。直接使用搜索引擎搜索关键词"G * power"即可获得相关软件程序和资料。按照程序指引就能顺利安装。

2.5。在该界面上,最上部的是软件名称"G＊Power 3.1.9.4"。第二行是菜单栏,一般无须关注。第三行及下面的空窗是计算呈现的更丰富信息,"Central and noncentral distributions"会在下面空窗内画出两个分布的图形,指出决断值(critical F),"Protocol of power analyses"实际上是把演算的所有信息以文本的形式呈现,方便统一复制。以上部分可以忽略。计算样本量的重点在该视图的下半部分。

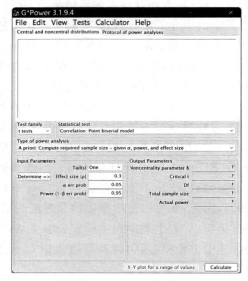

**图 2.5　G＊power 初始界面**

在计算之前,假定我们已经找到了一篇与我们即将开展的研究相似的前人文献,相应的参数都可以找到。那么,根据前人研究参数确定自己研究被试人数的具体过程如下:

(一)对于使用方差分析(ANOVA)的情况

第一步,在"Test family"下拉菜单中选定统计模型,我们选择"F tests",然后在"Statistical test"框内选择"ANOVA：Fixed effects,omnibus,one-way"。再后,在"Type of power analysis"框内选择"A priori：Compute required sample size-given α,power,and effect size";

第二步,在"Input Parameters"部分,"Effect size f"原则上应该根据以往同类研究中获得的效应值填入,该软件提供了简便的计算方式。要计算效应值的大小,首先,研究者需要找到与自己研究类似的研究,在前人的类似研究文献中查找出其各个统计量备用,然后点击图 2.5 中左侧的"Determine=>"按钮,主视图就会在其右侧展开新的视图,见图 2.6。软件默认的计算效应值的方式是从平均数上获得,即"Select procedure"下的"Effect size from means"默认选项。

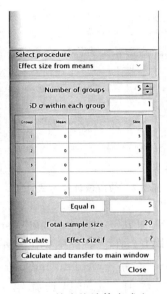

**图 2.6　效应值计算方式之一**

在此视图中,需要根据前人类似研究的各类统计量进行填写,例如,所参考的前人类似研究是单因素两水平或三水平设计,则"number of groups"填入"2"或者"3",对于"SD σ within each group"(组内标准差)则需填入总体的组内标准差,然后在下面表格中分别填入每组的平均值和样本量,如果所有组的样本量是相同的,在表格下一行的"Equal n"按钮右侧栏中填入相应的数字,然后点击"Equal n"即可。最后点击"Calculate"按钮,其右侧的"Effect size f"就会计算出需要的数值。当然,也可以直接点击下面一行的"Calculate and transfer to main window"按钮,就可以计算出需要的数值,而且这个数值也同时被输入主窗口(图 2.5)中的"Effect size f"栏,研究者无须再手动输入。

当然,还有另外两种方式获得"Effect size f",点击视图 2.6 中最上面"Select procedure"下方的下拉菜单,选择"Effect size from variance",在该页面下方就会出现两种计算方式,见图 2.7。

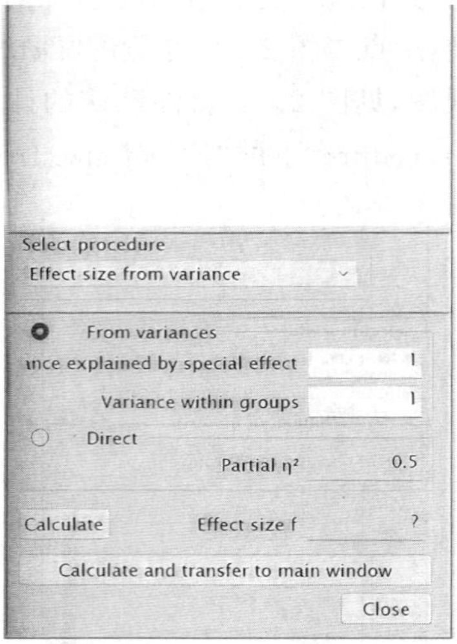

**图 2.7　效应值计算方式之二**

第一种方式是默认选择,"From variances",在"Variance explained by special effect"右侧填入组间变异(均方),在"Variance within groups"右侧填入组内变异(均方),最后点击"Calculate"或者"Calculate and transfer to main window"按钮,就可以计算出需要的数值。也可以选择第二种方式,点击下方的"Direct",然后在"Partial $\eta^2$"输入前人研究中报告的 $\eta_p^2$(偏 Eta 方),最后,点击"Calculate"或者"Calculate and transfer to main window"按钮,就可以计算出需要的数值。通常情况下,前人文献中会报告小组的平均值、标准差、样本量以及 $\eta_p^2$,但很少会报告组间变异和组内变异,即第一种和第三种方式所需数据容易获得,而第二种方式所需数据不容易获得。研究者可以根据能够获得的前人文献中的数据,灵活选择计算方式。在本案例中,我们直接保留软件中"Effect size f"的默认值(中等程度)。

第三步,回到主窗口,见图 2.5 界面,在"Input Parameters"部分,"α err prob"一般选"0.05",按照软件默认即可;"Power(1-β err prob)"按照默认是"0.95",比较严苛,我们选择"0.8";在"Number of groups"选择 2 组或 3 组。

第四步,点击视图 2.5 最右下角的"Calculate",可以得到,单因素两水平情况下,"Total sample size"为"128",所以每组 64 人;单因素三水平情况下,可以得到"Total sample size"为"159",所以每组 53 人。

## (二)对于使用协方差分析(ANCOVA)来分析数据的情况

第一步,在"Test family"下拉菜单中选定统计模型,我们选择 F tests,然后在"Statistical test"中选择"ANCOVA:Fixed effects,main effects and interactions",再后在"Type of power analysis"选择 "A priori:Compute required sample size-given α,power,and effect size";

第二步,在"Input Parameters"部分,"Effect size f"原则上应该根据以往同类研究中获得的效应值填入,该软件提供了简便的计算方式。点击图 2.5中左侧的"Determine＝＞"按钮,主视图就会在其右侧展开新的视图,见图2.8。该计算窗口与"ANOVA:Fixed effects,omnibus,one-way"中的"Effect size from variance"计算窗口(见图 2.7)基本相同,效应值的计算方式也相同,在此不再赘述。

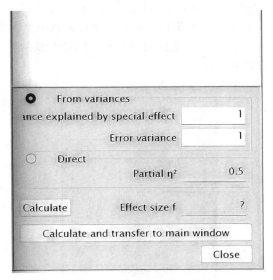

**图 2.8　效应值计算视图**

第三步,回到主窗口,在"Input Parameters"部分,"Effect size f"保留默认值,"α err prob"选"0.05",按照软件默认即可;"Power(1-β err prob)"输入"0.8";在"Numerator df"指的是方差分析中,计算 F 值时的分子自由度,即要检验的自变量的自由度,通常等于水平数减 1,因为本案例中只有一个自变量,而且包含 3 个水平,因此填入"2";"Number of groups"指的是共有多少个处理组,填入"3";"Number of covariates"指的是共有多少个协变量,在本案例中包含两个协变量,因此填入"2"。

第四步,点击视图 2.5 最右下角的"Calculate",可以得到"Total sample size"为"158",因为本案例中共计三组,为使每组人数相同,最终总样本量为 159人,即每组 53 人。

(三)对于使用 $t$ 检验分析数据的情况

需要注意的是,$t$ 检验只能检验自变量是两组的情况,不适用于三组的情况。

第一步,在"Test family"下拉菜单中选定统计模型,我们选择"t tests",然后在"Statistical test"中选择"Means:Difference between two independent means(two groups)",之后在"Type of power analysis"中选择"A priori:Compute required sample size-given α,power,and effect size"。

第二步,在"Input Parameters"部分"Tail(s)",选 Two,即选双尾(侧)检验,"Effect size d"同样需要该根据以往研究中获得的效应值大小,点击图 2.5 中左侧的"Determine=>"按钮,主视图就会在其右侧展开新的视图,见图 2.9。此处分为两种情况计算效应值。

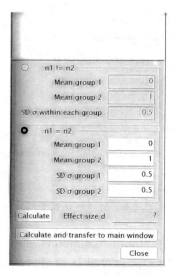

**图 2.9　效应值计算**

第一种情况,当两组样本量不同时,需要输入每组均值以及所有组共同的标准差($t$ 检验的前提假设是两组的标准差相同);第二种情况,当两组样本量相同时，需要输入每组的均值以及每组的标准差（当两组的样本量相同时，两组的标准差不同，$t$ 检验仍然稳健）。最后，点击"Calculate"或者"Calculate and transfer to main window"按钮，就可以计算出需要的数值。在本案例中，我们同样直接保留软件中"Effect size f"的默认值（中等程度）。

第三步，回到主窗口，在"Input Parameters"部分，"α err prob"一般选"0.05"，按照软件默认即可；"Power（1-β err prob）"填入"0.8"；"AllocationratioN2/N1"即组 1 人数和组 2 人数之比，一般两组人数相等，所以填入"1"，

第四步，点击视图 2.5 最右下角的"Calculate"，结果可以得到"Total sample size"为"128"，共两组，每组 64 人。可以看出，样本量实际上与单因素方差分析所要求的人数一致。后面数据分析结果也会看到，两者实际上是等价的，F 值等于 $t$ 值的平方。$t$ 检验只能解决单一自变量两种水平的数据检验，因此并不适用于本案例中的第二种情况。

**（四）对于使用卡方检验来分析数据的情况**

第一步，在"Test family"下拉菜单中选定统计模型，我们选择"$\chi^2$ tests"，然后在"Statistical test"中选择"Goodness-of-fit tests：Contingency tables"，再后在"Type of power analysis"中选择 "A priori：Compute required sample size-given α，power，and effect size"。

第二步，在"Input Parameters"部分，"Effect size w"（效应值）同样需要根据以往研究中获得的效应值大小设定。点击图 2.5 中左侧的"Determine＝＞"按钮，主视图就会在其右侧展开新的视图，见图 2.10 的卡方效应值计算。

在视图中需要填入因素组的单元格数"Number of cells"，在本案例中自变量设定为两个水平，单元格设定为 2，因此需要参考同样单元格数目的前人的研究，并且还要根据该研究的每个单元格百分数等数据，在下面表格中每个单元格填入相应的"p（H0）"和"p（H1）"值，即虚无假设中每个单元格的百分数和备择假设的百分数。通常，"p（H0）"会根据单元格数目将概率 1 平均分配到每个单元格，因此，点击视图下面的"Equal p（H0）"即可使每个单元格的概率为"0.5"，而"p（H1）"则需按照前人研究的结果，手动输入每个单元格的概率分布，当然，最后一个单元格无须手动输入，点击右侧的"Auto calc last cell"即可。最后，点击"Calculate"或者"Calculate and transfer to main window"按钮，就可以计算出需要的数值。在本案例中，我们同样直接保留软件中"Effect size w"的默认值（中等程度）。

第三步，回到主窗口，在"Input Parameters"部分，"α err prob"按照软件

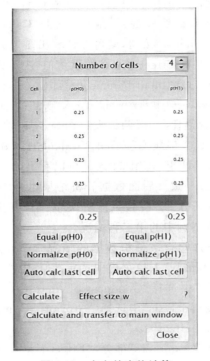

图 2.10　卡方效应值计算

默认值选"0.05";"Power(1-β err prob)"填入"0.8";在"Df"部分,因为因变量的选择包括"明天"和"半年后"两个选项,当自变量是两个水平时,(2−1)×(2−1)=1,"Df"部分填入"1",可以得到"Total sample size"为"88"人,每组44人。

### 三、被试的随机分配

招募到足够多的被试之后,还需要对被试随机分配。在实验中,与随机取样相比,更重要的原则是必须随机分配被试,即每一个被试都有同等可能被分配到任何一个处理中。如果不能随机取样,其结果可能只是影响了实验的外部效度,实验获得的结论不能推广到实验人群以外的群体上,但实验结论至少对于特定的群体是成立的,这对于发展理论就已经足够有价值了(Stanovich,2017)。但如果不能随机分配被试,则影响了实验的内部效度,导致获得的结论不可靠，那么整个实验就是完全失败的。

随机分配被试的方法在理论类书籍中已经讲了很多，读者可自行学习。在此主要讲一些操作上的细节。如果是在线下招募被试进行，需要特别注意的一点是，不应该先完成一个实验处理的数据收集，然后再完成第二个，因为这样也可能造成系统性偏差。较早响应招募广告的被试可能存在某些特点，比如动机强烈、好奇心强、喜欢冒险等，如果这些被试集中在一个实验处理下，那么与后面参加实验的被试相比，就不仅仅是实验处理的差异，被试动机等特点也可能会影响实验结果。对于这种先后到来的被试，较好的方式是 ABBA 顺序，即当实验处理包含两个条件时，第一个被试到来，让他完成实验处理 A，第二个被试则完成实验处理 B，第三个被试则完成实验处理 A，第四个被试完成实验处理 B，依此类推。当多个被试一同到来，可以用简单的抽签方式分配被试到不同的处理组中。确定被试组别之后，就可以根据实验设定，指示被试开始实验。另外，关于被试性别比例，也不需要过分纠结。被试性别失衡可能表现在两个方面：第一，整个实验的样本中，男女比例失衡，对于人口总体来讲，大体上男女比例应该是 1∶1，但实验取样的结果男女比例可能严重偏离这个比值；第二，某个实验处理中，男女比例失衡。一般来说，只要没有什么证据表明男女性别在该实验研究中存在重要影响，那么即使男女比例失衡也没有关系。

如果是在线取样，只需要把链接随机发给不同的被试即可。在本案例中，实验在网络上完成。我们委托问卷星在全国范围内随机取样。我们把不同实验处理做成单一链接，随机分发这两个或三个链接中的一个给被试，要求被试按照顺序填答。网页在被试填答完毕之后自动关闭，被试的数据也会被自动记录下来，受委托的调查公司支付被试费，研究者只需要等待所要求数量的数据采集完毕，之后就可以把数据打包下载了。

## 四、实验实施与完成

实验实施过程一定要保证对所有被试的实验程序都是标准化的、统一的。因为，实验中的干扰变量，除了由于实验设计不完善导致之外，还可能在实验施测阶段出现。标准化的实验实施程序和严格执行是减少或控制干扰变量的重要条件。在实验过程中，温度、湿度、照明、噪声、突发事件及被试身体、心理状况等均可能成为干扰变量，需要主试予以注意和控制。然而，实验实施的环境往往决定了主试可以对干扰变量控制的程度。有些实验在实验室里完成，主试全程监督被试,一对一或者一对多。一方面,由于实施环境单一且受到主试的控制,基本上控制了由于环境而带来的干扰变量;另一方面,由于完成实验时,主试与被试面对面,存在人际互动的压力,被试对实验的卷入度可能更高,当然,如果实验是团体进行的,由于匿名性的增加,有些被试也可能应付作答。有些实验是在实验室之外完成的,例如通过网络进行,主试和被试并不同时出现,主试难以监督被试的实验过程,被试动机和卷入度各异,另外,被试所处环境也五花八门,差异极大,温度、光线、拥挤程度以及突发状况等各不相同,所有这些额外变量都会大大增加数据的离散程度。留心观察不同文献中的数据离散程度①可以发现,针对同样的研究问题或现象,使用大学生作为被试,数据离散度较小,这是因为被试同质化程度比较高,而且很可能实验是在实验室环境下完成,环境同质化程度也较高。而使用网络收集数据,不同地域被试在各个方面差异比较大,完成实验的环境也千差万别,这样的数据离散程度就比较高,容易出现二类错误($\beta$ 错误)。但使用大学生被试的问题是,样本的代表性可能有问题,使用网络取样,大体上做到随机取样,而且样本代表性比较高。在实际研究中,研究者需要权衡不同取样手段的利弊,做出最优选择。

在所有实验程序完成之后,提示被试,实验已经完成。如果是线下展开的实验,主试需要给被试发放实验酬劳,可以是特定的小礼物,也可以是一定数额的被试费。实验酬劳一般需要被试签字确认,签字单最好留下被试姓名、联系方式和身份证号(在有些能够报销被试费的单位,需要这些信息)。被试酬劳发放完毕,还有一个问答释疑阶段,即主试向被试解释本次实验的全部情况,并询问被试有什么问题需要提问。研究者有责任回答被试与实验有关的一切问题,此时,因为实验已经完成,可以明确告知被试研究目的。虽然广告学实验一般不会对被试心理健康造成负面影响,但研究者也有责任明确告知被试,实验后有任何由于参与实验而带来的心理不舒服,如何联系研究者解决。完成以上程序之后,就可以送被试离开。然后开始下一个被试的数据采集工作。如果是线上展开的实验,通常提示被试完成实验,点击提交按钮即可完成整个数据的收集,被试费的发放或者以网站设定的发放红包或积分的方式,或者以代理者事先约定的其他方式完成。

---

① 当然,数据的离散程度不仅仅是由于被试或环境的特点造成的,不同研究变量自身特点的影响可能更大。此处是指研究变量和问题确定的情况。

# 第三章　单因素被试间实验设计：数据分析

　　在整个实验研究中，实验设计部分是最花费时间的环节，即使研究问题已经非常明确，考虑如何操纵自变量、控制干扰变量、测量中介变量和因变量也是一个极为复杂和烦琐的过程，可能需要反复斟酌修改，在参考前人文献的基础上加入自己的头脑风暴。然而，行百里者半九十，根据研究问题，设计如何操纵和测量各类变量仅仅是实验设计的开端，要完成整个实验，还有很多工作要做，数据分析就是其中最为繁复的一环，由于不懂数据分析，很多初学者对于实验方法望而却步。本书将详细讲述各类实验设计的数据分析方法，从使用软件分析数据的每个步骤到数据分析结果呈现，都会做详细的解读。并且为了便于初学者练习，本书会以电子资源的形式为每种设计提供所需的虚拟数据，读者可扫描对应的电子二维码获取。需要特别说明的是，为了吻合理论预测以及方便解读结果，本书所有数据均为人为编造，并非来自实际取样，而且有意留下了一些破绽，防止被用作他途。

　　继上一章对单因素被试间实验设计的前期设计、实验准备及实施部分进行深入探讨，本章将对实验实施及之后数据分析等程序进行详细分析。基本结构如下：

　　第一节，数据输入与预处理。数据统计分析的软件，如 Excel、SPSS(Statistical Program for Social Sciences)、R 语言、Python 以及 SAS 等应用广泛，而且在近些年都有很大发展。这些软件包功能强大，各有所长，有些软件虽然初期学习起来非常困难，但对特定数据处理方法简单易操作，能够完成其他软件不能完成的分析，值得研究人员花时间精力去掌握。考虑到软件入门的简易程度以及软件适用的普遍性，尤其是对于大部分广告专业初学者来说，编程和数学知识是比较陌生的，因此，在本书中，主要以 SPSS 软件为主，在特定情况下，偶尔会用到 Excel 或 Word 画图。本书所使用的 SPSS 软件均为中文第 25 版，所使用中介 Bootstrapping 分析均为 PROCESS v3.3 插件，所使用 Excel 和 Word 为 Microsoft Office 家用版 2019。从本节开始一直到本书最后一章,根据不同的实验设计模式,我们会假设一些数据,然后依托 SPSS 软件包,详细讲解如何设定各类变量、输入数据等技巧,并对原始数据进行初步整理。

第二节,单因素两水平被试间实验设计。在单因素两水平被试间实验设计中,可以使用统计方法包括 $t$ 检验和方差分析(ANOVA)法,对于中介过程的分析,则可以使用 Bootstrapping 分析。在本节将对这几种方法进行详细展示。

第三节,单因素三水平被试间实验设计。在单因素两水平的被试间实验设计中,无论是 $t$ 检验还是方差分析,差异显著的结果即表明该因素的两个水平对因变量的影响效果不同。然而,对于单因素三水平被试间实验设计来说,方差分析中差异显著的结果只能表明在该因素中,三个水平之间,至少有两个水平对因变量的影响效果不同。三个水平,两两比较,包含三组,至于是哪一组,则需要进一步的事后(post hoc)检验。本节除了使用方差分析以及 Bootstrapping 分析之外,还详细阐述了事后检验,并顺带展示了协方差分析。

第四节,因变量是计数数据的卡方检验。卡方分析是一种针对因变量为计数数据的分析方法,本节只对简单的卡方分析进行了展示,对于更加复杂的配对卡方(McNemar)则不再涉及。另外,针对因变量是二分变量、有序多分类和无序多分类变量,可以使用 Logistic 回归或者 Probit 回归进行数据分析,但本书没有涉及这些分析方法,读者用到时可参考相应的统计教程。

# 第一节　数据输入与初步整理

数据分析首先要面对的是如何整理原始数据。如果通过线下获得数据,研究者需要将问卷中的数据逐字输入 SPSS 中,如果是通过问卷星一类的网络平台获得,研究者可以方便地将数据下载到 Excel 文档里,然后转录到 SPSS 中。即使可以方便地转录,由于 SPSS 的一些特殊要求,中文题目直接输入 SPSS 软件,可能不利于后续的数据处理,尤其是分析结果会出现乱码,难以识别,因此还需要研究者手动设置一些项目。

在本案例中,数据共分为三种情况。第一种情况是单因素二水平(可行性诉求 vs.合意性诉求)组间设计,第二种情况是单因素三水平(可行性诉求 vs.

合意性诉求 vs.简单邀约)组间设计,这两种情况下除去自变量的水平数量不一样之外,其他变量都一样。另外,在上述两种情况中,我们还引入了协变量,但在数据分析演示部分,只解读比较复杂的单因素三水平的状况,对于相对简单的单因素两水平中包含协变量的情况,读者可以自行练习。第三种情况是计数数据的单因素两水平设计,因变量变成了"是或否"反应的计数数据。第一种情况对应的数据统计方法包括 $t$ 检验和单因素 ANOVA 检验,第二种情况对应的数据统计方法包括单因素多水平的 ANOVA 检验和协方差检验,第三种情况对应的数据统计方法包括卡方的列联表检验,另外,前两种情况还分别进行了中介分析。前面两种情况数据输入比较复杂,而且几乎没有本质差异,而在第三种情况下,变量很少,输入相对简单。因此在本部分,我们以第一种情况为例,详细说明数据中变量的名称即其他属性的设定,顺带讲述第二种情况下的数据输入。对于第三种情况,只在第三节数据统计部分简要介绍即可。

　　SPSS 数据输入需要遵守一定的规则,主要包含两个基本原则:第一,不同被试的数据不能在同一条记录中出现,即同一被试所获得的数据应该出现而且仅仅出现在同一行中,其他被试的数据不能出现在该行中;第二,每个测量条目只能占据一列的位置,即同一个指标的测量数值都应当录入同一个变量中(张文彤等,2004b)。我们将以本案例为依托,详细示范如何输入数据[①]。在此,不会讲述 SPSS 软件中与本案例关系不大的其他选择和设置,读者可以自行参考相关工具书。

## 一、变量名称初步设定

　　打开 SPSS 程序,其初始界面如图 3.1。在图 3.1 视图下可以输入原始数据。不过,如果观察数据框内最上一行,就会发现所有列的名称都显示为"变量",因此,需要我们首先手动设定实验中所涉及的变量,主要包括变量名称、标签、取值范围等相关属性,然后再输入原始数据。

　　要设定变量名称及相关属性,可以在变量视图下完成。在图 3.1 左下角可以看到两个选项标签,左边是"数据视图",右边是"变量视图"。点击"变量视图"标签,就可以得到图 3.2,在此视图下对实验中所涉及的变量进行设置。

　　图 3.2 中,每行可以设置一个变量,研究者可以逐行依次输入变量。当

---

　　① 需要注意的是,为了数据处理结果更加典型,本书中的数据与实际取样获得的数据有出入。

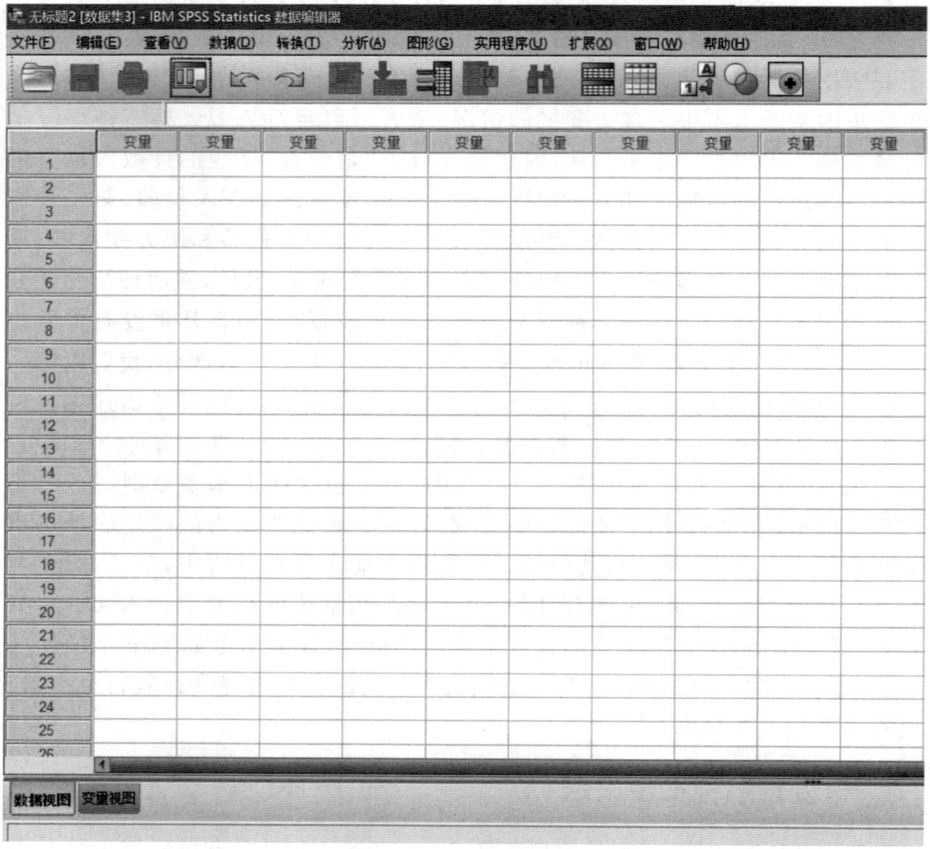

**图 3.1　SPSS 数据视图**

然,变量放置先后顺序属于个人偏好,无所谓对错好坏。在自己清楚明白的前提下,可以随意安排。不过,以被试 ID、人口统计学变量、自变量、协变量(控制变量)、中介变量、因变量这样的顺序比较常见。本节给出的变量顺序是笔者偏好的安排,基本上按照上述常见的方式安排变量顺序。以下将对各变量逐一进行讲解:

第一行可以保留被试的测试顺序 ID,在"名称"列输入"ID"。需要注意的是,在名称列中输入的所有变量名都要用英文或者拼音,如果用中文的话,在结果输出中容易出现不可识别的乱码,影响结果解读。"类型"、"宽度"和"小数"等可以保留默认,不必修改,"标签"可以设置为"被试顺序",当然标签并非

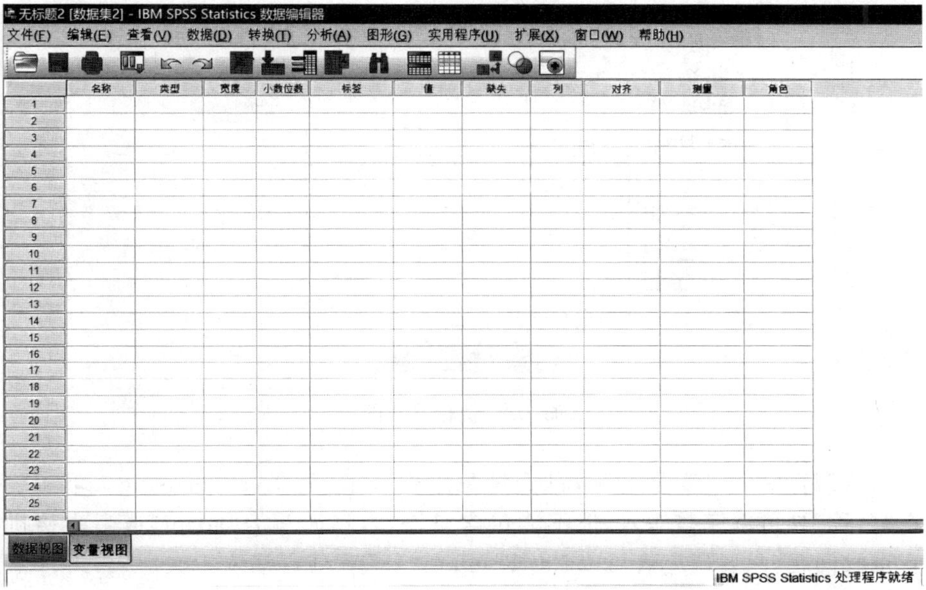

**图 3.2　SPSS 变量视图**

必须填写,只是方便自己日后识别。后面的"值、缺失、列、对齐、度量标准以及角色"等列可以保持默认,不修改。当然按照规则,后面的一些属性应该修改为恰当值,比如 ID 这个变量应该是序号(顺序变量),而默认值是度量(等距变量),但在实际操作中没有必要。

　　第二行可以输入被试性别,在"名称"列输入英文"gender","标签"列输入汉字"性别"。点击"值"列第二行方格的右侧,会有新的弹出窗口,如图 3.3。在"值(U)"空格内填入"0",在"标签(L)"空格内填入"女性",然后点击图中部的"添加(A)"按钮,0.00="女性"就会被输入中间较大的文本框内。再次在"值(U)"空格内填入"1",在"标签(L)"空格内填入"男性",然后点"添加(A)",即可将 1.00="男性"输入中间的文本框,性别编码设定完成。最后点图 3.3 下方的"确定"按钮即可回到主视图 3.2。

　　第三行输入被试的年龄,名称列输入"age",在"标签"列中填入"年龄",其余列保持默认值不变。

　　以上是被试的一些基本特征。当然,如果还有其他被试特征,也可以继续输入。在本案例中,不再考虑其他被试特点。

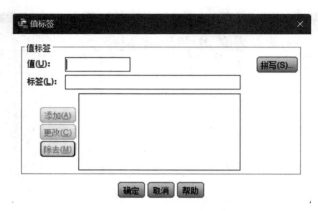

图 3.3　值标签视图

第四行输入自变量名称，自变量是广告诉求，英文"advertising appeal"，在"名称"列可以完整输入，但不能包含空格，当然简写为"adapl"或者直接拼音也没问题，只要研究者可以看懂即可，在"标签"列再输入中文"广告诉求"，在"值"列弹出窗口的"值标签"中，按照上述第二行值填入规则，将"可行性诉求"编码为"0"，"合意性诉求"编码为"1"，当然标签内容也可以输入英文如"feasibility"和"desirability"，只要方便研究者识别。需要说明的是，这里的值仅仅代表了两个不同类别的编码，没有其他数量或者顺序的含义，所以原则上，这两个编码值随便填写，只要是两个不同的值即可。然而，在后面的各类运算中，例如简单效应分析、中介效应分析等，对这些值有一定的要求。因此，即使是自变量不同水平的编码在高低、大小、多少等序列上没有差异，但在赋值时，建议使用连续的数字，而且最好把对照组设为"0"，更具体的原因在后面数据处理遇到时再有针对性地分析。

第五行输入中介变量名称，中介变量是被试的构念水平，在"名称"列输入"cstlv"，在"标签"列输入"构念水平"。其他列保持默认值。需要说明的是，在本案例中，测量构念水平的是 25 道单选题（见第二章第一节第五部分表2.6）。这个测量量表是比较成熟的量表，信效度良好，不需要再检验，为了数据简洁，构念水平量表只呈现一个单一分数即可。每名被试的构念水平分数计算方式如下：原始量表中，个人 25 项所得分加总，然后除以 25 即可。而本案例中的操纵检验、中介变量及因变量等各类测量量表，需要计算量表的信度，因而这些变量的量表条目都需要输入。

第六行输入第一个因变量,即时间距离,单个条目,在"名称"列输入"tempdist",在"标签"列输入"计划出行时间"。其他列保持默认值不变。

第七行输入第二个因变量,即空间距离,单个条目,在"名称"列输入"physdist",在"标签"列输入"空间距离"。其他列保持默认值不变。

第八行到第十行输入操纵检验的三个条目,测量了刺激材料中广告文案的抽象程度。为了方便研究者识别这些条目测量的是同一个变量,在每个条目的名称前都加入同样的字母 AS(abstract 中的字母),名称可以缩写,也可以写完整单词,在此我们保留完整拼写,分别为"ASconcrete、ASdetail、ASprocess",相应的标签为"具体抽象、细节整体、过程目标",分别对应了操纵检验的三个条目。其他列保持默认值不变。

第十一行到第十四行输入关于刺激材料的文案吸引力的四个条目,每个条目的名称前都加入同样的字母 AT(attractive 中的字母),分别为"ATattractive、ATappealing、ATcatchy、ATdesiriable",对应的标签为"吸引力、兴趣、打动人、符合心意"。其他列保持默认值不变。

第十五行到第二十行输入关于刺激材料的文案说服力的六个条目,每个条目的名称前都加入同样的字母 PS(persuasion 中的字母),分别为"PScompelling、PSbelievable、PSconvincing、PSinflential、PSeffective、PSuseful",对应的标签为"有说服力的、令人信服的、使人确信的、有影响力的、有效果的、有用的"。其他列保持默认值不变。

至此,所有的变量及相关属性都设定完毕,可以输入原始数据了。

## 二、原始数据输入

如果实验是在线下完成,收集到的数据是纸质的被试自陈量表,就需要研究者将原始数据逐个输入;当然,如果实验是在网络上进行,例如在问卷星网站上,那么所收集的数据可以直接从网络上批量下载,导出为 Excel 文档。而 SPSS 可以直接读取 Excel 格式文件,自动导入所有原始数据有两种方式。第一种方法,点击图 3.2 左上角的"文件"按钮,鼠标移到下拉菜单第二行"打开(O)",鼠标右移右侧级联菜单第一行"数据",就会出现如图 3.4 的弹出窗口。继续点击打开如图 3.4,点击"查找范围"右侧下拉菜单,找到 Excel 文件存放路径,点击图 3.4 下方的"文件类型"下拉菜单,找到 Excel 格式,此时就会显示出 Excel 文档,点击右侧"打开"按钮即可完成读取。第二种方法,点击图 3.2 左上角的"文件"按钮,鼠标移到下拉菜单第三行"导入数据(D)",鼠标右移到右侧级联菜单第二行"Excel",也会出现如图 3.4 的弹出窗口,只是在该图下侧的"文件类型"中,已经显示 Excel 格式,在主窗口选择相应文件,点击右侧"打开"按钮即可完成读取。这样的数据转录简单快捷,效率极高,而且还不会出现人为转录失误。但这种方式最大的问题是,变量或条目都是直接来自原始的条目,这些条目一般是中文句子,在随后的数据处理时会有乱码的困扰。因此,导入数据成功之后,最好再按照本节第一部分的"变量名称初步设定"方法进行整理。

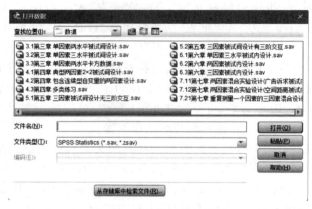

图 3.4  原始数据存放路径

无论是手动输入还是自动导入原始数据,在执行下一步数据分析之前,还需要对原始数据进行初步整理,主要表现在查看数据的缺失值和异常值,以及对多条目量表加总平均,从而获得某个变量的单一数值。

首先,查看数据的缺失值。缺失值的产生可能有两方面原因:一方面是研究者在转录时疏忽,导致漏填,这时候检查原始数据就可以发现问题,补录即可。当然,研究者转录过程中,一个更隐蔽的错误是虽然填入了数值,但填写的是错误数值,因此研究者在转录数据时要慎之又慎,保证填写完整正确,不可敷衍求快①。另一方面的原因是被试有意无意的漏填,如果某个被试数据缺失太多,可以直接将该被试所有数据去除,这种方法被称为整列删除(listwise deletion),但在实验中获得数据不易,不要轻易地舍弃数据,因此当

---

①  当然,据说专业的数据录入公司,通常会默认 0.2% 的录入错误是可以接受的,难以避免。

某变量的分析涉及这个数据点时,就去除掉这个案例,但仍然保留这个被试的其他数据,以备在其他变量分析中使用,这种方法叫成对删除(pairwise deletion)。当然,该缺失值还可以使用其他平均值代替(mean substitution),这个平均值可以是整个同等处理组在该条目上的平均值,即某一列所有同组数据加总平均之后获得的数值,也可以是该被试在同维度下其他条目的平均值,即该被试在此变量上其他条目加总平均之后获得的数值。一般线下进行的实验,难以防止被试漏填,比较好的方式是在被试完成实验之后,主试检查一遍,如果有漏填,可以要求被试补填。如果是网络填写的形式,则可以设置每个选项都为必答选项,被试如果漏填,会有所提示。

其次,查看数据是否存在异常值。所谓异常值,是指在某组数据中,某个或某些取值高于或低于该组数据平均值三个标准差,这样的取值很少,但正是由于这样的取值存在,导致该组数据的离散度过大,产生较大的误差变异。一般来说,使用设备获得的某些数据,例如眼动数据,会偶然出现这样的状况,需要予以注意。而从被试自陈量表中获得的数据,如果使用确定的测量量表,如李克特量表或者语义区分量表,通常不会出现这样的极端值,但如果是要求被试自由填答数字的问题,例如要求被试自由填写愿意对广告中商品的支付金额(willing to pay,WTP),也可能会出现异常值。通常在实验中,遇到平均值加减三个标准差之外的数据,就可以研究报告中明确说明的情况下予以删除。

最后,上述输入内容几乎都是实验中的原始数据,只不过对变量名称进行了整理。通常因变量、中介变量和操纵检验的测量都是多个条目的量表,要进行下一步的数据分析,需要获得某个变量的单一数值,因此需要对变量多条目测量的数据进行整理,简单来说,就是把某个变量下逐个条目数值加总平均,获得该变量的单一特征值。在本案例中,中介变量由于太过烦琐,而且在随后的处理中,无须做更多的统计分析,因而在输入时已经做了简化。两个因变量,空间距离和出行时间都是单条目量表,不需要进一步操作。而对于其他操控检验和控制变量,则需要通过加总平均相关条目,并生成新的变量名称,以便后续分析。以广告文案的抽象程度作为新变量生成为例,首先,在图3.1数据视图(假定已经输入数据)下,点击第一行第五个按钮"转换(T)",在下拉菜单中点击第一行的"计算变量(C)",就会出现新的弹出窗口,见图3.5。

第一步,在第一行的"目标变量(T)"框内填写"AS"(即文案抽象性的代称)。第二步,在等号右侧的"数字表达式(E)"空格内求该新变量的均值。有两种方式:第一种方式,手工逐个输入该变量包含的条目,加总并求平均,该方

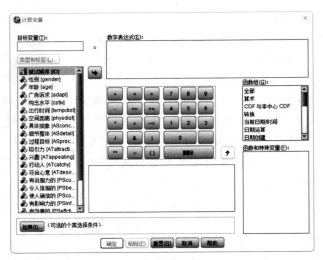

图 3.5　生成新变量

式在多个条目的情况下比较烦琐。第二种方式，比较简洁，即在空格内直接填入求均值的函数，此函数需要在视图 3.5 右侧中部的"函数组（G）"中查找，将右侧的滑动条拉到最下方，点击倒数第五个选项"统计"，在下方的"函数和特殊变量（F）"框内就可以看到一系列可选函数，双击第三个选项"Mean"，就会看到图 3.5 上方的"数字表达式（E）"中出现"MEAN（?,?）"。第三步，在"类型和标签（L）"框内，点击选取"具体抽象［ASconcrete］"，再点击图 3.5 中部向右的箭头（或者直接双击"具体抽象［ASconcrete］"），可以看到该条目就进入了"数字表达式"框内"MEAN"的括号内（替换了括号内的第一个问号）。第四步，嵌入空格并删除括号内的逗号和后面的问号，写入英文的"to"并加空格。第五步，再次从"类型和标签（L）"框内选择"过程目标［ASprocess］"[①]，重复第三步后面的操作。注意，第三步输入的是新变量的第一个条目，而第五步输入的是新变量的最后一个条目。当然，在输入条目的时候，可以不用第四步，而是使用穷举法，逐个输入新变量的每个条目，只是输入后别忘记加逗号将各个条目隔开。然而，这种方法比较烦琐且容易出错。建议使用"to"命令，只需要输入首尾两个条目即可。最后一步，点击视图下侧的"确定"按钮，就会

---

　　①　这时候，同一个变量的多个条目以同样字母开头的优势就看出来了，一眼可以看出哪些条目属于同一个变量，方便计算。

在总的数据视图 3.1 中出现一个新的变量"AS"。其他两个控制变量,广告的吸引力和说服力也用同样的方式获得新变量,分别命名为"AT"和"PS"。另外,还需要在图 3.2 变量标签视图下,分别填入这三个新变量的标签:"文案抽象性、文案吸引力、文案说服力"。

至此,所有原始变量的输入及整理、新变量的生成工作都完成了,数据分析的准备工作就完成了,随后就可以进入数据初步分析阶段。

### 三、描述性统计<sup>①</sup>

随着数据输入完毕并进行初步整理,就可以进入数据分析阶段。首先,应该对数据进行初步分析,主要是一些描述性统计,之后就可以针对数据特征进行相应的推论统计检验。

单因素两水平
被试间设计

描述性统计一般是被试的一些人口统计学特征,这些结果通常需要在实验报告中方法部分报告,例如被试的性别构成和年龄分布检验等。

在图 3.1 数据视图下,点击第一行第六个按钮"分析(A)",然后在下拉菜单中将鼠标移到第二行"描述统计(E)",就会出现级联菜单,再将鼠标移到级联菜单的第二行"描述(D)",点击鼠标,就会出现图 3.6 弹窗。将左侧"年龄[age]"用鼠标选定,然后点击视图中间的箭头,年龄就会被输入右侧的"变量"栏,然后点击视图下侧的"确定"按钮即可。

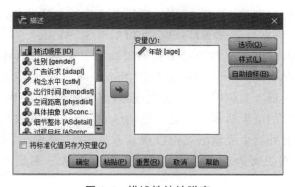

**图 3.6 描述性统计弹窗**

---

① 此处所使用数据的文件名称为"3.1第三章 单因素两水平被试间设计",请扫描二维码获取。

　　一般来说,在实验报告中,年龄只需要报告全距和均值即可,也有报告标准差之类的指标,但总体来说,年龄不需要更详细的报告,即不需要报告分组年龄分布,男女性别的年龄分布等。在本案例中,年龄全距为 18～60 岁,平均年龄为 31.33 岁[①],标准差为 6.99。

　　对于性别来说,也是如此,只是性别是分类变量,属于计数数据,需要报告不同性别的人数占比。在图 3.1 数据视图下,点击第一行第六个按钮"分析(A)",然后在下拉菜单中将鼠标移到第二行"描述统计(E)",就会出现级联菜单,再将鼠标移到级联菜单的第一行"频率(F)",点击鼠标就会出现一个与图 3.6 相似的频率统计弹窗,将"性别[gender]"按照上述方式输入,最后点击"确定"按钮即可。在本案例中,被试共计 128 人,其中女性 48 人,男性 80 人。原则上,人数总体男女比例应该是 1:1,但在实际取样过程中,经常会出现这种男女比例失衡现象。如果实验在线上进行,可以通过限定性别填写的方式使得男女比例平衡;如果实验在线下进行,可以通过招募特定性别被试的方式调整。但在一般情况下,如果没有证据表明性别在自己研究主题上起到重要作用,在实际取样时就不必考虑该因素,随机取样即可。

　　另外,对于几个多条目量表的内部一致性信度也需要报告,这些结果通常出现在实验报告中的方法部分。以文案的抽象性三个测量条目的信度检验为例,首先,在图 3.1 数据视图下,点击第一行第六个按钮"分析(A)",然后在下拉菜单中将鼠标移到第十五行"标度(A)",就会出现级联菜单,点击右侧级联菜单第一行的"可靠性分析(R)",就会跳出如图 3.7 弹窗。

　　鼠标点击选择左侧框内测量文案抽象性的三个条目"具体抽象[ASconcrete]、细节整体[ASdetail]、过程目标[ASprocess]",然后点击中间箭头,就可以把这些变量输入右侧"项(I)"框内,最后点击视图下侧"确定"按钮,就会获得文案抽象性的信度指标——克伦巴赫(Cronbach)α 系数[②]。以同样方式我们可以获得另外两个变量的克伦巴赫 α 系数,在本案例中,文案抽象性、文案吸引力和文案说服力三个变量的克伦巴赫 α 系数分别是 0.825,0.923 和

---

　　① 　在本书中,之后所有的数据,除了 $p$ 值以及 95% 置信区间的值保留 3 或 4 位小数之外,一般数值仅仅保留 2 位小数。

　　② 　克伦巴赫 α 系数是目前通用的反映信度指标的系数,但对于该系数近来也存在争议,详细讨论可见 DeVellis R F. Scale development: Theory and applications[M]. 4 ed. Sage Publications. 2016,Vol.25.

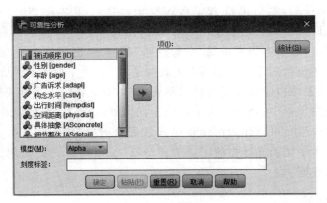

图 3.7　可靠性分析

0.912。通常，对于克伦巴赫 α 系数在 0.80～0.90 之间，该量表会被认为内部一致性信度非常好；取值在 0.70～0.80 之间，表明该量表的内部一致性信度也相当好；而 0.65～0.70 则被认为属于最小可接受值；低于 0.65 的量表最好不要。依照上述标准可以看出，我们所使用的这三个测量量表的信度都达到了非常好的程度。

　　接下来，我们分别对本案例中四个实验设计进行分析——单因素两水平被试间实验设计、单因素三水平被试间实验设计、带有协变量的单因素三水平被试间实验设计和因变量是计数数据的单因素被试间实验设计，分别使用了 $t$ 检验、方差分析（ANOVA）、协方差分析（ANCOVA）和卡方检验等四种手段。另外，我们还对前三个实验设计进行了中介分析。

## 第二节　两水平实验设计的数据分析①

单因素两水平
被试间设计

　　对于单因素两水平被试间实验设计，可以用两种处理方式，$t$ 检验和方差分析（ANOVA），而这两者在检验效力和结果上其实是等价的。在此分别演

---

　　①　此处所使用数据的文件名称为"3.1 第三章 单因素两水平被试间设计"，请扫描二维码获取。

示,首先是 $t$ 检验,然后再做 ANOVA 检验。当然,在实际研究中,只使用其中一个方法即可。最后还会使用 Bootstrapping 检验中介关系。在本案例中,自变量是"广告诉求",因变量是"空间距离"和"出行时间",中介变量是"构念水平",另外还包括三项操控检验"文案抽象性"、"文案吸引力"及"文案说服力"。文案抽象性检验自变量的操纵是否成功,而文案吸引力和说服力则检验在自变量操纵过程中,是否引入了其他干扰因素,也可以称为混淆检验①。文案吸引力和说服力可以作为协变量引入数据分析中,我们将在第三节更复杂的单因素三水平实验设计中演示协方差分析,读者可以自行使用协方差方法分析本节的数据。

## 一、$t$ 检验

我们将详细讲述以"出行时间"为因变量的 $t$ 检验的每一步骤,并对结果进行解释。"出行时间"是本实验设计中两个因变量之一。对于实验设计中其他几个变量,例如中介变量、操控检验和协变量等,检验过程及结果呈现是一样的。此处直接给出数据分析结果,并进行详尽的解释。

要检验的假设是,不同广告诉求会让受众计划出行时间产生差异,即合意性诉求使得受众计划出行时间晚于可行性诉求。数据分析的目的就是要比较两个条件下均值差异是否达到统计学意义上的显著,$t$ 检验可以实现此目的。

(一)数据分析程序

第一步,在图 3.1 数据视图下,点击第一行第六个按钮"分析(A)",然后在下拉菜单中将鼠标移到第五行"比较均值(M)",就会出现级联菜单,再将鼠标移到级联菜单的第三行"独立样本 T 检验(T)",点击会出现图 3.8 弹窗。

第二步,将左侧"广告诉求[adapl]"用鼠标选定,因为广告诉求为自变量,因此要点击视图 3.8 中间第二个箭头,广告诉求就会被输入视图右侧下方的"分组变量(G)"栏,此时还需要点击"分组变量"下方的"定义组(D)",会弹出新的窗口,见图 3.9。

第三步,在组 1 框内输入"0",在组 2 框内输入"1",这与我们在设定自变量时的编码值有关,在本案例中,广告诉求的一个水平"可行性诉求"构成一个处理条件,被设定为"0",而另外一个水平"合意性诉求"构成另外一个处理条件,被设定为"1"。点击视图左下角"继续(C)"按钮,就会回到图 3.8。

---

① 在本书中,操纵检验和混淆检验统称为操纵检验。

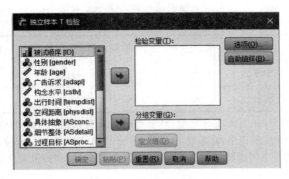

图 3.8　独立样本 T 检验

图 3.9　定义组

第四步，接下来，在左侧变量框内找到"出行时间［tempdist］"，选中并点击视图 3.8 中间的第一个箭头，出行时间就会被输入右侧上方的"检验变量（T）"框内。

最后一步，可以点击视图最下方的"确定"按钮，程序运行，即可在结果输出部分看到相应的结果。

（二）结果解读

在结果输出部分可以看到两个表格，第一个表格是关于自变量不同水平在检验变量上的一些描述性信息，如表 3.1。

表 3.1 *t* 检验结果输出第一个表格*

组统计

| | 广告诉求 | 个案数 | 平均值 | 标准偏差 | 标准误差平均值 |
|---|---|---|---|---|---|
| 出行时间 | 可行性 | 64 | 4.265 6 | 1.747 94 | .218 49 |
| | 合意性 | 64 | 4.968 8 | 1.642 38 | .205 30 |

* 需要说明的是,在正式的研究报告中,很多结果仅仅以文字的形式出现,而且只会报告关键信息;即使出现表格,也会使用三线表,更加简练美观。本书结果分析部分直接照搬 SPSS 结果输出中的表格,是为了方便初学者自己操作 SPSS 处理之后,相互对照。

在该表格中,列出了被检验的因变量"出行时间"和自变量的两个水平"可行性""合意性",后面是两个实验处理组的被试量,两组各 64 人,在某些实验中,两组人数可以不相等,不过尽量保证两组人数相等。表格还列出了两个处理组的均值以及标准差(SD),最后是每组的标准误差(SE)。

在实验报告中,我们通常只会报告表 3.1 中的部分信息,例如每组的均值和标准差,对于文案抽象性,可行性诉求组"出行时间"均值 $M = 4.27$[①],SD = 1.75,而合意性诉求组文案抽象性均值为 $M = 4.97$,SD = 1.64。在实验报告中,除去 *p* 值之外的数值一般只取小数点后两位,后面的数采用四舍五入法。在有些情况下,我们可能还要通过画图的形式表现结果,如果自变量是离散型的变量,一般会画成条形(bar)图,而自变量中包含连续变量的,则画成折线图或直方图。当然,有时候为了直观地表现自变量之间的交互效应或者表现发展变化趋势,有时候离散型自变量也会在条形图基础上加入折线图。图 3.10 即采用 Excel 作图按钮所作的图形,具体过程不再赘述。需要特别注意的是,一般广告学研究中采用的量表都是等距量表,没有 0 点,最小值是从 1 开始的。因此,在画图时要特别注意纵轴的标尺不要从 0 开始。在很多已经发表的研究中,可能由于研究者的疏漏,经常会看到不该有 0 点的图居然从 0 点开始绘制。

另外,条形图上有时候需要画误差线,而误差线的数值,有些研究报告采用标准差(SD),但最好使用标准误差(SE),例如图 3.10 中每个方块上的短线。

---

① 在结果报告中,除去 *p* 值,相关系数 *r* 值以及回归系数等值保留小数点后三位小数,其余数值都仅保留小数点后两位小数,后面的数值四舍五入。

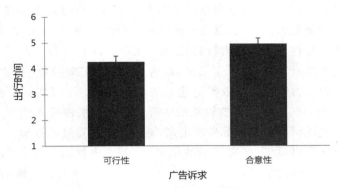

**图 3.10　不同广告诉求下的出行时间**

接下来看第二个表格。表 3.2 列出了 $t$ 检验统计推论的一些关键信息。

**表 3.2　$t$ 检验结果输出第二个表格**

独立样本检验

| | | 莱文方差等同性检验 | | 平均值等同性 $t$ 检验 | | | | | | |
|---|---|---|---|---|---|---|---|---|---|---|
| | | $F$ | 显著性 | $t$ | 自由度 | Sig（双尾） | 平均值差值 | 标准误差差值 | 差值95％置信区间 | |
| | | | | | | | | | 下限 | 上限 |
| 出行时间 | 假定等方差 | 2.000 | .160 | −2.345 | 126 | .021 | −.703 13 | .299 81 | −1.296 44 | −.109 81 |
| | 不假定等方差 | | | −2.345 | 125.514 | .021 | −.703 13 | .299 81 | −1.296 46 | −.109 79 |

　　前面的莱文(Levene)检验是对两个样本代表的总体离散度差异的反映，当假设两个总体方差齐性时,就直接按照标准的两样本 $t$ 检验结果;当假设两样本方差不齐性时,则需要对标准差进行校正,得到校正 $t$ 检验结果。在本案例中,可以看到两者的方差齐性。

　　在实验报告中,需要这样汇报结果:根据莱文检验的结果,方差齐性,$F=2.00$, $p=.160$[①],因此,要以第一行的结果为准。$t(126)=-2.35$, $p=.021$。

---

　　① 在通常的结果报告中,只有 $p$ 值和相关系数 $r$ 值,不会有超过 1 的数值,因此小数点前不加 0,其余数值都需要在小数点前加 0。

这样的结果表明,可行性诉求和合意性诉求在计划出行时间上存在显著差异,通过比较平均值可以知道,合意性诉求计划出行的时间($M=4.97$,SD$=1.64$)要显著晚于可行性诉求计划出行时间($M=4.27$,SD$=1.74$)。

其他几个变量,如因变量空间距离,控制变量"文案抽象性"、"文案吸引力"和"文案说服力",也可以依照上述方法进行统计。不过实际上在输入"检验变量(T)"时,可以多选,把要检验的所有变量都一次性输入该框,结果输出部分就会一次性将所有结果都呈现出来,减少了多次重复的烦琐。

对于空间距离,根据莱文检验的结果,方差不齐性,$F=40.87$,$p<.001$。因此需要看第二行的结果,$t(105.11)$①$=-4.17$,$p<.001$。这样的结果表明合意性诉求和可行性诉求两类广告对被试的距离判断影响有所不同。结合两者的均值,合意性诉求中被试对空间距离的判断,$M=5.59$,SD$=1.23$,可行性诉求中被试对空间距离的判断,$M=4.38$,SD$=1.99$,可以发现,相对于可行性诉求,合意性诉求使得被试认为旅游地距离自己更遥远。

对于文案抽象性,根据莱文检验的结果,方差不齐性,$F=16.55$,$p<.001$。$t(110.92)=-4.27$,$p<.001$,该结果表明合意性诉求和可行性诉求的文案抽象性存在显著差异,自变量操控有效。结合两者均值,可行性诉求文案说服力均值 $M=5.09$,SD$=1.03$,合意性诉求文案吸引力均值 $M=4.11$,SD$=1.52$,可以发现合意性诉求的文案抽象性显著高于可行性诉求的文案抽象性。

对于文案的吸引力,根据莱文检验的结果,方差齐性,$F=2.49$,$p=.117$。$t(126)=-1.92$,$p=.057$,这样的结果说明对于可行性和合意性诉求的文案吸引力不存在差异,因此,可行性和合意性诉求在重要的两个因变量(计划出行时间和空间距离)上的差异并非由于吸引力的差异造成的,该结果排除了一个可能的替代解释。如果单纯看两个均值的大小,可行性诉求文案吸引力均值 $M=4.95$,SD$=1.41$,合意性诉求文案吸引力均值 $M=5.39$,SD$=1.18$,似乎存在差异,但这种差异很可能是由于取样误差造成的,因此不能单凭目测推测两者总体是否存在差异,应该以 $t$ 检验的结果为准。当然,对于 $p$ 值,在此处只是略微高于 0.05,但低于 0.1,在一些研究中,会使用边缘显著(marginally significant)的说法,即把 $p$ 值大于 0.05 而小于 0.1 的情况称为边缘显著,在解释此类结果时按照显著的情况来讨论,即认为两者是有显著差异的。

———————————

① 注意此处的自由度,莱文方差齐性检验表明两个样本的方差存在显著差异,$t$ 值本身并不发生变化,只有自由度发生了变化。

对于文案的说服力,根据莱文检验的结果,方差齐性,$F=2.22,p=.138$。$t(126)=-1.02,p=.310$,这个结果同文案的吸引力结果一致,发现可行性诉求文案说服力均值 $M=5.01$,SD$=1.28$,合意性诉求文案吸引力均值 $M=5.22$,SD$=1.05$。$t$ 检验的结果可以排除文案说服力对因变量可能存在的潜在影响。

当然,为了排除文案吸引力和说服力的影响,还可以将两者作为协变量纳入到协方差分析中。我们将在本章第三节较复杂情况下进行一元方差分析和协方差分析。

## 二、方差检验(ANOVA)

此处仍以因变量"计划出行时间"为结果变量进行分析,要检验的假设是,不同的广告诉求会影响被试的计划出行时间,相对于可行性诉求,合意性诉求会让被试的计划出行时间更晚。表面上,要回答该问题,就是要比较可行性诉求组和合意性诉求组的均值大小,均值越大,计划出行时间越晚,反之则反。$t$ 检验的基本原理是要将两个条件下的均值差异与某个特定值(一般情况下是0)是否达到统计学意义上的显著。而 ANOVA 检验的基本原理是将组间变异与组内变异的商与 $F$ 分布的某个值(取决于自由度)相比是否达到统计学意义上的显著[①]。虽然背后的统计原理不同,但在单因素两水平的数据分析中,$t$ 检验和 ANOVA 检验的结果是等价的。在 SPSS 软件中,有两个命令可以做 ANOVA,两者也是等价的,只是在结果呈现时有些微差异。

(一)第一种做法

1.数据分析程序。第一步,在图 3.1 数据视图下,点击第一行第六个按钮"分析(A)",然后在下拉菜单中将鼠标移到第五行"比较均值(M)",就会出现级联菜单,再将鼠标移到级联菜单的第六行"单因素 ANOVA 检验",点击会出现图 3.11 弹窗。

第二步,将左侧"广告诉求[adapl]"用鼠标选定,因为广告诉求为自变量,因此要点击中间下方的箭头,广告诉求就会被输入右侧下方的"因子(F)"栏。接下来,在左侧变量框中找到"出行时间[tempdist]",选中并点击中间上方的箭头,"计划出行时间"就会被输入右侧上方的"因变量列表(E)"框内。

第三步,如果研究者还需要知道不同自变量水平下的均值、离散度以及不

---

① 对于统计学原理,读者可自行参考任何有关心理学和教育学统计方法的教材。

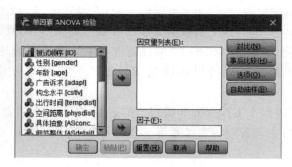

图 3.11　单因素方差分析视图

同组之间数据的方差是否齐性，也可以在点击"确定"按钮之前，点击视图中最右侧的第三行按钮"选项（O）"，此时会出现弹窗图 3.12。

图 3.12　单因素分析中的选项弹窗

第四步，点击勾选"描述（D）"和"方差齐性检验（H）"，然后点击最下方的"继续"按钮，回到图 3.11 视图。

最后一步，点击视图 3.11 最下方的"确定"按钮，程序运行，即可在结果输出部分看到相应的结果。

2.数据分析结果。在结果输出部分可以看到三个表格。

第一个表格是关于自变量不同水平在检验变量上的一些描述性信息，如表 3.3。这个表格与前面 $t$ 检验输出的描述性统计表格差不多，主要列出了不同处理组在因变量上的描述性统计结果。在该表格中，首先列出了被检验自变量的两个处理组"可行性"和"合意性"各自的样本量,并且还列出了两组在计划出行时间上得到的平均值、标准差(SD)和标准误差(SE)。接着还包括该平均值参数估计(95%置信区间),最后还列出了最大值和最小值,这里的最大值和最小值是被试实际填写的数值,在本案例中,两者的极大值和极小值都是量表取值的极大值和极小值。在有些情况下,极大值和极小值有可能与量表的极大值和极小值不同,但一定会处在量表的极大值和极小值取值范围以内,如果超出了这个边界,说明数据输入有误。同样,在实验报告中,基本上只会报告均值和标准差。

表 3.3 单因素方差检验的描述性统计结果<br>描述

出行时间

| | 个案数 | 平均值 | 标准偏差 | 标准错误 | 平均值的 95% 置信区间 | | 最小值 | 最大值 |
|---|---|---|---|---|---|---|---|---|
| | | | | | 下限 | 上限 | | |
| 可行性 | 64 | 4.265 6 | 1.747 94 | .218 49 | 3.829 0 | 4.702 2 | 1.00 | 7.00 |
| 合意性 | 64 | 4.968 8 | 1.642 38 | .205 30 | 4.558 5 | 5.379 0 | 1.00 | 7.00 |
| 总计 | 128 | 4.617 2 | 1.725 77 | .152 54 | 4.315 3 | 4.919 0 | 1.00 | 7.00 |

第二个表格列出了莱文检验的结果,见表 3.4。在此我们只需要参照表格中第一行"基于平均值"的结果即可。莱文检验是对各个处理的方差差异大小的反映,当各个处理样本量相差不大,方差轻微不齐仅仅对方差分析的结论有微小影响,但只要最大/最小方差之比小于 3(张文彤等,2004b),分析结果都是稳定的。实际上,这样大的差距在自陈量表中几乎不会出现,所以大部分时间都不需要考虑这个检验。

表 3.4 ANOVA 方差齐性检验<br>方差齐性检验

| | | 莱文统计 | 自由度 1 | 自由度 2 | 显著性 |
|---|---|---|---|---|---|
| 出行时间 | 基于平均值 | 2.000 | 1 | 126 | .160 |
| | 基于中位数 | 1.927 | 1 | 126 | .168 |
| | 基于中位数并具有调整后自由度 | 1.927 | 1 | 123.902 | .168 |
| | 基于剪除后平均值 | 2.115 | 1 | 126 | .148 |

第三个表格列出了单因素方差分析的结果,见表3.5。表格内列出了组内和组间变异的一些基本情况,包括和方、自由度、均方,最后是方差分析的 $F$ 值(组间均方与组内均方的比值)以及显著性水平。

表 3.5 单因素方差分析的结果
ANOVA

出行时间

|  | 平方和 | 自由度 | 均方 | $F$ | 显著性 |
|---|---|---|---|---|---|
| 组间 | 15.820 | 1 | 15.820 | 5.500 | .021 |
| 组内 | 362.422 | 126 | 2.876 |  |  |
| 总计 | 378.242 | 127 |  |  |  |

观察单因素方差分析的结果 $F$ 值与 $t$ 检验中的 $t$ 值,就会发现上面 $t$ 检验中 $t$ 值的平方就等于此处的 $F$ 值,而且 $p$ 值都是 0.021。两者是完全等价的。

(二)第二种做法

1.数据分析程序。第一步,在图 3.1 数据视图下,点击第一行第六个按钮"分析(A)",然后在下拉菜单中将鼠标移到第六行"一般线性模型(G)",就会出现级联菜单,再将鼠标移到级联菜单的第一行"单变量(U)",点击会出现图 3.13 弹窗。

第二步,将左侧"广告诉求[adapl]"用鼠标选定,因为广告诉求为自变量,因此要点击中间第二个箭头,广告诉求就会被输入右侧第二个"固定因子(F)"框内。

第三步,在左侧变量框中找到"出行时间[tempdist]",选中并点击中间第一个箭头,"计划出行时间"就会被输入右侧上方的"因变量(D)"框内。

第四步,如果研究者还需要知道不同自变量水平下的均值和离散度以及效应值(effect size)等信息,则需要点击视图中最右侧的第七行按钮"选项(O)",此时会出现弹窗图 3.14。

第五步,点击勾选"描述统计(D)"和"功效估计(E)",此处右侧第一行的"方差齐性检验(H)"可选可不选。然后点击最下方的"继续"按钮,回到图3.13视窗。

最后一步,点击图 3.13 视窗左下角"确定"按钮,程序运行,即可在结果输出部分看到相应的结果。

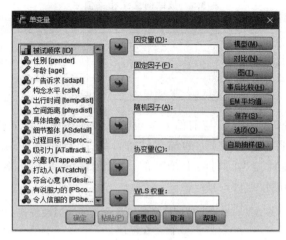

图 3.13　单变量分析

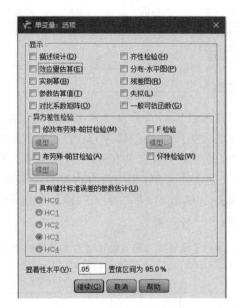

图 3.14　单变量选项弹窗

2.数据分析结果。在结果输出部分可以看到三个表格。

第一个表格是关于自变量两个处理组的编码以及样本量等信息,见表3.6。

**表 3.6 被试间变量相关信息**
**主体间因子**

| | | 值标签 | 个案数 |
|---|---|---|---|
| 广告诉求 | .00 | 可行性 | 64 |
| | 1.00 | 合意性 | 64 |

第二个表格,见表 3.7,与前面 $t$ 检验输出的描述性统计表格差不多,主要列出了不同处理组在因变量上的描述性统计结果,包括被检验自变量的两个处理组在因变量计划出行时间上得到的平均值、标准差和样本量。这些在实验报告中都会用到。

**表 3.7 单因素被试间实验设计分析的描述性统计**
**描述性统计**

因变量:出行时间

| 广告诉求 | 平均值 | 标准偏差 | 个案数 |
|---|---|---|---|
| 可行性 | 4.265 6 | 1.747 94 | 64 |
| 合意性 | 4.968 8 | 1.642 38 | 64 |
| 总计 | 4.617 2 | 1.725 77 | 128 |

第三个表格是单因素被试间实验设计方差分析的主要结果,见表 3.8。相对于第一种单因素方差分析所呈现的结果,这个方法呈现的结果显得稍微复杂些。在这个表格中,主要需要看自变量那一行的数据,即表 3.8 中第四行,"adapl"行中 $F$ 值以及显著性 $p$ 值,相应的自由度也是看自变量这一行($F$ 检验中的分子)以及"误差"(第五行)那一行($F$ 检验中的分母)。在实际报告中,需要报告的内容同上一种处理方法。

**表 3.8 单因素被试间实验设计方差分析的结果**
**主体间效应检验**

因变量:出行时间

| 源 | Ⅲ类平方和 | 自由度 | 均方 | F | 显著性 | 偏 Eta 平方 |
|---|---|---|---|---|---|---|
| 修正模型 | 15.820[a] | 1 | 15.820 | 5.500 | .021 | .042 |
| 截距 | 2 728.758 | 1 | 2 728.758 | 948.683 | .000 | .883 |
| adapl | 15.820 | 1 | 15.820 | 5.500 | .021 | .042 |

续表

| 源 | Ⅲ类平方和 | 自由度 | 均方 | F | 显著性 | 偏 Eta 平方 |
|---|---|---|---|---|---|---|
| 误差 | 362.422 | 126 | 2.876 | | | |
| 总计 | 3 107.000 | 128 | | | | |
| 修正后总计 | 378.242 | 127 | | | | |

a.R 方＝.042(调整后 R 方＝.034)

不过,由于之前我们选项卡中,勾选了报告效应值,因此在该结果表格中最后一项给出了自变量的效应值(effect size),SPSS 提供的效应值为 $\eta_p{}^2$,通常在实验结果中也需要报告。

最终,在本案例中,需要报告的内容如下:单因素方差分析结果差异显著,$F(1,126)^{①}=5.5, p=.021, \eta_p{}^2=0.042$,该结果表明,可行性诉求和合意性诉求广告对被试的计划出行时间影响差异显著,相对于可行性诉求的计划出行时间($M=4.27, \mathrm{SD}=1.75$),合意性诉求的计划出行时间($M=4.97, \mathrm{SD}=1.64$)更晚。

以上是对以计划出行时间为因变量进行 ANOVA 检验的具体过程,对于其他因变量和控制变量的检验,也可以依照上述步骤进行,此处不再赘述。

## 三、Bootstrapping 检验

此处要检验的假设是:广告诉求通过影响被试的构念水平,进而影响被试的计划出行时间,即相对于可行性诉求,合意性诉求可以引发被试产生较高的构念水平,进而使得被试的计划出行时间较晚。对于数据进行中介分析,有多种手段可以选择,目前广为研究者和期刊接受的是由 Hayes 开发的 PROCESS 程序进行 Bootstrapping 检验。因此,在本书中,我们按照该程序的模式进行中介计算。

为了在结果解读部分方便,我们首先把各个变量之间的关系以模型化的方式呈现出来,见图 3.15。在该模型中,各个变量用方框来表示,变量之间的关系用带箭头的直线来表示。实线 1 表示自变量"广告诉求(ads appeal)"对中介变量"构念水平(construal level)"的影响;实线 2 表示中介变量"构念水平(construal level)"对因变量"计划出行时间(temporal distance)"的影响;实

---

① 两个自由度数值分别来自要检验的自变量的自由度和误差的自由度。

线 4 表示自变量"广告诉求(ads appeal)"对因变量"计划出行时间(temporal distance)"总的影响,包含了通过中介变量对因变量的间接影响;虚线 3 表示自变量"广告诉求(ads appeal)"对因变量"计划出行时间(temporal distance)"直接影响,剔除了通过中介变量对因变量的间接影响。

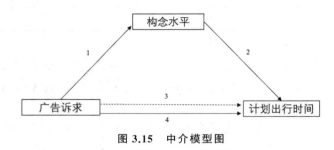

**图 3.15 中介模型图**

**(一)Bootstrapping 数据统计步骤**

第一步,在图 3.1 数据视图下,点击第一行第六个按钮"分析(A)",然后在下拉菜单中将鼠标移到第十行"回归(R)",就会出现级联菜单,再将鼠标移到级联菜单的第五行"PROCESS v3.3 by Andrew F. Hayes"①,点击会出现图 3.16 弹窗,该界面目前为英文版。

第二步,用鼠标点击选中"广告诉求[adapl]",然后点击第二行箭头,输入"X variable"。此处为输入自变量或预测变量。

第三步,点击选中"构念水平[cstlv]",然后点击第三行箭头,输入"Mediator(s)M"下面的框内。此处为输入中介变量。

第四步,点击选中"出行时间[tempdist]",然后点击第一行箭头,输入"Y variable"下面的框内。此处为输入因变量或结果变量。

第五步,在把所有变量输入完毕之后,还需要选择模型,点击左侧变量框下面第一行的"Model number",会有下拉菜单展开,选择"4"即可。关于到底选用哪个模型来做,需要研究者参考 Hayes(2017)的教材。

第六步,如果研究者希望获得更详细的结果,可以点击页面右侧第二行"Options"按钮,就会有弹窗出现,见图 3.17。在此我们只选择第三行的"Show total effect model(only models 4,6,80,81,82)"。然后点击"继续",回到图 3.16 界面。

---

① 需要自行安装 PROCESS 宏命令程序才可见。

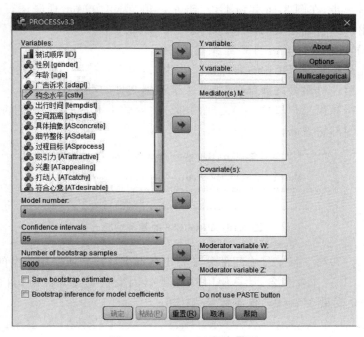

图 3.16　PROCESS 程序界面

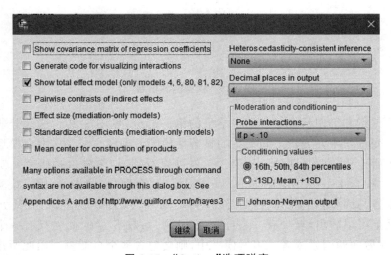

图 3.17　"Options"选项弹窗

最后一步,在图 3.16 弹窗下,点击左下角"确定"按钮,程序运行,即可在结果输出部分看到相应的结果。

(二)Bootstrapping 分析结果输出

首先是关于 PROCESS 程序的一些说明,可以直接跳过,下面就是结果矩阵部分。第一行星号之前部分,主要关于数据文件的存储路径。

第一行和第二行星号(＊)之间的部分主要关于 PROCESS 版本和版权信息,见图 3.18,可忽略。

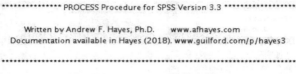

************* PROCESS Procedure for SPSS Version 3.3 *******************

Written by Andrew F. Hayes, Ph.D.    www.afhayes.com
Documentation available in Hayes (2018). www.guilford.com/p/hayes3

****************************************************************

**图 3.18    PROCESS 的基本情况**

第二行和第三行星号之间部分是关于在本次计算中所使用模型的基本信息,见图 3.19。主要包含,计算使用的模型 4,因变量 $Y$:tempdist,自变量 $X$:adapl,中介变量 $M$:cstlv,样本数量为 128。

```
****************************************************************
Model  :  4
    Y  :  tempdist
    X  :  adapl
    M  :  cstlv

Sample
Size:  128

****************************************************************
```

**图 3.19    模型基本信息**

第三行和第四行星号之间是结果的第一部分,见图 3.20。这部分所呈现的是自变量与中介变量之间关系的显著性检验。即图 3.15 中,中介模型图中实线 1 所连接的两个部分。从第一行就可以看到,结果变量是研究确定的中介变量"构念水平","Model summary"是关于模型的一些指标,用以检验模型中自变量与因变量之间是否存在线性关系,从 $F=21.90, p<.001$。从 $F$ 值和显著性上可以看出,至少有一个自变量的回归系数不为 0(此处只有一个自变量,但在后面两因素或者三因素模型中,则会包含多个自变量),因此所建立的回归模型有统计学意义,可以继续看后面的结果。"Constant"行表明本次回归模型中的截距一些信息,在实验中,可以不看,直接看后面的自变量那一行,

即"adapl"的结果,可以发现,自变量与中介变量之间的回归系数为 0.086[①],并且,通过后面的 $t$ 检验的 $p$ 值,$t = 4.68$,$p < .001$,可以看到该回归系数是显著的,即相对于可行性诉求(取值 0),合意性诉求(取值 1)的构念水平更高、更抽象。 另外,也可以通过后面的 95% 置信区间看该效应是否显著,[0.049 8,0.122 8],该区间不包括 0 点,可以看出效应显著。

```
**************************************************************
OUTCOME VARIABLE:
 cstlv

Model Summary
          R        R-sq        MSE          F        df1        df2          p
      .3848       .1480       .0109    21.8955     1.0000   126.0000       .0000

Model
               coeff         se          t          p        LLCI       ULCI
constant       .4728       .0292    16.2099       .0000       .4151      .5305
adapl          .0863       .0184     4.6793       .0000       .0498      .1228

**************************************************************
```

**图 3.20 自变量与中介变量回归系数的显著性检验**

第四行和第五行星号之间是结果的第二部分,见图 3.21,这部分所呈现的是自变量、中介变量与因变量之间关系的显著性检验。 即图 3.15 中,中介模型图中实线 2 和虚线 3 所连接的两个部分。从第一行就可以看到,结果变量是研究确定的因变量"计划出行时间"。从最后两行,可以看到自变量和中介变量对因变量回归系数的显著性检验,从"adapl"行可以看到,自变量与因变量间的直接回归系数为 0.113,此时该效应并不显著,$t = 0.38$,$p = .704$,95%置信区间,[-0.472 8,0.698 1],包括 0 点,表明自变量对因变量的直接效应并不显著,而中介变量与因变量之间的回归系数为 6.841,而且两者之间的关系非常显著,$t = 5.19$,$p < .001$,95%置信区间[4.231 3,9.450 8],不包括 0 点,表明构念水平越高,计划出行时间也就越晚。

① 原始表格中,所有数据都呈现小数点后四位小数,我们根据常规报告的方式,对于回归系数、$p$ 值和 95% 置信区间以外的数值,小数点后两位数字进行四舍五入操作。

```
****************************************************************
OUTCOME VARIABLE:
 tempdist

Model Summary
          R        R-sq        MSE          F         df1         df2          p
       .4600       .2116      2.3857    16.7731      2.0000    125.0000       .0000

Model
              coeff         se          t           p         LLCI        ULCI
constant      .3281       .7583       .4327       .6660     -1.1727      1.8289
adapl         .1126       .2958       .3807       .7041      -.4728       .6981
cstlv        6.8411      1.3186      5.1880       .0000      4.2313      9.4508

************************* TOTAL EFFECT MODEL ************************
```

**图 3.21　自变量、中介变量与因变量回归系数的显著性检验**

第五行和第六行星号之间是结果的第三部分,见图 3.22,这部分呈现的是自变量对因变量的总效应,指的是在不存在其他变量的情况下自变量对因变量的影响。即图 3.15 中,中介模型图中实线 4 所连接的部分。从中可以看出,自变量对因变量的总效应(包含了直接效应和间接效应)是显著的,$t=2.35$,$p=.021$,95% 置信区间 [0.109 8,1.296 4]。

```
************************* TOTAL EFFECT MODEL ************************
OUTCOME VARIABLE:
 tempdist

Model Summary
          R        R-sq        MSE          F         df1         df2          p
       .2045       .0418      2.8764     5.5001      1.0000    126.0000       .0206

Model
              coeff         se          t           p         LLCI        ULCI
constant     3.5625       .4740      7.5152       .0000      2.6244      4.5006
adapl         .7031       .2998      2.3452       .0206       .1098      1.2964

************** TOTAL, DIRECT, AND INDIRECT EFFECTS OF X ON Y **************
```

**图 3.22　自变量对因变量的总效应**

第六行和第七行星号之间是结果的第四部分,见图 3.23,这部分所呈现的是自变量与因变量之间的总效应、直接效应和间接效应的显著性检验,在图 3.15 中,中介模型图中实线 4 和虚线 3 以及实线 1 和 2 之间的联系即对应了这三个效应。实际上,总效应和直接效应在前面的结果中已经出现过了,这里再次总结出现。间接效应是第一次报告,这正是我们要检验的中介效应。在本案例中,间接效应的效应值为 0.591,这个数值实际上就是自变量对中介变量的回归系数(0.086)乘以中介变量对因变量的回归系数(6.841)得来的。另外,中介效应是否显著,并没有 $t$ 检验或方差检验的结果,需要看 95% 置信区间,此处为

[0.279 3,0.970 6],该结果表明95％置信区间最高和最低值都为正数,不包括0点,即表明中介效应是显著的。该处数值是中介效应最重要的参考结果。

```
************* TOTAL, DIRECT, AND INDIRECT EFFECTS OF X ON Y **************

Total effect of X on Y
     Effect        se         t          p         LLCI        ULCI
      .7031      .2998     2.3452      .0206       .1098       1.2964

Direct effect of X on Y
     Effect        se         t          p         LLCI        ULCI
      .1126      .2958      .3807      .7041      -.4728        .6981

Indirect effect(s) of X on Y:
           Effect      BootSE    BootLLCI    BootULCI
cstlv       .5905      .1766       .2793       .9706

*********************** ANALYSIS NOTES AND ERRORS ***********************
```

**图 3.23　总效应、直接效应和间接效应的显著性检验**

在报告中介效应时,在文字上通常需要报告:我们使用了 PROCESS3.3 宏命令程序(Hayes,2017),5 000 次 bootstrap 取样,结果发现,中介效应=0.591,SE=0.177,95％置信区间(CI)为 [0.279,0.971][①]。该结果表明,广告诉求通过影响被试的构念水平,进而影响了其计划出行时间;相对于可行性诉求,合意性诉求引发被试更高的构念水平,进而使得其出行时间更晚。当然,最好以图形的方式画出各个变量以及之间路径回归系数的模型图,如图 3.24。在该图中,所有的路径系数、显著性水平以及 95％置信区间都要报告。

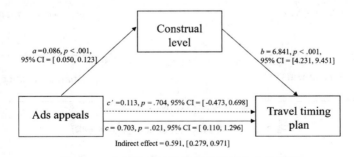

**图 3.24　广告诉求与计划出行时间中介效应图**

---

① 由于95％置信区间是对数据随机抽样 5 000 次进行估计的,因此每次计算的结果都有可能不同,读者在自行演算的时候就会发现这两个数字与此处呈现不同。

第七行和第八行星号之间是 Bootstrapping 检验设定的一些参数,置信区间的设置以及 Bootstrap 取样的次数,在报告的时候会用到,见图 3.25。

```
*********************** ANALYSIS NOTES AND ERRORS ***********************`

Level of confidence for all confidence intervals in output:
 95.0000

Number of bootstrap samples for percentile bootstrap confidence intervals:
 5000

------ END MATRIX -----
```

图 3.25　PROCESS 分析的基本信息

以上就是以"计划出行时间"为因变量所做的中介分析,对于因变量"空间距离"的中介分析,与上述步骤完全相同,这里就不再赘述。其结果如下:我们使用了 PROCESS3.3 宏命令程序(Hayes,2017),5 000 次 bootstrap 取样,结果发现,中介效应=0.833,SE=0.197,95% 置信区间为[0.465,1.244],表明广告诉求通过影响被试的构念水平,进而影响了被试对旅游地距离的判断,相对于可行性诉求,合意性诉求引发被试更高的构念水平,进而使得被试判断旅游地距离自己更远。其他各个路径系数见图 3.26。

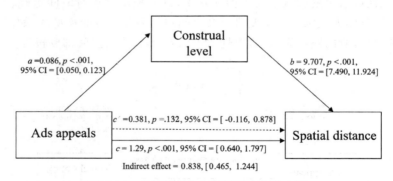

图 3.26　广告诉求与空间距离中介效应图

## 第三节　三水平实验设计的数据分析[①]

单因素三水平
被试间设计

对于单因素三水平或者更多水平的被试间实验设计,无法使用 $t$ 检验,只能使用方差分析(ANOVA),按照之前 G * power 计算的结果,三组被试的情况下,每组被试的样本量为 53 人。相对于单因素二水平被试间实验设计,本设计多出一个水平,在本案例中称为"简单邀约组"或"控制组",在 SPSS 数据文档中,自变量"adapl"的"值"设定中,控制组编码为"0",可行性诉求编码为"1",合意性诉求编码为为"2"。在本案例中,主要进行没有协变量的方差分析、有协变量的协方差分析(ANCOVA)、没有协变量的中介分析以及有协变量的中介分析。

### 一、方差检验(ANOVA)

此处要检验的假设是,不同的广告诉求会影响被试的计划出行时间,相对于可行性诉求,合意性诉求会让被试的计划出行时间更晚,而相对于控制组,可行性诉求会让被试的计划出行时间更早,合意性诉求会让被试的计划出行时间更晚。在这个要被检验的假设中,包含了三个组之间的两两检验。单因素两水平被试间实验设计只涉及两个水平的差异比较,因此 ANOVA 检验的结果就是两个水平显著性差异的结果,而单因素三水平被试间实验设计结果则涉及三个水平之间两两比较。三个水平两两比较,因此共有三组比较,ANOVA 检验的显著性结果只是表明在这三组比较中至少有一组存在显著差异,至于哪组存在显著差异,一般的 ANOVA 则无法回答。因此,需要加入多重比较,以发现到底是哪两组之间存在差异。

#### (一)数据分析程序

此处我们以"计划出行时间"因变量为例,展示如何进行 ANOVA 检验,具体操作如下:

第一步,首先在图 3.1 数据视图下,点击第一行第六个按钮"分析(A)",

---

① 此处所使用数据的文件名称为"3.2 第三章 单因素三水平被试间设计",请扫描二维码获取。

然后在下拉菜单中将鼠标移到第六行"一般线性模型（G）"，就会出现级联菜单，再将鼠标移到级联菜单的第一行"单变量（U）"，点击会出现图3.13弹窗。

第二步，将左侧"广告诉求[adap1]"用鼠标选定，因为广告诉求为自变量，因此要点击中间第二个箭头，广告诉求就会被输入右侧第二个"固定因子（F）"框内。

第三步，在左侧变量框中找到"出行时间[tempdist]"，选中并点击中间第一个箭头，"计划出行时间"就会被输入右侧上方的"因变量（D）"框内。

第四步，如果是单因素两水平的组间设计，此时就可以按视图下面的"确定"按钮继续了，但要进行多重比较，还要点击图3.13弹窗右侧第四行的"事后比较（H）"，此时会有新的弹窗出现，见图3.27，自变量在视窗上部的左侧"因子（F）"，需要点击选中，然后点击上部中间的箭头，输入视窗上部的右侧"下列各项的事后检验（P）"框内。此时，下面的两两比较方法才变得可选。

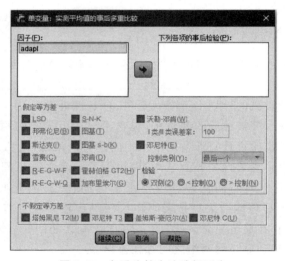

图 3.27　多重比较方法选择列表

从视图中可以看到，可以选择的比较方法非常多，每种方法具体的含义请参照SPSS操作手册或相关统计类图书。到底选择哪种统计方法，可以参照张文彤等（2004b）列出的选择策略：（1）如果两个均值间的比较是独立的，或者虽有多个样本均值，但事先已经计划好要对某几组均值进行比较，那么不管方差分析结果如何，都应该进行比较，一般选择LSD法或者邦弗伦尼（Bonferroni)法;(2)如果事先未计划进行多重比较,在方差分析得到有统计学意义的 F 值之后,才进行多重比较,此时如果需要进行多个实验组和一个对照组的比较时,可以采用邓尼特(Dunnett)法;(3)需要进行任意两组之间的比较而且各组样本量相同时,可以选择图基(Tukey)法;(4)若样本量不同,则可以采用雪费(Scheffe)法。当然,如果组数较少,不同方法所获得的结果差异不大;如果组数很多,则一定要慎重选择两两比较的方法。

在这里,为了对比 LSD 和邦弗伦尼(Bonferroni)法,我们勾选这两个选项,然后点击弹窗图 3.27 下方的"继续"按钮回到图 3.13 弹窗。

第五步,图 3.13 弹窗右侧的第五个按钮"EM 平均值"可实现的功能很多:在单因素实验设计中,结果输出与"事后比较"法输出的结果相似;在多因素实验设计中,除了可以做某个因素多个水平之间的两两比较之外,在一般线性模型(GLM)的语法中配合 COMPARE 命令,还可以做简单效应以及二级简单效应分析[①]。

点击该按钮就可以出现新的弹窗,见图 3.28。点击选中左侧"因子与因子交互(F)"框内的"adapl",然后点击中间的箭头,输入视图右侧的"显示下列各项的平均值(M)"。然后点击勾选下方的"比较主效应(O)"。下面的"置信区间调整(N)"可以保留默认的"LSD(无)",即使用 LSD 进行两两比较。也可

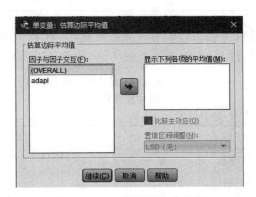

图 3.28　EM 平均值命令视图

---

①　要做简单效应或二级简单效应分析,需要编写语法,不能在窗口中简单实现。二级简单效应的含义可以参照本书第五章的内容。

以选中有修正作用的"邦弗伦尼"。此处我们选中"邦弗伦尼"。在结果输出的时候可以对比该功能输出的结果与事后检验的结果。点击视图 3.28 左下角"继续"按钮,返回到视图 3.13。

第六步,点击视图 3.13 中最右侧的第七行按钮"选项(O)",此时会出现弹窗 3.14。勾选"描述统计(D)"和"效应量估计(E)"即可。点击弹窗 3.14 左下方的"继续(C)"按钮返回到视图 3.13。

最后一步,点击视图 3.13 最下方的"确定"按钮,程序运行,即可在结果输出部分看到相应的结果。

(二)数据分析结果

结果输出部分可以看到七个表格。

第一个表格是分组编码以及样本等方面的信息,见表 3.9。

表 3.9 被试间变量分组信息
主体间因子

| | | 值标签 | 个案数 |
|---|---|---|---|
| 广告诉求 | 0 | 控制组 | 53 |
| | 1.00 | 可行性 | 53 |
| | 2.00 | 合意性 | 53 |

第二个表格是自变量三个水平的描述性统计,见表 3.10。该表主要呈现了各组在计划出行时间这个因变量上的均值、标准差以及样本数。

表 3.10 ANOVA 描述性统计量
描述性统计

因变量:出行时间

| 广告诉求 | 平均值 | 标准偏差 | 个案数 |
|---|---|---|---|
| 控制组 | 4.867 9 | 1.506 88 | 53 |
| 可行性 | 3.981 1 | 1.726 39 | 53 |
| 合意性 | 4.905 7 | 1.712 67 | 53 |
| 总计 | 4.584 9 | 1.696 24 | 159 |

第三个表格详细展示了单因素方差分析结果,见表 3.11。

102

**表 3.11 单因素三水平 ANOVA 检验**
**主体间效应检验**

因变量:出行时间

| 源 | Ⅲ类平方和 | 自由度 | 均方 | F | 显著性 | 偏 Eta 平方 |
|---|---|---|---|---|---|---|
| 修正模型 | 29.019ᵃ | 2 | 14.509 | 5.318 | .006 | .064 |
| 截距 | 3 342.396 | 1 | 3 342.396 | 1 225.170 | .001 | .887 |
| adapl | 29.019 | 2 | 14.509 | 5.318 | .006 | .064 |
| 误差 | 425.585 | 156 | 2.728 | | | |
| 总计 | 3 797.000 | 159 | | | | |
| 修正后总计 | 454.604 | 158 | | | | |

a.R 方=.064(调整后 R 方=.052)

从表中可以看到,自变量的三个水平对于因变量的影响存在显著差异,$F$(2,156)=5.32,$p$=.006。然而,看到该结果,我们还不清楚到底哪两个水平之间差异显著,所以需要继续看均值比较或者事后检验的结果。

第四个表格是均值成对比较的输出,再次输出了三个组的基本信息,见表3.12。

**表 3.12 三个水平的均值等信息**
**估算值**

因变量:出行时间

| 广告诉求 | 平均值 | 标准误差 | 95%置信区间 | |
|---|---|---|---|---|
| | | | 下限 | 上限 |
| 控制组 | 4.868 | .227 | 4.420 | 5.316 |
| 可行性 | 3.981 | .227 | 3.533 | 4.429 |
| 合意性 | 4.906 | .227 | 4.458 | 5.354 |

从表中可以看到三组的平均值、标准误差(SE)以及该均值的95%置信区间取值。

第五个表格是三个水平之间两两比较的结果,见表3.13。

**表 3.13 三个水平之间的两两比较**
**成对比较**

因变量:出行时间

| (I)广告诉求 | (J)广告诉求 | 平均值差值(I−J) | 标准误差 | 显著性[b] | 差值的95%置信区间[b] | |
|---|---|---|---|---|---|---|
| | | | | | 下限 | 上限 |
| 控制组 | 可行性 | .887* | .321 | .019 | .110 | 1.663 |
| | 合意性 | −.038 | .321 | 1.000 | −.814 | .739 |
| 可行性 | 控制组 | −.887* | .321 | .019 | −1.663 | −.110 |
| | 合意性 | −.925* | .321 | .014 | −1.701 | −.148 |
| 合意性 | 控制组 | .038 | .321 | 1.000 | −.739 | .814 |
| | 可行性 | .925* | .321 | .014 | .148 | 1.701 |

基于估算边际平均值
*.平均值差值的显著性水平为.05。
b.多重比较调节:邦弗伦尼法。

首先看表格左侧一栏,列出了要比较的两个水平,第一、二行是自变量中"控制组"与"可行性诉求"和"合意性诉求"两组之间两两比较的结果,第三、四行是自变量中"可行性诉求"与"控制组"和"合意性诉求"两组之间两两比较的结果,第五、六行是自变量中"合意性诉求"与"控制组"和"可行性诉求"两组之间两两比较的结果。实际上每两组都被比较了两次,只需看其中一部分即可。从表中可以看到,在"计划出行时间"这个因变量上,可行性诉求与合意性诉求差异显著,$p=0.014$;结合两个条件的平均值可知道合意性诉求的计划出行时间($M=4.91$,SD$=1.71$)晚于可行性诉求的计划出行时间($M=3.98$,SD$=1.73$)。可行性诉求与控制组之间差异显著,$p=0.019$,结合两个条件的平均值可知道控制组的计划出行时间($M=4.87$,SD$=1.51$)晚于可行性诉求的计划出行时间($M=3.98$,SD$=1.73$)。最后,合意性诉求与控制组之间并不存在差异,$p=1.000$。

注意将该表与后文中表 3.15 结果中的"邦弗伦尼法"结果相比较。

第六个表格实际上是对自变量的方差检验,见表 3.14。

### 表 3.14　单因素方差分析
#### 单变量检验

因变量:出行时间

| | 平方和 | 自由度 | 均方 | F | 显著性 | 偏 Eta 平方 |
|---|---|---|---|---|---|---|
| 对比 | 29.019 | 2 | 14.509 | 5.318 | .006 | .064 |
| 误差 | 425.585 | 156 | 2.728 | | | |

F 检验广告诉求的效应。此检验基于估算边际平均值之间的线性无关成对比较。

可以将该表与上文中表 3.11 中自变量的主效应相比较,可以看到,两者结果是一样的,在此不再赘述。

第七个表格是采用事后检验输出的结果,见表 3.15。对比使用 LSD 法输出的结果与使用邦弗伦尼法输出的结果,可以发现,虽然两种方法在结果的显著性是一致的,但在具体数值上并不相同,邦弗伦尼法采用了一定程度的校正运算,比 LSD 法更加保守。而该表中的邦弗伦尼法与上文表 3.13 中的输出结果并无不同。

### 表 3.15　三水平之间两两多重比较
#### 多重比较

因变量:出行时间

| | (I)广告诉求 | (J)广告诉求 | 平均值差值(I−J) | 标准误差 | 显著性 | 95%置信区间 下限 | 95%置信区间 上限 |
|---|---|---|---|---|---|---|---|
| LSD | 控制组 | 可行性 | .886 8* | .320 85 | .006 | .253 0 | 1.520 6 |
| | | 合意性 | −.037 7 | .320 85 | .907 | −.671 5 | .596 0 |
| | 可行性 | 控制组 | −.886 8* | .320 85 | .006 | −1.520 6 | −.253 0 |
| | | 合意性 | −.924 5* | .320 85 | .005 | −1.558 3 | −.290 7 |
| | 合意性 | 控制组 | .037 7 | .320 85 | .907 | −.596 0 | .671 5 |
| | | 可行性 | .924 5* | .320 85 | .005 | .290 7 | 1.558 3 |
| 邦弗伦尼 | 控制组 | 可行性 | .886 8* | .320 85 | .019 | .110 3 | 1.663 3 |
| | | 合意性 | −.037 7 | .320 85 | 1.000 | −.814 2 | .738 8 |
| | 可行性 | 控制组 | −.886 8* | .320 85 | .019 | −1.663 3 | −.110 3 |
| | | 合意性 | −.924 5* | .320 85 | .014 | −1.701 0 | −.148 0 |
| | 合意性 | 控制组 | .037 7 | .320 85 | 1.000 | −.738 8 | .814 2 |
| | | 可行性 | .924 5* | .320 85 | .014 | .148 0 | 1.701 0 |

基于实测平均值。

误差项是均方(误差)=2.728。

*.平均值差值的显著性水平为.05。

以上是对因变量"时间距离"进行方差分析的结果,对于另外一个因变量"空间距离"和其他几个控制变量,如"文案吸引力"和"文案说服力",ANOVA检验的步骤同上,在此不再赘述,只报告结果,分别如下:对于操纵检验"广告诉求抽象性",结果发现,操纵成功,三种文案的抽象性存在显著差异,$F(2, 156)=43.01, p<.001$,事后比较 LSD 结果表明,三种文案在抽象性上两两存在显著差异,$ps<.001$;对于"文案吸引力",结果发现,三种文案在吸引力上存在显著差异,$F(2,156)=163.28, p<.001$,事后比较 LSD 结果表明,三种文案在吸引力上两两存在显著差异,$ps<.05$;对于"文案说服力",结果发现,三种文案在说服力上存在显著差异,$F(2,156)=180.06, p<.001$,事后比较 LSD结果表明,控制组与可行性诉求和合意性诉求在说服力上都存在显著差异,$ps<.001$,结合均值,可以知道控制组在说服力上远远低于可行性诉求和合意性诉求的说服力,但可行性诉求和合意性诉求在说服力上并不存在显著差异,$p=.302$。"文案抽象性"是我们研究主要的操纵变量,其结果表明三种水平在抽象性方面差异显著,表明操纵成功,是我们希望看到的结果。但对于文案的吸引力和说服力,也表明三种操纵也存在显著差异,这是我们不希望看到的结果,因为如果自变量的操纵上还存在其他差异,那么对于因变量的影响就无法排除替代解释,即被试的计划出行时间或者地理距离的判断有可能受到了文案吸引力或者说服力的影响,而不是由于我们理论中所推导的那样,是由于文案的抽象性导致被试构念水平的差异造成的。为避免出现这样的问题,在实验材料编制的时候应该考虑可能的影响因素,对实验材料进行精心的控制,必要的时候需要进行预实验(pilot),即在正式实验之前,先对实验材料的各个方面进行检验。但有时候,难免存在伴随着自变量出现其他差异的情况,例如,在本案例中,根据构念水平理论,在虚拟设问(hypocritical)的条件下,合意性诉求的吸引力就会比可行性诉求的吸引力要高(Liberman et al.,2014)。像这种伴随自变量出现的控制变量,无法通过操纵的方式剔除,可以在后续的数据处理中进行补救,即把该控制变量纳入协变量。下面我们将详细展示如何处理带有协变量的 ANCOVA 检验。

## 二、带有协变量的协方差分析(ANCOVA)

协变量本质是一种自变量,只是研究者对这个变量并不感兴趣,然而在实验设计中,又难以排除或者控制。正如本案例中,在实验设计要求中,合意性诉求除了在构念的抽象程度上高于可行性诉求之外,两者在其他方面完全一致,不存在差异,这只是本实验中自变量操控希望获得的最理想结果。实际上,合意性诉求有可能在吸引力方面高于可行性诉求。本案例希望探讨的是合意性诉求和可行性诉求对计划出行时间可能的影响,在理论上是因为合意性诉求在构念的抽象程度上较高,导致被试计划出行的时间较晚,然而不能排除另外一个可能是由于合意性诉求的吸引力较高,导致被试希望更早出行,甚至反过来,更晚地出行,更多地享受等待时间①。因此,需要控制这个因素对因变量潜在的影响,即在随后的分析中,尽量使这个因素在所有条件下都保持一致。协方差即可以针对此类难以在实验设计阶段进行控制的变量,在统计分析阶段进行修正,协方差一般为连续变量(张文彤等,2004a)。另外,进行协方差分析,有三个前提假设需要满足:(1)各组协变量与因变量的关系是线性的;(2)各组残差正态;(3)各组回归斜率相等,其中第三条最重要(张文彤等,2004a)。对于第三条,可以检验协变量与自变量的交互作用是否显著,当交互作用无统计学意义上的显著时,可以进行协方差检验。

(一)数据预分析程序

在进行协方差分析之前,可首先检验协变量与自变量是否存在交互效应。如果满足前提假设条件,再进行后面的协方差检验。前提假设检验具体步骤如下:

第一步,在图 3.1 数据视图下,点击第一行第六个按钮"分析(A)",然后在下拉菜单中将鼠标移到第五行"一般线性模型(G)",就会出现级联菜单,再将鼠标移到级联菜单的第一行"单变量(U)",点击会出现图 3.13 弹窗。

第二步,将左侧"广告诉求[adapl]"用鼠标选定,因为广告诉求为自变量,因此要点击中间第二个箭头,广告诉求就会被输入右侧第二个"固定因子(F)"框内。

第三步,在左侧变量框中找到"出行时间[tempdist]",选中并点击中间第一个箭头,"计划出行时间"就会被输入右侧上方的"因变量(D)"框内。

第四步,前面的步骤与一般的 ANOVA 检验并无差异,接下来,需要将协变量输入,在本案例中,即文案吸引力"AT"和文案说服力"PS",用鼠标点击选中两者,然后点击中间第四个箭头,这两个变量就会被输入下方"协变量(C)"框内。在这里需要强行纳入协变量与自变量的交互作用,所以需要一些

---

① 这样的推理有些读者可能觉得很奇怪,但在理论上的确存在这样的可能,实验设计就是要考虑到种种可能。

设定,点击视图 3.13 弹窗右侧最上面的"模型(M)"模块,就会出现新的弹窗,见图 3.29。

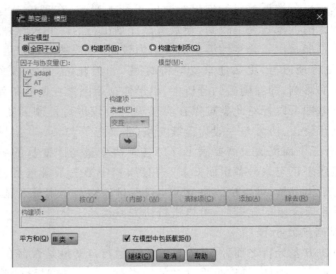

图 3.29　单因素 ANOVA 检验模型选择

　　先点击视图 3.29 最上一行"构建项(B)"按钮,下面的选项就可以选择,在"因子与协变量(F)"一栏中,列出了自变量广告诉求"adapl"和另外两个协变量文案吸引力"AT"和文案说服力"PS",首先按"Ctrl"键将三个变量都选中,保留"构建项"下面"类型(P)"中的"交互"设定不变,然后点击下面的箭头,三因素交互项被输入右边"模型(M)"框内;然后,选中自变量"adapl"和协变量之一"AT",点击中间下面的箭头,选中自变量"adapl"和另一个协变量"PS",再次点击中间下面的箭头,这样,自变量与两个协变量的二阶交互项也被输入右边模型框内;再后,仍然选中上述三个变量,修改中间"构建项"下面"类型(P)"中的"主效应"设定,再次点击下面的箭头,这样,三个两因素主效应也被输入右边模型框内;最后点击视图下方的"继续"按钮,返回图 3.13,然后点击"确定"按钮,就会得到结果。

(二)数据预分析结果

　　结果输出三个表格,我们这里贴出最重要的结果,即第三个表格,见表 3.16,从表中"显著性"一列可以看出,所有的交互项都不显著,表明可以继续做协方差分析。

**表 3.16　协方差前提假设检验结果**
**主体间效应检验**

因变量:出行时间

| 源 | Ⅲ类平方和 | 自由度 | 均方 | F | 显著性 | 偏 Eta 平方 |
|---|---|---|---|---|---|---|
| 修正模型 | 55.643ᵃ | 11 | 5.058 | 1.864 | .049 | .122 |
| 截距 | 13.673 | 1 | 13.673 | 5.038 | .026 | .033 |
| adapl * AT * PS | 1.987 | 2 | .993 | .366 | .694 | .005 |
| adapl * AT | .582 | 2 | .291 | .107 | .898 | .001 |
| adapl * PS | 2.429 | 2 | 1.214 | .447 | .640 | .006 |
| AT * PS | .260 | 1 | .260 | .096 | .757 | .001 |
| adapl | .954 | 2 | .477 | .176 | .839 | .002 |
| AT | .285 | 1 | .285 | .105 | .746 | .001 |
| PS | .112 | 1 | .112 | .041 | .839 | .000 |
| 误差 | 398.961 | 147 | 2.714 | | | |
| 总计 | 3 797.000 | 159 | | | | |
| 修正后总计 | 454.604 | 158 | | | | |

a.R 方＝.122(调整后 R 方＝.057)

需要说明的是,在一般实验报告中,很多研究者都忽略这一前提,基本上不会报告该前提是否成立,直接进行协方差检验。

(三)协方差分析

大部分步骤与上述步骤相同,如果刚做过上面的前提假设检验,需要在图3.29 中的"指定模型"选项框内,选回"全因子(A)",或者在视图3.13弹窗中,点击下部的"重置(R)"按钮。以下是在原初状态下的具体步骤:

第一步,在图 3.1 数据视图下,点击第一行第六个按钮"分析(A)",然后在下拉菜单中将鼠标移到第五行"一般线性模型(G)",就会出现级联菜单,再将鼠标移到级联菜单的第一行"单变量(U)",点击会出现图 3.13 弹窗。

第二步,将左侧"广告诉求[adapl]"用鼠标选定,因为广告诉求为自变量,因此要点击中间第二个箭头,广告诉求就会被输入右侧第二个"固定因子(F)"框内。

第三步,在左侧变量框中找到"出行时间[tempdist]",选中并点击中间第一个箭头,"计划出行时间"就会被输入右侧上方的"因变量(D)"框内。

第四步,将文案吸引力"AT"和文案说服力"PS"用鼠标点击选中,然后点击中间第四个箭头,这两个变量就会被输入下方"协变量(C)"框内。

第五步,在本案例中,自变量包含三个水平时,除了确认三者对因变量的影响存在差异以外,还需要进一步确认这三个水平中两两之间是否存在差异,因此,需要事后检验,但细心的读者会发现,在图 3.13 弹窗中,一旦将协变量输入"协变量(C)"框内,右侧的"两两比较(H)"按钮就会变灰,不能再选。不过,"EM 平均值"仍然可以实现多重比较的功能。为了比较自变量三个水平的均值修正之后是否有差异,还需要点击图 3.13 弹窗右侧第五个按钮"EM平均值",就会出现新弹窗,见图 3.28。

第六步,点击选中左侧"因子与因子交互(F)"框内的"adapl",然后点击中间的箭头,输入视图右侧的"显示下列各项的平均值(M)"。然后点击勾选下方的"比较主效应(O)"。下面的"置信区间调整(N)"下拉菜单选中默认的"LSD(无)"。点击视图 3.28 左下角"继续(C)"按钮,返回到视图 3.13。

第七步,点击视图 3.13 中最右侧的第七行按钮"选项(O)",此时会出现弹窗 3.14。勾选"描述统计(D)"和"效应量估计(E)"即可。点击弹窗 3.14 左下方的"继续(C)"按钮返回到视图 3.13。

最后一步,点击视图 3.13 最下方的"确定"按钮,程序运行,即可在结果输出部分看到相应的结果。

(四)协方差分析结果

第一个表格仍然是自变量三个水平的信息,同无协变量的情况一样,见表3.9,此处省略。

第二个表格是没有经过修正的三组描述性统计,也与无协变量的描述性统计相同,见表 3.10,此处省略。

第三个表格见表 3.17,此表是协方差分析的主要结果,主要输出了自变量与协变量的主效应。

表 3.17  协方差分析主要结果
主体间效应检验

因变量:出行时间

| 源 | Ⅲ类平方和 | 自由度 | 均方 | F | 显著性 | 偏 Eta 平方 |
|---|---|---|---|---|---|---|
| 修正模型 | 41.384[a] | 4 | 10.346 | 3.856 | .005 | .091 |
| 截距 | 260.825 | 1 | 260.825 | 97.205 | .000 | .387 |
| AT | 2.012 | 1 | 2.012 | .750 | .388 | .005 |
| PS | .469 | 1 | .469 | .175 | .676 | .001 |
| adapl | 27.830 | 2 | 13.915 | 5.186 | .007 | .063 |

续表

| 源 | Ⅲ类平方和 | 自由度 | 均方 | F | 显著性 | 偏 Eta 平方 |
|---|---|---|---|---|---|---|
| 误差 | 413.219 | 154 | 2.683 | | | |
| 总计 | 3 797.000 | 159 | | | | |
| 修正后总计 | 454.604 | 158 | | | | |

a.R 方=.091(调整后 R 方=.067)

从表中第六行"adapl"可以看出,自变量广告诉求对因变量的计划出行时间的影响存在显著差异,$F(2,154)=5.19,p=.007$。另外,表格中也提供了两个协变量对因变量的主效应,文案吸引力"AT"对出行计划的影响并不显著,$F(1,154)=0.75,p=.388$,文案的说服力"PS"对计划出行时间的影响也不显著,$F(1,154)=0.18,p=.676$,这样的结果说明,我们担心的干扰因素并不会影响因变量。

第四个表格,是加入协变量之后,对三个组的均值进行修正的结果,见表3.18。

表 3.18 协方差检验中三个水平修正后的均值
估算值

因变量:出行时间

| 广告诉求 | 平均值 | 标准误差 | 95%置信区间 | |
|---|---|---|---|---|
| | | | 下限 | 上限 |
| 控制组 | 4.266[a] | .364 | 3.548 | 4.985 |
| 可行性 | 4.234[a] | .258 | 3.724 | 4.743 |
| 合意性 | 5.255[a] | .278 | 4.706 | 5.804 |

a.按下列值对模型中出现的协变量进行求值:文案吸引力=4.062 9,文案说服力=4.108 0。

在本案例中,虽然干扰变量对因变量的影响并没有达到统计显著水平,但通过协方差修正,我们可以修正自变量不同水平的均值。从表格中可以看出,三组修正后的均值与原来的均值(见表 3.17)发生了较大的变化,原来控制组均值与合意性诉求的均值接近($M_{控制组}=4.87,M_{合意性}=4.91$),修正之后,控制组的均值与可行性诉求的均值接近($M_{控制组}=4.27,M_{可行性}=4.23$)。修正就是在把这三组在"文案吸引力"和"文案说服力"等两个方面,分别拉平到同一个水平的基础上完成的,即通过数据修正的方式,使得所有组在文案吸引力分值为 4.06,文案说服力为 4.11 的情况下,再比较三组对因变量的实际影响。

第五个表格,是自变量三个水平修正之后均值差异显著性的多重检验,见表 3.19。该表输出结果与前面一般 ANOVA 检验中的事后检验的 LSD 法性质相同,只是经过协方差分析的修正。

**表 3.19　协方差检验中三个水平修正均值的两两检验**
**成对比较**

因变量:出行时间

| (I)广告诉求 | (J)广告诉求 | 平均值差值(I−J) | 标准误差 | 显著性[b] | 差值的 95% 置信区间[b] | |
|---|---|---|---|---|---|---|
| | | | | | 下限 | 上限 |
| 控制组 | 可行性 | .033 | .519 | .950 | −.994 | 1.059 |
| | 合意性 | −.989 | .549 | .074 | −2.073 | .096 |
| 可行性 | 控制组 | −.033 | .519 | .950 | −1.059 | .994 |
| | 合意性 | −1.021* | .323 | .002 | −1.660 | −.382 |
| 合意性 | 控制组 | .989 | .549 | .074 | −.096 | 2.073 |
| | 可行性 | 1.021* | .323 | .002 | .382 | 1.660 |

基于估算边际平均值
*.平均值差值的显著性水平为.05。
b.多重比较调节:最低显著差异法(相当于不进行调整)。

从表中可以看到,在"计划出行时间"这个因变量上,可行性诉求与合意性诉求差异显著,$p=.002$,结合两个条件的修正均值可知道合意性诉求的计划出行时间($M=5.26$,SD$=0.28$)晚于可行性诉求的计划出行时间($M=4.23$,SD$=0.26$)。可行性诉求与控制组之间差异不显著,$p=.950$,合意性诉求与控制组之间并不存在显著差异,$p=.074$。对比未修正的结果,可以发现可行性诉求和合意性诉求两者之间仍然存在显著差异,而且从均值上来看,差值没有发生改变,只是控制组与可行性诉求及合意性诉求的差异显著性发生了较大的变化:未修正之前,控制组与合意性诉求没有差异,但与可行性诉求有显著差异;均值修正之后,控制组与可行性诉求变得没有显著差异,而与合意性诉求的差异已经达到边缘显著。对比修正后的均值,也可以看出,控制组的均值变化也是最大的,说明两个协变量在控制组中的影响还是很大的。

第六个表格是自变量的方差分析结果,见表 3.20。与表 3.17 中协方差分析结果一致。读者还可以将该表与无协方差分析中的表 3.14 相比较,在加入协变量之后,两者在数值上存在一定的差异。

表 3.20　自变量的方差分析
单变量检验

因变量:出行时间

|  | 平方和 | 自由度 | 均方 | F | 显著性 | 偏 Eta 平方 |
|---|---|---|---|---|---|---|
| 对比 | 27.830 | 2 | 13.915 | 5.186 | .007 | .063 |
| 误差 | 413.219 | 154 | 2.683 |  |  |  |

F 检验广告诉求的效应。此检验基于估算边际平均值之间的线性无关成对比较。

## 三、Bootstrapping 检验

此处需要检验的假设是,广告诉求通过构念水平的中介影响了被试的计划出行时间。Bootstrapping 检验本质上是对各个变量做回归分析,对于分类变量,二分变量(即自变量是两个水平的情况)做回归时,不需要特别的操作,但如果自变量包含三个或以上的水平时,则需要对自变量进行虚拟化操作,即将分类变量转变成虚拟变量(dummy variable),当然,PROCESS 程序会自动完成转换。在本案例中,将重点分析自变量的三个水平转化为虚拟变量之后中介分析结果,并且还要对比是否包含协变量的中介分析结果。

(一)不包含协变量的 Bootstrapping 检验

1.单因素三水平被试间设计的 Bootstrapping 检验步骤,在点击最后一步"确定"前,与单因素二水平被试间设计的 Bootstrapping 检验的操作完全相同,具体步骤请参照本节第二部分的第三点,在此不再赘述。只是在完成以上所有操作之后,还需要在图 3.16 界面下点击右侧的"Multicategorical"按钮,此时会有弹窗出现,见图 3.30。

从图 3.30 中可以看出,如果自变量 X、调节变量 W 和 Z 是多分类变量,通过设置,都可以转变为虚拟变量。在本案例中,只有一个自变量 X,因此,我们以自变量 X 的设置为例,在多因素被试间实验设计中,调节变量(无论一个还是两个)如果是多分类变量,设置方式同自变量设置方式一样。

点击 Variable X 下面的"Multicategorical"选项框,在"Coding system"下拉菜单中有四个可选项,对应了自变量 X 的多个水平的不同编码方式。对于多分类变量,进行虚拟化处理之后,本来只有一个变量,包含 $n$ 个水平,PROCESS 就会自动生成 $n-1$ 个新的变量,这 $n-1$ 变量使用同一套编码系统(Hayes,2017)。PROCESS 程序默认情况下是"Indicator"编码系统,在该

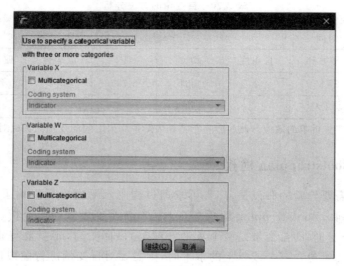

**图 3.30　多分类变量的虚拟化设置**

编码系统下,数据输入时,编码值最小的组被设置为基准组①,其他组分别与基准组相比较从而形成虚拟变量。在本案例中,我们拟以控制组为基准组。在数据输入时,控制组的"值"被编码为"0",可行性诉求组的"值"被编码为"1",合意性诉求组的"值"被编码为"2",则"0"和"1"会构成一个虚拟变量,"0"和"2"构成另外一个虚拟变量。这样,可行性诉求和合意性诉求将以控制组为基准组进行中介检验。

　　然而,如果我们更关心合意性诉求对因变量的中介过程,那么就可以使用"Sequential"编码方式。在该编码系统下,会将水平 $j$ 与水平 $j+1$ 两个组形成一个虚拟变量。在本案例中进行数据输入时,控制组的"值"被编码为"0",可行性诉求组的"值"被编码为"1",合意性诉求组的"值"被编码为"2",则"0"和"1"会构成一个虚拟变量,"1"和"2"构成另外一个虚拟变量,就可以比较可行性诉求组与控制组、合意性诉求组与可行性诉求组。

　　第三个编码系统是"Helmert",在该编码系统下,会比较水平 $j$ 与水平 $j$

---

　　①　在虚拟变量设置中,通常 SPSS 允许设置编码值最小或者最大的组为基准组,但 PROCESS 不能自由设定,只能由编码值最小的组为基准组。因此,在进行中介分析之前,研究者需要确定哪个作为基准组。

以上所有组(均值)。第四个编码系统是"Effect",在该编码系统下,数据输入时取值最小的水平被排除在编码表之外。更具体的解释可以参考 Hayes 的书(2017)中第 562~564 页的内容。对编码系统的后三种,在我们的设计中暂时不考虑。读者可以自行练习,并对照结果。

在本案例中,我们仅仅以第一种编码方式为例进行数据的分析和结果解读。在图 3.30 中,选定编码系统为"Indicator"之后,点击视图下方的"继续(C)"按钮,就会回到图 3.16 界面,此时再点击视图下方的"确定"按钮,输出页面就会看到相应的结果。

2.数据分析结果。第一行和第二行星号(＊)之前的部分主要关于PROCESS 版本和版权信息,可忽略。

第二行和第三行星号之间部分是关于在本次计算中所使用模型的基本信息,见图 3.31。主要包含计算使用的模型 4、因变量 $Y$ tempdist,自变量 $X$ adapl,中介变量 $M$ cstlv,样本数量为 159。这些信息与一般的二分类 Boot-strapping 分析没什么差别,但在下面呈现了对自变量的三个水平虚拟编码的情况,可以看到,控制组(第一行,原编码为 0 的)被设置为基准组,而可行性诉求(第二行,原编码为 1 的)被设定为 X1,合意性诉求(第三行,原编码为 2 的)被设定为 X2,分别与控制组相比较,后面的结果也提供了这两者相对于基准组的中介效果。

```
****************************************************************
Model   :  4
    Y   :  tempdist
    X   :  adapl
    M   :  cstlv


Sample
Size:  159

Coding of categorical X variable for analysis:
  adapl      X1      X2
  .000     .000    .000
 1.000    1.000    .000
 2.000     .000   1.000


****************************************************************
```

**图 3.31　Bootstrapping 中介分析基本信息**

第三行和第四行星号之间是结果的第一部分,见图 3.32。这部分所呈现的是自变量对中介变量回归系数的显著性检验。虽然同样是单因素中介分析,但与单因素两水平中介分析不同,这里有两个"自变量",从"X1"行可以看到,自变量 X1 与中介变量之间的回归系数为一0.064,并且,通过后面的 $t$ 检验的 $p$ 值,$t=-2.91$,$p=.004$,95% 置信区间为 $[-0.107,-0.021]$,不包括 0 点,表明该回归系数是显著的,即相对于控制组,可行性诉求的构念水平较低,较具体;从"X2"行可以看到,自变量 X2 与中介变量之间的回归系数为 0.047,并且,通过后面的 $t$ 检验的 $p$ 值,$t=2.14$,$p=.034$,95% 置信区间为 $[0.004,0.091]$,不包括 0 点,可以看到该回归系数是显著的,即表明,相对于控制组,合意性诉求的构念水平较高,较抽象。注意两个虚拟变量的回归系数符号是相反的,表明相对于控制组,可行性诉求和合意性诉求对中介变量构念水平的影响效应是相反的。

```
****************************************************************
OUTCOME VARIABLE:
 cstlv

Model Summary
          R        R-sq        MSE          F        df1        df2          p
      .3760       .1414       .0128    12.8424     2.0000   156.0000      .0000

Model
                 coeff         se          t          p       LLCI       ULCI
constant         .5961       .0156    38.3282      .0000      .5654      .6268
X1              -.0639       .0220    -2.9056      .0042     -.1074     -.0205
X2               .0471       .0220     2.1433      .0336      .0037      .0906

****************************************************************
```

图 3.32　自变量与中介变量回归系数的显著性检验

第四行和第五行星号之间是结果的第二部分,见图 3.33,这部分所呈现的是自变量、中介变量与因变量之间关系的显著性检验。从"X1"行可以看到,自变量 X1 与因变量之间的回归系数为一0.485,通过后面的 $t$ 检验的 $p$ 值,$t=-1.63$,$p=.106$,95% 置信区间为 $[-1.074,0.104]$,包括 0 点;从"X2"行可以看到,自变量 X2 与因变量之间的回归系数为一0.259,$t=-0.88$,$p=.381$,95% 置信区间为 $[-0.841,0.323]$,包括 0 点。上述结果表明,无论是可行性诉求还是合意性诉求,对于计划出行时间的直接影响,都与控制组没有显著差异。中介变量与因变量的回归系数为 6.29,$t=5.95$,$p<.001$,95% 置信区间为 $[4.204,8.380]$,不包括 0 点,此结果说明,中介变量对因变量有显著的影响,随着构念水平提升(抽象),被试的计划出行时间越晚。

```
*********************************************************************
OUTCOME VARIABLE:
 tempdist

Model Summary
          R        R-sq         MSE           F         df1         df2           p
      .4879       .2380      2.2349     16.1382      3.0000    155.0000       .0000

Model
               coeff          se           t           p        LLCI        ULCI
constant      1.1171       .6628      1.6855       .0939      -.1921      2.4263
X1            -.4847       .2982     -1.6256       .1061     -1.0737       .1043
X2            -.2589       .2946      -.8786       .3810      -.8409       .3232
cstlv         6.2921      1.0571      5.9523       .0000      4.2040      8.3803

************************ TOTAL EFFECT MODEL *************************
```

**图 3.33　自变量、中介变量与因变量的回归系数的显著性检验**

第五行和第六行星号之间是结果的第三部分，见图 3.34，这部分呈现的是自变量对因变量的总效应，指的是在不存在其他变量的情况下，自变量对因变量的影响。从"X1"行可以看到，自变量 X1 与因变量之间的回归系数为 $-0.887$，$t$ $=-2.76$，$p=.006$，95％置信区间为 $[-1.521,-0.253]$，不包括 0 点，说明，相对于控制组，可行性诉求使得被试的计划出行时间更近；自变量 X2 与因变量之间的回归系数为 $0.038$，$t=0.118$，$p=.907$，95％置信区间为 $[-0.596,0.672]$，包括 0 点，该回归系数并不显著，说明，合意性诉求与控制组（简单邀约）对被试的计划出行时间影响没有差别。

```
************************ TOTAL EFFECT MODEL *************************
OUTCOME VARIABLE:
 tempdist

Model Summary
          R        R-sq         MSE           F         df1         df2           p
      .2527       .0638      2.7281      5.3185      2.0000    156.0000       .0058

Model
               coeff          se           t           p        LLCI        ULCI
constant      4.8679       .2269     21.4561       .0000      4.4198      5.3161
X1            -.8868       .3209     -2.7638       .0064     -1.5206      -.2530
X2             .0377       .3209       .1176       .9065      -.5960       .6715

************** TOTAL, DIRECT, AND INDIRECT EFFECTS OF X ON Y **************
```

**图 3.34　自变量对因变量的总效应**

第六行和第七行星号之间是结果的第四部分，见图 3.35，这部分所呈现的是自变量与因变量之间的总效应、直接效应和间接效应的显著性检验。对于总效应"relative total effects of X on Y"，因为自变量 X 被分解为两个虚拟变量，所以是相对（relative）总效应。这部分结果与第三部分（见图 3.32）中的结果一致,请读者自行对照,这里就不再重复。"Omnibus test of total effect of X on Y"下面结果即单一自变量对因变量总的主效应,读者可以对比此处与表 3.16 中的自变量的效应值,发现两者的 $F$ 值及显著性是一致的。接下来就要看自变量对因变量的直接效应,在"Relative direct effects of X on Y"下面列出了"X1"和"X2"对因变量的直接效应,在第二部分(见图 3.33)已经呈现,在此不再重复。"Omnibus test of direct effect of X on Y"是指的自变量除去中介效应之外对因变量的影响,此处结果表明总的直接效应不显著。

```
************** TOTAL, DIRECT, AND INDIRECT EFFECTS OF X ON Y **************

Relative total effects of X on Y:
      Effect          se           t             p          LLCI         ULCI
X1    -.8868        .3209      -2.7638         .0064       -1.5206       -.2530
X2     .0377        .3209        .1176         .9065        -.5960        .6715

Omnibus test of total effect of X on Y:
   R2-chng         F          df1           df2            p
    .0638       5.3185      2.0000      156.0000         .0058
----------

Relative direct effects of X on Y
      Effect          se           t             p          LLCI         ULCI
X1    -.4847        .2982      -1.6256         .1061       -1.0737        .1043
X2    -.2589        .2946       -.8786         .3810        -.8409        .3232

Omnibus test of direct effect of X on Y:
   R2-chng         F          df1           df2            p
    .0131       1.3373      2.0000      155.0000         .2656
----------

Relative indirect effects of X on Y

 adapl        ->      cstlv        ->      tempdist

      Effect       BootSE      BootLLCI      BootULCI
X1    -.4021        .1719       -.7581        -.0907
X2     .2966        .1401        .0406         .5954

*********************** ANALYSIS NOTES AND ERRORS ***********************
```

**图 3.35   总效应、中介效应和间接效应显著性检验**

中介分析关键就是要看中介效应,在"Relative indirect effects of X on Y"下面列出了"X1"和"X2"对因变量的中介效应,从"X1"行可以看到,自变量 X1 的间接效应为 -0.402,其 95% 置信区间为 [-0.758, -0.091],不包括 0 点,表明中介效应显著。结合回归系数的符号,此结果表明,相对于控制组,可行性诉求通过构念水平负向影响了被试的计划出行时间,使之更早;从"X2"行可以看到,自变量 X2 的间接效应为 0.297,其 95% 置信区间为 [0.041, 0.595],

不包括 0 点,表明中介效应显著。结合回归系数的符号,此结果表明,相对于控制组,合意性诉求通过构念水平正向影响了被试的计划出行时间,使之更晚。

第七行和第八行星号之间是 Bootstrapping 检验设定的一些参数,置信区间的设置以及 Bootstrap 取样的次数,此处不再呈现。

中介分析的结果,除了呈现文字描述之外,还需要呈现中介模型图,见图 3.36。由于模型比较复杂,因此在模型中省去了总效应和中介效应,总效应和中介效应可以通过文字描述。

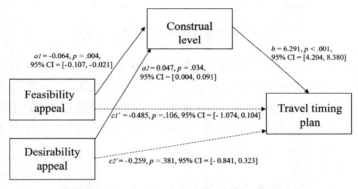

图 3.36　因变量是计划出行时间的中介模型图

上述内容即对因变量是计划出行时间所做的中介分析,对于因变量是空间距离的中介分析,步骤与上述步骤完全相同,只需要把因变量"计划出行时间"替换为"空间距离"即可。在此不再赘述,只呈现最终结果:

我们使用了 PROCESS3.3 宏命令程序(Hayes,2017),5 000 次 Bootstrap 取样,结果发现,自变量 X1 的间接效应为−0.354,95% 置信区间为[−0.679,−0.075],不包括 0 点,中介效应显著,结合回归系数的符号,此结果表明,相对于控制组,可行性诉求通过构念水平负向影响了被试的距离判断,被试认为,使用可行性诉求的旅游地距离自己较近;从"X2"行可以看到,自变量 X2 的间接效应为 0.261,其 95% 置信区间为[0.039,0.530],不包括 0 点,中介效应显著,结合回归系数的符号,此结果表明,相对于控制组,合意性诉求通过构念水平正向影响了被试的距离判断,被试认为,使用合意性诉求的旅游地距离自己较远。中介模型见图 3.37。

(二)包含协变量的 Bootstrapping 检验

1.中介分析步骤。无论包含还是不包含协变量,中介分析的基本过程并

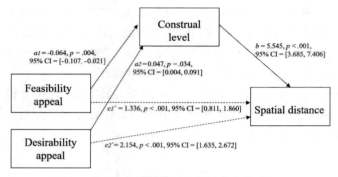

图 3.37　因变量是空间距离的中介模型图

没有本质差异,在包含协变量的中介分析中,除去输入自变量、中介变量和因变量之外,还需要输入协变量。在本案例中,包含两个协变量,即文案吸引力和说服力。在 PROCESS 主窗口(见图 3.16),将文案吸引力"AT"和文案说服力"PS"点击选中,输入右侧的"Covariate(s)"内即可。其他步骤与不包含协变量的 Bootstrapping 分析相同。

　　2.数据分析结果。

　　第一行和第二行星号之间部分是软件版权信息,可忽略。

　　第二行和第三行星号之间部分是关于在本次计算中所使用模型的基本信息,见图 3.38,可以与图 3.31 相对照。两者不同之处主要在于,在此表内显示了两个协变量的名称——"Covariates:AT 和 PS"。

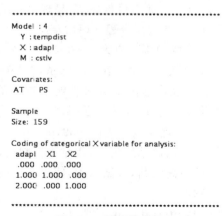

图 3.38　模型基本信息

　　第三行和第四行星号之间是结果的第一部分,见图 3.39,可与图 3.32 相对照。这部分所呈现的是自变量、协变量对中介变量回归模型。在表 3.29 中,并不包含两个协变量。关键是协变量的加入使得两个虚拟变量对中介变量的回归系数大小发生了变化,甚至回归系数的显著性也发生了变化。在无协变量的情况下,虚拟变量 X1 对中介变量的回归系数是显著的,而在有协变量的情况下,虚拟变量 X1 对中介变量的回归系数变得不显著,这说明:可行性诉求对受众构念水平的影响可能与控制组并没有什么不同,在无协变量情况下的显著,可能是由于文案吸引力、说服力与诉求抽象性共同影响。当然,虚拟变量 X2 对中介变量的回归系数仍然是显著的。另外,两个协变量单独对中介变量的回归系数都是不显著的,表明两者并没有影响受众的构念水平。

```
**********************************************************************
OUTCOME VARIABLE:
cstlv

Model Summary
       R      R-sq     MSE       F      df1       df2        p
     .3855    .1486    .0129    6.7210   4.0000   154.0000    .0001

Model
            coeff     se       t        p       LLCI      ULCI
constant    .6162    .0252   24.4213   .0000    .5663     .6660
X1         -.0329    .0360    -.9142   .3620   -.1040     .0382
X2          .0819    .0380    2.1529   .0329    .0067     .1571
AT         -.0078    .0147    -.5269   .5990   -.0369     .0214
PS         -.0025    .0166    -.1523   .8791   -.0353     .0303

**********************************************************************
```

**图 3.39　自变量与协变量对中介变量的回归模型**

　　第四行和第五行星号之间是结果的第二部分,见图 3.40,可与图 3.33 相对照,这部分所呈现的是自变量、中介变量以及协变量对因变量回归系数的显著性检验。此处重点要看中介变量与因变量回归系数的显著性。结果发现,虽然加入了两个协变量,但这两个协变量对因变量的影响是不显著的,而且并没有改变中介变量对因变量回归系数的显著性。另外,两个虚拟变量对因变量的回归系数仍然不显著,表明自变量对因变量不存在显著的直接效应。

```
*******************************************************
OUTCOME VARIABLE:
tempdist

Model Summary
      R    R-sq    MSE      F       df1      df2      p
   .5042   .2542  2.2160  10.4291  5.0000  153.0000   .0000

Model
            coeff     se       t       p     LLCI     ULCI
constant  1.6588   .7306   2.2705   .0246   .2155   3.1022
X1         .1686   .4733    .3562   .7222  -.7665   1.1037
X2         .4877   .5065    .9628   .3372  -.5130   1.4883
cstlv     6.1157  1.0571   5.7854   .0000  4.0273   8.2041
AT        -.1368   .1936   -.7066   .4809  -.5194    .2457
PS        -.0848   .2178   -.3892   .6976  -.5151    .3455

******************** TOTAL EFFECT MODEL ********************
```

**图 3.40　自变量、中介变量与协变量对因变量回归系数的显著性检验**

第五行和第六行星号之间是结果的第三部分,见图 3.41,可与图 3.34 相对照,这部分呈现的是自变量和协变量对因变量的总效应。协变量本质上是不被研究者关心的潜在自变量,因此也要有对应的总效应分析。对比图 3.34 可以发现,两个虚拟变量的回归系数发生了较大变化,而且虚拟变量 X1 本来对因变量的总效应是显著的,加入协变量之后变得不显著了,而虚拟变量 X2 本来对因变量的总效应是非常不显著的,加入协变量之后,变得边缘显著。这说明在排除了其他可能的干扰之后,相对于控制组,可行性诉求对出行时间可能并无影响,而合意性诉求对出行时间可能存在影响。

```
*********************** TOTAL EFFECT MODEL ***************************
OUTCOME VARIABLE:
tempdist

Model Summary
      R    R-sq    MSE      F       df1      df2      p
   .3017   .0910  2.6832   3.8558  4.0000  154.0000   .0051

Model
            coeff     se       t       p     LLCI     ULCI
constant  5.4270   .3642  14.9013   .0000  4.7076   6.1465
X1        -.0326   .5194   -.0628   .9500  -1.0587   .9935
X2         .9885   .5492   1.8001   .0738  -.0963   2.0734
AT        -.1843   .2129   -.8659   .3879  -.6049    .2362
PS        -.1002   .2397   -.4183   .6763  -.5737    .3732

************** TOTAL, DIRECT, AND INDIRECT EFFECTS OF X ON Y **************
```

**图 3.41　自变量与协变量对因变量的总效应**

　　第六行和第七行星号之间是结果的第四部分,见图 3.42,可与图 3.35 相对照,这部分所呈现的是自变量与因变量之间的总效应、直接效应和间接效应的显著性检验。此处两个虚拟变量的总效应实际上已经在图 3.41 中呈现过了。需要注意的是,虽然此处两个虚拟变量的总效应都是不显著的(尽管一个是边缘显著),但如果看自变量本身对因变量的影响,即"Omnibus test of total effect of X on Y",则发现结果是非常显著的。原因是,本案例中自变量包含三个水平,三个水平中,只要任意两个水平相比存在显著差异,综合性比较的结果就会显著。而虚拟变量 X1 只是比较了可行性诉求与控制组,虚拟变量 X2 只是比较了合意性诉求与控制组,两者都没有显著差异,暗示着合意性诉求与可行性诉求相比可能存在显著差异。如果在生成虚拟变量时,使用"Indicator"编码方式,就有可能发现这个显著的差异,读者可以自行验证。

　　从直接效应部分来看,两个虚拟变量对因变量的直接效应也不显著,而且自变量对因变量总的直接效应也是不显著的。

```
************* TOTAL, DIRECT, AND INDIRECT EFFECTS OF X ON Y *********

Relative total effects of X on Y:
     Effect      se       t        p      LLCI     ULCI
X1   -.0326    .5194    -.0628    .9500   -1.0587    .9935
X2    .9885    .5492    1.8001    .0738    -.0963   2.0734

Omnibus test of total effect of X on Y:
   R2-chng      F      df1      df2        p
    .0612    5.1860   2.0000  154.0000    .0066
----------

Relative direct effects of X on Y
     Effect     se       t       p       LLCI     ULCI
X1    .1686    .4733   .3562    .7222    -.7665   1.1037
X2    .4877    .5065   .9628    .3372    -.5130   1.4883

Omnibus test of direct effect of X on Y:
   R2-chng      F      df1      df2        p
    .0067    .6837   2.0000  153.0000    .5063
----------


Relative indirect effects of X on Y

adapl    ->    cstlv    ->    tempdist

     Effect    BootSE   BootLLCI  BootULCI
X1   -.2012    .2480    -.7229     .2385
X2    .5009    .2533     .0408    1.0154

***************** ANALYSIS NOTES AND ERRORS *****************
```

**图 3.42　总效应、中介效应和间接效应显著性检验**

此部分关键信息是中介效应的结果,首先看"Relative indirect effects of X on Y"下面的"X1"行,可以看到,X1通过构念水平对时间距离的影响并不显著,效应值为$-0.2012$,95%置信区间为$[-0.7229,0.2385]$,对比图3.35的结果可以发现,在没有协变量的情况下,虚拟变量X1对因变量的间接影响是存在的,加入协变量之后,虚拟变量X1对因变量的间接影响就不存在了,此处结果说明相对于控制组,可行性诉求并没有通过影响受众的构念水平进而影响出行时间。而虚拟变量X2对因变量的间接影响仍然存在,中介效应值为$0.5009$,95%置信区间为$[0.0408,1.0154]$,说明相对于控制组,合意性诉求影响了受众的构念水平,并进而影响了出行时间。

第七行和第八行星号之间是Bootstrapping检验设定的一些参数,置信区间的设置以及Bootstrap取样的次数,此处不再呈现。

## 第四节　因变量是计数数据的卡方检验[①]

单因素两水
平卡方数据

此处要检验的假设是:不同的广告诉求方式与被试的出行时间选择有关联,相对于可行性诉求,合意性诉求使得被试更多选择远期出行。在因变量测量中,我们使用了二择一的选择方式,即要求被试选择计划出行时间是"明天"还是"半年后",这样获得的结果是计数数据,自变量和因变量都是分类变量。两个分类变量取值是否相关联,或者说自变量取值不同是否对因变量取值有"影响",这样的问题可以使用卡方检验。

### 一、数据输入

要做卡方检验,其数据输入的方式与连续变量的输入有所不同。通常情况下,数据录入的基本要求是每一行录入同一个被试的信息,但当结果有太多相同取值,再用前述数据录入方式,会很麻烦。此时可以使用频数格式录入数据,即将相同取值的观测录入一次,另外加一个频数来记录该数值出现了多少次。在本案例中,要求被试选择"明天"还是"半年后"出行,结果只有这两个,

---

[①]　此处所使用的数据的文件名称为"3.3第三章 单因素两水平卡方数据",请扫描二维码获取。

选择不同选项的人数见图 3.43。第一列是广告诉求类型,"1"代表可行性诉求,"2"代表合意性诉求。第二列是出行时间选择,"1"代表选择明天,"2"代表选择半年后。第三列是选择的人数,例如,第三列数字中,第一行是"30",第二行是"14",即表示在可行性诉求组中,选择明天出行的有 30 人,选择半年后出行的有 14 人。

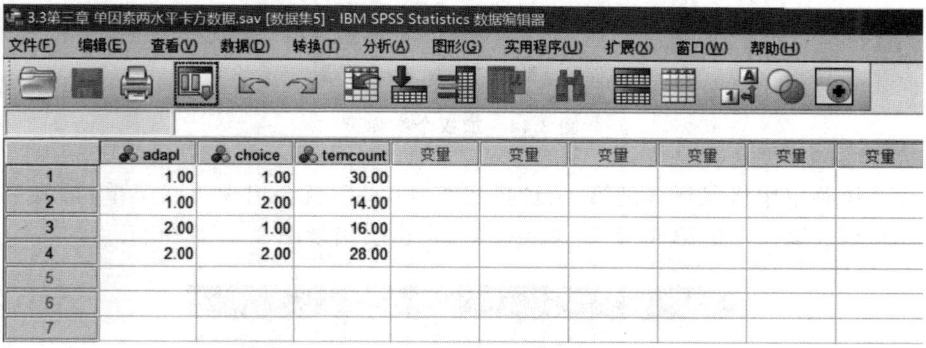

图 3.43　出行时间选择频数录入格式

## 二、数据加权

对于这样的数据格式,在做卡方检验时,首先需要对输入的频数数据进行加权,具体步骤如下:

第一步,在图 3.43 数据视图下,点击第一行第四个按钮"数据(D)",然后在下拉菜单中,将鼠标移到最后一行"个案加权(W)",点击就会出现弹窗,见图 3.44。

第二步,点击弹窗右侧的"个案加权系数(W)",下面的"频率变量(F)"变得可以输入。点击弹窗左侧的"时间计数[temcount]"选中,再点击箭头按钮,输入相应的框内。

第三步,点击"确定"按钮回到数据视图,数据的加权完成,之后就可以进行卡方分析了。

## 三、卡方分析

### (一)卡方分析的步骤

第一步,在图 3.43 数据视图下,点击第一行第六个按钮"分析(A)",然后

图 3.44　加权个案弹窗

在下拉菜单中将鼠标移到第二行"描述统计（E）"，就会出现级联菜单，再将鼠标移到级联菜单的第四行"交叉表（C）"，点击会出现图 3.45 弹窗。

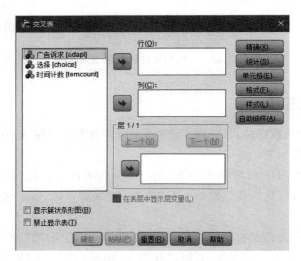

图 3.45　交叉表计算

　　第二步，将左侧"广告诉求［adapl］"用鼠标选定，然后点击中间的第一个箭头，广告诉求就会被输入右侧的"行（S）"栏。

　　第三步，用鼠标选定左侧的"选择［choice］"按钮，然后点击中间的第二个箭头，出现时间选择就会被输入右侧的"列（C）"栏。

　　第四步，点击视图右侧的"精确（X）"按钮，就会出现弹窗图 3.46，点击"精确（E）"选项，然后点击视图下方的"继续"按钮，回到图 3.45 视图。

**图 3.46　精确检验选项**

第五步,继续点击右侧的第二个按钮"统计(S)",会跳出如图 3.47 弹窗,点击选中左上的"卡方(H)"选项,然后点击视图下方的"继续"按钮,回到图 3.45视图。这里是输出卡方检验结果的关键步骤,如果没有选中"卡方(H)",则结果只会输出列联表。

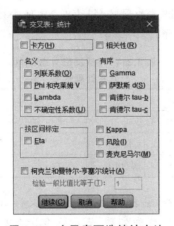

**图 3.47　交叉表可选统计方法**

第六步,继续点击右侧的第三个按钮"单元格(E)",会跳出如图 3.48 弹窗,点击选中左上方的"实测(O)"和"期望(E)",然后点击视图下方的"继续"按钮,回到图 3.45 视图。

最后一步,在图 3.45 视图下,点击下方的"确定"按钮进行卡方检验。

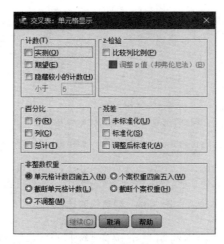

图 3.48　交叉表的其他选项

(二)数据分析结果

该部分会出现三个表格。

第一个表格是关于被试数量的,见表 3.21,从中可以看出本次实验有多少个被试,其中有效和缺失的各占多少。

表 3.21　被试反应计数统计
个案处理摘要

| | 个案 | | | | | |
|---|---|---|---|---|---|---|
| | 有效 | | 缺失 | | 总计 | |
| | $N$ | 百分比 | $N$ | 百分比 | $N$ | 百分比 |
| 广告诉求 * 选择 | 88 | 100.0% | 0 | 0.0% | 88 | 100.0% |

第二个表格是列联表,见表 3.22。列联表又称 $R \times C$ 表,其中 $R$ 代表行数,行变量有 $R$ 个取值,$C$ 代表列数,表示列变量有 $C$ 个取值。最常见的就是两个变量的列联表,其中两行两列的列联表又称为四格表。在表 3.22 中,不但给出了每个单元格的观察值,还给出了期望值,对比期望值与观察值之间的差异,可以为卡方检验提供更进一步的信息。

**表 3.22　广告诉求与出现时间选择的列联表**
**广告诉求 * 选择交叉表**

| | | | 选择 | | 总计 |
|---|---|---|---|---|---|
| | | | 明天 | 半年后 | |
| 广告诉求 | 可行性 | 计数 | 30 | 14 | 44 |
| | | 期望计数 | 23.0 | 21.0 | 44.0 |
| | 合意性 | 计数 | 16 | 28 | 44 |
| | | 期望计数 | 23.0 | 21.0 | 44.0 |
| 总计 | | 计数 | 46 | 42 | 88 |
| | | 期望计数 | 46.0 | 42.0 | 88.0 |

　　第三个表格是卡方检验结果，见表 3.23。SPSS 给出了很多个检验方法的结果，各种方法的确切含义可以参考相关书籍，在这里简要介绍一下在什么情况下使用哪种检验方式。当样本量较小的时候，尽量选择 Fisher 精确概率法；如果样本量大于 40，最小单元格期望频数大于 5，可以参照 Pearson 卡方；如果是四格表，20% 以下的单元格期望频率小于 5 但大于 1，可以参照连续性校正卡方结果。线性卡方在列联表分类变量中很少使用，更多用于连续变量（张文彤等，2004b）。由于我们选择了精确计算，所有的方法都给出了精确计算值，在本案例中，可以发现，其结果是一致的。我们选择 Pearson 卡方结果，发现 $\chi^2(1)=8.92$，$p<.001$，该结果表明广告诉求和被试的出行选择两者之间存在关联，结合前面列联表中结果，对比期望值和观察值就可以确定，对于可行性诉求，被试更多选择"明天"出行，而对于合意性诉求，被试更多选择"半年后"出行。

**表 3.23　卡方检验结果**
**卡方检验**

| | 值 | 自由度 | 渐进显著性（双侧） | 精确显著性（双侧） | 精确显著性（单侧） | 点概率 |
|---|---|---|---|---|---|---|
| Pearson 卡方 | 8.928[a] | 1 | .003 | .005 | .003 | |
| 连续性修正[b] | 7.698 | 1 | .006 | | | |
| 似然比 | 9.086 | 1 | .003 | .005 | .003 | |

续表

| | 值 | 自由度 | 渐进显著性（双侧） | 精确显著性（双侧） | 精确显著性（单侧） | 点概率 |
|---|---|---|---|---|---|---|
| 费希尔精确检验 | | | | .005 | .003 | |
| 线性关联 | 8.826[c] | 1 | .003 | .005 | .003 | .002 |
| 有效个案数 | 88 | | | | | |

a.0 个单元格（0.0％）的期望计数小于 5。最小期望计数为 21.00。

b.仅针对 2×2 表进行计算。

c.标准化统计为 2.971。

以上即当自变量和因变量都是二分变量时使用的卡方检验方法。当自变量包含多个水平时，也可以使用上述方式，但是卡方检验只能给出两个变量是否有关联的结果，不能更细致地比较两两水平之间的差异。张文彤等（2004b）建议，当遇到多分类变量的情况，要对其中的两个进行比较，最好使用对数线性模型或者 Logistic 回归模型。

# 第四章　两因素被试间实验设计

在第二、三章中,我们详细讲述了单因素被试间实验设计的整个过程。单因素被试间实验设计是非常典型且重要的真实验设计,也是各类被试间实验设计的基础。然而,在实际研究中,使用单因素被试间实验设计的机会较少,这主要是因为单因素实验所研究的问题是单一自变量对某(些)因变量的影响,如果能发现两个变量之间全新的关系,这样的研究往往会开辟新的研究领域。然而,初学者很少有这样的能力和运气,其力所能及的工作大部分属于在原有经典研究上的修补工作,例如,加入调节变量,寻找边界条件等,即研究同时有两个或者三个自变量对因变量造成的影响,一般属于多因素被试间实验设计(multifactor between-subject design)。与单因素被试间实验设计相比,多因素被试间实验设计具有以下优点:第一,做一项多自变量的实验比分别做多个实验效率高,一般来说,执行一个实验的时间要比执行多个同类实验的时间短;第二,做一项实验研究比分别做多项实验易于保持控制变量恒定,一次性完成比多次完成出现问题的可能性要小;第三,几个变量同时并存的情况下所概括的实验结果比从几个单独实验所概括的结果更有价值,更接近实际状况。

虽然单因素被试间实验设计在基本模式、自变量操纵技巧、额外变量的控制手段、中介变量以及因变量的测量方法等方面,都可以迁移到更复杂的多因素被试间实验设计中去,但相对于单因素被试间实验设计,多因素被试间实验在设计上需要操纵更多的自变量,因而包含更复杂的多个自变量多个水平组合,在数据统计中需要考虑多个自变量之间的交互效应,在中介分析中需要考虑更多的条件过程模型,在结果解释上需要考虑多个因素的相互制约。因此,需要对多因素被试间实验设计进行详细阐述。同时,多因素被试间实验设计是一个笼统的称谓,包含多种类型的设计,例如析因设计、区组设计和拉丁方设计等。在广告学研究中,最常见的是析因设计。在析因设计中,包含两因素被试间实验设计、三因素被试间实验设计乃至更多因素被试间实验设计。多于三个因素的被试间实验设计非常罕见,对于三因素被试间实验设计,在下一章中再详细分析。本章重点分析两因素被试间实验设计。

两因素被试间实验设计,同前面第二章和第三章中单因素被试间实验设计一样,要依托一个具体的研究问题展开。为了不增加太多额外信息,保证延续性,同单因素被试间实验设计一样,我们仍然选定可行性诉求和合意性诉求作为切入主题,通过增加其他类型自变量的方式,对两因素被试间实验的设计、变量操控与测量、实验实施、数据统计以及结果解释等进行详细的剖析,本章具体内容如下:

第一节,引入研究背景和变量。研究主题是研究方法的依托,确定研究主题之后,再引入相应的各类变量。在第二章中,我们主要讲述了合意性诉求和可行性诉求等两类广告诉求的操作化,广告诉求属于刺激特点自变量,在本节中,还会讲述指导语自变量和被试特点自变量,这些自变量往往以调节变量的名义来阐述。更重要的,还会引入多个中介变量和因变量。读者可以体会各类变量之间的关系以及变量类型的转换。

第二节,两因素被试间实验设计。在本节,我们会对两个自变量的情况加以详细分析,主要分成三种情况——每个因素包括两个水平、一个因素包含两个水平而另外一个因素包含三个水平、一个因素为操纵自变量而另外一个因素为测量型自变量。对于两因素被试间设计,特别突出对主效应、交互效应以及简单效应的解释。另外,也会详细解释两因素被试间实验设计中受调节的中介过程(条件过程)模型。

第三节,$2 \times 2$两因素被试间实验设计的数据分析,主要使用方差分析(ANOVA),相对于单因素被试间实验设计,交互效应以及简单效应分析是数据处理的重点。另外,受调节的中介过程模型也因为两因素的交互效应变得更加复杂。

第四节,包含测量型自变量的两因素被试间实验设计的数据分析,主要是多元线性回归分析。在本节中,我们还会考虑自变量是三个水平的情况,以便展示复杂情况下的数据分析与解读。

# 第一节　研究背景与变量

在本章中,我们仍然依托旅游地广告中的可行性诉求和合意性诉求的效果差异这个具体案例,研究的主要问题是:在不同条件下,这两类广告诉求对受众的吸引力(广告自身吸引力判断)的影响。如果单纯研究不同广告诉求的吸引力,属于单因素设计,而在现实中,这些不同诉求类型的广告可能在不同条件下呈现给不同类型的受众,其吸引力不仅仅取决于广告诉求本身,还会受到投放条件和受众特征的影响。在本节中,我们会根据理论推导,加入调节定向这个受众特征,与广告诉求彼此交叉组合,构成两因素被试间实验设计,并加入了两类新的中介变量,以此来探讨不同广告诉求的吸引力在不同条件下发生变化的规律以及其潜在机制。核心自变量仍然为可行性诉求和合意性诉求,这两类广告诉求的构念及操作化在第二章中已经详细阐述过了,本章中不再赘述。接下来的部分将详细分析新加入的各类变量。当然,我们并非将所有变量都纳入同一项研究中,下面主要列举可能的变量,以及如何操纵或者测量该变量。

## 一、调节变量——调节定向(Regulatory Focus)

要探讨在不同条件下,可行性诉求和合意性诉求这两类广告诉求对受众的吸引力。首先看在一般情况下,可行性诉求和合意性诉求这两类广告诉求的相对吸引力是否有差异?根据构念水平理论[①](Liberman et al.,2014),合意性诉求的信息比较抽象,与受众的心理距离较远,而可行性诉求的信息比较具体,与受众的心理距离较近。在一般研究中,通常要求被试在假想条件下评价这两种诉求的吸引力,这就涉及"或然性"(hypotheticality)条件,通常,或然性会导致受众与事件的心理距离增大,与合意性诉求信息相匹配,因而合意性诉求更有吸引力。因此,我们推测被试应该认为合意性诉求的吸引力超过了可行性诉求,现有研究结果的确支持这样的推理(F Wang et al.,2022)。

与第一个问题相对应,很自然的另外一个问题是这两类诉求的吸引力在

---

① 在第二章中我们已经比较详细的介绍了该理论,在此不再赘述。

什么条件下可能发生变化，即自变量对因变量影响的调节变量。在本章中，从受众特征角度选择调节变量，即被试的调节定向（regulatory focus）。调节定向理论认为人们拥有两种不同的自我管控（self-regulatory）策略和需求，促进定向（promotion-focused）是一种培育（nurturance）的需求，其目标是追求理想和抱负，获得成长与成就（growth and achievement）。而防御定向（prevention-focused）是一种保护和安全的需求，其目标是完成责任和义务（Higgins，1997），获得安全和稳妥（safety and security）。促进定向和防御定向基于两种完全不同的基本需求，因此促进定向和防御定向的人关注的目标状态也不同。促进定向主要与策略性渴求（strategic eagerness）相关联，对积极结果的有无（presence or absence）敏感，而防御定向主要与策略性警醒（vigilance）相关联，对消极结果的有无敏感（Higgins，2000）。更为关键的，具有促进定向的人倾向于在高抽象水平上建构（construe）信息，而防御定向的人则倾向于在低抽象水平上建构信息（A Y Lee et al.，2010）。因此，我们推测当广告诉求的构念水平与被试的调节定向相匹配时，该广告的吸引力应该高于两者不匹配时，即具有促进定向的人对合意性诉求广告的吸引力评价更高，而具有防御定向的人对可行性诉求广告的吸引力评价更高。

调节定向通常被认为是一种相对长期的（chronic）、稳定的个体特质（disposition），但有些情境性（situational）变量也能够暂时性地改变人们的调节定向（Higgins et al.，2001）。在实验中，我们相应地有两种方式来操作化调节定向这个自变量。

（一）测量调节定向

这种方式就是把调节定向当作被试的稳定特质，因而需要使用对应的量表进行测量。有多个量表可以对调节定向特质进行测量（Haws et al.，2010），每个量表都有众多研究在使用，例如，希金斯等（Higgins et al.，2001）的调节定向量表（RFQ）（Appelt et al.，2011；Hong et al.，2008；Park et al.，2015），洛克伍德等（Lockwood et al.，2002）测量调节定向的量表（Zhao et al.，2007），卡佛等（Carver et al.，1994）的 BIS/BAS 量表（Yi et al.，2009），布洛克讷等（Brockner et al.，2002）的自我量表（selves questionnaire）（Avnet et al.，2006；Sun et al.，2019）。豪斯等（Haws et al.，2010）在研究中对这些进行了综合评估，在概念的代表性（representativeness）、内部一致性（internal consistency）、同质性（homogeneity）、稳定性（stability），以及预测效度（predictive validity）方面，RFQ 量表表现都是最优的。在本案例中，我们即以希金斯等（Higgins et al.，2001)的 RFQ 量表作为测量手段，用以测量被试稳定的调节定向特征，具体条目见表 4.1。其中，条目 1、3、7、9、10、11 属于促进定向分量表，条目 2、4、5、6、8 属于防御定向分量表，将分量表中所有条目分数加总平均，即可获得被试的两个特征得分，所获得的被试调节定向分值为连续型变量(Cesario et al.，2004)。

对于这类由测量获得的连续型数据，在后续数据分析中有两种处理方式：第一种，保留其连续型特征，用回归方程的方式进行结果分析；第二种，按照某种分类标准，将所获得的数据分成两组，用一般的 ANOVA 方法分析。分类标准通常是中位数，高于中位数的被试为一组，低于中位数的被试为另外一组。甚至，在有些更严格的情况，研究者采用四分位数分组，将高分前 25%～27%的设为一组，低分后 25%～27%的设为一组，将中间部分的数据舍弃。当然，具体分组方法还取决于变量的特征。以本案例中调节定向为例，包含两种分组方法：

第一种分组方法，研究者将促进定向与防御定向视为一个变量的两个极点，因此就有总的调节定向分数。被试总的调节定向特征分数是由促进分量表得分减去防御分量表得分确定的。研究者将被试总的调节定向得分从大到小排序，然后确定中位数，将高于中位数的前 50%的被试分到促进定向组，低于中位数的后 50%的被试分到防御定向组，黄敏学等的研究(2017)即使用此法。

第二种分组方法，研究者将促进定向与防御定向视作两个独立变量，虽然同样采用中位数法，但将两个变量的指标组合。首先，确定各自的中位数，选择那些在防御定向得分高于中位数并且促进定向得分低于中位数的被试为防御定向组，而选择那些在促进定向得分高于中位数并且防御定向得分低于中位数的被试为促进定向组，还有另外两组被试，即在防御定向和促进定向得分都高或者都低的被试，在随后的实验中也被舍弃。法兹利等的研究(Fazeli et al.，2020)即使用此法。

**表 4.1 调节定向测量量表(RFQ)**

下面一组问题会涉及你生活中的一些特定事件。请选择合适的数字来回答问题

1.与大多数人相比,你是否往往不能从生活中得到你想要的东西?(反向计分)

从不或很少　○1　○2　○3　○4　○5　经常

2.在成长过程中,你是否曾经"越线",做一些你父母不能容忍的事情?(反向计分)

从不或很少　○1　○2　○3　○4　○5　经常

3.为了实现你殷切期望的东西,有多少次你更加努力的工作?

从不或很少　○1　○2　○3　○4　○5　经常

4.在成长过程中,你经常令你父母紧张吗?(反向计分)

从不或很少　○1　○2　○3　○4　○5　经常

5.你在多大程度上遵守父母制定的规则和条款?

从不或很少　○1　○2　○3　○4　○5　经常

6.在成长过程中,你的某些行为方式是否被父母认为是令人反感的?(反向计分)

从不或很少　○1　○2　○3　○4　○5　经常

7.对于你尝试做的各类事情,你是否经常做的很好?

从不或很少　○1　○2　○3　○4　○5　经常

8.不够小心有时会使我陷入麻烦(反向计分)

从不或很少　○1　○2　○3　○4　○5　经常

9.当要完成有些对我很重要的事情时,我发现自己做的并不如理想中应该做的那样好(反向计分)

从来不是这样　○1　○2　○3　○4　○5　经常是这样

10.我觉得我已经朝着成功的方向前进了。

肯定不是　○1　○2　○3　○4　○5　肯定是

11.我发现在生活中,很少有爱好或活动能吸引我的兴趣或激励我为它们付出努力(反向计分)

肯定不是　○1　○2　○3　○4　○5　肯定是

## (二)操纵调节定向

这种方式就是将调节定向当作情境性自变量,通过一定的手段使得被试短暂地"变成"特定类型的人,一些启动技巧即可完成该变量的操纵。对于调节定向的启动,有多种方式,例如,通过指导语要求被试写下自己过去和现在的理想、抱负和梦想以启动其促进定向,写下自己过去和现在的职责、义务和责任以启动其防御定向(Freitas et al.,2002;Sun et al.,2019;J Wang et al.,2006;Zhao et al.,2007),单词分类任务(Lockwood et al.,2002),词干补笔(word fragments)任务(A Y Lee et al.,2010;Sun et al.,2019),或者使用包含不同的调节定向的短文,主题与研究主题密切相关,以制造特定的情境(Cesario et al.,2004；Kees et al.,2010)，或者使用老鼠走迷宫任务游戏,任务与研究主题毫无关系,任务要求被试安排老鼠通过迷宫躲避老鹰抓捕以启动防御定向,要求被试安排老鼠通过迷宫尽快拿到奶酪以启动促进定向(Friedman et al.,2001)。

在本案例中,我们将采用"理想/职责"指导语启动任务(Freitas et al.,2002),这也是以往研究中较多采用的方式。在操纵被试的调节定向时,直接要求被试完成特定的任务,对于促进定向任务,指导语如下:"请回忆一下您曾经的愿望、目标或理想,并列举出您现在的愿望、目标或理想,对比一下它们有什么不同";对于防御定向任务,指导语如下:"回忆一下您曾经的职责、责任和义务,并列举出您现在的职责、责任和义务,对比一下它们有什么不同"。通常,这样的操纵之后,还有操纵检验任务,即要检验想要操纵的自变量是否成功。有些研究使用词干补笔任务(A Y Lee et al.,2010；Sun et al.,2019),范等(Pham et al.,2004)通过三个条目对此进行检验,选项采用 7 点双极量尺:

### 表 4.2 调节定向的操纵检验

题目:我更愿意

|  | 1 | 2 | 3 | 4 | 5 | 6 | 7 |  |
|---|---|---|---|---|---|---|---|---|
| 做正确的事 | ○ | ○ | ○ | ○ | ○ | ○ | ○ | 做我想做的 |
| 环球旅行 | ○ | ○ | ○ | ○ | ○ | ○ | ○ | 偿还贷款 |
| 去想去的地方 | ○ | ○ | ○ | ○ | ○ | ○ | ○ | 做遵守诺言的事 |

上述条目可能对美国的被试比较合适,对于中国的被试,第二条似乎不是特别合适,研究者可以根据"应该—理想"维度对条目进行微调,尽量保证有三个条目。不过,单个条目作为操纵检验似乎也是可行的,例如,李等(K Lee et al.,2014)就只用一个条目进行操控检验——"对你来说,什么是重要的?",选项采用 7 点双极量尺——"我应该做的(1)—我想要做的(7)"。甚至也有很多研究,使用这类启动任务之后并没有进行操纵检验(例如,Sun et al.,2019),可能考虑到此类启动模式已经被多次验证。

调节定向是一种特殊的变量,既可以是长期的、稳定的心理特质,又可以发生临时的、情境性的改变。上述两种操作化方式,反映了两类典型的自变量类型。第一类自变量类型,属于被试特点自变量。严格来讲,被试特点自变量并不是一种自变量,因为实验最基本的要求在于随机分配被试,而根据被试特征来分组则不满足这个最基本的要求。根据被试特征来分组,带来了其他系统性偏差的风险,因此,包含被试特点自变量的实验通常并不被认为是真正的实验研究。第二类自变量类型,则属于典型的指导语特点自变量。通过指导语使被试产生临时改变——无论这种改变是有意识的还是无意识的。当然,虽然自变量的操作化定义不同,但数据统计方法一般是相同的,都可以使用方差分析(ANOVA)或者回归分析。

实际上,拥有这类属性的被试特点自变量并非孤例,与之相类似的,还有自我构念、认知加工风格等一系列变量,涵盖了认知、情感到动机的整个心理活动谱系。

## 二、两个中介变量

在单因素被试间实验设计中,中介变量就是由单个自变量引起的变化,基本逻辑是,自变量引起中介变量的变化,中介变量引起因变量的变化。在多因素被试间实验设计中,中介变量的情况稍微复杂些。有可能是自变量引起了中介变量的变化,中介变量与调节变量交互影响了因变量,也有可能是自变量与调节变量交互影响了中介变量,中介变量继而影响了因变量。为了讲述不同类型的中介模型,在本案例中,需要引入两个中介变量。

### (一)构念水平

广告诉求的构念水平,即受众对不同广告诉求抽象程度的判断。该中介变量是广告诉求本身特征所决定的,在本案例中,我们可以使用三个条目来测量广告诉求的构念水平(与第二章中的操纵检验相同),该量表属于 7 点语义区分量表,见表 4.3。

**表 4.3　广告诉求构念水平测量量表**

题目:总体来说,你认为这则广告中的文字传达的信息是

| 具体的 | 1 | 2 | 3 | 4 | 5 | 6 | 7 | 抽象的 |
|---|---|---|---|---|---|---|---|---|
| 更强调细节特点的 | 1 | 2 | 3 | 4 | 5 | 6 | 7 | 更强调整体感受的 |
| 更强调旅行过程保障的 | 1 | 2 | 3 | 4 | 5 | 6 | 7 | 更强调旅行目的满足的 |

读者需要特别注意这个概念与第二章中"被试的构念水平"的差异。在第二章中介变量介绍中,我们详细地分析了广告诉求可能影响了被试的构念水平,而本节中的构念水平并非指被试自身的构念水平,而是指被试对广告诉求本身构念水平的认知。实际上,被试的构念水平可能受到其调节定向水平的影响。根据调节定向理论(A Y Lee et al.,2010),具有防御定向的被试倾向

于在较低水平建构信息,而具有促进定向的被试倾向于在较高水平建构信息,因此,被试的调节定向也可能影响其自身的构念水平。也正是由于广告的构念水平与被试自身的构念水平相匹配,才通过本节提到的第二个中介变量——加工流畅性——影响广告吸引力。

### (二)加工流畅性

被试对广告材料的加工流畅性感知。该中介变量并非简单的由单一因素造成的结果。无论是不同类型的广告诉求本身,还是被试的调节定向特征,都不足以单独对广告信息的加工流畅性感知造成影响。但当广告诉求与另外的变量相结合,就有可能影响被试的加工流畅性。根据调节定向理论,个人的调节定向与信息的构念水平存在匹配效应,促进定向的人更倾向于在抽象水平上构念信息,而防御定向的人更倾向于在具体水平上构念信息,因此,当促进定向的人面对合意性诉求,当防御定向的人面对可行性诉求时,被试感知到的加工流畅性得以提升(A Y Lee et al.,2004)。当然,也有研究认为,这种调节定向和构念水平的匹配影响了其投入感(engagement)或者"对的感觉",这种投入感转而影响了被试的加工流畅性(A Y Lee et al.,2010),当然,也有研究者认为是加工流畅性影响了"对的感觉"(H Kim et al.,2009)。这些属于理论争议和辨析,本身也是很有价值的研究问题,但在本案例中,由于我们的重点是阐述实验设计的方法问题,因而不准备在此对该理论争议进行探讨,只选取加工流畅性作为中介变量。如果读者对该理论问题有兴趣,可以根据在本案例中所讲述的方法做进一步探索。

在本案例中,加工流畅性通常可以采用如表 4.4 两个条目测量(A Y Lee et al.,2004):

### 表 4.4　加工流畅性的测量问卷

| 1.加工该广告信息的难度? | | | | | | | | |
|---|---|---|---|---|---|---|---|---|
| 难以加工 | 1 | 2 | 3 | 4 | 5 | 6 | 7 | 容易加工 |
| 2.理解该广告信息的难度? | | | | | | | | |
| 难以理解 | 1 | 2 | 3 | 4 | 5 | 6 | 7 | 容易理解 |

在实际研究中,最好采用已经发表的、被证明信效度良好的量表。但如果该量表条目的确与自己的研究问题不匹配,研究者也可以根据自己的研究问题和材料,在原有条目的基础上灵活增删修改,一般情况下,只要表面效度以及一致性信度等指标足够高,新的量表是可以被接纳的。

### 三、主效应、交互效应与简单效应

与单因素被试间实验设计相比,两因素被试间实验设计要检验的自变量与因变量之间的关系假设更加复杂,不仅包含了每个自变量对因变量的单独影响(主效应),还包含了两个自变量对因变量联合的、同步的影响(交互效应),自变量对因变量的影响也因为另外一个自变量的存在而发生变化(简单效应)。

#### (一)主效应

所谓主效应,是指单个自变量分别对因变量单独的、全部的影响(Smith et al.,2012)。在单因素被试间实验设计中,通常要验证唯一的自变量对因变量的影响,而当存在两个自变量时,情况要复杂得多。两个自变量对因变量的影响在理论推理上就可能存在不同状况,例如:两个自变量对因变量的影响同等重要,每个自变量对因变量的单独影响仍然存在;一个自变量对因变量的单独影响存在,而另外一个自变量属于调节变量,即该自变量对因变量的单独影响不存在;两个自变量对因变量的影响都不存在,只有两者特定水平的组合对因变量有影响,两者互为调节变量。是否要验证某个自变量的主效应,往往取决于研究的目的。对于主效应更具体分析可以参考《实验广告学》(王霏,2020),在此,我们仅以本案例中涉及的变量关系进行分析。在本案例中,涉及两个自变量,广告诉求和被试的调节定向,从本章第一节第一部分的变量分析中可以看到,根据构念水平理论,在假设条件下,广告诉求的不同可能影响广告吸引力,合意性诉求的吸引力高于可行性诉求的吸引力,即广告诉求这个自变量的主效应可能是存在的。但在通常情况下,不同广告诉求对于广告吸引力的影响并不存在差异。因此,在本案例中,我们假定广告诉求的主效应不存在。对于被试的调节定向,并没有理论推测其与广告吸引力的关系,不同调节定向的被试对广告诉求的吸引力判断应该没有差异,因而在本案例中,同时假定调节定向的主效应不存在。该变量的引入是为了验证调节定向与广告诉求两者对广告吸引力影响的交互效应,或者说是为了验证其对广告诉求和广告吸引力之间关系的调节作用。

#### (二)交互效应

所谓交互效应,是指多个自变量对因变量联合的、同步的影响(Smith et al.,2012)。与之相同的另外一个概念叫调节效应,这两个效应在数学表达上是完全相同的。两者细微的差别在于:在交互效应中,两个自变量的地位是相同的,即两个自变量对因变量都有各自的主效应,并且两者结合对因变量也有影响,即交互效应;而在调节效应中,两个自变量的地位不同,一个自变量对因变量的主效应被认为是存在的,而另外一个自变量对因变量的主效应是不存在或者不被研究者关心的,因而这个自变量又被称为调节变量。另外,至少要在理论上可以推导出两个自变量的交互效应存在,两因素被试间实验设计才有意义,如果两个自变量对因变量的影响相互独立,放在一个实验里研究也就失去了意义。

在本案例中,我们认为,两个自变量对因变量的主效应都不存在,我们更关心的是两者结合共同对因变量造成的影响,即两者的交互效应。在这种状况下,两个自变量地位相同,互为对方的调节变量。研究假设不再考虑两个自变量的主效应,而单纯关注两者的交互效应。当然,在方差分析中,全模型会输出所有自变量的主效应和两者的交互效应,研究者只需要看研究假设所关心的交互效应即可。一旦发现两个自变量的交互效应是显著的,那么自变量各自的主效应将不再重要。交互效应显著的情况下,还要更进一步进行简单效应分析。

(三)简单效应

所谓简单效应,是指在某一个自变量的不同水平上,比较另外一个自变量不同水平对因变量造成的影响效果差异(Goodwin,2009)。主效应只是简单地指出某个自变量是否对因变量造成影响,而简单效应则更进一步具体指出,在自变量 $B$ 的某个水平下,自变量 $A$ 对因变量造成的影响是怎样的,在自变量 $B$ 的另外一个水平下,自变量 $A$ 对因变量造成的影响又是怎样的。这种以条件命题形式来阐述的结果,反映的是两个自变量中任意一个自变量对因变量的影响不仅仅取决于自身,还受到另外一个自变量的调节(约束)。通常自变量 $A$ 被认为是核心自变量,而自变量 $B$ 为调节变量。当研究中存在交互作用而且重点要检验这个效应时,通常会进一步检验其简单效应,并且研究假设也会以简单效应的形式写出,而不仅仅指出两者存在交互效应。

## 四、受调节的中介或条件过程模型

在实验中,除了检验自变量与因变量之间的关系、多个自变量之间的交互效应,检验自变量作用于因变量的背后机制也是很重要的实验目的之一,在此需要引入中介变量。在包含中介的变量关系图(模型)中,中介变量作为自变量的因变量,而作为因变量的自变量而存在,即自变量影响中介变量,中介变量继而影响因变量。单个自变量、单个中介变量和单个因变量的情况相对简单,其所能构建的中介效应模型仅仅包括一个,在本书第二章中已经详细阐述过了。模型中一旦包括多个自变量或调节变量,就立刻变得复杂。受调节的中介(moderated mediation)模型或者带有中介的调节(mediated moderation)模型,在海耶斯(Hayes)书中统称为"条件过程模型"(conditional process model)。在一个自变量、一个调节变量、一个中介变量及一个因变量的情况下,中介模型至少包括 8 种(模型 5、7、8、14、15、58、59、74),具体对应的模型,读者可自行参考海耶斯(2017)的著作。在本书中的所有模型中,完全不考虑调节变量对直接路径的调节,仅仅考虑调节变量对中介路径的调节。对于其他模型,读者可以自行练习。

依据要检验的机制和理论推导不同,条件过程模型主要包括两种。

第一种,调节变量在中介过程的后半段起作用,即自变量首先影响了中介变量,继而中介变量与调节变量的交互效应影响了因变量。中介模型图见图4.1,该模型对应了 Hayes(2017)PROCESS 计算中的模型 14。

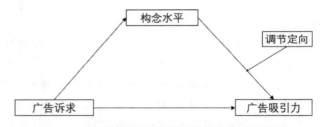

**图 4.1　中介路径后半段受调节的条件过程模型**

在本案例中,根据构念水平理论(Liberman et al.,1998),不同类型的广告诉求具有不同层次的构念水平特征(中介变量),可行性诉求比较具体,具有较低的构念水平层次,而合意性诉求比较抽象,具有较高的构念水平层次,而根据调节定向理论(A Y Lee et al.,2010),具有防御定向的被试,对信息的构念较为具体,而具有促进定向的被试,对信息的构念较为抽象,信息的构念水平(中介变量)与被试对信息的加工特征(调节变量)相匹配(交互效应),从而影响了被试对广告吸引力的判断(因变量)。至于被试信息加工特征与信息特征本身相匹配为什么会影响吸引力,其潜在的机制可以参见下面第二种情况。

第二种,调节变量在中介过程的前半段起作用,即自变量与调节变量的交互效应共同影响了中介变量,中介变量继而影响了因变量。中介模型图见图4.2,该模型对应了海耶斯(2017)PROCESS 计算中的模型 7。

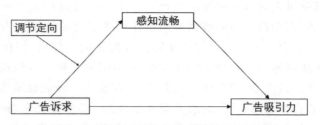

**图 4.2　中介路径前半段受调节的条件过程模型**

在本案例中,根据调节定向相关理论(A Y Lee et al.,2004),广告诉求和调节定向相互匹配时(交互效应),即当促进定向的被试面对合意性诉求广告、防御定向的被试面对可行性诉求广告时,被试会认为该广告加工起来更顺畅(中介变量),被试错误地把这种顺畅感转移到对广告吸引力本身的评价上(因变量),因而导致对广告吸引力评价的提升。

## 第二节　实验设计与实验程序

一个自变量所有水平与另外一个自变量所有水平相结合,共同影响了因变量,这样的设计属于两因素被试间实验设计。在单因素被试间实验设计中,只需要操纵单一自变量,而两因素被试间实验设计需要操纵两个自变量,每个自变量的不同水平都要进行交叉组合,因而设计更为复杂。同时,某个自变量对因变量的影响不再仅仅取决于其自身,往往还受到另外一个自变量的影响。因此,在结果解释上也比单因素被试间实验设计更复杂,因为除了某一自变量对因变量单纯的影响——在两因素被试间实验设计中称为某自变量的主效应——之外,如果出现交互效应,还需要报告简单效应。另外,与单因素被试间实验设计中单一的中介模型相比,两因素被试间实验设计的条件过程模型也变得非常复杂。

在本案例中,研究假设可以这样表述:广告诉求类型和被试的调节定向对广告吸引力产生了交互效应,即促进定向的被试会认为合意性诉求广告比可行性诉求广告更有吸引力,而防御定向的被试则相反。当然,研究假设也可以用另外一种方式表述:广告诉求类型和被试的调节定向对广告吸引力产生了交互效应,即促进定向的被试倾向于比防御定向的被试认为合意性诉求的广告更有吸引力,而防御定向的被试倾向于比促进定向的被试认为可行性诉求的广告更有吸引力。上述两个假设实际上说的是同一件事,但仔细对比可以发现,这两个陈述对两个自变量的地位处理是不同的:第一种假设阐述方式以广告诉求为核心自变量,调节定向为调节变量,而第二种假设阐述方式则以调节定向为核心自变量,以广告诉求为调节变量。一般在方差分析中,两个自变量的地位是相同的,不特别强调哪个是自变量,哪个是调节变量,但在中介效应检验中,则需要明确两者地位。研究者可以根据研究对象的内在逻辑,确定两个变量的地位即可。

在本案例中,探讨广告诉求与调节定向两因素对广告吸引力的影响。广告诉求为核心自变量,调节定向为调节变量。调节定向变量既可以作为分类变量——通过指导语启动获得,也可以作为连续变量——通过量表测量获得,对于分类变量和连续变量做自变量的情况,实验设计和程序有些差异,下文中分别阐述。

## 一、操纵自变量的实验设计和程序

在典型的两因素被试间实验设计,两个自变量通常都是由操纵获得。假设自变量 $X$ 包含 $i$ 个水平,自变量 $Y$ 包含 $j$ 个水平,$i$ 和 $j$ 可以相同,也可以不同,而且原则上这两个数可以是 2 或 2 以上的任何数。在实验报告中,一般用×表示自变量多个水平之间的相互结合关系,每个数字表示一个自变量的水平数,通常称这类设计为 $i×j$ 两因素组间或被试间实验设计。该类设计要求两个自变量的所有水平之间彼此两两组合,因此,可以获得 $i×j$ 个实验处理。每个实验处理都同时包含了两个自变量的某一个水平。有多少个实验处理就有多少个实验组,被试被随机分配到其中一组而且仅仅接受这一组的实验处理。例如,2(自变量 1)×2(自变量 2),表示该实验包含两个自变量,每个自变量包含两个水平,这样的话,最终会有 4 个(2 与 2 的乘积)处理组,组间设计要求每组被试接受一种且只接受一种实验处理,这个实验处理与其他组接受的实验处理有所不同。当然,两因素被试间实验设计还可能有 2(自变量 1)×3(自变量 2)或者 3(自变量 1)×3(自变量 2),一般来说,在广告学领域,一个因素的水平数很少超过 5。即使每个因素包含 3 个水平,最终就要包含 9 个处理组,需要的被试数量会相当大(具体可参考下文中被试人数计算),因此,一般实验中,即使是两因素被试间实验设计,每个因素的水平也不宜过多。

在本案例中,我们主要以 $2×2$ 被试间实验设计为例[①],基本设计模式如下:

$$R \quad T_{x_1y_1} \quad O_1$$
$$R \quad T_{x_1y_2} \quad O_2$$
$$R \quad T_{x_2y_1} \quad O_3$$
$$R \quad T_{x_2y_2} \quad O_4$$

**典型两因素
$2×2$ 被试间设计**

R 为随机分配被试,T 为某具体的实验处理,角标则表明是自变量水平的组合,例如 $x_1y_1$ 表明是自变量 $X$(调节定向)的第一个水平与自变量 $Y$(广告诉求)的第一个水平相结合产生的处理,O 为因变量观察,角标数字表明组别。

在本案例中,以广告诉求为核心自变量,并选择调节定向作为调节变量,实验程序设计呈现主要以 2(调节定向:促进定向 vs.防御定向)×2(广告诉求:合意性诉求 vs.可行性诉求)设计为主,2(调节定向:促进定向 vs.防御定向)×3(广告诉求:合意性诉求 vs.可行性诉求 vs.控制组)被试间实验设计的实验程序并没有本质不同,只是数据[②]处理时复杂一些,读者可以自行练习。

具体程序如下:

第一步,首先随机分配被试到四组中,然后通过指导语对其中两组被试启动促进定向,对另外两组被试则启动防御定向,指导语及操纵任务见本章第一节第一部分的操纵调节定向方法。

**包含连续型自变
量的两因素设计**

第二步,启动任务之后,可以使用操纵检验量表(见表4.2)检验对被试的调节定向启动是否成功。具体操纵方式和操纵检验量表见本章第一节第一部分。当然,也有研究者担心此时的检验会干扰自变量与因变量(或者中介变量)之间的关系。对于这样的担忧,可以有两种解决方案:第一种,可以把这些操纵检验放在因变量测量之后,这样就能保留"最纯粹"的自

---

① 此处所对应数据的文件名称为"4.1 第四章 典型两因素 $2×2$ 被试间设计",请扫描二维码获取。在单因素实验设计中,我们已经详细讲述了数据的输入以及预处理,因而包含了原始的条目数据及加总平均之后的变量数值。从这一章开始,所提供的数据不再包含原始的条目数据,而只有加总平均之后的单一数据。

② 此处所对应数据的文件名称为"4.2 第四章 包含连续型自变量的两因素设计",请扫描二维码获取。在该数据中,连续变量被人为分成两组,变量输入名称为"regfo"。读者可以自行练习,对照 $2×2$ 和 $2×3$ 方差分析的差异。

变量与因变量之间的关系;第二种,增加一个预实验,招募另外一批被试,单纯进行自变量的操纵和操纵检验,预实验结果能够验证其成功之后,再进行正式实验,而且在正式实验中不再进行相应的操纵检验。这几种方式各有利弊,研究者可以权衡收益和风险之后选择合适的方案。

第三步,启动任务完成后,进行广告诉求操纵,指导语如下:"假定这是一则某旅游地的广告,请仔细观看并回答相应的问题"。对于启动促进定向的两组被试,随机分配一组观看合意性诉求广告,另外一组观看可行性诉求广告,对于防御定向组的被试也是如此操作。最终四个被试组分别为:被试的促进定向与广告的可行性诉求组,被试的促进定向与广告的合意性诉求组,被试的防御定向与广告的可行性诉求组,以及被试的防御定向与广告的合意性诉求组。

第四步,在被试观看特定诉求的广告之后,可以测量中介变量。如果研究目的是检验以构念水平为潜在机制的中介模型(见前文图4.1),则需要测量被试对广告诉求的构念水平认知,具体测量见本章第一节中的第二部分(表4.3);如果研究目的是检验以加工流畅性感知为潜在机制的中介模型(见前文图4.2),则需要测量被试在观看广告诉求时的加工流畅性,具体测量见本章第一节中的第二部分(表4.4)。当然,也有研究者担心中介变量的测量会干扰对因变量的测量,因此也有研究将中介变量放在最后测量。当然,除非要做链式中介,一般在一个实验里不会同时测量两个中介变量。

第五步,以上所有自变量的操纵和检验已经完成,接下来就要测量因变量,即广告自身吸引力,具体测量条目见本书第二章表2.2。

最后一步,同前。

对于更加复杂的被试间实验设计,如2×3或3×3被试间实验设计,实验程序与上述程序没有本质差异,只是被试要被随机分配到的处理组更多而已。

在单因素被试间实验设计中,只有一个自变量,因此只需要操纵自变量,观察因变量即可。而在两因素被试间实验设计中,则包含两个自变量,先操纵哪个自变量,后操纵哪个自变量,这就涉及自变量操纵顺序的问题。对于不同的实验设计和自变量,操纵顺序没有一定之规,可以先操纵自变量 $A$,然后操纵自变量 $B$,或者反过来,甚至两者可以同时操纵(比如刺激特点自变量,完全可以同时呈现不同自变量水平的组合)。总的来说,整个实验设计就是为了让被试沉浸在设定的情境中,使被试面对一个合情合理的"故事",研究者只需要按照"故事"的内在逻辑操纵呈现自变量即可。在某些情况下,合理的逻辑必然是先呈现自变量 A,再呈现自变量 B,或者同时操纵两个自变量,那就按照这样的安排操纵自变量;在另外一些情况下,无论先操纵哪个自变量都可以,那就按照研究者方便的顺序操纵。在本案例中,两个自变量的操纵顺序似乎是可以互换的。我们既可以按照上述顺序,先操纵被试的调节定向,然后分配给他们任务——观看不同诉求的广告,也可以先把被试随机分配到两种不同的广告诉求中去,然后再把每组广告诉求下的被试随机分配到不同的调节定向启动组——接受不同的调节定向启动,然后再询问他们对广告的看法。在逻辑上,第二组似乎也没什么问题,只是看起来比较生硬,因此,推荐第一种操纵方式。

另外,与单因素被试间实验设计相同,两因素被试间实验设计存在中介变量与因变量的测量顺序问题。相关内容已经在第二章第二节及本节详细讨论过了,研究者可以灵活安排。

## 二、存在连续型"自变量"的两因素被试间实验设计与程序

当一个变量是分类变量,另外一个变量是(测量的)连续变量时,通常不被认为是真实验设计,但在实际研究中,通过一定的处理,使之达到准实验的要求,因而也被广泛采纳。对于连续型自变量测量之后的进一步处理,可以采用两种方式,第一种方式是人为分组,将连续型自变量变为分类型自变量,第二种方式是不需要人为分组,将测量数据直接作为连续变量使用。

在本案例中,广告诉求是分类变量,当被试的调节定向是由测量获得时,就属于连续型变量。依托本案例的变量,分别详细阐述两种处理方式。

(一)人为分组[①]

在通常情况下,根据被试在连续型自变量测量中的得分,按照特定规则(例如,根据中位数、四分位数),把被试分成两组,当然,在极个别情况下,也可能分成三组甚至四组。在这里我们只考虑连续变量被分为两个水平,并且分类变量(此处即广告诉求)包含三个水平的情况,其基本设计模式如下:

包含连续型自变量的两因素设计

$$O_x \quad T_{(x_1)y_1} \quad O_1$$

---

① 此处所对应数据的文件名称为"4.2第四章 包含连续型自变量的两因素设计"。请扫描二维码获取。人为分组之后的数据处理与上文中两因素 $2 \times 2$ 被试间实验设计的数据处理没有本质差异,只是在本案例中,自变量包含 3 个水平,因此可能涉及多水平之间两两的比较,读者可以注意本章第三节第二部分的简单效应分析部分。

$$O_x \quad T_{(x_1)y_2} \quad O_2$$
$$O_x \quad T_{(x_1)y_3} \quad O_3$$
$$O_x \quad T_{(x_2)y_1} \quad O_4$$
$$O_x \quad T_{(x_2)y_2} \quad O_5$$
$$O_x \quad T_{(x_2)y_3} \quad O_6$$

$O_x$ 为对自变量 $X$ 的测量，$T$ 为某具体的实验处理，角标则表明是自变量水平的组合，例如 $(x_1)y_1$ 表明是自变量 $X$（调节定向）的第一组与自变量 $Y$（广告诉求）的第一个水平相结合产生的处理，括号表明该自变量不是由主试操纵获得，而是由前面的测量获得的，O 为因变量观察，角标数字表明组别。

具体到本案例，实验程序如下：

第一步，使用调节定向量表测量每一位被试的调节定向特质，具体指导语与测量手段见本章第一节第一部分（表 4.1）。

第二步，根据测量数据的中位数将被试分为两组，低分组为防御定向组（$X_1$），高分组为促进定向组（$X_2$）。

第三步，将防御定向组的被试再次随机分为三组，一组接受可行性诉求广告，第二组接受合意性诉求广告，第三组接受简单邀约广告。对于促进定向组的被试也做上述操作。指导语如下："假定这是一则某旅游地的广告，请仔细观看并回答相应的问题"。

第四步，测量因变量，广告自身吸引力，具体测量条目见本书第二章表 2.2。测量中介变量广告构念水平或加工流畅性（一般不会在一个实验里完成）。具体测量条目见本章第一节表 4.3 和表 4.4。

最后一步，同前。

对比启动操纵和测量调节定向的两个实验设计程序之间的差异，可以发现，使用启动方式操纵被试的调节定向，主试可以首先随机分配被试，形成对等组，然后进行调节定向的启动。但如果采用测量方式获得被试的调节定向水平，则只能按照测量分数（高低）分组，无法随机分配被试。不能随机分配被试，意味着可能存在干扰变量，因此，在获取结论时就考虑到其他可能的替代解释，不能确认自变量与因变量之间的因果关系，这也是为什么包含测量型自变量的设计通常不被认为是真实验设计。不过，此处数据的处理方式与本节第一部分中的（所有自变量都是分类变量）处理方式也完全相同。而且，在实际研究中，这样的处理方式还比较常见，尤其是包含多个实验的系列研究，通常将操纵和测量某一个自变量的多个研究相结合，以便得到更可靠的结论。

（二）保持连续变量方式

保持连续变量的方式又可以再次分成两种操作，相应的实验程序和结果处理也不相同。其中第二种方式在实际操作中相当麻烦，甚至不能实现，在此，只做程序上的说明，不再演示数据分析过程。而且，为了演示虚拟变量的设置，在第一种方式中，广告诉求自变量被设置为三个水平。

1.在某些情况下，通过测量获得第一个"自变量"之后，并不根据特定的规则将被试分成两组（防御定向组和促进定向组），再将两组人分别随机分配到第二个自变量的三个水平中去，而是直接将所有被试随机分配到第二个自变量的不同水平中去[①]。其设计模式如下：

$$R \quad O_x \quad T_{(x)y_1} \quad O_1$$
$$R \quad O_x \quad T_{(x)y_2} \quad O_2$$
$$R \quad O_x \quad T_{(x)y_3} \quad O_3$$

包含连续型自变量的两因素设计

$O_x$ 为对自变量 $X$ 的测量，T 为某具体的实验处理，角标则表明是自变量水平的组合，例如 $(x)y_1$ 表明是自变量 $X$（调节定向）与自变量 $Y$（广告诉求）的第一个水平相结合产生的处理，其中，$X$ 包含了测量获得的所有可能数值，括号表明该自变量不是由主试操纵获得，而是由前面的测量获得的，O 为因变量观察，角标数字表明组别。

在本案例中，我们选择三类不同的广告诉求，可行性诉求、合意性诉求和简单邀约诉求。实验程序如下：

第一步，首先，把被试随机分配到三个不同的广告诉求组中去。原则上，每组被试在调节定向上都是同质的，即每组被试在调节定向得分分布上是相同的正态分布（均值和标准差都相同）。

第二步，使用调节定向量表测量每组被试的调节定向水平，具体指导语与测量手段见本章第一节第一部分（表 4.1）。

第三步，不需要按照被试调节定向的分数再进行分组，每位被试按照第一步中被分配的组别接受相应的广告诉求。指导语如下："假定这是一则某旅游地的广告，请仔细观看并回答相应的问题"。

第四步，测量因变量，广告自身吸引力，具体测量条目见本书第二章表

---

① 此处所对应数据的文件名称为"4.2 第四章 包含连续型自变量的两因素设计"，请扫描二维码获取。

2.2.测量中介变量广告构念水平和加工流畅性。具体测量条目见本章第一节表 4.3 和表 4.4。

最后一步,同前。

当然,对于连续型自变量——被试的调节定向的测量,可以在因变量测量之后进行,即将自变量 $X$ 的测量($O_x$)放置在处理 $T_{(x)y}$ 之后。由于被试的长期的调节定向被认为是一种相对稳定的特质,因此,即使在因变量测量之后再测量该变量,也不会被认为是因果倒置,因为这种特质一直存在,在因变量测量时已经发挥作用了。这种处理方式获得被试的调节定向为连续变量,并且,因变量也是连续变量,可以使用多元线性回归处理数据。另外一个自变量如果是二分变量,可以作为单个虚拟变量,直接纳入回归方程模型即可。但这个自变量如果是多分类变量,则需要设置多个虚拟变量,然后再纳入回归方程模型。分类变量与连续型变量直接相乘,即可获得两者的交互项,也纳入回归方程中。为了避免交互项与自变量(低次项)之间的多重共线性问题,一般将自变量(低次项)分数做中心化(centering)处理,即将自变量的分数减去其自身均值再相乘获得交互项,并且将减去均值之后的自变量分数纳入回归方程模型(谢宇,2010)。

2.采用匹配的方式分配被试。首先通过测量获得第一个"自变量",此时不再将被试随机分配到第二个自变量的不同水平上,而是首先确定在第一个自变量上测量得分相同的被试,把这些得分相同的被试随机分配到第二个自变量的不同水平上。其设计模式如下:

$$O_x \quad M \quad T_{(x)y_1} \quad O_1$$
$$O_x \quad M \quad T_{(x)y_2} \quad O_2$$
$$O_x \quad M \quad T_{(x)y_3} \quad O_3$$

$O_x$ 为对自变量 $X$ 的测量,T 为某具体的实验处理,角标则表明是自变量水平的组合。M 为匹配被试,即将得分相同的被试分别分配到不同的组中。O 为因变量观察,角标数字表明组别。

如果采用该方式,具体的实验程序如下:

第一步,使用调节定向量表测量每组被试的调节定向水平,具体指导语与测量手段见本章第一节第一部分(表 4.1)。

第二步,将所有被试按照调节定向测量分数高低排序,把得分相同的三个被试随机分配到三组中,对于特定分数,如果少于或多于三个相同分数的被试,则取得分相近的被试组成三个,然后再随机分配到三组中去。

第三步,每位被试按照被分配的组别接受相应的广告诉求。指导语如下：
"假定这是一则某旅游地的广告,请仔细观看并回答相应的问题"。

第四步,测量因变量,广告自身吸引力,具体测量条目见本书第二章表 2.2。
测量中介变量广告构念水平或加工流畅性。具体测量条目见本章第一节表
4.3和表 4.4。

最后一步,同前。

在该类设计中,首先要测量所有被试在连续型自变量 X(调节定向)的得
分,然后根据被试的得分,将得分相同的被试分配到三组中。组数越多,在实
际操作中越难实现,因为很难在所有特定的分值上,都能找到恰好有三个甚至
更多个得分一致的被试。而且这样的匹配很可能会引入新的干扰变量,因此
在实际研究中最好不要用。在本书中不再对该类设计的数据统计进行阐述。

## 三、被试人数的确定

确定实验程序之后,还需要确定被试人数。同第二章单因素被试间实验
设计一样,此处仍采用 G * power 软件进行计算,见图 4.3。需要说明的是,当
一组自变量是由测量获得的,属于连续型自变量,通常的做法是将这个自变量
按照其测量值的中位数分成两组,然后再做后续步骤,数据分析手段也使用方
差分析,这种情况下,确定样本量可以按照两个都是分类变量的情况进行,即
按照下文中第一种方式进行。但如果不将该自变量分组,数据分析手段采用
多元回归分析,在确定样本量时则需要根据下文中第二种方式进行。

在计算之前,假定我们已经找到了一篇与我们即将开展研究相似的前人
的文献,相应的参数都可以找到。那么,根据前人研究参数确定自己研究被试
人数的具体过程如下：

### (一)分类变量,方差分析

对于两个自变量都是分类变量的被试间实验设计,数据分析通常采用方
差分析,本案例中不存在协变量。计算样本量时,具体选择如下：

第一步,在"Test family"下拉菜单选定统计模型,我们选择"F tests",然
后在"Statistical test"选择"ANOVA：Fixed effects,special,main effects and
interactions",再后在"Type of power analysis"选择"A priori：Compute re-
quired sample size-given α,power,and effect size"。

在"F tests"选项中,还有一个"ANCOVA：Fixed effects,main effects
and interactions",两者差别主要在于,在该选项下,允许包含协变量,在该选

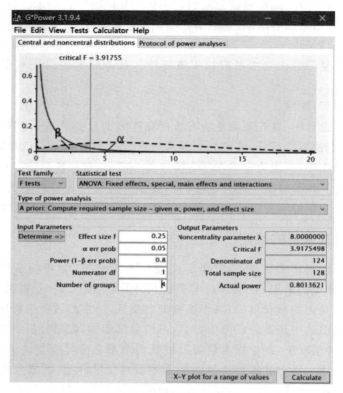

图 4.3　被试人数计算软件 G＊power 界面

项下,如果使"Number of covariates"为"0",计算所获得的结果与"ANOVA:
Fixed effects,special,main effects and interactions"没有差异。

　　第二步,在"Input Parameters"部分,"Effect size f"需要根据以往研究中
获得的效应值大小计算。首先,点击图 4.3 中左侧的"Determine＝＞"按钮,
主视图就会在其右侧展开新的视图,见图 4.4。

　　在新的视图中就可以看到有两种方式计算效应值:"From variances"以
及"Direct"(与单因素被试间实验设计中的"Effect size from variance"设置类
似,见图 2.7,在此不再赘述)。"From variances"方式需要输入组间方差和组
内方差,这些信息在研究文献中一般不会报告,因此,最好选取第二种方式,即
采用"Direct",直接输入文献中的 $\eta_p^2$ 即可,最后,点击"Calculate"或者"Cal-
culate and transfer to main window"按钮,就可以计算出需要的数值。在本

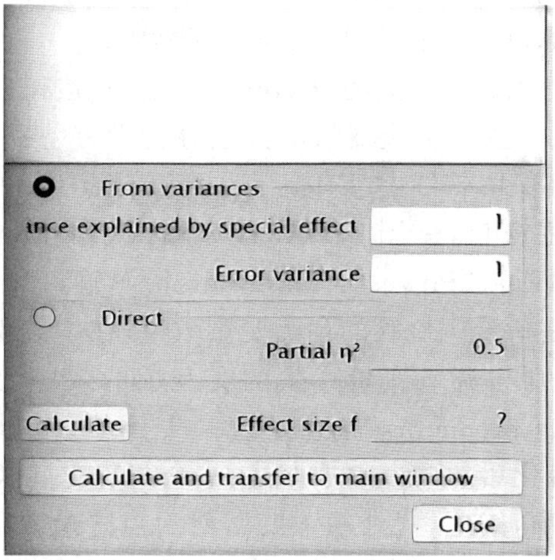

**图 4.4　效应值计算**

案例中,我们同样直接保留软件中"Effect size f"的默认值(中等程度)。

第三步,"α err prob"一般选"0.05",按照软件默认即可;"Power(1－β err prob)",我们选择"0.8";"Numerator df"选项是指作为分子的自由度,在多因素被试间实验设计中,包含多个分子的自由度,有不同自变量主效应对应的自由度,也有交互效应对应的自由度,通常,自由度越大,需要的被试量就越多。被试量满足了自由度大的效应要求,也就满足了自由度较小的效应要求。因此,选择多个自由度中最大的那个即可。例如,在 2×2 设计中,两个自变量的主效应以及交互效应的自由度都是 1,因此填入"1"即可;在"Number of groups"填入"4",然后点击最右下角的"Calculate",可以得到"Total sample size"为"128",共四组,所以每组 32 人。在 2×3 设计中,最大自由度是 2,因此填入"2"即可;在"Number of groups"填入"6",然后点击最右下角的"Calculate",可以得到"Total sample size"为"158"。在本案例中,仅仅构造了样本量为 138 人的数据,仅用作简单效应分析示意。

(二)连续变量,多元回归分析

对于一个自变量是分类变量,另外一个变量是连续变量的情况,需要使用多元线性回归方式处理数据的情况,计算样本量时,具体选择如下:

第一步,在"Test family"下拉菜单选定统计模型,我们选择"F tests",然后在"Statistical test"选择"Linear multiple regression:Fixed model,$R^2$ increase"，再后在"Type of power analysis"选择" A priori：Compute required sample size-given α，power，and effect size"。

第二步，点击图4.3中左侧的"Determine＝＞"按钮，主视图就会在其右侧展开新的视图，与上文中分类变量的方差分析没有差别，见图4.4。在本案例中，我们同样直接保留软件中"Effect size f²"的默认值（中等程度）。

第四步，回到主窗口，见图4.3，在参数输入中，"α err prob"一般选"0.05"，按照软件默认即可；"Power(1－β err prob)"，输入"0.8"；"Numerator of tested predictors"是指希望检验的预测变量数量，在本案例中，我们更关心的是两个虚拟变量分别与调节变量产生的交互项的效应大小，因此填入"2"；"Total numerator of predictors"选项是指一共有多少个预测变量，在本案例中，包括由自变量转化后的两个虚拟变量、一个调节变量以及自变量与调节变量产生的两个交互项，因此，此处填入"5"，然后点击最右下角的"Calculate"，可以得到"Total sample size"为"68"。被试数量可以多于68人。本书所提供的一组数据可能用来做分组情况下（2×3设计）的方差分析，为兼顾其所需样本量，此处被试数量翻番，为136人。在本实验设计中，广告诉求包含三个水平，为了平均分配所有被试，设定每组46人，总计138人。

## 四、数据的初步整理

选定人数和取样方法之后，就可以执行实验收集数据了。待数据收集完毕，就可以把数据输入SPSS软件中。相对于单因素被试间实验设计的数据输入，两因素被试间实验设计的数据输入同样没有本质差别。两因素被试间实验设计只是在自变量输入时，多出一列界定新自变量的数据。另外，数据的初步整理也没有差异，需要对中介变量和因变量测量条目的信度进行检验，然后加总平均获得某个中介变量或因变量的单一指数，例如对于广告吸引力的测量条目共四条，加总平均之后获得单一的广告吸引力指数。这些基本的整理手段已经在单因素被试间实验设计中详细讲述了，此处不再赘述。此外，为了使数据界面简洁、方便读者很容易地找到相应信息，本章节及后面章节中所附带的数据只包含整理后的数据，不再包含原始数据。在实际研究中，研究者最好在一个数据包中包含所有数据。

在本案例中，两因素被试间实验设计被分成了两种情况：一种是典型的两因素被试间实验设计，即所有自变量都是操纵获得的，而另外一种是其中一个自变量是连续型变量的两因素被试间实验设计，即其中一个自变量是通过测量获得的。两因素被试间实验设计,无论自变量包含的水平数有多少或者是否相同,其方差分析(ANOVA)的基本程序是一致的,只是如果任何一个自变量包含三个或以上水平时,需要在特定步骤上加入事后检验的步骤,另外在简单效应的解读上也有所不同。首先,我们以 2×2 被试间实验设计为主,展示具体的方差分析程序和结果。对于包含连续型自变量的实验设计,大体上分成两种情况:第一种,人为分组,形成 2×3 被试间实验设计,包含三个水平因素的事后检验在第三章已经讲过,在此不再赘述,而对于简单效应中,三个水平之间的两两比较则需要进一步解读;第二种,仍然保留连续型变量的特征,使用多元线性回归模型进行分析。对于受调节的中介模型(条件过程模型),无论变量的水平和类型如何,基本步骤大体相同,只是在特定步骤上加入多分类变量的选项即可。我们会分别详细解读条件过程模型分析结果。

# 第三节　2×2 被试间实验设计数据分析

典型两因素
2×2 被试间设计

## 一、方差分析(ANOVA)[①]

在本案例中,研究设计为 2(调节定向:促进定向 vs.防御定向)×2(广告诉求:合意性诉求 vs.可行性诉求)两因素被试间实验设计分析,要检验的假设是:促进定向的被试会认为合意性诉求广告比可行性诉求广告更有吸引力,而防御定向的被试则相反,认为可行性诉求广告比合意性诉求广告更有吸引力。这些假设实际上对应的是简单效应分析,自变量的主效应甚至交互效应都无法提供这样的信息。

### (一)方差分析(ANOVA)实施过程

两因素被试间实验设计,数据处理所需要调用的 SPSS 程序命令,实际上与单因素被试间实验设计所使用的程序命令是一致的,只是某些特定的选项有所不同。具体而言,首先打开需要检验的数据,在数据视图下,点击第一行第六个按钮"分析(A)",然后在下拉菜单中将鼠标移到第六行"一般线性模型

① 此处所使用数据的文件名称为"4.1 第四章 典型两因素 2×2 被试间设计",请扫描二维码获取。

(G)”,就会出现级联菜单,再将鼠标移到级联菜单的第一行"单变量(U)",点击会出现图4.5弹窗。在该弹窗下:

**图4.5　单(因)变量被试间实验设计的方差分析(ANOVA)视图**

第一步,输入自变量。在本案例中,共包括两个自变量,可以逐个将两个自变量分别输入。首先,将左侧"调节定向[regfo]"用鼠标选定,然后点击中间第二个箭头,调节定向就会被输入右侧第二个"固定因子(F)"框内,然后,再输入第二个自变量,对左侧的"广告诉求[adapl]"重复上述操作即可。输入自变量时,顺序原则上不重要,但结果输出的时候会以第一个输入的自变量为区组,在其不同水平下再次输出另外一个自变量的所有水平。而我们通常会报告且对比在调节变量的某个水平上,自变量不同水平的均值和自由度。以调节变量为区组的结果输出,读数据比较方便,因此最好按照先"调节变量"然后"自变量"的顺序输入"固定因子(F)"框内。具体可见后文的结果分析中表4.6。

当然,也可以一次将两个自变量同时输入"固定因子(F)"框内。首先,在点击选中"广告诉求[adapl]"之后,然后按键盘的"Ctrl"键,再次点击"调节定向[regfo]",即可将两个自变量同时选中(多个自变量的情况都可以如此操作),然后点击中间第二个箭头,两个自变量可以同时输入"固定因子(F)"框内。这样两个自变量已经完全输入。

第二步,输入因变量。在左侧变量框中选中"广告吸引力[AT]",然后点击中间第一个箭头,广告吸引力就会被输入右侧上方的"因变量(D)"框内。

第三步,生成交互效应图。为了更直观地看到两个自变量的交互效应,可以点击视图4.5右侧第三个按键"图(T)",就会弹出如图4.6窗口。在两因素被试间设计中,选择哪个自变量作为水平轴没有一定之规,哪个图形方便结果解读就选择哪个图形。通常来说,选择调节变量作为水平轴,自变量则作为图形中的连线会比较方便解读。

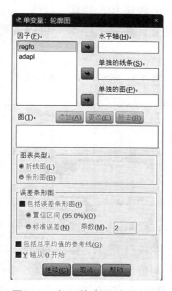

图 4.6　交互效应图绘制视图

　　首先,点击选中视图左侧的"regfo",点击视图中间的第一个箭头,输入"水平轴(H)"框内,然后点击选中视图左侧的"adapl",点击视图中间的第二个箭头,输入"单独的线条(S)"框内,最后点击"添加(A)"按钮,此时两个自变量的组合被输入视图最下面的框内,可以看到"regfo * adapl"。在图 4.6 下部,"图表类型"有两个选择——"折线图(L)"和"条形图(B)"。对于分类变量,原则上应该使用条形图呈现结果,但一般来说,SPSS 结果输出的图形不大美观,在实验报告中不能直接使用,研究者最好自己重新用其他软件画条形图。只是折线图可以更直观地观察交互效应,因而在 SPSS 中,建议保留折线图。点击图 4.6 所示窗口左下部"继续"按钮,回到主对话框(图 4.5)。

　　第四步,计算实验处理的均值和效应值。点击视图中最右侧的第七行按钮"选项(O)"可以选择描述性统计和效应值。在该部分还可以选择是否进行方差齐性检验,但多因素方差分析时一般不需要进行方差齐性检验(张文彤等,2004b),因此不需要勾选。直接点击"继续"按钮就可以回到图 4.5 所示窗口。

最后一步，做完上述动作之后，可以点击视图最下方的"确定"按钮，整个方差分析（ANOVA）过程就得以完成，可在结果输出部分看到相应的结果了。

（二）方差分析结果

结果输出主要包括三个表格和一幅图：

第一个表格是关于两个自变量不同水平组的编码、命名及样本量情况，见表4.5。

**表4.5 被试间变量基本信息**
**主体间因子**

| | | 值标签 | 个案数 |
|---|---|---|---|
| 调节定向 | .00 | 防御定向 | 64 |
| | 1.00 | 促进定向 | 64 |
| 广告诉求 | .00 | 可行性 | 64 |
| | 1.00 | 合意性 | 64 |

第二个表格，是描述性统计结果，见表4.6。在该表格中，主要列出了四个处理组在因变量上的描述性统计结果，主要包括样本量以及每个自变量不同水平上对因变量影响的平均值和标准差，如表4.6中的"总计"一栏中的"可行性"行，即表示，在可行性诉求下，无论被试的调节定向是防御型的还是促进型的，被试对广告吸引力的评价平均值为4.79，后面是相应的标准差以及样本量。对于合意性诉求下被试对广告吸引力评价的平均值和标准差则需看"总计"一栏中"合意性"行。对于调节定向的两个水平，也分别看每个栏中的总计一行即可。最后一行"总计－总计"是指所有被试在四个处理条件下总的平均值、标准差和样本量。从该表格中可以看到，结果的呈现首先以调节变量为区组，然后在其每个水平上分别呈现自变量的不同水平，这样的呈现方式方便数据比较以及实验报告中抄写相应的结果。

**表4.6 两因素被试间实验设计的描述性统计表**
**描述性统计**

因变量：广告吸引力

| 调节定向 | 广告诉求 | 平均值 | 标准偏差 | 个案数 |
|---|---|---|---|---|
| 防御定向 | 可行性 | 5.062 7 | .726 53 | 32 |
| | 合意性 | 4.395 8 | 1.046 20 | 32 |
| | 总计 | 4.729 3 | .954 60 | 64 |

续表

| 调节定向 | 广告诉求 | 平均值 | 标准偏差 | 个案数 |
|---|---|---|---|---|
| 促进定向 | 可行性 | 4.520 8 | 1.172 22 | 32 |
| | 合意性 | 5.125 1 | .709 57 | 32 |
| | 总计 | 4.823 0 | 1.008 28 | 64 |
| 总计 | 可行性 | 4.791 8 | 1.005 21 | 64 |
| | 合意性 | 4.760 5 | .959 89 | 64 |
| | 总计 | 4.776 1 | .979 06 | 128 |

第三个表格是方差分析的主要结果,见表 4.7。在这个表格中,主要需要看两个自变量、两者交互效应以及误差项那几行的数据,因为在实际报告中,需要这几方面的信息。表 4.7 中第五行"adapl"为"广告诉求"的主效应,第四行"regfo"为"调节定向"的主效应,第六行"adapl * regfo"为两者对因变量产生的交互效应,要注意这几行中的 df(自由度)值、$F$ 值、Sig.(显著水平)值和 $\eta_p^2$ 值。第七行"误差"主要关注 df 值即可。

表 4.7 两因素被试间实验设计方差分析结果
主体间效应检验

因变量:广告吸引力

| 源 | Ⅲ类平方和 | 自由度 | 均方 | F | 显著性 | 偏 Eta 平方 |
|---|---|---|---|---|---|---|
| 修正模型 | 13.239[a] | 3 | 4.413 | 5.043 | .002 | .109 |
| 截距 | 2 919.849 | 1 | 2 919.849 | 3 337.003 | .000 | .964 |
| regfo | .281 | 1 | .281 | .321 | .572 | .003 |
| adapl | .031 | 1 | .031 | .036 | .850 | .000 |
| regfo * adapl | 12.926 | 1 | 12.926 | 14.773 | .000 | .106 |
| 误差 | 108.499 | 124 | .875 | | | |
| 总计 | 3 041.587 | 128 | | | | |
| 修正后总计 | 121.738 | 127 | | | | |

a.R 方＝.109(调整后 R 方＝.087)

从表 4.7 第五行"adapl"可以看到,自变量广告诉求的主效应不显著,第四行"regfo"表明调节变量的主效应也不显著。实际上,本案例的研究并不关注这两个变量的主效应,我们更关心的是两者的交互效应,从第六行的交互效应分析可以看到两个自变量对因变量的影响存在非常显著的交互效应。交互效应显著表明，至少在调节定向的某一个水平上，不同诉求类型的广告吸引力存在显著差异。具体在调节定向的哪个水平上，还是在调节定向的两个水平上，不同诉求类型的广告吸引力存在显著差异，还需要进一步的简单效应分析。

在看简单效应分析的结果之前，可以先看看方差分析输出的交互效应图，见图4.7（原图用不同颜色区分不同变量，在本书中做了微调，实线对应原来的红线，虚线对应原来的蓝线）。以调节定向为横坐标轴，广告（文案）吸引力为纵轴。一般说来，如果图中两条直线是平行或者接近平行，那么两个自变量之间就不存在交互效应，而当图中两条直线存在交叉时（有时候两条直线并没有相交，但它们的延长线相交了），两个自变量之间就可能存在交互效应。在本案例中，从图4.7直观地看出，广告诉求和调节定向两者存在交互效应。

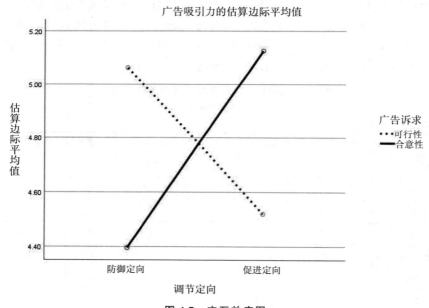

图 4.7　交互效应图

当然，两个自变量是否存在显著的交互效应，要以数据统计的结果为准，图形只是给出了一个直观的展示。并且，由于自变量都是分类变量，因此在实际的实验报告中，最终的交互效应图要化成条形图，不能直接拷贝图4.7中的折线图。

## 二、简单效应分析

通常,如果我们假定本次实验中存在交互效应,而结果又验证了我们的假设,则需要进一步提供简单效应分析。对于简单效应分析,通常有多元方差分析(MANOVA)和一般线性模型(GLM)两种方法,两种方法各有利弊。在SPSS软件中,都没有提供检验简单效应的命令,需要自己编写 syntax 编程语句。在做简单效应分析时,多元方差分析的语法相对复杂,结果输出表格(纯文本信息)显得杂乱,而一般线性模型在检验简单效应时,语法编写非常简单,结果以表格形式输出,易解读,而且还可以输出方差分析的效应值(effect size)。更重要的是,当自变量包含三个或以上水平时,多元方差分析不能对多个水平之间的差异进行进一步的两两比较,一般线性模型则可以实现这个功能。当然,当实验设计包括三个自变量,涉及简单交互效应时,一般线性模型需要构建加权系数矩阵,非常复杂,此时使用多元方差分析,语法相对简单。总之,在做简单效应和二级简单效应分析中,最好使用一般线性模型,而对于简单交互效应的分析,则可以使用多元方差分析。

在本书中,两种处理方法都会呈现。需要说明的是,当每个单元格的样本量相同时,多元方差分析和一般线性模型的结果是一模一样的;但如果单元格样本量不同,两者结果有些微差异,但都没有错。

### (一)多元方差分析(MANOVA)语句编写

需要编写语句的步骤如下:

首先,打开相应的数据,在数据视图下,点击第一行第一个按钮"文件(F)",然后在下拉菜单中将鼠标移到第一行"新建(N)",就会出现级联菜单,然后移动鼠标选中"语法(S)",就会弹出新的窗口,见图4.8。在此视图下就可以输入相应的语句。

在语法编辑器中逐行写入语句:

第一行输入"MANOVA 因变量 BY 自变量(0,1)调节变量(0,1)",首先确定调用多元方差分析"MANOVA",然后是因变量名称(即数据输入时的因变量名称,必须是英文或拼音),再后加入英文"BY",再后是自变量和调节变量的名称以及水平数,两个变量的输入顺序不重要,但注意变量之间要有空格,而且自变量后面括号内的最低水平和最高水平一定要写,并要十分注意对应数据输入时的编码。在本案例中,最低水平(水平 1)对应编码是 0,而最高水平(水平 2)对应编码是 1。

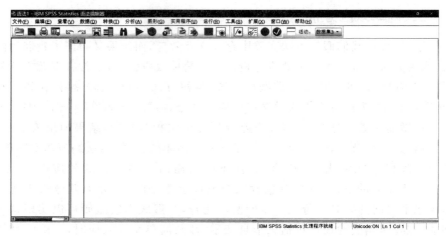

图 4.8  语法编辑器界面

第二行输入"/ERROR＝WITHIN",定义误差项。

第三行输入"/DESIGN＝自变量 WITHIN 调节变量(1)",要检验的是自变量在调节变量水平 1 上的简单效应；此处调节变量后面括号内数值是指调节变量的水平 1,对应的编码值应该是输入时的"0"。此处不能写编码值。

第四行输入"/DESIGN＝自变量 WITHIN 调节变量(2)",要检验的是自变量在调节变量水平 2 上的简单效应。

至此,所有自变量的简单效应检验语句都输入完毕。当然,如果研究者希望看到调节变量在自变量每个水平上的简单效应,把 DESIGN 语句后面的自变量与调节变量顺序调换即可。注意,此语句中所有标点符号都用英文半角,语句最后要有英文的句号(.)做结束。最终,语句编辑结果如图 4.9 所示。

```
MANOVA AT BY adapl(0,1)regfo(0,1)
/ERROR＝WITHIN
/DESIGN＝adapl WITHIN regfo(1)
        adapl WITHIN regfo(2).
```

图 4.9  两因素 2×2 简单效应分析语句

要运行此程序,只需要点击图 4.8 中第一行第九个按钮"运行(R)",就会出现下拉菜单,点击菜单中的第一行"全部(A)"按钮即可运行该语句。或者直接点击图 4.8 中第二行第十个绿色①三角形按钮,编写的语句也会运行。

（二）多元方差分析（MANOVA）结果

简单效应分析在结果部分,被统一输出,分为两个部分。第一个部分是本次分析的数据汇总,见图 4.10。

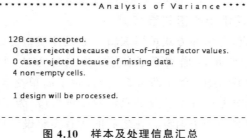

**图 4.10　样本及处理信息汇总**

从图 4.10 中可以看到:(1)本次处理样本量为 128 人;(2)没有超出范围的因子数据;(3)没有缺失值;(4)数据包含四个单元格（cells）,对应的是四个实验处理;(5)要进行一项数据分析。

第二个部分,设计 1（Design 1）展示了自变量在调节变量不同水平上对因变量影响差异的显著性,即自变量的简单效应,见图 4.11。

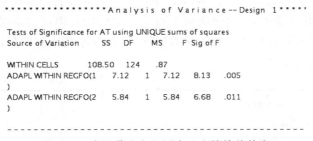

**图 4.11　在调节定向不同水平上的简单效应**

图 4.11 是以"调节定向"为调节变量下自变量"广告诉求"的简单效应,从图中可以看出,在特定调节定向水平上,不同广告诉求对广告吸引力的影响是否存在显著差异。第四行"ADAPL WITHIN REGFO(1)",该行数据表示,在调节定向水平 1（需要检查数据中变量设定,在本案例中,调节定向水平 1

---

① 　编辑框内有语法输入才会变绿。

即为防御定向)的情况下,不同广告诉求对于广告吸引力判断的影响存在显著差异,$F(1,124)=8.13$,$p=.005$。第五行"ADAPL WITHIN REGFO(2)",该行数据表示,在调节定向水平 2(在本案例中,调节定向水平 2 即为促进定向)的情况下,不同广告诉求对于广告吸引力判断的影响存在显著差异,$F(1,124)=6.68$,$p=.011$。两个简单效应都是显著的。

（三）一般线性模型的语句编写

对于简单效应,有两种方式可以编辑一般线性模型的语法:第一种方式比较复杂,需要编写变量的加权系数矩阵;第二种方式则只需要组合"EM-MEANS"和"COMPARE"命令即可。当然,对于简单交互效应,则必须编写变量矩阵,详细情况见第五章。此处只涉及简单效应,为了给读者一个直观的对比,在此会呈现两种语法编辑。在之后的所有实验设计中,简单交互效应仍然会呈现所编写的矩阵,但简单效应或二级简单效应,都只是使用"EM-MEANS"和"COMPARE"命令。

1.第一种方式,编辑变量的加权系数矩阵。对于被试间设计,需要调用"LMATRIX"命令,对于被试内设计,则需要调用"MMATRIX"命令,而对于混合实验设计,则需要综合这两个命令。在此,只需要调用"LMARRIX"命令。变量的加权系数矩阵是比较复杂和困难的部分,在本书中,直接给出加权系数矩阵的构造结果。当然,本书不可能给出所有可能的加权系数矩阵。如果读者设计的实验中,简单效应或二级简单效应的自由度与本书提供样例的自由度不同,需要自行计算加权系数矩阵,可以参考豪威尔等(Howell et al.,2012)的研究附录 A。

```
GLM AT BY adapl regfo
/PRINT＝ETASQ
  /LMATRIX ＝"simple effect of adapl at regfo 1"
          adapl 1－1
          adapl * regfo 1 0－1 0
  /LMATRIX＝"simple effect of adapl at regfo 2"
          adapl 1－1
          adapl * regfo 0 1 0－1.
```

**图 4.12　一般线性模型的 LMTRIX 命令**

第一行,输入"GLM 因变量 BY 自变量 调节变量",首先确定调用一般线性模型"GLM",然后是因变量名称,再后加入英文"BY",再后是自变量和调节变量的名称。特别需要注意的是,在此处两个自变量的输入顺序,决定了后面 LMATRIX 权重系数的输入,具体计算方式参见豪威尔等的研究(2012)附录 A。此处 adapl 在前,regfo 在后,后面的权重系数也要按照这个顺序进行计算。

另外,在多元方差分析的语法中,需要在自变量后面用括号标注水平范围,而在一般线性模型的语法中绝不可以标注自变量的水平,只需要输入自变量名称即可。

第二行,"/PRINT＝ETASQ"即要求结果输出中包含方差分析的效应值,$\eta_p^2$(偏 eta 平方)。本书之后所有的一般线性模型语法中,都会有这个命令。

第三行,调用"/LMATRIX"命令,等号后面的双引号内,输入特定的文本,结果呈现时会严格按照输入的文本输出。文本内容是提醒研究者,该命令下执行的是在调节变量 regfo 水平 1 上的简单效应检验,可以按照研究者习惯输入。注意,此处双引号一定是英文输入法下输入的双引号。

第四行,要检验自变量 adapl 在调节变量 regfo 不同水平上的简单效应,需要设定自变量的权重系数,自变量只有两个水平,相互对照,因此只有"1"和"－1"。

第五行,在调节变量 regfo 水平 1 上的简单效应。要自变量 adapl 与调节变量 regfo 的权重系数相乘,得到新的权重系数"1 0－1 0"。如果在第一行中,自变量与调节变量的输入顺序调换,则权重系数需要输入"1－1 0 0"。这两种编码方式获得的结果是一样的。

第六行,调用"/LMATRIX"命令,等号后面的双引号内文本内容是提醒研究者,该命令下执行的是在调节变量 regfo 水平 2 上的简单效应检验.

第七行,自变量 adapl 的权重系数,"1－1"。即仍然对比的是自变量的两个水平。

第八行,在调节变量 regfo 水平 2 上的简单效应。要自变量 adapl 与调节变量 regfo 的权重系数相乘,得到新的权重系数"0 1 0－1"。如果在第一行自变量与调节变量的输入顺序调换,则权重系数需要输入"0 0 1－1"

将上述语法编辑结果输入语法编辑框 Syntax 里,按照多元方差分析的方法运行即可。

2.一般线性模型 LMATRIX 语法运行的结果输出,包括 7 个表格,分别解读如下:

第一个表格,是两个被试间自变量各个水平的基本信息,见表 4.8。

表 4.8　被试间因子水平的基本信息
主体间因子

| | | 值标签 | 个案数 |
|---|---|---|---|
| 广告诉求 | .00 | 可行性 | 64 |
| | 1.00 | 合意性 | 64 |
| 调节定向 | .00 | 防御定向 | 64 |
| | 1.00 | 促进定向 | 64 |

第二个表格,是两个自变量的主效应以及两者的交互效应,见表 4.9。在方差分析中已经呈现过了,在此不再详细解读。

表 4.9　主效应、交互效应结果分析
主体间效应检验

因变量:广告吸引力

| 源 | III类平方和 | 自由度 | 均方 | F | 显著性 | 偏 Eta 平方 |
|---|---|---|---|---|---|---|
| 修正模型 | 13.239ª | 3 | 4.413 | 5.043 | .002 | .109 |
| 截距 | 2 919.849 | 1 | 2 919.849 | 3 337.003 | .000 | .964 |
| adapl | .031 | 1 | .031 | .036 | .850 | .000 |
| regfo | .281 | 1 | .281 | .321 | .572 | .003 |
| adapl * regfo | 12.926 | 1 | 12.926 | 14.773 | .000 | .106 |
| 误差 | 108.499 | 124 | .875 | | | |
| 总计 | 3 041.587 | 128 | | | | |
| 修正后总计 | 121.738 | 127 | | | | |

a .R 方＝.109(调整后 R 方＝.087)

第三个表格,是关于权重系数定制矩阵的一些信息,见表 4.10,可以忽略。

表 4.10　定制矩阵信息
定制假设检验指标

| | | |
|---|---|---|
| 1 | 对比系数（L 矩阵） | LMATRIX 子命令 1：simple effect of adapl at regfo 1 |
| | 转换系数（M 矩阵） | 恒等矩阵 |
| | 对比结果（K 矩阵） | 零矩阵 |
| 2 | 对比系数（L 矩阵） | LMATRIX 子命令 2：simple effect of adapl at regfo 2 |
| | 转换系数（M 矩阵） | 恒等矩阵 |
| | 对比结果（K 矩阵） | 零矩阵 |

第四个表格，是第一个假设检验的 K 矩阵，见表 4.11，可以忽略（Howell et al.，2012）。

表 4.11　第一个假设的 K 矩阵信息
对比结果（K 矩阵）[a]

| 对比 | | 因变量 |
|---|---|---|
| | | 广告吸引力 |
| L1 | 对比估算 | .667 |
| | 假设值 | 0 |
| | 差值（估算-假设） | .667 |
| | 标准误差 | .234 |
| | 显著性 | .005 |
| | 差值的 95％置信区间　下限 | .204 |
| | 上限 | 1.130 |

a.基于用户指定的对比系数（L）矩阵：simple effect of adapl at regfo 1

第五个表格，是自变量广告诉求（adapl）在调节变量调节定向水平 1（防御定向）上的简单效应，见表 4.12。从结果上看，$F(1,124)=8.13, p=0.005$，该简单效应显著。

**表 4.12　调节变量水平 1 下的简单效应**
**检验结果**

因变量:广告吸引力

| 源 | 平方和 | 自由度 | 均方 | F | 显著性 | 偏 Eta 平方 |
|---|---|---|---|---|---|---|
| 对比 | 7.116 | 1 | 7.116 | 8.132 | .005 | .062 |
| 误差 | 108.499 | 124 | .875 | | | |

第六个表格,是第二个假设检验的 K 矩阵,见表 4.13,可以忽略。

**表 4.13　第二个假设的 K 矩阵信息**
**对比结果(K 矩阵)[a]**

| 对比 | | 因变量 |
|---|---|---|
| | | 广告吸引力 |
| L1 | 对比估算 | −.604 |
| | 假设值 | 0 |
| | 差值(估算−假设) | −.604 |
| | 标准误差 | .234 |
| | 显著性 | .011 |
| | 差值的 95% 置信区间　下限 | −1.067 |
| | 差值的 95% 置信区间　上限 | −.141 |

a.基于用户指定的对比系数(L)矩阵:simple effect of adapl at regfo 2

第七个表格,是自变量广告诉求(adapl)在调节变量调节定向水平 2(促进定向)上的简单效应,见表 4.14。从结果上看,$F(1,124)=6.68$,$p=.011$,该简单效应显著。

**表 4.14　调节变量水平 2 下的简单效应**
**检验结果**

因变量:广告吸引力

| 源 | 平方和 | 自由度 | 均方 | F | 显著性 | 偏 Eta 平方 |
|---|---|---|---|---|---|---|
| 对比 | 5.842 | 1 | 5.842 | 6.677 | .011 | .051 |
| 误差 | 108.499 | 124 | .875 | | | |

对比表 4.12 和表 4.14 的结果与多元方差分析的结果(图 4.11),发现两者是一致的。只是一般线性模型的输出结果以表格形式,更清晰,而且还可以输出该效应的效应值($\eta_p^2$),使用一般线性模式计算简单效应更方便。只是上述

方法需要构建加权系数矩阵，有一定难度，但一般线性模型的另外一种命令组合，命令更简单，更适宜做简单效应分析。

3.第二种方式，使用"EMMEANS"和"COMPARE"命令组合。在进行简单效应乃至二级简单效应分析时，该命令组合非常简单有效，无须构建加权系数矩阵，而且无论哪种实验设计都可以使用该命令，结果呈现也非常直观。更重要的是，该命令组合还能同时比较多个水平之间的差异。在随后的各类实验设计中，计算简单效应或二级简单效应时，我们不再呈现编写矩阵的方式，而统一使用该命令组合的方式，见图4.13。从图中看，简单效应只需要一行命令即可。实际上，该命令，还可以进一步简化为"/EMMEANS＝TABLES（adapl＊regfo）COMPARE（adapl）"，该命令后面的"ADJ（BONFERRONI）"在对水平的两两比较中才有用，如果不写入该字段，默认使用 LSD 法，即不对结果进行校正。LSD 法和 BONFERRONI 法在第三章中我们已经有过比较直观对比了，在此不再赘述。在之后的所有该命令组合中，本书都默认使用BONFERRONI 修正。

```
GLM AT BY adapl regfo
/PRINT＝ETASQ
/EMMEANS＝TABLES（adapl＊regfo）COMPARE（adapl）ADJ（BONFERRONI）.
```

**图 4.13　一般线性模型的 EMMEANS 命令**

4."EMMEANS"和"COMPARE"命令组合的结果输出，共包含 5 个表格。

第一个表格，是两个被试间自变量各个水平的基本信息，见表 4.15，与表4.8 完全相同。

**表 4.15　被试间因子水平的基本信息**
**主体间因子**

| | | 值标签 | 个案数 |
|---|---|---|---|
| 广告诉求 | .00 | 可行性 | 64 |
| | 1.00 | 合意性 | 64 |
| 调节定向 | .00 | 防御定向 | 64 |
| | 1.00 | 促进定向 | 64 |

第二个表格，是两个自变量的主效应以及两者的交互效应，见表 4.16，与表 4.9 相同。在方差分析中已经呈现过了，在此不再详细解读。

表 4.16  主效应、交互效应结果分析
主体间效应检验

因变量：广告吸引力

| 源 | III 类平方和 | 自由度 | 均方 | F | 显著性 | 偏 Eta 平方 |
|---|---|---|---|---|---|---|
| 修正模型 | 13.239[a] | 3 | 4.413 | 5.043 | .002 | .109 |
| 截距 | 2 919.849 | 1 | 2 919.849 | 3 337.003 | .000 | .964 |
| adapl | .031 | 1 | .031 | .036 | .850 | .000 |
| regfo | .281 | 1 | .281 | .321 | .572 | .003 |
| adapl * regfo | 12.926 | 1 | 12.926 | 14.773 | .001 | .106 |
| 误差 | 108.499 | 124 | .875 | | | |
| 总计 | 3 041.587 | 128 | | | | |
| 修正后总计 | 121.738 | 127 | | | | |

a.R 方＝.109（调整后 R 方＝.087）

第三个表格，每个处理的均值、标准误差（SE）以及 95％置信区间等方面信息，见表 4.17。

表 4.17  四个处理的描述性信息
估算值

因变量：广告吸引力

| 广告诉求 | 调节定向 | 平均值 | 标准误差 | 95％置信区间 | |
|---|---|---|---|---|---|
| | | | | 下限 | 上限 |
| 可行性 | 防御定向 | 5.063 | .165 | 4.735 | 5.390 |
| | 促进定向 | 4.521 | .165 | 4.194 | 4.848 |
| 合意性 | 防御定向 | 4.396 | .165 | 4.069 | 4.723 |
| | 促进定向 | 5.125 | .165 | 4.798 | 5.452 |

第四个表格，是水平之间的两两比较，见表 4.18。该多重比较在变量是两个水平时，结果与后面的简单效应分析结果是一致的。但在多水平的条件下，可以对不同水平两两之间的差异进行对比，非常有用，具体参见本节第三部分对 2×3 两因素被试间设计的结果解读。

表 4.18　变量水平间的成对比较

成对比较

因变量:广告吸引力

| 调节定向 | (I)广告诉求 | (J)广告诉求 | 平均值差值(I—J) | 标准误差 | 显著性[b] | 差值的 95% 置信区间[b] | |
|---|---|---|---|---|---|---|---|
| | | | | | | 下限 | 上限 |
| 防御定向 | 可行性 | 合意性 | .667* | .234 | .005 | .204 | 1.130 |
| | 合意性 | 可行性 | −.667* | .234 | .005 | −1.130 | −.204 |
| 促进定向 | 可行性 | 合意性 | −.604* | .234 | .011 | −1.067 | −.141 |
| | 合意性 | 可行性 | .604* | .234 | .011 | .141 | 1.067 |

基于估算边际平均值

*.平均值差值的显著性水平为.050。

b.多重比较调节:邦弗伦尼法。

　　第五个表格,即简单效应分析,见表 4.19。从中可以看到,无论在调节变量的水平 1(防御定向)还是在调节变量的水平 2(促进定向)上,广告诉求对广告吸引力的影响都存在显著差异。该结果可以与前面的图 4.11、表 4.12 和表 4.14 相比较,三者结果一致。

表 4.19　简单效应分析

单变量检验

因变量:广告吸引力

| 调节定向 | | 平方和 | 自由度 | 均方 | F | 显著性 | 偏 Eta 平方 |
|---|---|---|---|---|---|---|---|
| 防御定向 | 对比 | 7.116 | 1 | 7.116 | 8.132 | .005 | .062 |
| | 误差 | 108.499 | 124 | .875 | | | |
| 促进定向 | 对比 | 5.842 | 1 | 5.842 | 6.677 | .011 | .051 |
| | 误差 | 108.499 | 124 | .875 | | | |

　　每个 F 都将检验其他所示效应的每个级别组合中广告诉求的简单效应。这些检验基于估算边际平均值之间的线性无关成对比较。

## 三、受调节的中介分析(条件过程模型)

　　在单因素中介分析中,只有一个模型,结果相对简单,但在多因素的中介分析中,即使自变量与因变量都相同,但如果依据的理论不同,要检验的假设和中介变量也有所不同,那么中介模型就有可能不同。当然,在 PROCESS 程序中,无论是中介模型变化还是自变量水平数量变化(两个还是多个水平),Bootstrapping 分析的基本步骤都是一样的。但对于结果呈现来说,则有大不同。因此,在本章中,我们以两因素 2×2 被试间实验设计为例,详细阐述使用PROCESS 宏命令进行 Bootstrapping 分析的完整过程并解读其结果,对于其他两因素被试间实验设计的情况,则只在后文补充说明不一致的操作步骤,读者可自行练习。在两因素被试间设计中,不考虑调节变量对直接路径的调节,那么可以看到有两个中介过程模型,其背后的机制、数据处理的模型及结果解读都有所不同,在此分别进行分析和解读。

**(一)调节变量调节了中介过程后半段的条件过程模型**

中介模型图见图 4.1,该模型对应了海耶斯(Hayes,2017)PROCESS 计算中的模型 14。在本案例中,研究假设是,具有防御定向的被试,对信息的构念较为具体,而具有促进定向的被试,对信息的构念较为抽象,信息的构念水平与被试对信息的加工特征——调节定向相匹配(交互效应),从而影响了被试对广告吸引力的判断。从该假设中可以看到,要检验的模型是:自变量(广告诉求)首先影响了中介变量(信息的构念水平),继而中介变量与调节变量(被试的调节定向)交互效应影响了因变量(广告吸引力判断)。

1.Bootstrapping 分析步骤。首先打开相应的数据[①],然后,在数据视图下,点击第一行第六个按钮"分析(A)",然后在下拉菜单中将鼠标移到第十行"回归(R)",就会出现级联菜单,再将鼠标移到级联菜单的第五行"PRO-CESSv3.3 by Andrew F. Hayes",点击会出现图 4.14 弹窗。在该弹窗下:

**典型两因素**
**2×2 被试间设计**

第一步,输入自变量。点击选中左上角"Variables"框内的"广告诉求[adapl]",然后点击第二行箭头,输入右侧的"X variable";

第二步,输入因变量,点击选中左上角"Variables"框内的"广告吸引力[AT]",然后点击第一行箭头,输入右侧的"Y variable"下面的框内;

第三步,输入中介变量,此处要检验的中介变量是构念水平,需要点击选中左上角"Variables"框内的"广告构念水平[adcon]",然后点击第三行箭头,输入右侧的"Mediator(s) M"下面的框内;

----

① 此处所使用数据的文件名称为"4.1 第四章 典型两因素 2×2 被试间设计",请扫描二维码获取。

第四步,输入调节变量,此处调节变量是二分类变量的调节定向,因此,点击选中左上角"Variables"框内的"调节定向[regfo]",然后点击第五行箭头,输入右侧的"Moderator variable W"框内。

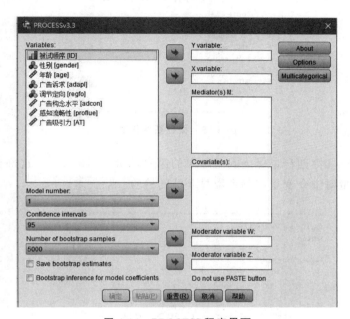

图 4.14　PROCESS 程序界面

第五步,在把所有变量输入完毕之后,还需要选择模型,点击左侧变量框下面第一行的"Model number",会有下拉菜单展开,选择"14"即可。该数字的选择取决于要检验的中介模型。

最后一步,点击图 4.14 界面最下方的"确定"按钮。中介分析的步骤完成。

上述步骤仅仅以两因素 2×2 被试间实验设计为例,还存在其他情况,例如,当自变量或者调节变量的水平超过两个水平时,则需要在输入完所有变量之后的第四步和第五步之间,加入额外的步骤,点击图 4.14 右上侧的"Multi-categorical"按钮,第三章已经就此详细阐述过了,对于调节变量,其设定方式完全相同。在此不再赘述。

2.条件过程模型分析结果。在结果输出部分,第一行和第二行星号(＊)之前的部分主要关于 PROCESS 版本和版权信息,可忽略。

第二行和第三行星号之间部分是关于在本次计算中所使用模型的基本信

息,见图 4.15。主要包含,计算使用的模型 14。因变量 Y:AT,自变量 X:adapl,中介变量 M:adcon,调节变量 W:regfo,以及样本量 128。

```
*****************************************
Model : 14
   Y : AT
   X : adapl
   M : adcon
   W : regfo

Sample
Size: 128

*****************************************
```

**图 4.15　模型基本信息**

　　第三行和第四行星号之间是结果的第一部分,见图 4.16。这部分所呈现的是自变量对中介变量回归系数显著性的检验。

```
*****************************************
OUTCOME VARIABLE:
adcon

Model Summary
     R      R-sq     MSE      F       df1      df2       p
   .4147   .1720   .6223   26.1721  1.0000  126.0000    .0000

Model
            coeff     se       t        p      LLCI     ULCI
constant   3.6356   .0986   36.8682   .0000   3.4404   3.8307
adapl       .7134   .1395    5.1159   .0000    .4375    .9894

*****************************************
```

**图 4.16　以中介变量为结果变量的回归分析**

　　从图 4.16 第一行和第二行可以看到,此处所做的回归分析,结果变量是研究确定的中介变量"广告构念水平(adcon)",从"Model Summary"可以看出,该回归模型具有显著的统计学意义,可以直接看模型中各个变量的效应。模型下面第一项是常数项(constant),可以忽略。第二项是自变量"广告诉求(adapl)"与中介变量"广告构念水平(adcon)"的回归系数,0.71;之后是标准误差(SE),0.14;再后是该回归系数的显著性检验,采用 $t$ 检验,$t = 5.12$,$p < .001$,表明该回归系数是显著的,同理,还可以参考该回归系数的 95% 置信区间[0.437 5,0.989 4],该置信区间两端数据同号(在此都为正号),没有跨越 0 点,因此也可以表明该回归系数是显著的。

　　第四行和第五行星号之间是结果的第二部分,见图 4.17。这部分所呈现的是自变量、中介变量、调节变量以及中介变量与调节变量的交互项对因变量回归系数显著性的检验结果。

```
************************************************************
OUTCOME VARIABLE:
AT

Model Summary
      R      R-sq     MSE       F       df1      df2        p
    .5452    .2972   .6956   13.0037   4.0000  123.0000   .0000

Model
              coeff     se       t        p      LLCI      ULCI
constant     7.0518   .4473   15.7637   .0000   6.1663    7.9372
adapl        -.0327   .1627   -.2012    .8409   -.3548    .2893
adcon        -.5919   .1161   -5.1000   .0000   -.8217    -.3622
regfo       -4.9076   .7261   -6.7591   .0000   -6.3448   -3.4704
Int_1        1.2511   .1770    7.0695   .0000    .9008    1.6014

Product terms key:
 Int_1  :    adcon    x    regfo

Test(s) of highest order unconditional interaction(s):
       R2-chng     F       df1      df2        p
M*W     .2856   49.9780  1.0000  123.0000   .0000
----------
  Focal predict: adcon   (M)
     Mod var: regfo   (W)

Conditional effects of the focal predictor at values of the moderator(s):

     regfo   Effect     se       t        p      LLCI      ULCI
    .0000    -.5919   .1161   -5.1000   .0000   -.8217   -.3622
   1.0000     .6592   .1454    4.5334   .0000    .3714    .9470

***************** DIRECT AND INDIRECT EFFECTS OF X ON Y **************
```

**图 4.17　自变量、中介变量、调节变量及两者交互与因变量的回归分析**

　　此处的回归分析,结果变量是研究设定的因变量“广告吸引力(AT)”。模型总结表明该模型是显著的,可以直接看模型中各个自变量的效应。通常,在包含调节变量的模型中,只要交互效应显著,构成交互项的两个自变量的主效应就不必再看,因此,主要关注“Int_1”行即可。在下面的“Product terms key”中,指出了“Int_1”是哪些自变量的交互项,从下面的内容可以看出,“Int_1”代表了“广告构念水平(adcon)”和“调节定向(regfo)”之间的交互效应。在两因素被试间实验设计中,只有一个二阶交互,比较简单;在三因素被试间实验设计中,有四个交互项,因此很有必要指出符号代指哪些自变量之间的交互项。从"Int_1"行可以发现,该交互项与因变量"广告吸引力(AT)"之间的回归系数为 1.25,并且,通过后面的 $t$ 检验的 $p$ 值,$t = 7.07$,$p < .001$,可以看到该回归系数是显著的,要分析变量之间的具体关系还需要看看简单效应。在图 4.17 的最下面几行,首先,"Focal predict:adcon(M)"指出核心预测变量(此处是中介变量 M)是"广告构念水平(adcon)","Modvar:regfo(W)"指出调节变量是"调节定向(regfo)","Conditional effects of the focal predictor at values of the moderator(s)"即表明核心预测变量在调节变量不同水平上的简单效应,从".0000"行可以看出,在防御定向(数据输入时编码为 0)条件下,广告构念水平对广告吸引力的回归系数增量为 $-0.59$,该增量在统计学上显著,$t = -5.10$,$p < .001$,95%置信区间为 $[-0.821\,7, -0.362\,2]$,中间不包含 0 点。该结果即表明,对于防御定向的被试,广告构念水平越高,该广告的吸引力就越低;从"1.0000"行可以看出,在促进定向(数据输入时编码为 1)条件下,广告构念水平对广告吸引力的回归系数增量为 0.66,该增量在统计学上显著,$t = 4.53$,$p < .001$,95%置信区间为 $[0.371\,4, 0.947\,0]$,中间不包含 0 点。该结果即表明,对于促进定向的被试,广告构念水平越高,该广告的吸引力也就越高。在本表中,简单效应之前还有一些信息,其中"Test(s) of highest order unconditional interactions(s)"下面的内容指的是中介变量(M)与调节变量(W)的交互项显著程度,第一项"R2-chng"指的是模型改变后的决定系数 $R^2$ 的变化程度,模型改变指的是使用分层回归时,由单纯包括两个自变量的模型改变为包含两个自变量以及两者的交互项的模型后,预测变量可以对因变量的解释程度的增量。后面的显著性实际上与该表上面部分,"Int_1"行的结果是一致的,$F$ 值通常是上面 $t$ 值的平方。

第五行和第六行星号之间是结果输出的第三部分,见图 4.18。这部分所呈现的是自变量(X)对因变量(Y)的直接效应和间接效应。

从"Direct effect of X on Y"行可以看出自变量"广告诉求"对因变量"广告吸引力"的直接效应,该结果与上一张表格中回归模型结果一致,都是控制了其他因素之后,自变量对因变量的偏回归系数。在图 4.18 最后一部分,"Index of moderated mediation(difference between conditional indirect effects)"展示的是受调节的中介效应指数,反映中介效应在调节变量的两个水平上是否不同,该指数是由自变量(adapl)对中介变量(adcon)的回归系数乘以中介变量(adcon)与调节变量(regfo)交互项(int_1)的回归系数得来的,即 $0.892\,6 = 1.251\,1 \times 0.713\,4$。该系数 95%置信区间 $[0.471\,2, 1.371\,1]$,可

```
***************** DIRECT AND INDIRECT EFFECTS OF X ON Y *****************

Direct effect of X on Y
   Effect    se      t       p     LLCI    ULCI
   -.0327   .1627  -.2012   .8409  -.3548   .2893

Conditional indirect effects of X on Y:

INDIRECT EFFECT:
adapl   ->   adcon   ->   AT

   regfo   Effect   BootSE  BootLLCI  BootULCI
   .0000   -.4223   .1180   -.6771   -.2111
   1.0000   .4703   .1564    .1887    .8086

Index of moderated mediation (difference between conditional indirect effects):
        Index   BootSE  BootLLCI  BootULCI
regfo   .8926   .2328    .4712    1.3711
---

********************** ANALYSIS NOTES AND ERRORS **********************
```

**图 4.18　直接效应与间接效应**

以看出中介效应在调节变量的两个水平上差异显著。图 4.18 中间部分,"IN-
DIRECT EFFECT"以下为中介效应在调节变量不同水平上的显著性,首先
呈现自变量"广告诉求(adapl)"到中介变量"广告构念水平(adcon)",再到因
变量"广告吸引力(AT)"这样一个中介路径。下面展示的是在调节变量的不
同水平上,该中介路径是否显著,".0000"行表示,在防御定向条件下,广告诉
求通过广告构念水平对广告吸引力的影响是负向的,该间接效应值为 -0.42,
该数值是由自变量对中介变量的回归系数与中介变量对因变量的回归系数乘
积,加上中介变量与调节变量的交互项与特定的调节变量的取值(此处为 0)
得来的,因此, $-0.4223 = 0.7134 \times (-0.5919)$ 。从 95% 的置信区间
[-0.6771, -0.2111]看,该系数是显著的,表明对于防御定向的被试来说,
合意性诉求广告比可行性诉求的广告吸引力更低。"1.0000"行表示,在促进
定向条件下,广告诉求通过广告构念水平对广告吸引力的影响是正向的,该间
接效应值为 0.47,而且是显著的,95% 的置信区间[0.1887, 0.8086],表明对
于促进定向的被试来说,合意性诉求广告比可行性诉求的广告吸引力更高。

　　第六行和第七行星号之间是 Bootstrapping 检验设定的一些参数,置信区
间的设置以及 Bootstrap 取样的次数,此处不再呈现。

　　(二)调节变量调节了中介过程前半段的条件过程模型

　　中介模型图可见图 4.2,该模型对应了海耶斯(Hayes,2017)PROCESS 计

算中的模型7。在本案例中,研究假设是,广告诉求与调节定向存在匹配效应,防御定向的被试对可行性诉求广告加工更流畅,促进定向的被试对合意性诉求广告加工更流畅,加工流畅的感觉进一步影响了被试对广告吸引力的评价。从该假设中,可以看到,要检验的模型是,自变量(广告诉求)与调节变量(被试的调节定向)交互效应影响了中介变量(加工流畅性),中介变量继而影响了因变量(广告吸引力)。

1.Bootstrapping 分析步骤。此处所使用的中介分析[①]步骤,与调节变量调节了中介过程的后半段的条件过程模型中所使用步骤几乎相同,只是在输入中介变量"Mediator(s) M"时,需要输入的是"加工流畅性[proflue]",并且在模型选择"Model number"中选择"7"。其他设定方式完全相同,在此不再赘述。

2.Bootstrapping 分析结果解读。第一行和第二行星号(＊)之前的部分主要关于 PROCESS 版本和版权信息,可忽略。

典型两因素
2×2 被试间设计

第二行和第三行星号之间部分是关于在本次计算中所使用模型的基本信息,见图 4.19。主要包含,计算使用的模型:7。因变量 Y:AT,自变量 X:adapl,中介变量 M:proflue,调节变量 W:regfo,以及样本量 128。注意,此处中介变量与上文中条件过程分析的中介变量不同,相应的模型也不同。

```
****************************************
Model : 7
  Y : AT
  X : adapl
  M : proflue
  W : regfo

Sample
Size: 128

****************************************
```

**图 4.19　模型基本信息**

第三行与第四行星号之间是以中介变量"加工流畅性(proflue)"为结果变量所做的回归模型,见图 4.20。

---

① 此处所使用数据的文件名称为"4.1 第四章 典型两因素 2×2 被试间设计",请扫描二维码获取。

```
••••••••••••••••••••••••••••••••••••••••••••••••••••••••••••••••••
OUTCOME VARIABLE:
proflue

Model Summary
     R    R-sq   MSE      F       df1      df2       p
   .3906  .1526  1.1966  7.4411  3.0000  124.0000  .0001

Model
           coeff    se       t       p      LLCI     ULCI
constant  5.0863  .1934  26.3023  .0000   4.7035   5.4690
adapl     -.7606  .2735  -2.7813  .0063  -1.3019   -.2193
regfo     -.8909  .2735  -3.2578  .0014  -1.4322   -.3497
Int_1     1.8050  .3868   4.6671  .0000   1.0395   2.5705

Product terms key:
 Int_1   :   adapl   x   regfo

Test(s) of highest order unconditional interaction(s):
     R2-chng     F       df1      df2       p
X*W   .1489   21.7814  1.0000  124.0000  .0000
----------
 Focal predict: adapl    (X)
      Mod var: regfo    (W)

Conditional effects of the focal predictor at values of the moderator(s):

   regfo   Effect    se       t       p      LLCI     ULCI
   .0000   -.7606   .2735  -2.7813  .0063  -1.3019   -.2193
  1.0000   1.0444   .2735   3.8189  .0002    .5031   1.5857
••••••••••••••••••••••••••••••••••••••••••••••••••••••••••••••••••
```

**图 4.20 以中介变量为结果变量的回归模型**

从图 4.20 第一行和第二行可以看到,此处所做的回归分析,结果变量是研究确定的中介变量"加工流畅性(proflue)",从"Model Summary"可以看出,该回归模型具有显著的统计学意义,可以直接看模型中各个自变量的效应。同样,只要交互效应显著,构成交互项的两个自变量的主效应就不必再看,因此,主要关注"Int_1"行即可。在下面的"Product terms key"中,指出了"Int_1"代表了广告诉求(adapl)和调节定向(regfo)之间的交互效应。从"Int_1"行可以发现,该交互项与中介变量(fluency)之间的回归系数为 1.81,并且通过后面的 $t$ 检验的 $p$ 值,$t=4.67$,$p<.001$,可以看到该回归系数是显著的,要分析变量之间的具体关系还需要看看简单效应,在本表的最下面几行,首先"Focalpredicit:adapl(X)"指出核心的自变量是广告诉求(adapl),"Modvar:regfo(W)"指出调节变量是调节定向(regfo),"Conditional effects of the focal predictor at values of the moderator(s)"即表明核心自变量在调节变量上的简单效应。从".0000"行可以看出,在防御定向(数据输入时编码为 0)条件下,广告诉求(可行性诉求编码为 0)的对中介变量加工流畅性的效应增量为

−0.76,该效应值在统计学上显著,$t=-2.78$,$p<.001$,95％置信区间为[−1.301 9,−0.219 3],中间不包含 0 点。该结果即表明当广告为合意性诉求时,防御定向的被试对该广告的加工流畅性显著低于广告为可行性诉求。从"1.0000"行可以看出,在促进定向(数据输入时编码为 1)条件下,广告诉求(可行性诉求编码为 0)的对中介变量加工流畅性的效应增量为 1.04,该效应值在统计学上显著,$t=3.82$,$p<.001$,95％置信区间为[0.503 1,1.585 7],中间不包含 0 点。该结果即表明当广告为合意性诉求时,促进定向的被试对该广告的加工流畅性显著高于广告为可行性诉求。在本表中,简单效应之前还有一些信息,其中"Test(s) of highest order unconditional interactions(s)"下面的内容指的是自变量与调节变量的交互项显著程度,第一项"R2-chng"指的是模型改变后的决定系数 $R^2$ 的变化程度,模型改变指的是使用分层回归时,由单纯包括两个自变量的模型改变为包含两个自变量以及两者的交互项的模型。后面的显著性实际上与该表上面部分,"Int_1"行的结果是一致的,$F$ 值通常是上面 $t$ 值的平方。

第四行和第五行星号之间是结果的第二部分,见图 4.21。这部分所呈现的是自变量和中介变量对因变量回归系数显著性检验。

```
******************************************************
OUTCOME VARIABLE:
AT

Model Summary
     R      R-sq     MSE      F       df1      df2       p
   .8065    .6505    .3404  116.3291  2.0000  125.0000    .0000

Model
          coeff     se       t        p      LLCI     ULCI
constant  1.6656   .2176   7.6554   .0000   1.2350   2.0963
adapl    -.1269   .1033  -1.2279   .2218   -.3314    .0776
proflue   .6736   .0442  15.2501   .0000    .5862    .7610

***************** DIRECT AND INDIRECT EFFECTS OF X ON Y **************
```

**图 4.21　自变量、中介变量对因变量的回归分析**

从图 4.21 第一行可以看出,此处回归分析的结果变量是实验设定的因变量,广告吸引力(AT),模型总结部分说明该回归模型在统计学上是有意义的。直接看模型中自变量与中介变量两行结果,从"adapl"行可以看出,自变量"广告诉求(adapl)"与因变量"广告吸引力(AT)"的偏回归系数为−0.13,该系数并没有达到统计学意义上的显著,$t=-1.23$,$p=.222$,此处结果表明"广告诉求"的直接效应并不显著,即在控制了中介变量"加工流畅性(proflue)"对"广告吸引力"的影响之后,"广告诉求"并不能直接影响"广告吸引力"。从"proflue"行可以看出,中介变量"加工流畅性(proflue)"与因变量"广告吸引力(AT)"的偏回归系数为0.67,该系数达到统计学意义上的显著,$t=15.25$,$p<.001$,此处结果表明"加工流畅性(proflue)"影响了"广告吸引力(AT)"。

第五行和第六行星号之间是结果的第二部分,见图4.22。这部分所呈现的是自变量对因变量的直接效应和间接效应。

```
****************** DIRECT AND INDIRECT EFFECTS OF X on Y ******************

Direct effect of X on Y
   Effect      se       t        p      LLCI     ULCI
   -.1269    .1033   -1.2279   .2218   -.3314   .0776

Conditional indirect effects of X on Y:

INDIRECT EFFECT:
 adapl    ->   proflue   ->   AT

    regfo    Effect   BootSE   BootLLCI   BootULCI
    .0000    -.5124   .1770    -.8785     -.1821
    1.0000   .7035    .2075    .3197      1.1247

Index of moderated mediation (difference between conditional indirect effects):
        Index   BootSE   BootLLCI   BootULCI
 regfo  1.2159  .2810    .6801      1.7981
 ---

********************** ANALYSIS NOTES AND ERRORS **********************
```

图 4.22　自变量对因变量的直接和间接效应

从"Direct effect of X on Y"行可以看出,自变量"广告诉求"对因变量"广告吸引力"的直接效应,该结果与上一张表格中,自变量和中介变量对因变量的回归模型结果一致。从"INDIRECT EFFECT"以下为中介效应的信息,首先呈现自变量"广告诉求(adapl)"到中介变量"加工流畅性(proflue)",再到因变量"广告吸引力(AT)"这样一个中介路径。下面展示的是在调节变量的不同水平上,该中介路径是否显著。".0000"行表示,在防御定向条件下,广告诉求通过加工流畅性对广告吸引力的影响是负向的,该间接效应值为$-0.51$,而且是显著的,95%的置信区间$[-0.878\ 5,-0.182\ 1]$,表明对于防御定向的被试来说,合意性诉求广告比可行性诉求的广告吸引力更低。"1.0000"行表示,在促进定向条件下,广告诉求通过加工流畅性对广告吸引力的影响是正向的,该间接效应值为0.70,而且是显著的,95%的置信区间$[0.319\ 7,1.124\ 7]$,表明对于促进定向的被试来说,合意性诉求广告比可行性诉求的广告吸引力更高。在图 4.22 最后一部分,"Index of moderated mediation(difference between conditional indirect effects)"展示的是中介效应在调节变量的两个水平上是否不同,是由自变量(adapl)与调节变量(regfo)的交互项(int_1)乘以中介变量(proflue)对因变量(AT)的回归系数得来的,即 1.215 9=1.805 0× 0.673 6。该系数的 95%置信区间为[0.680 1,1.798 1],反映了中介效应在调节变量的两个水平上差异显著。

第六行和第七行星号之间是 Bootstrapping 检验设定的一些参数,置信区间的设置以及 Bootstrap 取样的次数,此处不再呈现。

# 第四节　包含连续变量的实验设计的数据分析

在本案例中,有两个自变量:一个为分类变量,而且包含 3 个水平;另外一个为连续变量。包含连续变量的实验设计的数据处理,一种方式是将连续变量人为分组,仍然进行方差分析(ANOVA),连续变量人为分组之后形成新的分类变量,就成为 2×3 两因素实验设计,数据处理方式与 2×2 两因素实验设计没有什么本质差别,只是在简单效应分析的结果解读上比较复杂。因此,在本章中,不再对方差分析步骤和结果进行详细解读,读者可以自行练习,而直接进行简单效应分析步骤和结果解读。另外一种方式是保持连续变量不变,使用多元回归分析。当然,实际上,多元回归分析也适用于自变量都是分类变量的情况,把分类变量转换为虚拟变量即可。最后,本节还对自变量包含三个水平情况下的条件过程模型进行了详细的解读。

## 一、数据输入及整理[①]

在本章第二节实验设计程序部分,人为分组与保持变量连续性的实验程序有所不同,数据输入却差异并不大。人为分组是根据连续型变量(调节定向)的中位数进行二

包含连续型自变量的两因素设计

---

[①]　本节所有分析使用数据的文件名称为"4.2 第四章 包含连续型自变量的两因素设计",请扫描二维码获取。

分,因此在原始数据输入之后,需要用鼠标点击"调节定向"的变量标签"Mregfo",就会选中整列数据(见图 4.23),然后点击鼠标右键,就会弹出新的菜单,选中菜单第八行的"升序排列(A)",该列数据就会按照由小到大的顺序排列,由中数进行分组。因为共收集样本量为 138,因此中数应该是样本第 69 与第 70 之间,即"0.5"。再生成一列新的变量"regfo",标签确定为"调节定向",把小于"0.5"的被试指定为防御定向组,输入值"0",把大于"0.5"的被试指定为促进定向组,输入值"1",并在变量视图下对两个值进行界定。

| | ID | gender | age | Mregfo | adapl | regfo | adcon | proflue | AT | 变量 |
|---|---|---|---|---|---|---|---|---|---|---|
| 1 | 1.00 | 2.00 | 29.00 | .25 | .00 | .00 | 3.33 | 4.50 | 4.67 | |
| 2 | 2.00 | 2.00 | 39.00 | .16 | .00 | .00 | 5.33 | 3.25 | 4.33 | |
| 3 | 3.00 | 2.00 | 24.00 | .23 | .00 | .00 | 3.67 | 4.67 | 5.83 | |
| 4 | 4.00 | 2.00 | 28.00 | .33 | .00 | .00 | 3.67 | 5.25 | 6.00 | |
| 5 | 5.00 | 1.00 | 28.00 | .26 | .00 | .00 | 3.00 | 3.00 | 3.17 | |
| 6 | 17.00 | 2.00 | 32.00 | .11 | .00 | .00 | 5.00 | 2.50 | 5.67 | |
| 7 | 6.00 | 2.00 | 35.00 | .34 | .00 | .00 | 5.00 | 4.75 | 6.00 | |
| 8 | 8.00 | 2.00 | 28.00 | .34 | .00 | .00 | 4.67 | 5.50 | 5.17 | |
| 9 | 7.00 | 2.00 | 28.00 | .35 | .00 | .00 | 4.33 | 5.50 | 5.50 | |
| 10 | 10.00 | 2.00 | 24.00 | .17 | .00 | .00 | 3.67 | 3.67 | 5.83 | |
| 11 | 9.00 | 2.00 | 32.00 | .37 | .00 | .00 | 3.00 | 5.25 | 5.67 | |
| 12 | 15.00 | 2.00 | 28.00 | .37 | .00 | .00 | 3.33 | 6.50 | 5.50 | |
| 13 | 11.00 | 1.00 | 42.00 | .39 | .00 | .00 | 2.67 | 2.50 | 3.67 | |
| 14 | 12.00 | 2.00 | 39.00 | .40 | .00 | .00 | 4.33 | 4.75 | 4.33 | |
| 15 | 16.00 | 2.00 | 28.00 | .41 | .00 | .00 | 5.00 | 4.33 | 5.17 | |
| 16 | 14.00 | 1.00 | 28.00 | .43 | .00 | .00 | 3.67 | 5.25 | 4.17 | |
| 17 | 19.00 | 2.00 | 29.00 | .43 | .00 | .00 | 3.00 | 6.00 | 4.67 | |
| 18 | 22.00 | 2.00 | 29.00 | .44 | .00 | .00 | 4.00 | 4.50 | 4.67 | |

图 4.23　包含连续自变量的数据输入及整理

当然,要使用更严格的方法,则需要取 276 名被试,首先测量调节定向,然后计算该变量的四分位数值,即 25％和 75％样本点对应的数值,然后选择分值低于 25％样本点数值被试为防御定向组,而分值高于 75％样本点数值被试为促进定向组。中间 50％的被试不再进行随后的实验。本案例使用相对宽松的中位数做分组。

## 二、简单效应分析(人为分组后的数据)

无论使用多元方差分析的语法还是一般线性模型方法,与 2×2 两因素被试间实验设计的简单效应分析相比,2×3 两因素被试间实验设计的简单效应分析,两者的语法都没有本质差异,只是在 2×3 两因素实验设计中,核心自变量包含三个水平,因此在结果解读上会有细微差异。从结果呈现上看,多元方差分析的结果呈现并不彻底,只能反映自变量在调节变量的不同水平上的差异,不能反映三个水平之间彼此差异。在这一点上,一般线性模型的优势就体现出来了。具体可对照下面两者的结果解读。

(一)多元方差分析

多元方差分析的语法。2×3 两因素被试间实验设计的简单效应分析语句与 2×2 两因素被试间实验设计的简单效应分析语句几乎完全相同。由于调节变量仍然是两个水平,所以在简单效应语句部分仍然只有两行,只有当调节变量是三个水平时,才会多一行,用来检验在调节变量第三个水平上的自变量的简单效应。不过,需要注意的是,此时自变量有三个水平,因此,语句中第一行自变量后面的括号内,要写出最低和最高的两个水平编码,写作(0,2),见图 4.24。注意该图中文本与图 4.9 的区别。

```
MANOVA AT BY adapl(0,2)regfo(0,1)
/ERROR=WITHIN
/DESIGN=adapl WITHIN regfo(1)
          adapl WITHIN regfo(2).
```

**图 4.24　两因素 2×3 简单效应分析**

(二)多元方差分析结果

简单效应分析在结果部分,被统一输,分为两个部分。第一个部分是本次分析的数据汇总,见图 4.25。

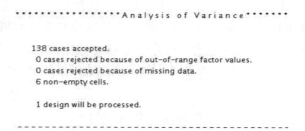

**图 4.25　样本及处理信息汇总**

第二个部分,设计 1(Design 1)展示了自变量在调节变量不同水平上对因变量影响差异的显著性,即自变量的简单效应,见图 4.26,可以与图 4.11 相参照。

```
*****************Analysis of Variance--Design 1*****·

Tests of Significance for AT using UNIQUE sums of squares
Source of Variation      SS    DF    MS    F Sig of F

WITHIN CELLS           100.80  132  .76
ADAPL WITHIN REGFO(1    26.91   2  13.45  17.62   .000
)
ADAPL WITHIN REGFO(2    28.48   2  14.24  18.65   .000
)
-----------------------------------------------------------
```

**图 4.26 在调节定向不同水平上的简单效应**

图 4.26 是以"调节定向"为调节变量下的自变量"广告诉求"的简单效应,跟 2×2 两因素被试间实验设计的结果似乎没有什么两样,但在 2×3 两因素被试间实验设计中,核心自变量"广告诉求"有三个水平,那么自变量的简单效应显著只能表明在调节变量"调节定向"的不同水平上,广告诉求的三个水平中,至少有两个水平对因变量的影响差异是显著的,但三个水平之间,两两比较,共有三组对比,该结果并不能进一步揭示到底哪(些)组两两比较对因变量影响存在差异。在这一点上,一般线性模型可以呈现更多信息。

（三）一般线性模型

对于一般线性模型的语法,无论自变量的水平数如何,命令语句是完全一样的,在此不再重复,见图 4.13 即可。其结果解读如下:

第一个表格,是两个被试间自变量各个水平的基本信息,见表 4.20,可与表 4.15 相对照,核心自变量多了一个水平。

**表 4.20 被试间因子水平的基本信息**
**主体间因子**

|  |  | 值标签 | 个案数 |
|---|---|---|---|
| 广告诉求 | .00 | 控制组 | 46 |
|  | 1.00 | 可行性 | 46 |
|  | 2.00 | 合意性 | 46 |
| 调节定向 | .00 | 防御定向 | 69 |
|  | 1.00 | 促进定向 | 69 |

第二个表格,是两个自变量的主效应以及两者的交互效应,见表 4.21,可与表 4.16 相参照。与一般方差分析的结果相同,在此不再详细解读。

**表 4.21 主效应、交互效应结果分析**
**主体间效应检验**

因变量:广告吸引力

| 源 | Ⅲ类平方和 | 自由度 | 均方 | F | 显著性 | 偏 Eta 平方 |
|---|---|---|---|---|---|---|
| 修正模型 | 55.389[a] | 5 | 11.078 | 14.506 | .000 | .355 |
| 截距 | 3 517.292 | 1 | 3 517.292 | 4 605.794 | .000 | .972 |
| adapl | .012 | 2 | .006 | .008 | .992 | .000 |
| regfo | .001 | 1 | .001 | .001 | .973 | .000 |
| adapl * regfo | 55.376 | 2 | 27.688 | 36.257 | .000 | .355 |
| 误差 | 100.804 | 132 | .764 | | | |
| 总计 | 3 673.485 | 138 | | | | |
| 修正后总计 | 156.193 | 137 | | | | |

a. R 方=.355(调整后 R 方=.330)

第三个表格,每个处理的均值、标准误差(SE)以及 95% 置信区间等方面信息,见表 4.22。此处分别对比了在控制组、可行性诉求组和合意性诉求组中的防御定向与促进定向的取值情况。呈现顺序受到一般线性模型中 TABLES 括号内变量顺序的影响,如果写作"TABLE(regfo * adapl)",就会对比在防御定向和促进定向组中控制组、可行性诉求组和合意性诉求组的取值情况,这样的变量呈现顺序会更符合我们的要求,读者可以自行练习。

**表 4.22 六个处理的描述性信息**
**估算值**

因变量:广告吸引力

| 广告诉求 | 调节定向 | 平均值 | 标准误差 | 95% 置信区间 | |
|---|---|---|---|---|---|
| | | | | 下限 | 上限 |
| 控制组 | 防御定向 | 5.073 | .182 | 4.712 | 5.433 |
| | 促进定向 | 5.016 | .182 | 4.655 | 5.376 |
| 可行性 | 防御定向 | 5.797 | .182 | 5.437 | 6.158 |
| | 促进定向 | 4.283 | .182 | 3.922 | 4.643 |
| 合意性 | 防御定向 | 4.268 | .182 | 3.908 | 4.629 |
| | 促进定向 | 5.855 | .182 | 5.495 | 6.216 |

第四个表格,是水平之间的两两比较,见表4.23。该多重比较在变量是多水平的条件下非常有用,这正是多元方差分析语法中无法获得的结果。

**表 4.23　变量水平间的成对比较**

**成对比较**

因变量:广告吸引力

| 调节定向 | (I)广告诉求 | (J)广告诉求 | 平均值差值(I−J) | 标准误差 | 显著性[b] | 差值的95％置信区间[b] | |
|---|---|---|---|---|---|---|---|
| | | | | | | 下限 | 上限 |
| 防御定向 | 控制组 | 可行性 | −.724* | .258 | .017 | −1.349 | −.099 |
| | | 合意性 | .805* | .258 | .007 | .180 | 1.430 |
| | 可行性 | 控制组 | .724* | .258 | .017 | .099 | 1.349 |
| | | 合意性 | 1.529* | .258 | .000 | .904 | 2.154 |
| | 合意性 | 控制组 | −.805* | .258 | .007 | −1.430 | −.180 |
| | | 可行性 | −1.529* | .258 | .000 | −2.154 | −.904 |
| 促进定向 | 控制组 | 可行性 | .733* | .258 | .015 | .108 | 1.358 |
| | | 合意性 | −.840* | .258 | .004 | −1.464 | −.215 |
| | 可行性 | 控制组 | −.733* | .258 | .015 | −1.358 | −.108 |
| | | 合意性 | −1.572* | .258 | .000 | −2.197 | −.948 |
| | 合意性 | 控制组 | .840* | .258 | .004 | .215 | 1.464 |
| | | 可行性 | 1.572* | .258 | .000 | .948 | 2.197 |

基于估算边际平均值

＊.平均值差值的显著性水平为.050。

b.多重比较调节:邦弗伦尼法。

从表中可以看到,在调节定向的每个水平下,核心自变量"广告诉求"的三个水平之间都进行了两两比较。表4.23第二行反映的是,在防御定向条件下,广告诉求的简单邀约(控制组)和可行性诉求对广告吸引力的影响存在显著差异,$p = .017$;第三行反映的是,广告诉求的简单邀约(控制组)和合意性诉求对广告吸引力的影响也存在显著差异,$p = .007$;第四行反映的结果与第二行反映的结果是一致的,可忽略;第五行反映的是,广告诉求的可行性诉求和合意性诉求对广告吸引力的影响存在显著差异,$p < .001$;第六、七行与前面的信息一致;第八行开始反映的是在促进定向条件下,广告诉求的三个条件之间的两两比较,读者可以自行解读。

第五个表格,即简单效应分析,见表4.24。从中可以看到,无论在防御定向还是在促进定向上,广告诉求对广告吸引力的影响都存在显著差异。该结果可以与前面的图4.26相比较,结果一致。该表格还报告了效应值大小,信息更丰富。

**表 4.24　简单效应分析**
**单变量检验**

因变量:广告吸引力

| 调节定向 | | 平方和 | 自由度 | 均方 | F | 显著性 | 偏 Eta 平方 |
|---|---|---|---|---|---|---|---|
| 防御定向 | 对比 | 26.909 | 2 | 13.455 | 17.619 | .000 | .211 |
| | 误差 | 100.804 | 132 | .764 | | | |
| 促进定向 | 对比 | 28.479 | 2 | 14.240 | 18.646 | .000 | .220 |
| | 误差 | 100.804 | 132 | .764 | | | |

每个 F 都将检验其他所示效应的每个级别组合中广告诉求的简单效应。这些检验基于估算边际平均值之间的线性无关成对比较。

## 三、多元回归分析(包含连续变量的数据)

对于包含连续型自变量的被试间实验设计,如果不进行人为分组,则不能使用 ANOVA,只能使用多元回归分析,而多元回归分析,在 SPSS 中至少可以采用两种手段完成。在本案例中重点在于对两个自变量的交互效应进行分析,也可以说是调节分析,即调节变量"调节定向"对自变量"广告诉求"的调节是否显著的问题。

### (一)使用 SPSS 自带菜单

在本案例中,调节变量是连续变量,可以直接在回归方程中使用,而自变量为分类变量。通常,如果一个分类变量只包含两个水平,则不需要再生成虚拟变量,但如果包含三个及以上的水平,则需要进行虚拟变量转换操作。自变量"广告诉求"包含三个水平——"可行性诉求"、"合意性诉求"和"简单邀约"。这三个水平没有等级上的差异,必须设置为虚拟变量,即以某一水平为对照组,另外两组分别与之相对照,以确定相对于该对照组,另外两组分别变化的程度和方向。在本案例中,拟以"简单邀约"为对照组。对照组在数据输入时,就需要将其值编码为"0",即最小的数值。

1.虚拟变量及交互项的生成。首先,打开需要检验的数据,在数据视图下,点击第一行第五个按钮"转换(T)",然后在下拉菜单中将鼠标移到第八行"创建虚变量",就会出现新的弹窗,见图4.27。在该弹窗下:

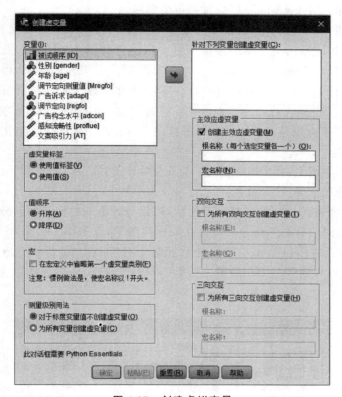

图 4.27　创建虚拟变量

第一步,点击选中视图左侧"变量(I)"框内"广告诉求[adapl]",然后点击中间的箭头,将该变量输入右侧的"针对下列变量创建虚变量(C)",在该框下部,已经默认勾选"主效应虚变量"选项,在"根名称"框内填写"NewAdapl",然后点击视图下方的"确定"按钮。虚拟变量生成。

在数据视图上,就会出现新的三类变量"NewAdapl_1"、"NewAdapl_2"和"NewAdapl_3"。"NewAdapl_1"设定控制组被试为"1",其他组都为"0";而"NewAdapl_2"则设定"可行性诉求"组被试为"1",其他组都为"0";"NewAdapl_3"则设定"合意性诉求"组被试为"1",其他组都为"0"。实际上,在随后的回归分析中,只需要保留"NewAdapl_2"和"NewAdapl_3"作为自变量即可,此时,只有"NewAdapl_1"对应的被试为"0",即将"可行性诉求"组与控制组比较,以及将"合意性诉求组"与控制组比较,"广告诉求"变成了两列新的虚拟变量。"NewAdapl_1"变量列可以删除。

第二步,在本案例中,更重要的是探测自变量与调节变量的交互效应,因此,还需要生成新的交互项的虚拟变量。再次打开图 4.27 视图,点击选中视图左侧"变量(I)"框内"广告诉求[adapl]",然后点击中间的箭头,将该变量输入右侧的"针对下列变量创建虚变量(C)"。重复上述步骤,将"调节定向测量值[Mregfo]"也输入右侧的方框内。在该框下部,勾选"双向交互"选项,然后在"根名称"框内填写"Int",然后点击视图下方的"确定"按钮,交互效应的虚拟变量生成。

在数据视图上,就会出现新的三类变量"Int_1_1"、"Int_1_2"和"Int_1_3",同样可以删除"Int_1_1"变量列。

自此,所有的虚拟变量都已经生成,可以进行下面的多元回归分析了。

2.多元回归分析的检验步骤。在数据视图下,点击第一行第六个按钮"分析(A)",然后在下拉菜单中将鼠标移到第十行"回归(R)",就会出现级联菜单,再将鼠标移到级联菜单的第二行"线性(L)",点击会出现如图 4.28 弹窗。在该弹窗下:

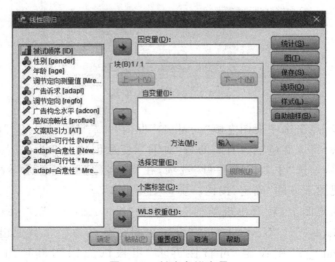

**图 4.28　创建虚拟变量**

第一步,输入因变量。在左侧变量框中选中"广告吸引力[AT]",然后点击中间第一个箭头,广告吸引力就会被输入右侧上方的"因变量(D)"框内。

第二步,输入第一层自变量。此时要注意,"广告诉求"自变量已经变成了两个虚拟变量,即"adapl＝可行性[NewAdapl_2]"和"adapl＝合意性[NewAdapl_3]",另外一个自变量是连续变量"调节定向测量值[Mregfo]",鼠标点击选中这三个变量,分别或一次性输入右侧的"自变量(I)"框内。此时第一层的自变量完全输入,接下来要输入第二层的自变量。通常,在回归分析中,第一层的自变量往往是研究者不关心的变量,即控制变量,而第二层的变量才是研究者重点关心的变量,通过分层回归,依据 $R^2$ 的增量(R square change)以及第二层变量是否显著,来判断排除控制变量之后的核心变量效果。在本案例中,研究者重点关注的是两个自变量的交互效应是否显著。因此放在第二层。

第三步,点击"自变量(I)"框与"因变量(D)"框中间的"下一个(N)"按钮,进入下一层自变量的输入,此处需要输入两个交互项,即"adapl＝可行性 ＊ Mregfo[Int_1_2]"和"adapl＝合意性 ＊ Mregfo[Int_1_3]"。

第四步,点击图 4.28 右上侧的"统计(S)"按钮,就会跳出新的弹窗,见图4.29,勾选图右侧的"R 方变化量(S)",然后点击下方的"继续(C)"按钮,回到图 4.28。在完全使用测量获得数据的调查法中,通常还会勾选"描述(D)"、"部分相关性和偏相关性(P)"以及"共线性诊断(L)",用以描述变量之间的关系,但在包含操纵自变量的实验法中,这些内容似乎可以不用报告。

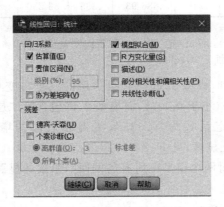

**图 4.29　回归分析中高于回归系数的一些选项**

最后一步，回到图 4.28 之后，可以点击视图最下方的"确定"按钮，多元回归分析完成，可在结果输出部分看到相应的结果了。

3.多元回归分析的结果。主要包括五个表格：

第一个表格是变量输入情况，见表 4.25，指出自变量都是被强制输入的，可忽略。

表 4.25　变量输入情况
输入/除去的变量[a]

| 模型 | 输入的变量 | 除去的变量 | 方法 |
|---|---|---|---|
| 1 | adapl＝合意性,调节定向测量值,adapl＝可行性[b] | — | 输入 |
| 2 | adapl＝可行性 * Mregfo,adapl＝合意性 * Mregfo[b] | — | 输入 |

a.因变量:广告吸引力
b.已输入所请求的所有变量。

第二个表格是关于多元回归模型的显著性等方面的特征，见表 4.26。

表 4.26　模型显著性
模型摘要

| 模型 | R | R² | 调整后 R² | 标准估算的错误 | 更改统计 | | | | |
|---|---|---|---|---|---|---|---|---|---|
| | | | | | R 方变化量 | F 变化量 | 自由度 1 | 自由度 2 | 显著性 F 变化量 |
| 1 | .017[a] | .000 | −.022 | 1.079 48 | .000 | .013 | 3 | 134 | .998 |
| 2 | .579[b] | .335 | .310 | .886 93 | .335 | 33.250 | 2 | 132 | .000 |

a.预测变量:(常量),adapl＝合意性,调节定向测量值,adapl＝可行性
b.预测变量:(常量),adapl＝合意性,调节定向测量值,adapl＝可行性,adapl＝可行性 * Mregfo,adapl＝合意性 * Mregfo

从表中可以看到，模型 1，即只有第一层的三个自变量的情况下，模型的决定系数"$R^2$"，较小（小于 0.001），而模型 2，即包含第二层的两个交互效应的情况下，模型的决定系数为"0.335"，关键看后面的增量"$R^2$ 变化量"为"0.335"，该增量变化显著，见 $F(2,132)=33.25, p<.001$。

第三个表格是对两个模型中所有的偏回归系数的显著性检验，见表 4.27。

192

表 4.27　偏回归系数的显著性检验
ANOVA[a]

| 模型 | | 平方和 | 自由度 | 均方 | F | 显著性 |
|---|---|---|---|---|---|---|
| 1 | 回归 | .046 | 3 | .015 | .013 | .998[b] |
| | 残差 | 156.147 | 134 | 1.165 | | |
| | 总计 | 156.193 | 137 | | | |
| 2 | 回归 | 52.357 | 5 | 10.471 | 13.312 | .000[c] |
| | 残差 | 103.836 | 132 | .787 | | |
| | 总计 | 156.193 | 137 | | | |

a.因变量:广告吸引力
b.预测变量:(常量),adapl=合意性,调节定向测量值,adapl=可行性
c.预测变量:(常量),adapl=合意性,调节定向测量值,adapl=可行性,adapl=可行性
* Mregfo,adapl=合意性 * Mregfo

从表中可以看出,第一个模型中,所有自变量的偏回归系数不显著,$F(3, 134)=0.01, p=.998$。而第二个模型中则发现有偏回归系数显著,$F(5,132)=13.312, p<.001$。接着可以看各个模型的偏回归系数的估计值,见表 4.28。

第四个表格是两个模型中所有自变量的偏回归系数估计值及显著性。见表 4.28。

表 4.28　偏回归系数基本信息
系数[a]

| 模型 | | 未标准化系数 | | 标准化系数 | t | 显著性 |
|---|---|---|---|---|---|---|
| | | B | 标准错误 | Beta | | |
| 1 | （常量） | 4.999 | .311 | | 16.079 | .000 |
| | 调节定向测量值 | .089 | .522 | .015 | .170 | .865 |
| | adapl=可行性 | −.004 | .225 | −.002 | −.017 | .987 |
| | adapl=合意性 | .017 | .225 | .007 | .074 | .941 |
| 2 | （常量） | 5.120 | .397 | | 12.882 | .000 |
| | 调节定向测量值 | −.148 | .734 | −.025 | −.202 | .840 |
| | adapl=可行性 | 1.994 | .564 | .883 | 3.535 | .001 |
| | adapl=合意性 | −2.409 | .572 | −1.067 | −4.215 | .000 |
| | adapl=可行性 * Mregfo | −3.955 | 1.048 | −.962 | −3.773 | .000 |
| | adapl=合意性 * Mregfo | 4.659 | 1.047 | 1.163 | 4.448 | .000 |

a.因变量:广告吸引力

从表中可以看到,两个模型中所有自变量的偏回归系数,对比两个模型中共同的三个自变量,前后变化还是相当大的,甚至有些变量的显著性都发生了变化。当然,这种变化可能是由于多重共线性造成的,而且研究关注的是交互效应,因此观察两个交互项的偏回归系数及显著性才是最重要的。从第二个模型中可以看到,两个交互项都是显著的,对于可行性诉求和控制组与调节定向的交互效应,$t=-3.77$,$p<.001$,回归系数 $b=-3.96$。这表明调节变量每增加一个单位,自变量对因变量的的回归系数就会减少 3.96 个单位。对于合意性诉求和控制组与调节定向的交互效应,$t=4.45$,$p<.001$,回归系数 $b=4.66$。这表明,调节变量每增加一个单位,自变量对因变量的回归系数就会增加 4.66 个单位。

第五个表格是被排除在模型之外的自变量的回归系数估计、偏相关等信息,见表 4.29。可忽略。

表 4.29　被排除在模型之外自变量的信息

排除的变量[a]

| 模型 | | 输入 Beta | t | 显著性 | 偏相关 | 共线性统计 容差 |
|---|---|---|---|---|---|---|
| 1 | adapl=可行性 * Mregfo | $-1.518^{b}$ | $-6.398$ | .000 | $-.485$ | .102 |
| | adapl=合意性 * Mregfo | $1.647^{b}$ | 6.894 | .000 | .513 | .097 |

a.因变量:广告吸引力

b.模型中的预测变量:(常量),adapl=合意性,调节定向测量值,adapl=可行性

综合上述分析过程和分析结果的解读,可以发现,使用 SPSS 自带程序直接计算,当变量包含多个水平的分类变量时,需要首先设置虚拟变量,过程比较复杂;结果输出之后,虽然知道交互效应显著,但无法进一步进行简单效应的检验。如果使用 PROCESS 程序进行中介分析,分析过程比较简单,结果输出也更丰富。

(二)使用 PROCESS 插件进行调节分析

PROCESS 插件可以很便利的进行调节分析,而且无须首先设置虚拟变量。

1.数据分析过程。在变量视图下,点击第一行第六个按钮"分析(A)",然后在下拉菜单中将鼠标移到第十行"回归(R)",就会出现级联菜单,再将鼠标移到级联菜单的第五行"PROCESSv3.3 by Andrew F. Hayes",点击会出现图 4.30 弹窗。在该弹窗下:

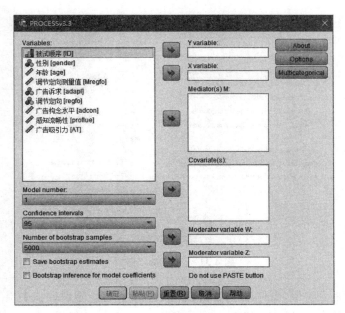

**图 4.30　PROCESS 分析主窗口**

第一步,输入自变量。点击选中左上角"Variables"框内的"广告诉求[adapl]",然后点击第二行箭头,输入右侧的"X variable"。此处直接输入分类变量,无须生成虚拟变量,但由于该变量属于多分类变量,因此,还要点击视图 4.30 右侧第三个按钮"Multi categorical",就会出现新的弹窗,见图 3.23。此处自变量为多分类变量,在"Variable X"下勾选"Multicategorical","Coding system"保留"Indicator"即可。

第二步,输入因变量,点击选中左上角"Variables"框内的"广告吸引力[AT]",然后点击第一行箭头,输入右侧的"Y variable"下面的框内;

第三步,输入调节变量,此处调节变量连续变量"调节定向",因此,点击选中左上角"Variables"框内的"调节定向测量值[Mregfo]",然后点击第五行箭头,输入右侧的"Moderator variable W"框内。此时需要再次点击图 4.30 右侧的"Options"按钮,就会弹出新的弹窗,见图 4.31。

在该视窗下,右下侧的"Conditioning values"只有在调节变量为连续变量时才有意义。百分位数选项和标准差选项决定了结果输出中的调节变量的取值,百分位数输出结果中,调节变量取值分别是 16%、50% 和 84% 位上的调节变量

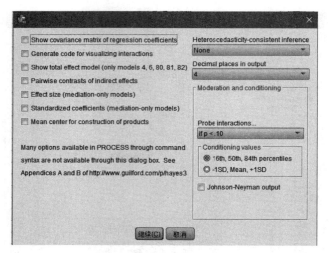

图 4.31 "Options"弹窗

取值,一般是真实值,而标准差输出结果中,调节变量分别取值负一个标准差(-1SD)、平均值(Mean)和正一个标准差(+1SD),一般没有对应的真实值。实际上两者差异并不是很大①。目前大部分文献所用调节分析都使用标准差法,因此,此处也选择标准差法。点击选择"-1SD,Mean,+1SD",然后点击"继续(C)"回主窗口。另外,如果在数据分析中,只有一组交互效应,而且调节变量是连续变量,还可以点击图 4.31 右下方的"Johnson-Neyman output",在结果输出部分,就会输出在调节变量不同取值的情况下,相应的自变量对因变量的回归系数变化情况,可以使用该数据画图,比较直观地看到变量之间的关系。但如果有多个交互效应,则不会有结果输出,因此不需勾选该选项。

最后一步,要做调节分析,对应了 PROCESS 的模型 1,软件默认就是模型 1,因此无须再变,直接点击图 4.30 左下侧的"确定"按钮,就会有结果输出。

2.分析结果解读。第一行和第二行星号(＊)之前的部分主要关于PROCESS 版本和版权信息,可忽略。

第二行和第三行星号之间部分是关于在本次计算中所使用模型的基本信息,见图 4.32。主要包含计算使用的模型:1。因变量 Y:AT,自变量 X:

① 因为理论上,数据如果符合正态分布,那么平均值对应的位置正好就是中数的位置(50％处的取值),而正一个标准差所对应的位置,大体上就是 84.14％所处的位置。

adapl，调节变量 W：Mregfo，以及样本量 138。关键是此处还给出了自变量生成虚拟变量的信息，可以看出，自变量生成了两个虚拟变量 X1 和 X2，控制组（.000）在两个变量中取值都为"0"，因此作为对照组，分别与可行性诉求组（X1）和合意性诉求组（X2）相对比。

```
***************************************************
Model : 1
  Y : AT
  X : adapl
  W : Mregfo

Sample
Size: 138

Coding of categorical X variable for analysis:
  adapl   X1     X2
  .000    .000   .000
  1.000   1.000  .000
  2.000   .000   1.000

***************************************************
```

**图 4.32　模型基本信息**

第三行和第四行星号之间部分比较长，分割为四个部分。第一部分是回归分析的主要部分，见图 4.33。

```
***************************************************
OUTCOME VARIABLE:
AT

Model Summary
    R      R-sq    MSE     F        df1      df2        p
  .5790   .3352   .7866   13.3117  5.0000   132.0000   .0000

Model
           coeff    se      t        p       LLCI     ULCI
constant   5.1200   .3975   12.8820  .0000   4.3338   5.9062
X1         1.9938   .5641   3.5345   .0006   .8780    3.1096
X2        -2.4089   .5715  -4.2148   .0000  -3.5394  -1.2783
Mregfo     -.1484   .7339   -.2022   .8400  -1.6001   1.3033
Int_1     -3.9554  1.0483  -3.7731   .0002  -6.0291  -1.8818
Int_2      4.6585  1.0472   4.4485   .0000   2.5870   6.7300

Product terms key:
Int_1  :   X1    x    Mregfo
Int_2  :   X2    x    Mregfo

Test(s) of highest order unconditional interaction(s):
       R2-chng    F        df1      df2        p
X*W    .3349     33.2500   2.0000   132.0000   .0000
```

**图 4.33　以因变量广告吸引力为结果变量的回归分析**

从图中可以看到,该回归分析是以因变量"广告吸引力(AT)"为结果变量,以可行性诉求与控制组的对照(X1)、合意性诉求与控制组的对照(X2)、调节定向测量(Mregfo)、以及 X1 与 Mregfo 的交互效应(Int_1)和 X2 与 Mregfo 的交互效应(Int_2)为预测变量。结果与使用 SPSS 菜单所做的多元回归分析一致,见表 4.28。需要指出的是,在图 4.33 最下部的"Test(s)of highest order unconditional interaction(s)"中,指出了交互效应总的效应增量与显著性,与表 4.26 的结果一致。

在 SPSS 菜单所做的多元回归分析中,并没有给出简单效应分析,而 PROCESS 程序则额外给出了简单效应分析,即分析当调节变量取值在平均值之下一个标准差(−1SD)、平均值(M)以及平均值之上一个标准差(+1SD)时,自变量 X1 和 X2 对因变量 AT 条件化效应(conditional effect,即其他条件不变,自变量 X 每增加一个单位,因变量 Y 相应地增量),三者分别见图 4.34、4.35 和 4.36。

```
----------
  Focal predict: adapl   (X)
       Mod var: Mregfo   (W)

Conditional effects of the focal predictor at values of the moderator(s):

Moderator value(s):
Mregfo   .3359

     Effect    se      t       p      LLCI    ULCI
X1   .6651   .2586   2.5718   .0112   .1535   1.1767
X2  -.8441   .2645  -3.1915   .0018  -1.3672  -.3209

Test of equality of conditional means
     F      df1     df2       p
 16.4299  2.0000  132.0000   .0000

Estimated conditional means being compared:
   adapl     AT
   .0000    5.0702
  1.0000    5.7353
  2.0000    4.2261
----------
```

图 4.34 调节变量取值负一个标准差(−1SD)时的相对条件效应

```
----------
Moderator value(s):
Mregfo    .5127

      Effect    se      t       p     LLCI    ULCI
X1   -.0340   .1850  -.1835   .8547  -.3999   .3320
X2   -.0207   .1850  -.1118   .9112  -.3867   .3454

Test of equality of conditional means
      F      df1     df2      p
    .0171  2.0000 132.0000  .9830

Estimated conditional means being compared:
    adapl     AT
   .0000    5.0439
  1.0000    5.0100
  2.0000    5.0233
----------
```

**图 4.35　调节变量取平均值（M）时的相对条件效应**

```
----------
Moderator value(s):
Mregfo    .6894

      Effect    se      t       p     LLCI    ULCI
X1   -.7331   .2650  -2.7660  .0065  -1.2573  -.2088
X2    .8027   .2590   3.0997  .0024   .2904   1.3149

Test of equality of conditional means
      F      df1     df2      p
  17.1446  2.0000 132.0000  .0000

Estimated conditional means being compared:
    adapl     AT
   .0000    5.0177
  1.0000    4.2847
  2.0000    5.8204

********************* ANALYSIS NOTES AND ERRORS *********************
```

**图 4.36　调节变量取值正一个标准差（＋1SD）时的相对条件效应**

每个自变量对因变量的条件化效应都等于该自变量在回归方程中的回归系数加上该自变量与调节变量交互项回归系数与调节变量取值的乘积（Hayes,2017）。以图 4.34 中自变量 X1 为例，其效应增量为 0.665 1，该自变量的回归系数为 1.993 8（见图 4.33），该自变量与调节变量的交互项回归系数为−3.955 4，图 4.34 中，调节变量的取值为 0.335 9，则 0.665 1＝1.993 8＋（−3.995 4）×0.335 9。

第五行星号之后是 Bootstrapping 检验设定的一些参数，置信区间的设置以及调节变量取值的设定,此处不再呈现。

以上是变量包含多个水平的中介分析,当自变量只包含两个水平时,调节分析会比较简单,读者可以舍弃简单邀约组,只留下可行性诉求和合意性诉求组进行调节分析,结果分析与解读就会非常简单,与自变量都是操控的两因素 2×2 被试间实验设计没有差别,读者可以自行练习①。

多类练习

### 四、受调节的中介分析(条件过程模型)

在本案例中,如果去掉控制组,只保留可行性诉求和合意性诉求组,虽然调节变量"调节定向"变成了连续变量,但模型图仍然是图 4.1 和图 4.2,要做有调节的中介分析,与两因素 2×2 被试间实验设计没有差别,数据分析步骤和结果解读可以参考上一部分的内容,读者可以自行练习。然而,一旦加入控制组,自变量变为三个水平,需要生成虚拟变量,要检验的模型就更会复杂些。在此,我们分别以广告构念水平和加工流畅性为中介变量,以三水平的广告诉求为自变量,调节定向(测量型)为调节变量,以广告吸引力为因变量进行有调节的中介分析。两种中介变量分别对应了不同的中介模型,但在数据分析步骤上差异不大,两种模型的分析步骤在两因素 2×2 被试间实验设计部分已经阐述过了,只是此处有几点不同:首先,自变量包含三个水平,因此要点击"Multicategorical"按钮设置自变量为虚拟变量;其次,调节变量也由原来的分类变量"调节定向[regfo]"变为连续变量"调节定向测量值[Mregfo]",在"Options"弹窗右下侧的"Conditioning values"点击选择"−1SD,Mean,+1SD"选项;最后,不同中介变量对应不同中介模型,因而需要选择对应的"Model number"。接下来分别分析两个模型的结果输出。读者可以将此处结果与两因素 2×2 被试间实验设计结果相对比。

(一)模型 14 计算结果解读

第一行和第二行星号(∗)之前的部分主要关于 PROCESS 版本和版权信息,可忽略。

第二行和第三行星号之间部分是关于在本次计算中所使用模型的基本信

---

① 额外练习所使用数据的文件名称为"4.3 第四章 多类练习",请扫描二维码获取。该数据实际上还可以用作其他模型的练习,例如,可以练习链式中介分析模型 83、模型 91,只是缺少模型 87 以及模型 6 的相应数据。

息,见图4.37。主要包含计算使用的模型:14。因变量 Y:AT,自变量 $X$: adapl,中介变量 M:adcon,调节变量 W:Mregfo,以及样本量138。关键此处还给出了自变量生成虚拟变量的信息,可以看出,自变量生成了两个虚拟变量 X1 和 X2,对应的编码情况,控制在两组中取值都为"0",因此作为对照组,分别与可行性诉求组(X1)和合意性诉求组(X2)相对比。

```
************************************************
Model : 14
  Y : AT
  X : adapl
  M : adcon
  W : Mregfo

Sample
Size: 138

Coding of categorical X variable for analysis:
adapl   X1     X2
.000   .000   .000
1.000  1.000  .000
2.000  .000   1.000


************************************************
```

**图 4.37　模型基本信息**

第三行和第四行星号之间部分,主要是以中介变量为结果变量的回归分析,见图4.38。

```
**********************************************************
OUTCOME VARIABLE:
adcon

Model Summary
      R      R-sq    MSE      F       df1      df2        p
   .6846   .4687   .4455   59.5554  2.0000  135.0000   .0000

Model
          coeff     se       t       p     LLCI     ULCI
constant  3.8664   .0984  39.2868  .0000  3.6718   4.0611
X1       -.6078    .1392  -4.3672  .0000  -.8831   -.3326
X2        .9017    .1392   6.4784  .0000   .6264   1.1769

**********************************************************
```

**图 4.38　以中介变量为结果变量的回归分析**

从图中的"Model Summary"中可以看到,该回归模型是显著的,因此可以看下面自变量的回归系数,在本案例中,本来只有一个自变量,但由于包含三个水平,因此处理成虚拟变量,变为两个变量:X1是可行性诉求相对于控制组虚拟变量,其偏回归系数为$-0.61$,该系数是显著的,$t=-4.37$,$p<.001$,

95％置信区间[−0.883 1，−0.332 6]。这说明相对于控制组，可行性诉求组的广告构念水平更低、更具体。X2 是合意性诉求相对于控制组虚拟变量，其偏回归系数为 0.90，该系数是显著的，$t = 6.48$，$p < .001$，95％置信区间[0.626 4，1.176 9]。这说明相对于控制组，合意性诉求组的广告构念水平更高、更抽象。

第四行和第五行星号之间是结果的第二部分，见图 4.39。这部分所呈现的是自变量和中介变量与因变量之间关系的回归检验。

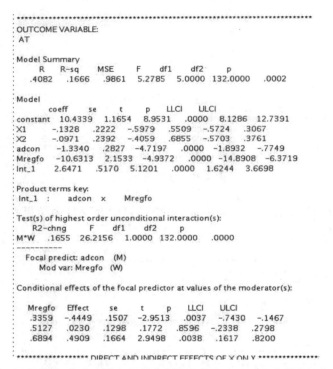

**图 4.39　自变量、中介变量和调节变量及两者交互项对因变量的回归分析**

此处的回归分析，结果变量是研究设定的因变量"广告吸引力（AT）"。模型总结（Model summary）表明该模型是显著的，可以直接看模型中各个自变量的效应。此处的预测变量包含了两个自变量 X1 和 X2，还包括中介变量 adcon 和调节变量 Mregfo 以及两者的交互项，在包含调节变量的模型中，通常只要交互效应显著，构成交互项的两个自变量的主效应就不必再看，因此，主要关注"Int_1"行即可。在下面的"Product terms key"中，指出了"Int_1"是哪些自变量的交互项,从下面的内容可以看出,"Int_1"代表了"广告构念水平(adcon)"和"调节定向(regfo)"之间的交互效应。该交互项与因变量"广告吸引力(AT)"之间的回归系数为2.65,并且通过后面的$t$检验的$p$值,$t=5.12,p<.001$,可以看到该回归系数是显著的,要分析变量之间的具体关系还需要看看简单效应,在本图的最下面几行,首先,"Focal predicit:adcon(M)"指出核心预测变量(此处是中介变量 M)是"广告构念水平(adcon)","Modvar:Mregfo(W)"指出调节变量是"调节定向测量值(Mregfo)","Conditional effects of the focal predictor at values of the moderator(s)"即表明核心预测变量在调节变量不同水平上的简单效应,因为调节变量是连续变量,此处报告了"调节定向"取值为平均值以及正负一个标准差时"广告构念水平"对"广告吸引力"的效应增量。从".3359"行可以看出,广告构念水平对广告吸引力的偏回归系数增量为$-0.44$,该增量在统计学上显著,$t=-2.95,p=.004,95\%$置信区间为$[-0.743\,0,-0.146\,7]$,中间不包含 0 点。该结果即表明,对于防御定向的被试,广告构念水平越高,该广告的吸引力就越低;从".5127"行可以看出,广告构念水平对广告吸引力的偏回归系数增量为0.02,该增量在统计学上不显著,$t=-0.18,p=.860,95\%$置信区间为$[-0.233\,8,0.279\,8]$,中间包含 0 点。该结果即表明,被试的调节定向并没有改变广告构念水平对广告吸引力的影响;从".6894"行可以看出,广告构念水平对广告吸引力的偏回归系数增量为0.49,该增量在统计学上显著,$t=2.95,p=.004,95\%$置信区间为$[0.161\,7,0.820\,0]$,中间不包含 0 点。该结果即表明,对于促进定向的被试,广告构念水平越高,该广告的吸引力就越高。在本表中,简单效应之前还有一些信息,其中"Test(s) of highest order unconditional interactions(s)"下面的内容指的是中介变量(M)与调节变量(W)的交互项显著程度,第一项"R2-chng"指的是模型改变后的决定系数$R^2$的变化程度,而且指出中介变量与调节变量交互项总的显著程度。

　　第五行和第六行星号之间是结果输出的第三部分,见图 4.40。这部分所呈现的是自变量(X)对因变量的(Y)的直接效应和间接效应。这部分包含了条件过程分析的关键信息。

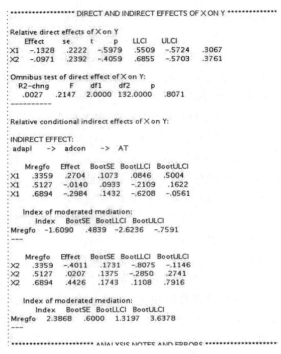

```
***************** DIRECT AND INDIRECT EFFECTS OF X ON Y **************
Relative direct effects of X on Y
      Effect     se      t       p      LLCI     ULCI
X1   -.1328   .2222   -.5979   .5509   -.5724   .3067
X2   -.0971   .2392   -.4059   .6855   -.5703   .3761

Omnibus test of direct effect of X on Y:
   R2-chng     F      df1      df2       p
    .0027    .2147  2.0000  132.0000   .8071
----------

Relative conditional indirect effects of X on Y:

INDIRECT EFFECT:
adapl    ->   adcon    ->   AT

     Mregfo   Effect   BootSE  BootLLCI  BootULCI
X1   .3359    .2704    .1073    .0846    .5004
X1   .5127   -.0140    .0933   -.2109    .1622
X1   .6894   -.2984    .1432   -.6208   -.0561

   Index of moderated mediation:
           Index    BootSE  BootLLCI  BootULCI
Mregfo  -1.6090   .4839  -2.6236   -.7591
---

     Mregfo   Effect   BootSE  BootLLCI  BootULCI
X2   .3359   -.4011    .1731   -.8075   -.1146
X2   .5127    .0207    .1375   -.2850    .2741
X2   .6894    .4426    .1743    .1108    .7916

   Index of moderated mediation:
           Index    BootSE  BootLLCI  BootULCI
Mregfo   2.3868   .6000   1.3197   3.6378
---

******************** ANALYSIS NOTES AND ERRORS *******************
```

**图 4.40　直接效应与间接效应**

从"Relative direct effect of X on Y"行可以看出,自变量"广告诉求"的两个虚拟变量对因变量"广告吸引力"的直接效应,该结果与上一张表格中的回归模型结果一致,都是控制了其他因素之后,自变量对因变量的偏回归系数。"Omnibus test of direct effect of X on Y"是指自变量 X 对因变量 Y 总的直接效应,该处发现直接效应并不显著。"Relative conditional indirect effects of X on Y",分别指出,在调节变量特定取值时(此处取值是调节变量的均值和正负一个标准差),两个虚拟变量通过中介变量"proflue"对因变量"AT"间接影响效应的大小和显著性以及受调节的中介指数。首先看"Index of moderated mediation",该指数是由自变量(X1)对中介变量(adcon)的偏回归系数乘以中介变量(adcon)与调节变量(Mregfo)交互项的偏回归系数的乘积得来的,以自变量 X1 的调节中介指标来看,$-1.609\ 0=-0.607\ 8\times2.647\ 1$,该指数的 95% 置信区间为 $[-2.623\ 6,-0.759\ 1]$,反映了 X1 通过中介变量(adcon)对因变量(AT)的间接影响受到调节变量(Mregfo)的调节。在该部分还给出了自变量 X1 在调节变量不同取值时对因变量(AT)的间接效应,是由自变量(X1)对中介变量(adcon)的偏回归系数与调节变量(Mregfo)对因变量(AT)的偏回归系数的乘积,加上调节中介指数与特定的调节变量(Mregfo)的乘积得来的。以 X1 对因变量(AT)的间接效应为例,当调节变量取值为负一个标准差时,$0.270\,4 = -0.607\,8 \times -1.334\,0 + -1.609\,0 \times 0.335\,9$,该指数的 95% 置信区间为 $[0.084\,6, 0.500\,4]$,表明此时自变量 X1 对因变量的间接效应是显著的。其余部分,读者可以自行演算。

第六行和第七行星号之间是 Bootstrapping 检验设定的一些参数、置信区间的设置以及 Bootstrap 取样的次数,此处不再呈现。

（二）模型 7 计算结果解读

第一行和第二行星号(＊)之前的部分主要关于 PROCESS 版本和版权信息,可忽略。

第二行和第三行星号之间部分是关于在本次计算中所使用模型的基本信息,见图 4.41。主要包含,计算使用的模型:7。因变量 Y:AT,自变量 X:adapl,中介变量 M:proflue,调节变量 W:Mregfo,以及样本量 138。自变量生成了两个虚拟变量 X1 和 X2,对应的编码情况,控制在两组中取值都为"0",因此作为对照组,分别与可行性诉求组(X1)和合意性诉求组(X2)相对比。

```
************************************************
Model : 7
   Y : AT
   X : adapl
   M : proflue
   W : Mregfo

Sample
Size: 138

Coding of categorical X variable for analysis:
adapl    X1     X2
 .000   .000   .000
1.000  1.000   .000
2.000   .000  1.000


************************************************
```

**图 4.41　模型基本信息**

第三行与第四行星号之间是以中介变量"加工流畅性(proflue)"为结果变量所做的回归分析,还包括了调节变量"Mregfo"在均值和正负一个标准差时("$-1SD, Mean, +1SD$")的简单效应。回归分析见图 4.42,三个简单效应分别见图 4.43、4.44 和 4.45。

```
**************************************************************
OUTCOME VARIABLE:
 proflue

Model Summary
      R     R-sq    MSE      F      df1      df2       p
   .5323   .2834  1.1203  10.4402  5.0000  132.0000    .0000

Model
           coeff     se       t       p      LLCI     ULCI
constant  4.2793   .4743   9.0221   .0000   3.3411   5.2176
X1        2.4345   .6732   3.6165   .0004   1.1029   3.7661
X2       -2.1629   .6820  -3.1712   .0019  -3.5121   -.8137
Mregfo     .6338   .8758    .7237   .4705  -1.0986   2.3662
Int_1    -4.9206  1.2510  -3.9333   .0001  -7.3953  -2.4460
Int_2     4.1313  1.2497   3.3058   .0012   1.6593   6.6034

Product terms key:
 Int_1  :    X1    x    Mregfo
 Int_2  :    X2    x    Mregfo

Test(s) of highest order unconditional interaction(s):
      R2-chng     F       df1     df2        p
X*W     .2800  25.7844  2.0000  132.0000    .0000
----------
```

**图 4.42    以中介变量为结果变量的回归分析**

从图中可以看到各个自变量对以中介变量"proflue"为结果变量的回归系数，此图与图 4.20 没有本质差异，只是由于包含两个虚拟自变量，因此也就包含两个交互效应。从 $t$ 检验以及 95% 置信区间来看，两个交互效应都显著。而且总的自变量"adapl"与调节变量"Mregfo"的交互效应"Test(s) of highest order unconditional interactions(s)"也是显著的。

```
----------
Focal predict: adapl  (X)
    Mod var: Mregfo  (W)

Conditional effects of the focal predictor at values of the moderator(s):

Moderator value(s):
Mregfo  .3359

      Effect     se       t       p      LLCI     ULCI
X1     .7816   .3086   2.5325   .0125    .1711   1.3922
X2    -.7752   .3156  -2.4560   .0153  -1.3995   -.1508

Test of equality of conditional means
      F       df1     df2        p
  12.2624  2.0000  132.0000    .0000

Estimated conditional means being compared:
     adapl  proflue
     .0000   4.4922
    1.0000   5.2739
    2.0000   3.7171
----------
```

**图 4.43    调节变量取值负一个标准差时的简单效应**

```
----------
Moderator value(s):
Mregfo    .5127

      Effect     se       t       p      LLCI      ULCI
X1    -.0881   .2208   -.3988   .6907   -.5248    .3487
X2    -.0450   .2208   -.2036   .8390   -.4818    .3919

Test of equality of conditional means
      F        df1      df2      p
    .0795   2.0000  132.0000   .9236

Estimated conditional means being compared:
    adapl    proflue
    .0000    4.6043
   1.0000    4.5162
   2.0000    4.5593
----------
```

**图 4.44　调节变量取平均值时的简单效应**

```
----------
Moderator value(s):
Mregfo    .6894

      Effect     se       t        p      LLCI      ULCI
X1    -.9578   .3163   -3.0283   .0030   -1.5834   -.3321
X2     .6852   .3090    2.2173   .0283    .0739    1.2965

Test of equality of conditional means
      F        df1      df2       p
  13.8060   2.0000  132.0000    .0000

Estimated conditional means being compared:
    adapl    proflue
    .0000    4.7163
   1.0000    3.7585
   2.0000    5.4015
```

**图 4.45　调节变量取值正一个标准差时的简单效应**

从图 4.43、4.44 和 4.45 中可以看到调节变量取不同值时的简单效应，"Test of equality of conditional means"是在调节变量取特定值的情况下自变量三个水平分组的因变量取值的综合检验（Omnibus test），此处反映了三个水平组的差异，与方差分析中的简单效应分析相似。当自变量只有两个水平时，该检验不出现。

第四行和第五行星号之间是自变量和中介变量对因变量的回归分析，见图 4.46。

```
*********************************************************
OUTCOME VARIABLE:
AT

Model Summary
       R     R-sq    MSE      F      df1      df2       p
    .3861   .1490   .9919   7.8232  3.0000  134.0000   .0001

Model
            coeff    se      t       p      LLCI    ULCI
constant   3.4980  .3514  9.9549  .0000  2.8030  4.1930
X1          .0146  .2077   .0701  .9442  -.3962   .4254
X2          .0187  .2077   .0901  .9284  -.3920   .4294
proflue     .3359  .0693  4.8433  .0000   .1987   .4730
**************** DIRECT AND INDIRECT EFFECTS OF X ON Y *************
```

**图 4.46　自变量、中介变量对因变量的回归分析**

在图 4.46 中，比较重要的信息是中介变量对因变量的回归系数，此处表明该系数是显著的。另外，该图还呈现了自变量的两个虚拟变量的对因变量的直接效应，结果表明两个直接效应都不显著。图 4.47 中还会呈现两者的直接效应。

第五行和第六行星号之间是结果的第二部分，见图 4.47。这部分所呈现的是自变量对因变量的直接效应和间接效应。

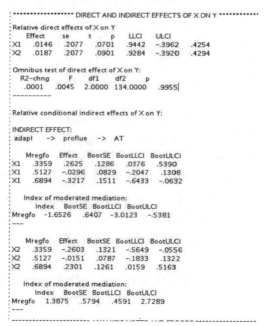

**图 4.47　自变量对因变量的直接和间接效应**

从图 4.47 第一部分可以看到，两个虚拟变量对因变量的直接效应，可与图 4.46 相对照。"Relative conditional indirect effects of X on Y"下面两部分，分别对应了虚拟变量 X1 和 X2 的受调节的间接效应。"Index of moderated mediation"分别反映了虚拟变量 X1 和 X2 对因变量 AT 受调节的中介效应。以虚拟变量 X1 的效应为例，该指数是由自变量 X1 与调节变量 Mregfo 交互项的回归系数 Int_1 乘以中介变量 proflue 对因变量 AT 的回归系数得来的，即 $-1.652\ 6 = -4.920\ 6 \times 0.335\ 9$。对于调节变量不同取值下的简单间接效应，则是由自变量 X1 对中介变量 proflue 的回归系数乘以中介变量 proflue 对因变量 AT 的回归系数，加上受调节的中介效应指数乘以调节变量 Mregfo 特定取值得来的，即 $0.262\ 5 = 2.434\ 5 \times 0.335\ 9 + (-1.652\ 6) \times 0.335\ 9$。对于虚拟变量 X2 做同样解读即可。

第六行和第七行星号之间是 Bootstrapping 检验设定的一些参数、置信区间的设置以及 Bootstrap 取样的次数，此处不再呈现。

# 第五章　三因素被试间实验设计

在第四章,我们分别展示了典型的两因素被试间实验设计和包含连续型自变量的两因素被试间实验设计,在本章中,我们将详细解读典型的三因素被试间实验设计。

析因设计中,两因素和三因素被试间实验设计是比较常见的两类设计,更多因素的析因设计因为涉及三阶以上的交互效应,难以解释和理解,因此在实际研究中很少用到。当然,也有一些实验研究同时探讨了四个甚至以上的自变量的效应,只是这些自变量之间没有出现三阶以上的交互效应,甚至彼此之间都不存在交互效应,这样把不相干的因素强行纳入同一个实验中,也就失去了析因实验设计的意义。

相对于单因素被试间实验设计,两因素被试间实验设计复杂程度增加不止一倍,而相对于两因素被试间实验设计,三因素被试间实验设计虽然仅仅增加了一个因素,但问题的复杂程度却增加了不止一倍。这里所谓的复杂不仅仅指的是实验设计和程序的复杂,更是指实验控制、变量间的交互效应和受调节的中介模型分析与解读。两因素被试间实验设计仅包含一个两阶交互效应,而三因素被试间实验设计一般包含三个两阶交互效应,还包含一个三阶交互效应。受调节的中介模型更是多出几倍,对于结果的解读也更复杂。在本节中我们只考虑典型的三因素被试间实验设计——自变量完全由操纵得来,而且所有自变量都只包含两个水平。即便如此,有无三阶交互效应以及中介模型等情况就已经使问题变得异常复杂,如果再涉及自变量是测量得来的情况,问题就会庞杂到令人困惑。好在,三因素被试间实验设计与两因素被试间实验设计并没有本质不同,读者只需自行将两因素被试间实验设计的思路带入三因素被试间实验设计中即可。

同前几章单因素和两因素被试间实验设计一样,本章对于三因素被试间实验设计解读,也会依托一个具体的研究问题展开实验设计。我们仍然选定可行性诉求和合意性诉求为切入主题,通过增加其他类型自变量的方式,对三因素被试间实验的设计、变量、实施、数据统计以及结果解释等进行详细的剖析。本章具体内容如下：

第一节，详细阐述研究背景、变量和实验设计。本章实验设计要针对的问题依然是可行性诉求和合意性诉求广告的效果差异，并且在第二章和第四章引入变量的基础上，根据需要引入新的调节变量和因变量。将自变量、调节变量及中介变量等组合并划分为两组，分别对应了无三阶交互效应和有三阶交互效应的实验设计，两类实验设计的实验程序实际上差别不大，只是调节分析和中介分析存在一定的差异，因而对这两组自变量效果的分析分别放在两节中进行。

第二节，没有三阶交互效应的三因素被试间实验设计。在该类情况下，自变量分别与两个调节变量存在交互效应，但自变量与两个调节变量不存在三阶交互效应。这样的实验设计较为少见。但如果包含共同的中介变量，也算行得通。本节与第三节主要是针对三因素被试间的数据处理，仍然主要使用SPSS软件包对三因素被试间实验设计数据进行详细分析，主要分析手段仍然是方差分析（ANOVA）和Bootstrapping。在本节中主要检验了两个中介模型。

第三节，有三阶交互效应的三因素被试间实验设计。与第二节相比，数据处理的方法基本上没有太大差异，但在结果解读上存在较大差异，在本节会涉及复杂的三阶交互效应、二级简单效应、简单交互效应等之前从未见识过的数据分析结果解读，而且在受调节的中介模型上，由于中介变量选择的不同而出现三个新的模型。

# 第一节　研究背景、变量及实验设计

在本章中，我们仍然依托旅游地广告中的可行性诉求和合意性诉求的效果差异这个具体案例，基于是否存在三阶交互效应，我们主要选取两组自变量组合：第一组自变量组合包括广告诉求、调节定向和计划出行时间，第二组自变量组合包括广告诉求、调节定向和内省检验。研究问题决定了自变量的选择和模型的设置，因而两组自变量组合对应了不同的研究问题。第一组自变量，研究问题实际上与第四章中的两因素被试间设计没有太大差别：在不同条件下,这两类广告诉求对受众的吸引力(广告自身吸引力)的影响,即广告诉求与调节定向的匹配以及广告诉求与计划出行时间的匹配对广告吸引力的影响差异。而第二组自变量组合则更进一步,除了检验两类广告诉求在不同条件下对受众的吸引力的影响之外,还要通过实验操纵检验这种效应的边界条件,即在受众充分内省的情况下,广告诉求与调节定向的匹配效应是否仍然存在。

在本案例中,两组自变量组合都包括了两个相同的自变量——广告诉求和调节定向,而且与两因素被试间实验设计中的变量重合,这样做可以节省读者的认知资源,不必适应新的变量,只需要专注实验设计即可。接下来的部分将首先详细分析新加入的各类变量,然后分析调节效应以及中介效应和中介模型,最后讲述实验设计。

## 一、各类新变量

本章的两个实验设计中,分别加入了新的变量。在此需要对这些变量进行理论和构念层面的解读,并且在操作化层面上分析如何操纵或者测量该变量。

### (一)两个调节变量

在第四章,已经引入一个新的调节变量,即调节定向,从测量和操纵角度对该变量进行了详细的阐述。在本章中,两个实验设计都会包含该变量,但仅仅使用操纵的方式。另外引入的两个变量分别是计划出行时间和内省检验。

1.第一个调节变量是计划出行时间。在构念水平理论中,时间、空间、社会关系和或然性是四类典型的心理距离。时间维度在构念水平理论中是很重要的一个心理距离的维度,同时也是旅游计划(何时出行)中需要考虑的一个重要因素,因而在本案例中,我们选择时间距离作为第一个调节变量,其他三类心理距离变量,读者可以自行考虑。

对于计划出行时间,根据构念水平理论(Trope et al.,2000,2003),时间距离就足以引发被试心理距离的改变,进而影响被试构念信息的水平。较远的时间距离产生高构念水平,引发被试以较抽象的方式加工信息,使得受众在对信息进行相关判断时(如是否有吸引力),会增加高构念水平信息的权重,减小低构念水平信息的权重。而较近的时间距离则产生低构念水平,引发被试以较具体的方式加工信息,使得受众在对信息进行相关判断时,会增加低构念水平信息的权重,减小高构念水平信息的权重。有关较远将来发生的事情,相对于较近发生的事情,更容易受到目标状态的合意性影响,而较少受到达到目标状态所需要的可行性的影响,相应地,高构念水平的信息价值会因为时间距离较远而提升,而低构念水平的信息价值会因为时间距离较近而提升。而两类各个诉求的构念水平恰好存在显著的不同,合意性诉求通常被认为包含目的信息(即关于"为什么"),属于高构念水平,相反,可行性诉求通常被认为包含手段的信息(即关于"怎么做"),属于低构念水平。如果广告诉求与计划出行时间相结合,则可能出现匹配效应。

我们推测,不同诉求策略的广告吸引力取决于计划出行时间,在较近计划出行时间(例如,明天出游)条件下,可行性诉求广告(低构念水平)会被认为更具有吸引力;而在较远计划出行时间(例如,半年后出游)条件下,合意性诉求广告(高构念水平)会被认为更具有吸引力。为什么会出现这样的状况?推测起来,其中介机制应该与第四章中调节定向与构念水平相匹配的机制相似,即两者匹配使被试产生了加工流畅性的感知,加工流畅的感知再进一步影响了被试对广告诉求本身吸引力的判断。

在实验中,操纵计划出行时间非常简单,只需要在指导语中指示被试:"想象一下,明天开始(半年后),你将有一个较长的假期"。指导被试思考计划出行时间,这样产生的自变量应该属于指导语自变量,当然,从另外一个角度来看,把广告刺激放在不同的时间背景中(明天出行还是半年后出行),这样产生的自变量又似乎属于环境特点自变量(王霏,2020)。实际上,对于一般的研究者,基本上没有必要追究某个自变量到底属于哪个类型,只需要按照理论和实践价值选择合适的自变量即可。但对自变量类型的分析总结并非毫无价值,通过这类分析,归纳总结已有研究中所涉及的自变量类型,可以发现其他类型的潜在自变量,从而衍生出新的研究。

2.第二个调节变量即内省检验。首先要从广告诉求与调节定向或者计划出行时间的匹配效应讲起。两者的匹配导致被试对广告产生了加工流畅性感知,而加工流畅性则进一步增强了广告吸引力。加工流畅性的中介机制已经在第四章分析过了,而且在第四章验证该中介机制的方式是通过测量的方式获得被试对加工流畅性的判断,通过回归分析获得广告诉求、调节定向和加工流畅性与广告吸引力之间的关系。严格来讲,中介变量和因变量都是通过测量获得的,很难确定两者的因果关系。相同的测量方式可能导致同方法偏差(common method bias)(Podsakoff et al.,2003),例如,中介变量和因变量都是通过纸笔测验获得,甚至使用了同样的李克特 7 点量表,单纯的方法同质性就可以造成两者存在极高的相关性,更不用说测量条目很可能测量了同一个潜在变量,也许两个抽象构念(加工流畅性和广告吸引力)事实上有没有关系,条件过程模型中的显著结果可能只是伪中介效应。斯宾塞等人(Spencer,et al.,2005)主张,当某个心理过程(中介机制)容易操纵而难以测量时,使用调节分析,即通过操纵的方法改变该心理过程,会更有利于检测其潜在的机制。并且,如果能采用一系列实验,既包括操纵、又包括测量某心理过程的实验,对于推断变量间的因果链条会更稳健(robust)。在本案例中,推测的中介机制是加工流畅性,该变量可以方便地测量,但同时如果能够以操纵的方式设计实验,则对加工流畅性到广告吸引力之间的因果关系有更坚实的支持,操纵的方式即内省检验。

　　加工流畅性是一种主观感觉,反映了对所加工信息感知到的容易程度(Alter,et al.,2009),根据说服的精细加工可能性模型(elaboration likelihood model,ELM)理论(Pham,et al.,2004),其说服路径应该属于边缘路径,或者情感路径,更多受到直觉的影响。当被试面临时间有限或者其他任务较重时,更可能使用边缘路径,因此,加工流畅性更有可能影响广告吸引力。然而,当受众用心检视这一主观感觉与随后广告吸引力判断之间的关系时,更可能使用中枢路径,因此导致加工流畅性效应的消失。相应地,我们可以从增强和削弱情感路径这两个视角来论证第二个调节变量。要增强情感路径,我们可以增加被试看过广告图片后认知负荷(cognitive load),使之无法对自己的感觉进行内省检验(introspection),只能利用启发式做出判断。此时,我们可以推测,在认知负荷较高的情况下,加工流畅性更能增加广告的吸引力。这是一种加入调节变量,使得中介效应增强作为验证某变量中介了自变量与因变量的关系的方式,席安等(Cian et al.,2020)的研究5即采用该方式。相反,要削弱情感路径,我们可以对被试进行批判警告,要求被试进行内省检验,此时被试可能更多使用中枢路径做出判断。我们可以推测,当被试进行内省检验时,加工流畅性对广告吸引力的影响消失。加入调节变量,使得中介效应消失,从而验证的确是该变量中介了自变量与因变量的关系(而不是其他变量的中介效应),是一种更常用的后续实验设计的方式。

　　在本案例中,我们即采用第二种方式,加入第二个调节变量——内省检验。参照佩恩等(Payne et al.,2005)的方式,内省检验组在看过广告之后、评价广告吸引力之前,需要阅读一段批判性的指导语,例如:"需要注意的是,我们阅读文字的时候,有时候往往并非文字内容本身,而是文字读起来是否顺畅和舒适的感觉影响了我们对文字吸引力的判断。请尽量不要受到这种直觉影响。"对于对照组,不加任何指导语,直接进入广告吸引力判断任务上。当然,这样的设置也可能存在问题,这种做法可能招致"引发构念效度风险"的批评,即内省检验的两个水平设置"不对等",一个水平要求被试阅读一段批判性指导语,而另外一个水平没有要求被试做任何事情,也许并非由于这段批判性指导语的内容(研究者希望操纵的变量)导致两者之间的差异,而是由于阅读文字之后产生的"缓冲"导致被试对广告诉求评价产生差异。要排除这个可能性,最好的做法是两组同时接受阅读量相似的指导语,一组被试接受批判性指导语,另外一组被试接受类似指导语,但并不引发被试对自己感受的内省检验,甚至促进被试相信自己的直觉,例如,对照组可以接受指导语:"需要注意的是,我们阅读文字的时候,有时候往往不仅文字内容本身,文字给我们是否顺畅和舒适的感觉也是重要的阅读体验。在阅读的时候,每一种体验都是非常有价值的。"上述两段指导语的字数完全相同,涉及的内容也比较相似,只是内省检验组提醒被试不要被主观感受影响,而对照组则促进被试关注自己的内心体验。

(二)因变量

在本案例中,需要研究的问题是,可行性诉求和合意性诉求等两类广告诉求的效果差异。在本书大部分案例中,广告诉求的"效果"均被操作化为广告自身的吸引力,在本章中,为了表现复杂的双调节变量的中介分析(见图5.4),因变量除了广告吸引力之外,还将引入旅游地吸引力。旅游地吸引力也能够反映广告诉求的效果,甚至比广告吸引力本身更重要——因为广告的目的在于增加广告产品的吸引力,至于自身吸引力如何并不十分重要。同时,众多研究表明,受众对广告的态度影响了其对广告中的产品态度,因此,广告吸引力很可能作为旅游地吸引力的预测变量,即在特定的模型下,广告吸引力属于中介变量——尽管本书中的大部分案例,广告吸引力都是作为因变量形式存在的。

对于旅游地吸引力的测量相对简单,与广告吸引力的测量相似,我们用三个条目来测量,具体内容见表5.1。

表 5.1　旅游地吸引力测量

题目:对于这个旅游城市,总体上您的感觉是

| | 1 | 2 | 3 | 4 | 5 | 6 | 7 | |
|---|---|---|---|---|---|---|---|---|
| 不吸引人的 | ○ | ○ | ○ | ○ | ○ | ○ | ○ | 吸引人的 |
| 不感兴趣 | ○ | ○ | ○ | ○ | ○ | ○ | ○ | 感兴趣 |
| 不期待 | ○ | ○ | ○ | ○ | ○ | ○ | ○ | 期待 |

## 二、交互效应与简单效应

在多因素实验设计中,因变量往往是多个自变量共同作用下的结果,某个自变量对因变量单独的、全部的影响被称为主效应。三因素被试间实验设计的主效应没有什么特别,与两因素被试间实验设计中的主效应解释一样。另外,如果在实验中明确提出某个自变量属于调节变量,那么该变量对因变量的效果通常不再做假设。在本案例中,各个诉求属于核心自变量,而另外的自变量——无论是调节定向、计划出行时间,还是内省检验,都属于调节变量,因此只是对广告诉求的主效应做出假设和检验。与两因素被试间实验设计一样,在此,根据理论推导,我们假定广告诉求的主效应不存在。并且,如果一个实验中,多个自变量共同影响因变量,一个自变量对因变量的影响往往受到另外一个或者多个自变量的调节,出现了交互效应,那么任何一个自变量的主效应将不再重要,对于交互效应以及简单效应的解读则变得更加重要。

(一)交互效应与简单交互效应(simple interaction effect)

三因素被试间实验设计的交互效应相当复杂。在两因素被试间实验设计中,由于变量只有两个,只需要考察某个自变量与另外一个自变量如何共同影响因变量的,此即交互效应,由于在该交互效应中只涉及两个自变量,因此又称为二阶交互效应。而三因素被试间实验设计,交互效应更进一步,考察某个自变量在另外两个自变量不同水平组合条件下如何影响因变量的,从中发现影响因变量的多个自变量的最优或者最劣水平组合,由于包含三个变量,因此又称为三阶交互效应。理论上,两因素被试间实验设计,通常只包含一个两阶交互效应,而三因素被试间实验设计,通常要包含三个两阶交互效应,还会包含一个三阶交互效应。当然,在一项研究中,三个两阶交互效应未必都要同时存在,根据理论推导,可以存在三个、两个、一个二阶交互效应,甚至可以都不存在。但是,至少在理论上,三阶交互效应必须存在。存在三阶交互效应,这

样的三因素被试间实验设计才有意义。如果在理论上推导三阶交互效应根本不存在，而且两个调节变量之间也不存在二阶交互效应，那么设计三因素的实验就失去了意义。即使研究目的是验证中介机制——的确存在两种不包含三阶交互效应的中介模型①（见图 5.1 和图 5.2）——这样的设计也是非常奇怪的。因为这样的所谓三因素被试间实验设计，变量之间的关系是割裂的，两个调节变量虽然各自与自变量产生交互效应，并通过同一个中介对因变量造成影响，然而，两个调节变量之间的关系却难以纳入同一个理论框架下阐述。对于这类情况，完全可以设计成两个独立的两因素被试间实验设计：其中一个实验包括自变量与调节变量 1，另外一个实验则包括自变量与调节变量 2，然后再分别检验其中介机制。

　　对于第一组自变量，2（广告诉求：合意性诉求 vs.可行性诉求）×2（调节定向：促进定向 vs.防御定向）× 2（计划出行时间：明天 vs.半年后），从理论上可以推导出存在两个二阶交互效应，即计划出行时间与被试的调节定向分别调节了广告诉求对广告吸引力的影响，而且都是通过加工流畅性这个中介变量。但这两个调节变量的关系是分离的，没有什么理论预测这两个调节变量对因变量的影响存在二阶交互效应，也没有理论预测广告诉求与这两个调节变量同时对因变量的影响存在三阶交互效应。尽管两者共享同一个中介效应，但放在同一个实验中，仍然缺乏统一性，难以用同一个框架将三个变量有机地整合在一起。将该实验设计分成两个两因素被试间实验设计——广告诉求与计划出行时间对广告吸引力的影响，广告诉求与被试的调节定向对广告吸引力的影响——在框架和逻辑上更合理。当然，为了展示两个特定的中介模型（见图 5.1 和图 5.2），在本案例中，仍然保留该实验设计。

　　对于第二组自变量，2（广告诉求：合意性诉求 vs.可行性诉求）×2（调节定向：促进定向 vs.防御定向）× 2（内省检验：无内省 vs.有内省），在理论上，可以推导出存在三阶交互效应，三者可以统一在同一个框架下阐述：被试的调节定向与广告诉求存在匹配效应，当两者匹配时，会促进被试对广告的加工流畅性感知，当两者不匹配时，则会削弱这种流畅性感知。流畅性感知会影响广告

---

　　① 　当然，还存在双中介变量的情况，自变量与调节变量 1 交互通过中介变量 1 对因变量产生影响，自变量与调节变量 2 交互通过中介变量 2 对因变量产生影响。此时理论上自变量与两个调节变量也不存在三阶交互效应。但这样的情况下，更没有理由把两个调节变量同时放在一个实验下进行。

的吸引力,然而这种影响只有在被试利用简捷的启发式(heuristic)时才存在,当被试有意识地利用算法(algorithm)资源去思考广告诉求时,加工流畅性的影响就会消失,即出现了三阶交互效应。实际上,内省检验变量的加入,正是试图通过实验操纵和测量的方式验证中介变量的存在。

在第二组自变量中,我们期望在被试没有内省检验的条件下,广告诉求与调节定向的交互效应存在,而当被试有内省的时候,广告诉求与调节定向的交互效应就不存在。这种两个自变量的交互效应在第三个自变量不同水平上表现不同的现象被称为简单交互效应。简单交互效应在一般的研究中较少用到,但仍然有些文章使用了简单交互效应分析,尽管这些文章中大部分使用的多元回归方法(见 Argo et al.,2008;Moore et al.,2014;Yang et al.,2019)。在特定的情况下,简单交互效应能够揭示某种特定的机制,在本案例中尤其有用。

(二)简单效应与二级简单效应(second-order simple effect)

在两因素实验设计中,由于一个自变量在另外一个自变量的不同水平上对因变量的影响存在不同而称为简单效应,在三因素实验设计中,一个自变量可能在另外两个因素的不同水平组合上对因变量的影响存在差异,这种现象被称为"二级简单效应"。也有研究者把三阶交互效应中的简单效应称为"简单简单效应"(舒华,1994)。通常,在三因素被试间实验设计中,两阶交互效应下的简单效应便不再重要,重要的是三阶交互效应下的二级简单效应。

在本案例中,只有第二组自变量存在三阶交互效应,而第一组自变量并不存在三阶交互效应,也就无所谓二级简单效应,因此,仅以第二组为例,做出实验假设:当被试没有进行内省时,促进定向的被试对合意性诉求广告的吸引力评价高于对可行性诉求广告的吸引力评价,而防御定向的被试对可行性诉求广告的吸引力评价高于合意性诉求广告的吸引力评价;当被试进行内省检验时,无论是促进定向的被试还是防御定向的被试,对合意性诉求广告的吸引力评价与可行性诉求广告吸引力的评价没有差异。

## 三、受调节的中介分析(条件过程模型)

在实验研究中,很重要的一个研究方向是探索自变量影响因变量的潜在机制,即寻找中介变量。在单因素被试间实验设计中,中介模型比较单一,只存在一种情况,而在两因素被试间实验设计中,条件过程模型就陡然变得复杂,存在至少八种情况,在三因素被试间实验设计中,条件过程模式有几十种。

在本书中,我们完全不考虑调节变量对直接效应的调节以及复杂的中介变量前后调节,因此两因素被试间实验设计的条件过程模型只留下两个,而三因素被试间实验设计只包含五种情况。这五种情况又可以大体分成两种,即包含和不包含三阶交互效应的条件过程模型。

**(一)不包含三阶交互效应的条件过程模型**

本章第一组自变量所涉及的实验设计即属于不包含三阶交互效应的条件过程模型,即 2(广告诉求:合意性诉求 vs.可行性诉求)×2(调节定向:促进定向 vs.防御定向)× 2(计划出行时间:明天 vs.半年后)。同样,虽然自变量和调节变量完全相同,但由于依据理论推理和需要检验的中介机制的不同,中介变量和条件过程模型有可能包含多种,除去调节变量对直接效应有调节关系的模型之外,主要包括两种。

第一种要检验的中介变量是加工流畅性。自变量分别与调节变量 1 和调节变量 2 发生交互效应,对中介变量产生影响,中介变量最终影响了因变量。在调节过程中,两个调节变量之间并不发生关系。模型图见图 5.1,从模型图中可以看到,两种调节作用分别发生在中介效应的前半段。该模型对应了海耶斯(Hayes,2017)PROCESS 计算中的模型 9。

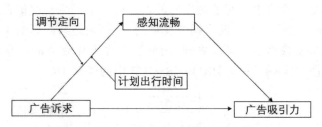

**图 5.1 分别调节前半段的条件过程模型**

理论推导大体上是:广告诉求与调节定向的交互效应共同影响了被试的加工流畅性,同样广告诉求与计划出行时间的交互效应也共同影响了被试的加工流畅性,而加工流畅性则最终影响了广告吸引力。

第二种要检验的中介变量是构念水平。自变量首先影响了中介变量,中介变量分别与调节变量 1 和调节变量 2 产生了交互效应,最终共同影响了因变量。模型图见图 5.2,从模型图中可以看到,两个调节作用分别发生在中介效应的后半段。该模型对应了海耶斯(Hayes,2017)PROCESS 计算中的模型 16。

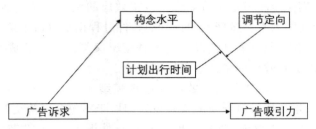

图 5.2　分别调节后半段的条件过程模型

理论推导大体上是：广告诉求影响了构念水平，而构念水平则分别与被试的调节定向以及计划出行时间产生交互效应，并最终影响了广告吸引力。

（二）包含三阶交互效应的条件过程模型

本章第二组自变量所涉及的实验设计即属于包含三阶交互效应的条件过程模型，即 2（广告诉求：合意性诉求 vs.可行性诉求）×2（调节定向：促进定向 vs.防御定向）× 2（内省检验：无内省 vs.有内省）。在上述三个自变量保持不变的情况下，依据要检验的中介机制和理论推导不同，条件过程模型就会不同，主要包括以下三种。

第一种要检验的中介变量是广告诉求的构念水平。自变量首先影响了中介变量，中介变量受到另外两个调节变量的调节，最终共同影响了因变量。模型图见图 5.3，从模型图上可以看到，调节发生在中介效应的后半段。该模型对应了海耶斯（Hayes，2017）PROCESS 计算中的模型 18。

图 5.3　调节在后半段的条件过程模型

理论推导大体上是：不同广告诉求的构念水平不同，而被试的调节定向与广告诉求存在匹配效应，这种匹配效应进一步受到被试的内省检验的影响。此时，调节定向与内省检验并不直接调节广告诉求本身，而是调节由广告诉求产生的不同的构念水平，从而导致被试对广告吸引力判断的变化。

第二种要检验的中介变量是加工流畅性。自变量与调节变量1产生交互效应,影响了中介变量,中介变量与调节变量2产生交互效应,最终影响了因变量。模型图见图5.4,从模型图中可以看到,两个调节变量分别在中介效应的前半段和后边段起作用。该模型对应了海耶斯(Hayes,2017)PROCESS计算中的模型21。

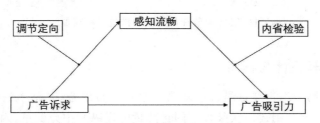

**图5.4 前半段和后半段都存在调节的中介模型**

理论推导大体上是:广告诉求与调节定向产生交互效应,共同影响了被试对广告的加工流畅性感知,而这种感知到的流畅性会进一步影响被试对广告吸引力的评价。当然,这种影响只有在被试缺乏反省、按照直觉判断的情况下才成立,当要求被试进行内省时,加工流畅性不再成为判断广告吸引力的依据,因而影响消失。这种模型实际上是实验研究中常见的模型。通常,会有一个两因素被试间实验设计,目的是通过测量的方式确立两者交互效应的中介机制,然而,更可靠的验证中介机制的方式是通过操纵的方式,因此需要再做一个三因素被试间实验设计,除了前面两因素被试间实验设计的两个自变量外,加入第三个自变量,目的是改变中介过程,通过实验操纵的方式确立因果关系。

第三种要检验的中介变量是广告吸引力。自变量与两个调节变量产生交互效应,共同影响了中介变量,中介变量最终影响了因变量。模型图见图5.5,从模型图中可以看到,两个调节变量的调节作用发生在中介效应的前半段。该模型对应了海耶斯(Hayes,2017)PROCESS计算中的模型11。

理论推导大体上是广告诉求与调节定向的交互效应,受到了内省检验的进一步调节,三阶交互效应共同影响了广告吸引力,而广告吸引力则进一步影响了旅游地(广告中的产品)吸引力。

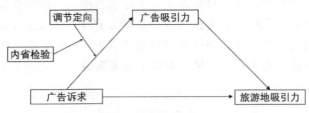

**图 5.5　调节在前半段的推进过程模型**

## 四、实验设计与程序

无论是第一组自变量组合还是第二组自变量组合,其基本的设计模式是相同的,因此统一阐述。实验程序因自变量的操纵和中介变量、因变量的测量不同而有所差异,最大的差异来自自变量的操纵以及操纵顺序,因此,在下面实验程序中,以自变量的组合为主线,分成两种自变量组合情况。同时,以中介变量测量为旁支,因而两种自变量组合下,又分成若干种具体实验。实验不同,实验程序也不同。当然,在多自变量被试间实验设计中,实验程序的安排也不是一成不变的,研究者可以根据实际情况,尤其是根据实验情境安排的内在逻辑,灵活设置三个自变量的操纵以及中介变量和因变量的测量顺序。针对每一个实验,本节只是呈现了其中一种可能的程序,读者可以自行思考其他合理的实验程序。

### (一)实验设计

在典型的三因素被试间实验设计,所有自变量通常都是由操纵获得。实际上,三因素析因设计与两因素析因设计没有什么差别。三因素析因设计包含三个被试间因素 $X$、$Y$ 和 $Z$,每个因素包含若干个水平。假设因素 $X$ 包含 $i$ 个水平,因素 $Y$ 包含 $j$ 个水平,因素 $Z$ 包含 $k$ 个水平,则该类设计所包含的实验处理为 $i \times j \times k$ 个。对于包含水平数目最少的三因素析因设计,也要有 8 个($2 \times 2 \times 2$)实验处理,一旦某个因素包含更多的水平,那么实验处理的数目将会变得更加庞大。在本书中,仅以 2(自变量 1)×2(自变量 2)×2(自变量 3)组间设计为例展示设计模式,对于包含更多水平数目的三因素析因设计,基本模式是相同的。

其基本设计模式如下:

$$R \quad T_{x_1 y_1 z_1} \quad O_1$$
$$R \quad T_{x_1 y_1 z_2} \quad O_2$$
$$R \quad T_{x_1 y_2 z_1} \quad O_3$$
$$R \quad T_{x_1 y_2 z_2} \quad O_4$$
$$R \quad T_{x_2 y_1 z_1} \quad O_5$$
$$R \quad T_{x_2 y_1 z_2} \quad O_6$$
$$R \quad T_{x_2 y_2 z_1} \quad O_7$$
$$R \quad T_{x_2 y_2 z_2} \quad O_8$$

R 为随机分配被试，T 为某具体的实验处理，角标则表明是自变量水平的组合，例如 $x_1 y_1 z_1$ 表明是自变量 X 的第一个水平、自变量 Y 的第一个水平和自变量 Z 的第一个水平相结合产生的处理，O 为因变量观察，角标数字表明组别。

在本案例中，我们选取了两组自变量，同时选取三个中介变量，经过组合，分别构成五个不同的实验。在两组自变量的组合中，无论哪种组合，三个自变量中的两个（广告诉求和调节定向）与前面两因素被试间实验设计的两个自变量都是重合的。因此，在随后的程序中，这两个自变量的操纵可以完全复制两因素被试间实验设计中使用的手段。当然，在实际研究中，即使两个完全相同的自变量，其操纵顺序和操纵手段也可能不同。尤其是，当同一个研究中包含多个实验，每个实验中都操纵了同一个自变量，最好的做法是使用不同的操纵手段，避免由于特定的操纵手段带来构念效度方面的风险。例如，对于调节定向的操纵，我们既可以使用短文启动，也可以使用单词分类任务，还可以使用老鼠走迷宫的任务，具体的自变量操纵手段，请参见本章第一节第一部分。

（二）无三阶交互的三因素被试间设计的实验程序

第一组自变量，2（广告诉求：合意性诉求 vs.可行性诉求）×2（调节定向：促进定向 vs.防御定向）× 2（计划出行时间：明天 vs.半年后）三因素被试间实验设计，这组设计只有两个二阶交互效应，不存在三阶交互效应。在这一组自变量中，因变量相同，但中介变量不同，因而要检验的条件过程（受调节的中介机制）不同。需要分成两个实验，这两个实验完全可以使用同样的实验程序，即下面看到的第一种情况下的实验程序（两者只是中介变量测量的那一步不同），但为了表现自变量操纵与顺序可以根据研究情境灵活安排，在这里也给出了另外一种可能的实验程序。

1.要检验的潜在机制是广告诉求与计划出行时间、广告诉求与调节定向的交互效应,通过加工流畅性进而影响广告吸引力的条件过程模型(见图5.1)。具体实验程序如下:

第一步,操纵被试的调节定向。将被试随机分为两组,通过指导语对其中一组被试启动促进定向,对另外一组被试则启动防御定向,分别称为促进定向组和防御定向组。具体指导语及任务见第四章第一节的调节变量部分。

第二步,操纵被试的计划出行时间,通过指导语完成。首先把防御定向组再分别随机分配为两组,其中一组为近时间距离组,可以要求被试想象:"想象一下,明天开始,你将有一个较长的假期",另外一组为远时间距离组,可以要求被试想象:"想象一下,半年后,你将有一个较长的假期",对于促进定向组的被试也是如此操纵,这样就获得四组被试:防御定向+近时间距离组,防御定向+远时间距离组,促进定向+近时间距离组以及促进定向+远时间距离组。

第三步,操纵第三个自变量广告诉求。将上述四组被试再进一步分配,每组被试再随机分配到不同的广告诉求组中,这样就形成了八个实验处理组:(1)防御定向+近时间距离+可行性诉求组;(2)防御定向+近时间距离+合意性诉求组;(3)防御定向+远时间距离+可行性诉求组;(4)防御定向+远时间距离+合意性诉求组;(5)促进定向+近时间距离+可行性诉求组;(6)促进定向+近时间距离+合意性诉求组;(7)促进定向+远时间距离+可行性诉求组;(8)促进定向+远时间距离+合意性诉求组。给出的指导语可以与第二步的自变量操纵相结合,在计划出行时间指导语后面直接加上新的指导语,如"此时你看到了一则旅游广告",然后再向被试呈现不同诉求的广告。

第四步,中介变量的测量。此处需要测量的中介变量是加工流畅性,具体测量手段见第四章第一节第二部分(表4.4)。

第五步,测量因变量广告吸引力,具体测量方法见第二章第一节第三部分(表2.2)。另外,在本案例中,被试的调节定向设有操纵检验,而对于另外两个自变量的操纵,广告诉求和内省检验则没有设置操纵检验。当然,如果对这两个变量操纵是否有效存在合理怀疑,也可以设置操纵检验。

最后一步,同前。

2.要检验的潜在机制是广告诉求影响广告信息的构念水平,而广告信息的构念水平分别与被试的调节定向和计划出行时间产生交互效应,进而影响了被试对广告吸引力的评价这样一个条件过程模型(见图5.2)。

该潜在机制检验的实验程序完全可以使用第一种情况下的实验程序,只是在第一种情况下的第三步之后测量广告构念水平。此处,我们给出另外一种可能的程序,具体如下:

第一步,操纵被试的调节定向,程序与操控检验与第一种情况下的实验程序完全相同。此时被试被随机分为两组,防御定向组和促进定向组。

第二步,操纵广告诉求。防御定向组被试再次被随机分配到两组中,其中一组观看可行性广告诉求,另外一组观看合意性广告诉求,对于促进定向组的被试也是如此操作。此时形成四组处理组:防御定向+可行性广告组,防御定向+合意性广告组,促进定向+可行性广告组以及促进定向+合意性广告组。

第三步,中介变量的测量,给每组被试呈现不同的广告诉求之后,就可以要求被试评价所看到的广告的构念水平了,具体测量手段见第四章第一节第二部分(表4.3)。

第四步,操纵第三个自变量,计划出行时间。在呈现广告诉求然后测量其构念水平之后,对于上述四组中每一组被试再进一步随机划分为两组,其中一组呈现指导语:"假设你明天开始,将有一个较长的假期",另外一组则呈现指导语"假设你半年后,将有一个较长的假期"。

第五步,测量因变量广告吸引力。接续第四步中的指导语:"那么,你对刚才看过的广告的看法是……"对于广告吸引力的测量条目可以参见第二章第一节第三部分(表2.2)。

最后一步,同前。

**(三)第二组自变量(有三阶交互的三因素被试间设计)的实验程序**

第二组自变量,2(广告诉求:合意性诉求 vs.可行性诉求)×2(调节定向:促进定向 vs.防御定向)×2(内省检验:无内省 vs.有内省)三因素被试间实验设计。这组设计包含一个三阶交互效应,至于三个二阶交互效应则不再重要。在这一组自变量中,中介变量和因变量都可能有所不同,主要取决于要检验的条件过程模型(受调节的中介机制)。实验设计主要分成三种情况,下面分别阐述。

1.要检验的潜在机制是广告诉求影响广告信息的构念水平,而广告信息的构念水平又与调节定向和内省检验等两个因素产生三阶交互效应,进而影响了被试对广告吸引力的评价这样一个条件过程(见图5.3)。这个实验的因变量是广告吸引力,需要检验的潜在中介变量分别是构念水平。具体实验程序如下:

第一步,首先随机分配被试到两组中,然后通过指导语对其中一组被试启动促进定向,对另外一组被试则启动防御定向。

第二步,启动任务完成后,促进定向组的被试再次被随机分配到两组中,其中一组观看合意性诉求广告,另外一组观看可行性诉求广告,对于防御定向组的被试也是如此操作。这样,最终包含四个被试组:被试的促进定向与广告的可行性诉求组,被试的促进定向与广告的合意性诉求组,被试的防御定向与广告的可行性诉求组,以及被试的防御定向与广告的合意性诉求组。

第三步,第二个自变量操纵完毕后,需要测量中介变量,广告构念水平,具体测量见第四章第一节第二部分(表4.3)。当然,中介变量的测量实际上可以放在因变量测量之后再进行,主要考虑两点:第一点,中介变量测量是否受到实验程序设置的干扰?在本案例中,如果最后再测量广告诉求的构念水平,则属于回忆性质的测量,第三个自变量内省检验,很可能会干扰中介变量的测量;另外,还要考虑中介变量的测量是否干扰了因变量的测量,如果干扰了因变量测量,就需要放在因变量测量之后,在本案例中,中介变量的测量条目与因变量的测量条目差距巨大,应该不会干扰因变量的测量。因此,中介变量的测量不必放在因变量测量之后。

第四步,在前两步中,已经操纵了两个自变量,第四步主要是操纵第三个自变量:内省检验。将上述四组的每一组被试再次随机分为两组,其中一组接受批判性指导语,另外一组接受非批判性指导语(具体见本章第一节第三部分)。这样就形成了八个实验处理组:(1)促进定向+可行性诉求+非批判性指导语组;(2)促进定向+可行性诉求+批判性指导语组;(3)促进定向+合意性诉求组+非批判性指导组;(4)促进定向+合意性诉求组+批判性指导组;(5)防御定向+可行性诉求+非批判性指导语组;(6)防御定向+可行性诉求+批判性指导语组;(7)防御定向+合意性诉求+非批判性指导语组;(8)防御定向+合意性诉求+批判性指导语组。此时,三个自变量的操纵都完成了。

第五步,测量因变量,广告吸引力,具体测量方法见第二章第一节第三部分(表2.2)。

最后一步,同前。

2.要检验的潜在机制是广告诉求与调节定向交互影响了加工流畅性,而加工流畅性又与内省检验产生了交互效应,进而影响了广告吸引力这样一个条件过程(见图5.4)。这个实验的因变量是广告吸引力,需要检验的潜在中介变量是加工流畅性。实验程序实际上与第一种情况差不多,具体如下:

第一步与第二步,分别与第一种情况下的第一步和第二步相同。

第三步,需要测量中介变量。此处的中介变量是加工流畅性,具体测量条目见第四章第一节第二部分(表 4.4)内容。

第四步及第五步,分别与第一种情况下的第四步和第五步相同。

最后一步,同前。

3.要检验的潜在机制是广告诉求、调节定向与内省检验三者交互影响了广告吸引力,而广告吸引力进一步影响了旅游地吸引力这样一个条件过程(见图 5.5)。因变量是旅游地吸引力,需要检验的潜在中介变量是广告吸引力。具体实验程序如下:

第一步与第二步,分别与第一种情况下的第一步和第二步相同。

第三步,需要操纵第三个自变量,与第一种情况下的第四步相同。

第四步,需要测量中介变量,即广告吸引力,具体测量方法见第二章第一节第三部分(表 2.2)。同样道理,中介变量的测量可以放在因变量测量的后面。在本案例中,广告吸引力的测量的确可以放在旅游地吸引力的测量后面,而且最好放在旅游地吸引力测量的后面,因为这两个构念的测量在表面上有些相似,中介变量的测量很可能影响了后面因变量的测量,导致出现虚假的因果关系,即自变量本来对因变量没有影响,自变量只是对中介变量有影响,而且中介变量与因变量之间的测量相似,导致自变量与因变量之间出现虚假的关系。

第五步,需要测量因变量,在本案例中,因变量是旅游地吸引力。按照本章第一节第一部分(表 5.1)测量即可。

最后一步,同前。

## 四、样本量确定

在实验前,需要确定每组被试的数量,我们仍然以 G＊power 软件作为计算被试数量的手段,同样,我们只根据方差分析需要的样本量进行计算,不会涉及中介分析需要的样本量计算。对于上述两种情况,虽然要检验的理论和所做的假设不同,甚至要操纵的自变量和测量的因变量都有所不同,但由于自变量的水平都是一样的,在 G＊power 软件中需要输入的参数很可能是相同的,因此在样本量确定方面就不再细分为两种情况。

与两因素被试间实验设计一样,三因素被试间实验设计使用的检验手段"Test family"、具体的统计检验"Statistical tests"以及需要做的计算类型"Type of power analysis"都是一样所不同的是,在"Input Parameters"下面的一些参数输入可能发生变化。首先,"Effect size f"数值不同,该数值取决于前人类似研究的结果,与研究的自变量和因变量的选择都有一定关系,因此不同自变量和因变量设置,需要参考的文献不同,该数值就可能不同。在以往单因素被试间实验设计和两因素被试间实验设计中,此处基本上保留软件默认的效应值,在三因素被试间实验设计中,我们在此尝试使用一个新的数值,具体见后文。

对于"α err prob"和"Power (1−β err prob)",其数值设置与两因素被试间实验设计一样。对于"Numerator df",即分子自由度,同样考虑自由度最大的情况,在本案例中,三个自变量都是两水平,所以每个自变量的自由度都是1(即2−1),可能出现的二阶交互效应的自由度也是1[即(2−1)×(2−1)],可能出现的三阶交互效应的自由度也是1[即(2−1)×(2−1)×(2−1)],因此这里填写"1"即可。对于"Number of groups",即总共有多少组,填入"8"。点击"Calculate"可以获得总的样本量。在"Effect size f"保持默认值的情况下,效应值为"0.25",即中等强度,则总的样本量为"128",平均每组16人。如果我们采用更微弱一点的 $\eta_p^2$ 值,"0.03",计算后的效应值为"0.1758631",输入"Effect size f"中,则获得总的样本量为"256",共8组,平均每组32人。在随后的数据处理中,我们即假定每组的样本量为32人。

# 第二节　无三阶交互效应的实验设计的数据分析[①]

三因素被试间
设计无三阶交互

三因素被试间实验设计的数据输入与两因素被试间实验设计的数据输入并没有什么本质的差异,只是需要增加一列新的自变量而已。本案例不包含三阶交互效应,因此对于该实验设计的方差分析、交互效应及简单效应分析,与两因素被试间实验涉及没有本质差异,只是在特定的步骤上需要增加一些操作即可。三因素被试间设计中,条件过程模型的结果输出也变得比较复杂,因此,本节的重点放在结果输出的分析上。另外,如果读者对使用多元回归模型进行检验感兴趣,也可以使用PROCESS宏命令进行调节分析,本案例对应的模型编号是模型2,在第四章中已经讲述了操作过程和结果分析,此处不再赘述。

----

① 本处所用的数据参见"5.1 第五章 三因素被试间设计无三阶交互",请扫描二维码获取。

## 一、方差分析(ANOVA)

在本案例中,2(广告诉求:合意性诉求 vs.可行性诉求)×2(调节定向:促进定向 vs.防御定向)× 2(计划出行时间:明天 vs.半年后)三因素被试间实验设计。本研究要检验的假设是:广告诉求与调节定向、广告诉求与计划出行时间存在匹配效应,分别影响了广告吸引力,具体而言,当可行性诉求与防御定向匹配、合意性诉求与促进定向匹配以及可行性诉求与明天出行匹配、合意性诉求与半年后出行匹配时,被试对广告的吸引力评价更高。在研究假设中,自变量"广告诉求"与第一个调节变量"调节定向"存在二阶交互效应,自变量"广告诉求"与第二个调节变量"计划出行时间"存在二阶交互效应,但两个调节变量之间并不存在交互效应,自变量与两个调节变量也不存在三阶交互效应。

### (一)方差分析步骤

三因素被试间实验设计与两因素被试间设计的方差分析步骤基本上相同,只是在某些特别的地方需要注意。首先打开需要检验的数据,在数据视图下,点击第一行第六个按钮"分析(A)",然后在下拉菜单中将鼠标移到第六行"一般线性模型(G)",就会出现级联菜单,再将鼠标移到级联菜单的第一行"单变量(U)",点击会出现图 5.6 弹窗。在该弹窗下:

图 5.6　单(因)变量方差分析窗口

第一步,输入自变量。其过程与第四章中典型的两因素 2×2 被试间实验设计没有差异,可以一次选中一个自变量,然后点击中间第二个箭头,该自变量就会被输入右侧第二个"固定因子（F）"框内。重复上述过程，直到把三个自变量都输入"固定因子（F）"框内，也可以组合鼠标与"Ctrl"或"Shift"键将三个自变量一次性选中，然后点击中间第二个箭头，这三个自变量就会被同时输入右侧第二个"固定因子（F）"框内。

另外，三个自变量的输入顺序对结果的统计没有实质的影响，但在描述性统计结果（见表 5.3）呈现时则有分别。其呈现会按照如下安排：第一个自变量的水平 1 下，并且第二个自变量的水平 1 下，第三个自变量的两个水平的均值、标准差和样本量，接着第一个自变量的水平 1 下，并且第二个自变量水平 2 下，第三个自变量的两个水平的均值、标准差和样本量；接下来是第一个自变量的水平 2 下，并且第二个自变量的水平 1 下，第三个自变量的两个水平的均值、标准差和样本……因此，如果三个自变量的地位有所不同——一个为主要自变量，另外两个为调节变量，则最好先分别输入两个调节变量，然后再输入主要自变量。这样，在观察简单效应、抄写具体水平的平均值和标准差时比较方便。在本案例中，两个调节变量的地位是相同的，顺序可以随意，广告诉求最后输入。

第二步，输入因变量。与本章第一节中两因素 $2 \times 2$ 被试间实验设计没有差异。首先，在图 5.6 的左侧变量框中选中"广告吸引力［AT］"，然后点击中间第一个箭头，广告吸引力就会被输入右侧上方的"因变量（D）"框内。

第三步，生成交互效应图。点击视图 5.6 右侧第三个按键"图（T）"，就会弹出图 5.7。在本案例中只包括两个二阶交互效应，不包括三阶交互效应，因此此处只设置两个二阶交互效应图，待第三节再详细分析三阶交互效应的制图方式和结果。与两因素被试间设计中一样，此处也只绘制折线图，并且按照调节变量在水平轴，核心自变量为折线的原则进行。

首先，点击选中视图左侧的"regfo"，然后点击视图中间的第一个箭头，输入"水平轴（H）"框内，点击选中视图左侧的"adapl"，然后点击视图中间的第二个箭头，输入"单独的线条（S）"框内，点击"添加（A）"按钮，此时两个变量的组合被输入视图中间的框内，可以看到"regfo * adapl"。按照上述步骤，将"timpl * adapl"也输入中间的框内。最后点击图 5.7 所示窗口最下面的"继续（C）"按钮，就回到图 5.6 所示窗口。

第四步。计算实验处理的均值和效应值。点击视图 5.6 中最右侧的第七行按钮"选项（O）"，在新弹窗中，直接勾选"描述统计（D）"和"效应量估算（E）"即可，然后点击视图最下的"继续（C）"。回到主视图（图 5.6）。

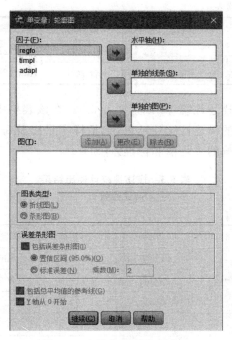

图 5.7　交互效应图绘制窗口

最后一步,做完上述动作之后,可以点击视图 5.6 最下方的"确定"按钮,即可在结果输出部分看到相应的结果。

(二)方差分析结果

主要包括三个表格和两幅图。第一个表格是关于三个自变量不同水平组的编码、命名及样本量情况,见表 5.2。

表 5.2　被试间因子信息
主体间因子

|  |  | 值标签 | 个案数 |
|---|---|---|---|
| 调节定向 | .00 | 防御定向 | 128 |
|  | 1.00 | 促进定向 | 128 |
| 出行时间 | .00 | 明天 | 128 |
|  | 1.00 | 半年后 | 128 |

续表

| | | 值标签 | 个案数 |
|---|---|---|---|
| 广告诉求 | .00 | 可行性 | 128 |
| | 1.00 | 合意性 | 128 |

第二个表格是描述性统计结果,见表 5.3。在该表格中,主要列出了八个处理组在因变量上的描述性统计结果,包括样本量以及每个自变量不同水平组合上对因变量影响的平均值和标准差(SD)。

表 5.3　描述性统计输出结果

描述性统计

因变量:广告吸引力

| 调节定向 | 出行时间 | 广告诉求 | 平均值 | 标准偏差 | 个案数 |
|---|---|---|---|---|---|
| 防御定向 | 明天 | 可行性 | 4.665 6 | .666 45 | 32 |
| | | 合意性 | 3.718 8 | .700 66 | 32 |
| | | 总计 | 4.192 2 | .829 35 | 64 |
| | 半年后 | 可行性 | 4.046 9 | .728 00 | 32 |
| | | 合意性 | 4.242 2 | 1.131 45 | 32 |
| | | 总计 | 4.144 5 | .948 90 | 64 |
| | 总计 | 可行性 | 4.356 2 | .759 33 | 64 |
| | | 合意性 | 3.980 5 | .970 09 | 64 |
| | | 总计 | 4.168 4 | .887 94 | 128 |
| 促进定向 | 明天 | 可行性 | 4.273 4 | .978 31 | 32 |
| | | 合意性 | 4.148 4 | .895 46 | 32 |
| | | 总计 | 4.210 9 | .932 46 | 64 |
| | 半年后 | 可行性 | 3.656 3 | .671 27 | 32 |
| | | 合意性 | 4.507 8 | .845 97 | 32 |
| | | 总计 | 4.082 0 | .870 66 | 64 |
| | 总计 | 可行性 | 3.964 8 | .888 49 | 64 |
| | | 合意性 | 4.328 1 | .882 90 | 64 |
| | | 总计 | 4.146 5 | .900 86 | 128 |

续表

| 调节定向 | 出行时间 | 广告诉求 | 平均值 | 标准偏差 | 个案数 |
|---|---|---|---|---|---|
| 总计 | 明天 | 可行性 | 4.469 5 | .853 56 | 64 |
| | | 合意性 | 3.933 6 | .826 45 | 64 |
| | | 总计 | 4.201 6 | .878 98 | 128 |
| | 半年后 | 可行性 | 3.851 6 | .721 99 | 64 |
| | | 合意性 | 4.375 0 | 1.000 00 | 64 |
| | | 总计 | 4.113 3 | .907 57 | 128 |
| | 总计 | 可行性 | 4.160 5 | .846 30 | 128 |
| | | 合意性 | 4.154 3 | .940 20 | 128 |
| | | 总计 | 4.157 4 | .892 73 | 256 |

　　第三个表格是方差分析的主要结果,见表5.4。在这个表格中,主要需要看三个自变量、三个二阶交互效应、单个三阶交互效应以及误差项那几行的数据,因为在实际报告中,需要这几方面的信息。由于本案例中,不存在三阶交互效应,因此,最重要的是看要检验的假设对应的二阶交互项。

表 5.4　三因素方差分析结果
主体间效应检验

因变量:广告吸引力

| 源 | Ⅲ类平方和 | 自由度 | 均方 | F | 显著性 | 偏 Eta 平方 |
|---|---|---|---|---|---|---|
| 修正模型 | 27.443[a] | 7 | 3.920 | 5.531 | .000 | .135 |
| 截距 | 4 424.744 | 1 | 4 424.744 | 6 242.506 | .000 | .962 |
| regfo | .031 | 1 | .031 | .043 | .836 | .000 |
| timpl | .499 | 1 | .499 | .704 | .402 | .003 |
| adapl | .002 | 1 | .002 | .004 | .953 | .000 |
| regfo * timpl | .106 | 1 | .106 | .149 | .700 | .001 |
| regfo * adapl | 8.739 | 1 | 8.739 | 12.330 | .001 | .047 |
| timpl * adapl | 17.956 | 1 | 17.956 | 25.333 | .000 | .093 |
| regfo * timpl * adapl | .110 | 1 | .110 | .155 | .694 | .001 |

续表

| 源 | Ⅲ类平方和 | 自由度 | 均方 | F | 显著性 | 偏 Eta 平方 |
|---|---|---|---|---|---|---|
| 误差 | 175.785 | 248 | .709 | | | |
| 总计 | 4 627.972 | 256 | | | | |
| 修正后总计 | 203.228 | 255 | | | | |

a.R 方 =.135(调整后 R 方 =.111)

首先看三阶交互效应,在本案例中,实验假设认为不存在三阶交互效应,只存在两个二阶交互效应,从表 5.4 第九行可以看到,两个调节变量"调节定向(regfo)"、"计划出行时间(timpl)"和核心自变量"广告诉求"(adapl)三个因素的三阶交互效应不显著,$F(1,248)=0.16$,$p=.694$,$\eta_p^2=0.001$;从第三行、四行和第五行分别是调节变量"调节定向(regfo)"、"计划出行时间(timpl)"和核心自变量"广告诉求"(adapl)的主效应,可以发现,三者主效应都不显著,对于调节定向,$F(1,248)=0.04$,$p=.836$,$\eta_p^2<0.001$;对于计划出行时间,$F(1,248)=0.70$,$p=.402$,$\eta_p^2=0.003$;对于广告诉求,$F(1,248)=0.004$,$p=.953$,$\eta_p^2<0.001$。第六行,"regfo * timpl"为"计划出行时间"与"调节定向"两个自变量的二阶交互效应,从结果看,两者交互效应并不显著,$F(1,248)=0.15$,$p=.700$,$\eta_p^2=0.001$;第七行,"regfo * adapl"为"调节定向"与"广告诉求"两个自变量的二阶交互效应,从结果看,两者交互效应显著,$F(1,248)=12.33$,$p=.001$,$\eta_p^2=0.047$;第八行,"timpl * adapl"为"计划出行时间"与"广告诉求"两个自变量的二阶交互效应,从结果看,两者交互效应显著,$F(1,248)=25.33$,$p<.001$,$\eta_p^2=0.093$。以上结果支持了我们的实验假设。通常交互效应显著,还需要看简单效应分析,在看简单效应分析的结果之前,可以先看看方差分析输出的交互效应图。

在看简单效应分析的结果之前,可以先看看方差分析输出的交互效应图。在数据分析步骤中,选择绘图时,我们选择了两个二阶交互效应的图,因此,结果输出时有两个图,调节定向与广告诉求的二阶交互效应见图 5.8,计划出行时间与广告诉求的二阶交互效应见图 5.9(原图用不同颜色区分不同变量,在本书中做了微调,虚线对应原来的红线,实线对应原来的蓝线)。同样以调节变量为横坐标,以广告吸引力为纵坐标,核心自变量为线条,可以从图中直观地看到,无论是调节定向与广告诉求的二阶交互效应,还是计划出行时间与广告诉求的二阶交互效应都可能存在。

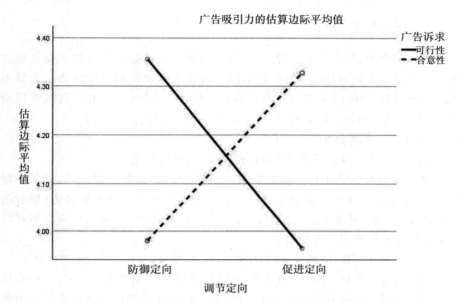

图 5.8　调节定向与广告诉求二阶交互效应图

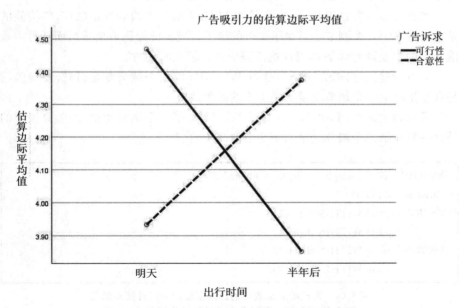

图 5.9　计划出行时间与广告诉求二阶交互效应图

## 二、简单效应分析

在本案例中,并不包括三阶交互效应,因此也就没必要进行简单交互效应和二级简单效应分析,这样的话,语法结构与两因素被试间设计的语法差异不大。在此,同样会同时呈现多元方差分析(MANOVA)的语法和一般线性模型(GLM)的语法,两者是等效的,是实际应用中,读者可以自行选择。

（一）多元方差分析方法

1.使用多元方差分析的简单效应语法编写,见图5.10。

第一行输入"MANOVA 因变量 BY 自变量(0,1)调节变量(0,1)调节变量(0,1)",首先确定调用多元方差分析"MANOVA",然后是因变量名称(即数据中的因变量名称,必须是英文或拼音),再后加入英文"BY",再后是自变量和两个调节变量的名称以及水平数。

第二行输入"/ERROR＝WITHIN",定义误差项。

第三行输入"/DESIGN＝自变量 WITHIN 第一个调节变量(1)",要检验的是自变量在第一个调节变量水平1上的简单效应;此处调节变量后面括号内数值是指调节变量的水平1,对应的编码应该是输入时的"0"。

第四行输入"/DESIGN＝自变量 WITHIN 第一个调节变量(2)",要检验的是自变量在第一个调节变量水平2上的简单效应。此处调节变量后面括号内数值是指调节变量的水平2,对应的编码应该是输入时的"1"。

第五行输入"/DESIGN＝自变量 WITHIN 第二个调节变量(1)",要检验的是自变量在第二个调节变量水平1上的简单效应。

第六行输入"/DESIGN＝自变量 WITHIN 第二个调节变量(2)",要检验的是自变量在第二个调节变量水平2上的简单效应。

```
MANOVA AT BY adapl(0,1)regfo(0,1)timpl(0,1)
/ERROR＝WITHIN
/DESIGN＝adapl WITHIN regfo(1)
        adapl WITHIN regfo(2)
/DESIGN＝adapl WITHIN timpl(1)
        adapl WITHIN timpl(2).
```

**图 5.10　无三阶交互效应的三因素被试间设计简单效应**

其他需要注意的部分已经在第四章详细讲述过了,在此不再赘述。最后就可以运行此程序,然后就可以在结果输出部分看到相应的结果。

2.多元方差分析的简单效应结果。结果输出包括三个部分。

第一个部分是本次分析的数据汇总,见图 5.11。

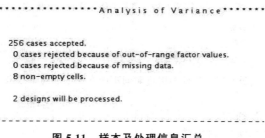

**图 5.11 样本及处理信息汇总**

从图中可以看到:(1)本次处理样本量为 256 人;(2)没有超出范围的因子数据;(3)也没有缺失值;(4)数据包含八个单元格(cells),对应的是八个实验处理;(5)要进行两项数据分析。

第二个部分,设计 1(Design 1)展示了自变量在第一个调节变量不同水平上对因变量影响差异的显著性,即自变量的简单效应,见图 5.12。

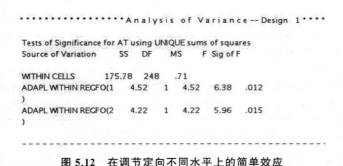

**图 5.12 在调节定向不同水平上的简单效应**

从图中可以看到,在调节定向的两个水平上,广告诉求对广告吸引力的影响都存在显著差异。结合不同组的均值信息,就可以看出在调节定向的不同水平上哪里广告诉求吸引力更高。

第三个部分,设计 2(Design 2)展示了自变量在第二个调节变量不同水平上对因变量影响差异的显著性,即自变量的简单效应,见图 5.13。

```
* * * * * * * * * * * * * * * * * Analysis of Variance -- Design 2 * * *

Tests of Significance for AT using UNIQUE sums of squares
Source of Variation      SS    DF    MS      F  Sig of F

WITHIN CELLS          175.78   248   .71
ADAPL WITHIN TIMPL(1    9.19    1   9.19   12.97   .000
)
ADAPL WITHIN TIMPL(2    8.77    1   8.77   12.37   .001
)

- - - - - - - - - - - - - - - - - - - - - - - - - - - - - - - - - - - -
```

**图 5.13　在计划出行时间不同水平上的简单效应**

从图中可以看到,在计划出行时间的两个水平上,广告诉求对广告吸引力的影响也同样都存在显著差异。

(二)一般线性模型

1.一般线性模型的语法编写。此处只涉及简单效应,只是使用"EMMEANS"和"COMPARE"命令即可满足需要。由于此处有两个简单效应,因此有两条"EMMEANS"和"COMPARE"命令,需要特别注意 TABLES 命令括号内的变量,该实验虽然是三因素设计,但由于此处检验的是简单效应,而非二级简单效应,因此括号内仅有两个变量名称,见图 5.14,可与图 5.31 中相应命令相比较。

```
GLM AT BY adapl regfo timpl
/PRINT=ETASQ
/EMMEANS=TABLES(adapl * regfo)COMPARE(adapl)ADJ(BONFERRONI)
/EMMEANS=TABLES(adapl * timpl)COMPARE(adapl)ADJ(BONFERRONI).
```

**图 5.14　一般线性模型的 EMMEANS 命令**

2.一般线性模型命令的结果输出。此处包含 8 个表格。第一个表格和第二个表格,与方差分析中的第一个表格(见表 5.2)和第三个表格(表 5.4)完全相同,在此不再展示和分析。第三到第五个表格是自变量在第一个调节变量"调节定向"不同水平上的简单效应,第六到第八个表格是自变量在第二个调节变量"计划出行时间"不同水平上的简单效应。

第三个表格是每个处理的均值、标准误差(SE)以及 95%置信区间等方面信息,见表 5.5。如果在 TABLES 括号里填入"regfo * adapl",表格中会首先以调节定向为区组,然后对比广告诉求的两个均值,结果的呈现方式更符合我们的要求。

表 5.5　四个处理的描述性信息
估算值

因变量:广告吸引力

| 广告诉求 | 调节定向 | 平均值 | 标准误差 | 95%置信区间 | |
|---|---|---|---|---|---|
| | | | | 下限 | 上限 |
| 可行性 | 防御定向 | 4.356 | .105 | 4.149 | 4.564 |
| | 促进定向 | 3.965 | .105 | 3.758 | 4.172 |
| 合意性 | 防御定向 | 3.980 | .105 | 3.773 | 4.188 |
| | 促进定向 | 4.328 | .105 | 4.121 | 4.535 |

　　第四个表格是水平之间的两两比较,见表5.6。该多重比较在变量是多水平的条件下非常有用。本案例中自变量只是两个水平,因此主要参考后面的单因素方差分析。

表 5.6　变量水平间的成对比较
成对比较

因变量:广告吸引力

| 调节定向 | (I)广告诉求 | (J)广告诉求 | 平均值差值(I−J) | 标准误差 | 显著性[b] | 差值的95% 置信区间[b] | |
|---|---|---|---|---|---|---|---|
| | | | | | | 下限 | 上限 |
| 防御定向 | 可行性 | 合意性 | .376* | .149 | .012 | .083 | .669 |
| | 合意性 | 可行性 | −.376* | .149 | .012 | −.669 | −.083 |
| 促进定向 | 可行性 | 合意性 | −.363* | .149 | .015 | −.656 | −.070 |
| | 合意性 | 可行性 | .363* | .149 | .015 | .070 | .656 |

基于估算边际平均值
*.平均值差值的显著性水平为.050。
b.多重比较调节:邦弗伦尼法。

　　第五个表格即简单效应分析,见表5.7。从中可以看到,无论在调节变量的水平1(防御定向)还是在调节变量的水平2(促进定向)上,广告诉求对广告吸引力的影响都存在显著差异。

表 5.7　简单效应分析
单变量检验

因变量:广告吸引力

| 调节定向 | | 平方和 | 自由度 | 均方 | F | 显著性 | 偏 Eta 平方 |
|---|---|---|---|---|---|---|---|
| 防御定向 | 对比 | 4.519 | 1 | 4.519 | 6.375 | .012 | .025 |
| | 误差 | 175.785 | 248 | .709 | | | |
| 促进定向 | 对比 | 4.223 | 1 | 4.223 | 5.958 | .015 | .023 |
| | 误差 | 175.785 | 248 | .709 | | | |

　　每个 F 都将检验其他所示效应的每个级别组合中广告诉求的简单效应。这些检验基于估算边际平均值之间的线性无关成对比较。

　　第六个表格是每个处理的均值、标准误差(SE)以及 95％置信区间等方面信息,见表 5.8。可以与前面的表 5.5 对照。

表 5.8　四个处理的描述性信息
估算值

因变量:广告吸引力

| 广告诉求 | 出行时间 | 平均值 | 标准误差 | 95％置信区间 | |
|---|---|---|---|---|---|
| | | | | 下限 | 上限 |
| 可行性 | 明天 | 4.470 | .105 | 4.262 | 4.677 |
| | 半年后 | 3.852 | .105 | 3.644 | 4.059 |
| 合意性 | 明天 | 3.934 | .105 | 3.726 | 4.141 |
| | 半年后 | 4.375 | .105 | 4.168 | 4.582 |

　　第七个表格是水平之间的两两比较,见表 5.9。可以与前面的表 5.6 对照。

表 5.9　变量水平间的成对比较
成对比较

因变量:广告吸引力

| 出行时间 | (I)广告诉求 | (J)广告诉求 | 平均值差值(I−J) | 标准误差 | 显著性[b] | 差值的 95％置信区间[b] | |
|---|---|---|---|---|---|---|---|
| | | | | | | 下限 | 上限 |
| 明天 | 可行性 | 合意性 | .536* | .149 | .000 | .243 | .829 |
| | 合意性 | 可行性 | −.536* | .149 | .000 | −.829 | −.243 |

续表

| 出行时间 | (I)广告诉求 | (J)广告诉求 | 平均值差值(I−J) | 标准误差 | 显著性[b] | 差值的95%置信区间[b] | |
|---|---|---|---|---|---|---|---|
| | | | | | | 下限 | 上限 |
| 半年后 | 可行性 | 合意性 | −.523* | .149 | .001 | −.817 | −.230 |
| | 合意性 | 可行性 | .523* | .149 | .001 | .230 | .817 |

基于估算边际平均值

*.平均值差值的显著性水平为.050。

b.多重比较调节:邦弗伦尼法。

第八个表格即简单效应分析,见表5.10。从中可以看到,无论在调节变量的水平1(明天)还是在调节变量的水平2(半年后)上,广告诉求对广告吸引力的影响都存在显著差异。可以与前面表5.7对照。

表 5.10 简单效应分析
单变量检验

因变量:广告吸引力

| 出行时间 | | 平方和 | 自由度 | 均方 | F | 显著性 | 偏 Eta 平方 |
|---|---|---|---|---|---|---|---|
| 明天 | 对比 | 9.191 | 1 | 9.191 | 12.967 | .000 | .050 |
| | 误差 | 175.785 | 248 | .709 | | | |
| 半年后 | 对比 | 8.768 | 1 | 8.768 | 12.369 | .001 | .048 |
| | 误差 | 175.785 | 248 | .709 | | | |

每个 F 都将检验其他所示效应的每个级别组合中广告诉求的简单效应。这些检验基于估算边际平均值之间的线性无关成对比较。

## 三、带有调节变量的中介分析(条件过程模型)

在本案例中,共包含两个受调节的中介模型,在 PROCESS 宏命令中进行 Bootstrapping 分析的过程基本相同,因此对于分析步骤统一讲述,对于结果解读,则分别展开。

### (一)Bootstrapping 分析步骤

首先打开相应的数据,然后,在数据视图下,点击第一行第六个按钮"分析(A)",然后在下拉菜单中将鼠标移到第十行"回归(R)",就会出现级联菜单,再将鼠标移到级联菜单的第五行"PROCESS v3.3 by Andrew F. Hayes",点击会出现图 5.15 弹窗。在该弹窗下:

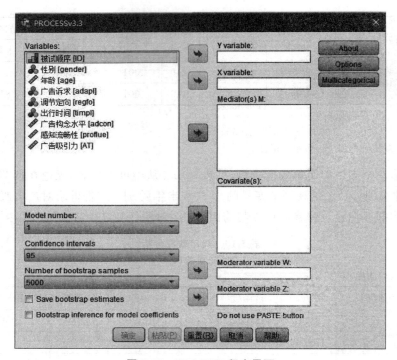

图 5.15   PROCESS 程序界面

第一步,输入自变量。点击选中左上角"Variables"框内的"广告诉求〔adapl〕",然后点击第二行箭头,输入右侧的"X variable"。

第二步,输入因变量,点击选中左上角"Variables"框内的"广告吸引力〔AT〕",然后点击第一行箭头,输入右侧的"Y variable"下面的框内。

第三步,输入中介变量。在本案例中,包括两个条件过程模型,分别对应了不同的中介变量。一种情况下要检验的中介变量是构念水平,则需要点击选中左上角"Variables"框内的"广告构念水平〔adcon〕",然后点击第三行箭头,输入右侧的"Mediator(s) M"下面的框内;另外一种情况下,要检验的中介变量是加工流畅性,则需要点击选中左上角"Variables"框内的"加工流畅性〔proflue〕",然后点击第三行箭头,输入右侧的"Mediator(s) M"下面的框内。注意,以上两种情况对应的是两个模型,需要分别输入。

第四步,输入调节变量,本案例中,包含两个调节变量,分别是"调节定向"和"计划出行时间",这两个调节变量的地位是相同的,也就是说,随意指定一个调节变量为"W",另外一个调节变量为"Z"即可。点击选中左上角"Variables"框内的"调节定向[regfo]",然后点击第五行箭头,输入右侧的"Moderator variable W"框内;点击选中左上角"Variables"框内的"计划出行时间[timpl]",然后点击第六行箭头,输入右侧的"Moderator variable Z"框内。

第五步,在把所有变量输入完毕之后,还需要选择模型,点击左侧变量框下面第一行的"Model number",会有下拉菜单展开。同样,本案例中,包括两个模型,中介变量为"加工流畅性"的模型,对应号码是"9",中介变量为"广告构念水平"的模型,对应的号码是"16"。分别选择即可。参见图5.1和图5.2。

最后一步,点击图5.15界面最下方的"确定"按钮。中介分析的步骤完成。

**(二)调节变量调节了中介过程前半段的条件过程模型**

该条件过程模型对应图5.1。在结果输出部分,第一行和第二行星号(＊)之前的部分主要是PROCESS版本和版权信息,可忽略。

第二行和第三行星号之间部分是关于在本次计算中所使用模型的基本信息,见图5.16。主要包含计算使用的模型9。因变量Y:AT,自变量X:adapl,中介变量M:proflue,调节变量W:regfo,调节变量Z:timpl,以及样本量256。

```
**********************************************
Model : 9
  Y : AT
  X : adapl
  M : proflue
  W : regfo
  Z : timpl

Sample
Size: 256

**********************************************
```

**图5.16　模型基本信息**

第三行与第四行星号之间是以中介变量"加工流畅性(proflue)"为结果变量所做的回归模型,见图5.17。

```
*****************************************************************
OUTCOME VARIABLE:
 proflue

Model Summary
     R      R-sq     MSE       F       df1      df2       p
   .4968   .2468   1.4159   16.3859   5.0000  250.0000   .0000

Model
            coeff     se       t        p      LLCI     ULCI
constant   4.7649   .1822   26.1564   .0000   4.4061   5.1236
adapl     -1.8363   .2576   -7.1279   .0000  -2.3437  -1.3289
regfo      -.3951   .2103   -1.8781   .0615   -.8093    .0192
Int_1      1.7149   .2975    5.7649   .0000   1.1291   2.3008
timpl     -1.1401   .2103   -5.4198   .0000  -1.5543   -.7258
Int_2      1.7817   .2975    5.9894   .0000   1.1958   2.3676

Product terms key:
 Int_1   :    adapl    x    regfo
 Int_2   :    adapl    x    timpl

Test(s) of highest order unconditional interaction(s):
      R2-chng      F       df1      df2       p
X*W    .1001   33.2344   1.0000  250.0000    .0000
X*Z    .1081   35.8727   1.0000  250.0000    .0000
----------
 Focal predict: adapl  (X)
     Mod var: regfo  (W)
     Mod var: timpl  (Z)

Conditional effects of the focal predictor at values of the moderator(s):

  regfo    timpl    Effect    se       t        p      LLCI     ULCI
 .0000    .0000   -1.8363   .2576   -7.1279   .0000  -2.3437  -1.3289
 .0000   1.0000    -.0546   .2576    -.2120   .8323   -.5620    .4528
1.0000    .0000    -.1214   .2576    -.4712   .6379   -.6288    .3860
1.0000   1.0000    1.6603   .2576    6.4448   .0000   1.1529   2.1677

*****************************************************************
```

**图 5.17 以中介变量为结果变量的回归模型**

从图 5.17 第一行和第二行可以看到,此处所做的回归分析,结果变量是研究确定的中介变量"加工流畅性(proflue)",从"Model Summary"可以看出,该回归模型具有显著的统计学意义,可以直接看模型中各个自变量的效应。同样,只要交互效应显著,构成交互项的自变量的主效应就不必再看。在本案例中,模型构建只有两个二阶交互项,没有三阶交互项。在下面的"Product terms key"中,指出了"Int_1"代表了广告诉求(adapl)和调节定向(regfo)之间的交互效应,"Int_2"代表了广告诉求(adapl)和计划出行时间(regfo)之间的交互效应。从"Int_1"行可以发现,该交互项对中介变量(proflue)的偏回归系数为1.71,并且,通过后面的 $t$ 检验的 $p$ 值,$t=5.76$,$p$

244

<.001，可以看到该偏回归系数是显著的；从"Int_2"行可以发现，该交互项对中介变量（proflue）的偏回归系数为1.78，并且通过后面的 $t$ 检验的 $p$ 值，$t=$ 5.99，$p<.001$，可以看到该偏回归系数也是显著的。"Tests of highest order unconditional interaction(s)"即自变量与两个调节变量分别的二阶交互效应，由于自变量与调节变量都是两个水平，因此该效应反映的结果与上述两个二阶交互效应的结果是一致的，只是上面的二阶交互效应显著性检验用的是 $t$ 检验，而这里用的是 $F$ 检验。尽管在该模型中，并没有对三阶交互效用做出假设，但此处仍然给出了二级简单效应，即"Conditional effects of the focal predictor at values of the moderator(s)"，下面四行反映了两个调节变量的四个水平组合情况下自变量广告诉求的二级简单效应。

第四行和第五行星号之间是结果的第二部分，见图5.18。这部分所呈现的是自变量和中介变量与因变量之间关系的回归检验。

```
***************************************************************
OUTCOME VARIABLE:
 AT

Model Summary
       R      R-sq    MSE      F       df1     df2        p
     .2522   .0636   .7522   8.5961  2.0000  253.0000    .0002

Model
           coeff    se      t       p      LLCI    ULCI
constant  3.4972  .1774  19.7122  .0000  3.1478  3.8466
adapl      .0084  .1085   .0770   .9387  -.2053   .2220
proflue    .1659  .0400  4.1459   .0000   .0871   .2448

***************** DIRECT AND INDIRECT EFFECTS OF X ON Y *************
```

**图 5.18　自变量、中介变量与因变量的回归分析**

从图5.18第一行可以看出，此处回归分析的后果变量是实验设定的因变量广告吸引力（AT），模型总结部分说明该回归模型在统计学上是有意义的。直接看模型中自变量与中介变量两行结果，从"adapl"行可以看出，"广告诉求"的直接效应并不显著，而"加工流畅性（proflue）"对"广告吸引力（AT）"回归系数则是显著的。

第五行和第六行星号之间是结果的第二部分，见图5.19。这部分所呈现的是自变量对因变量的直接效应和间接效应。

```
***************** DIRECT AND INDIRECT EFFECTS OF X ON Y ***********

Direct effect of X on Y
    Effect     se       t       p      LLCI    ULCI
    .0084    .1085   .0770   .9387   -.2053   .2220

Conditional indirect effects of X on Y:

INDIRECT EFFECT:
adapl    ->  proflue  ->  AT

   regfo   timpl   Effect   BootSE  BootLLCI  BootULCI
   .0000   .0000   -.3047   .0963   -.5118    -.1332
   .0000   1.0000  -.0091   .0500   -.1033     .0973
   1.0000  .0000   -.0201   .0433   -.1133     .0607
   1.0000  1.0000   .2755   .0841    .1258     .4564

   Indices of partial moderated mediation:
        Index   BootSE  BootLLCI  BootULCI
regfo   .2846   .0904   .1236     .4770
timpl   .2957   .0996   .1296     .5177
---

********************* ANALYSIS NOTES AND ERRORS *****************
```

**图 5.19　自变量对因变量的直接和间接效应**

从"Direct effect of X on Y"行可以看出,自变量"广告诉求"对因变量"广告吸引力"的直接效应,该结果与上一张图中,自变量和中介变量对因变量的回归模型结果一致。从"INDIRECT EFFECT"以下为中介效应的信息,四行数据分别是两个调节变量不同水平组合下,广告诉求对广告吸引力的影响效应值以及 95％置信区间。置信区间不包括 0 点的表明该路径下广告诉求对广告吸引力的影响是显著的。"Indices of partial moderated mediation"下面两行数据分别表示两个受调节的中介的显著情况,这是研究报告中需要重点报告的内容。"regfo"行表明,受"调节定向"调节的中介路径是显著的;"timpl"行表明,受"计划出行时间"调节的中介路径也是显著的。两者的系数分别由各自与自变量的交互项乘以中介变量对因变量的回归系数而来的。例如,对于调节定向的受调节的中介系数来说,0.284 6＝1.714 9× 0.165 9。

第六行和第七行星号之间是 Bootstrapping 检验设定的一些参数,置信区间的设置以及 Bootstrap 取样的次数,此处不再呈现。

（三）调节变量调节了中介过程的后半段的条件过程模型

该条件过程模型对应图 5.2。在结果输出部分,第一行和第二行星号（＊）之前的部分主要关于 PROCESS 版本和版权信息,可忽略。

第二行和第三行星号之间部分是关于在本次计算中所使用模型的基本信

息,见图 5.20。主要包含计算使用的模型 16。因变量 $Y$:AT,自变量 $X$:adapl,中介变量 $M$:adcon,调节变量 $W$:regfo,调节变量 $Z$:timpl,以及样本量 256。

```
************************************
Model : 16
  Y : AT
  X : adapl
  M : adcon
  W : regfo
  Z : timpl

Sample
Size: 256

************************************
```

**图 5.20　模型基本信息**

第三行和第四行星号之间是结果的第一部分,见图 5.21。这部分所呈现的是自变量对中介变量回归系数显著性检验。

```
************************************************
OUTCOME VARIABLE:
 adcon

Model Summary
     R     R-sq    MSE      F      df1      df2        p
  .4741   .2248   .7117   73.6537  1.0000  254.0000    .0000

Model
           coeff    se      t       p     LLCI    ULCI
constant   3.4036  .0746  45.6455  .0000  3.2567  3.5504
adapl       .9050  .1055   8.5822  .0000   .6973  1.1127

************************************************
```

**图 5.21　以中介变量为结果变量的回归分析**

从图 5.21 第一行和第二行可以看到,此处所做的回归分析,结果变量是研究确定的中介变量"广告构念水平(adcon)",从"Model Summary"可以看出,该回归模型具有显著的统计学意义。自变量"广告诉求(adapl)"对中介变量"广告构念水平(adcon)"的回归系数也是显著的。

第四行和第五行星号之间是结果的第二部分,见图 5.22。这部分所呈现的是自变量、中介变量和调节变量对因变量的回归系数显著性检验。

```
****************************************************************
OUTCOME VARIABLE:
 AT

Model Summary
     R      R-sq     MSE      F      df1     df2       p
   .3868    .1496    .6940   7.3030  6.0000  249.0000    .0000

Model
              coeff     se       t       p      LLCI     ULCI
constant     5.8614    .3412  17.1784   .0000   5.1894   6.5335
adapl        -.0075    .1184   -.0635   .9494   -.2407    .2257
adcon        -.4382    .0915  -4.7865   .0000   -.6185   -.2579
regfo       -1.8555    .4407  -4.2106   .0000  -2.7235   -.9876
Int_1         .4798    .1107   4.3349   .0000    .2618    .6979
timpl       -1.9627    .4391  -4.4699   .0000  -2.8275  -1.0979
Int_2         .4915    .1104   4.4520   .0000    .2740    .7089

Product terms key:
 Int_1  :    adcon    x    regfo
 Int_2  :    adcon    x    timpl

Test(s) of highest order unconditional interaction(s):
       R2-chng    F       df1     df2       p
M*W     .0642   18.7914  1.0000  249.0000    .0000
M*Z     .0677   19.8206  1.0000  249.0000    .0000
----------
  Focal predict: adcon    (M)
     Mod var: regfo   (W)
     Mod var: timpl   (Z)

Conditional effects of the focal predictor at values of the moderator(s):

   regfo    timpl   Effect    se       t       p      LLCI     ULCI
   .0000    .0000   -.4382   .0915  -4.7865   .0000   -.6185   -.2579
   .0000   1.0000    .0533   .1036    .5143   .6075   -.1508    .2574
  1.0000    .0000    .0417   .1029    .4049   .6859   -.1610    .2444
  1.0000   1.0000    .5331   .1021   5.2204   .0000    .3320    .7343

***************** DIRECT AND INDIRECT EFFECTS OF X ON Y *****************
```

**图 5.22　自变量、中介变量、调节变量及两者交互与因变量的回归分析**

　　此处的回归分析,结果变量是研究设定的因变量"广告吸引力(AT)"。模型总结表明该模型是显著的,可以直接看模型中各个自变量的效应。同样,重点关注交互项的显著性。在下面的"Product terms key"中,指出了"Int_1"代表了广告构念水平(adconl)和调节定向(regfo)之间的交互效应,"Int_2"代表了广告构念水平(adcon)和计划出行时间(regfo)之间的交互效应。从"Int_1"行可以发现,该交互项对因变量广告吸引力(AT)的回归系数为 0.48,并且后面的 $t$ 检验的 $p$ 值,$t=4.33$,$p<.001$,表明该回归系数是显著的;从"Int_2"行可以发现,该交互项对因变量广告吸引力(AT)的回归系数为 0.49,并且后面

的 $t$ 检验的 $p$ 值,$t=4.45$,$p<.001$,表明该回归系数也是显著的。"Tests of highest order unconditional interaction(s)"即中介变量与两个调节变量分别的二阶交互效应。"Conditional effects of the focal predictor at values of the moderator(s)"下面四行反映了在两个调节变量的四个水平组合情况下中介变量加工流畅性(proflue)的二级简单效应。

第五行和第六行星号之间是结果输出的第三部分,见图 5.23。这部分所呈现的是自变量(X)对因变量的(Y)的直接效应和间接效应。

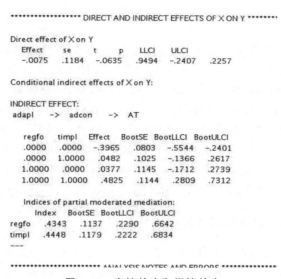

图 5.23　直接效应和间接效应

从"Direct effect of X on Y"行可以看出,自变量"广告诉求"对因变量"广告吸引力"的直接效应,该结果与上一张表格中的回归模型结果一致,都是控制了其他因素之后,自变量对因变量的偏回归系数。从"INDIRECT EFFECT"以下为中介效应的信息,四行数据分别是两个调节变量不同水平组合下,广告诉求对广告吸引力的影响效应值以及 95％置信区间。置信区间不包括 0 点表明该路径下广告诉求对广告吸引力的影响是显著的。"Indices of partial moderated mediation"下面两行数据分别表示两个受调节的中介的显著情况。在实验报告中,该部分结果是重点报告的内容。"regfo"行表明,受"调节定向"调节的中介路径是显著的;"timpl"行表明,受"计划出行时间"调节的中介路径也是显著的。两者的系数分别由各自与自变量对中介变量的回归系数乘以中介变量与调节变量的交互项而来的。例如,对于"调节定向"的受调节的中介系数来说,0.434 3=0.905 0×0.479 8。

第六行和第七行星号之间是 Bootstrapping 检验设定的一些参数,置信区间的设置以及 Bootstrap 取样的次数,此处不再呈现。

# 第三节　有三阶交互效应的实验设计的数据分析①

三因素被试间
设计有三阶交互

本案例包含三阶交互效应,虽然方差分析的难度与两因素被试间实验设计以及无三阶交互效应的三因素被试间实验设计相比没有多大差异,但要做进一步的分析,例如简单交互效应和二级简单效应,却是之前的数据分析中从未有过的,并且条件过程模型也复杂了很多。在本章中,只考虑调节变量没有调节直接路径的情况,即使如此也要包括三个模型。另外,对于简单的调节分析,可以使用 PROCESS 宏命令进行,本案例对应的模型编号是模型 3,结果输出中包含了三阶交互效应、简单交互效应和二级简单效应,可与多元方差分析和一般线性模型分析结果相对照。感兴趣的读者可以自行练习,此处不再赘述。

## 一、方差分析(ANOVA)

在本案例中,研究设计为 2(广告诉求:合意性诉求 vs.可行性诉求)×2(调节定向:促进定向 vs.防御定向)×2(内省检验:无内省 vs.有内省)三因素被试间实验设计分析,要检验的假设是:当被试没有进行内省时,促进定向的被试对合意性诉求广告的吸引力评价高于对可行性诉求广告的吸引力评价,而防御定向的被试对可行性诉求广告的吸引力评价高于合意性诉求广告的吸引力评价;当被试进行内省检验时,无论是促进定向的被试还是防御定向的被试,对合意性诉求广告的吸引力评价与可行性诉求广告吸引力的评价没有差异。在研究假设中,自变量"广告诉求"与第一个调节变量"调节定向"和第二个调节变量"内省检验"存在三阶交互效应,在"内省检验"的不同水平上,"广告诉求"与"调节定向"的交互效应表现应该不同,即存在简单交互效应。

---

①　本处所用的数据参见"5.2 第五章 三因素被试间设计有三阶交互",请扫描二维码获取。

**（一）方差分析步骤**

三因素被试间实验设计与本章第二节中的方差分析步骤基本上相同，只是在某些特别的地方需要注意。

第一步，自变量的输入。自变量输入顺序对统计结果没有多大影响，但为了方便解读，建议输入顺序按照第二调节变量、第一调节变量和自变量的顺序进行。本案例中，即先输入"内省检验［intro］"，然后输入"调节定向［regfo］"，最后输入"广告诉求［adapl］"。

第二步，因变量的输入。与本章第二节中方差分析输入相同。

第三步，生成交互效应图。在本案例中，包括三阶交互效应，在一张平面图里，表现三个自变量对因变量的影响比较难，因此，需要根据某个调节变量的不同水平，分别作图。最好以第二调节变量的不同水平为分别作图的标准。在本案例中，以内省检验为分别作图的变量。点击视图 5.6 右侧第三个按键"图（T）"，就会弹出图 5.24。

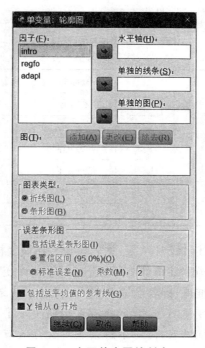

**图 5.24　交互效应图绘制窗口**

首先,点击选中视图左侧的"regfo",然后点击视图中间的第一个箭头,输入"水平轴(H)"框内,点击选中视图左侧的"adapl",然后点击视图中间的第二个箭头,输入"单独的线条(S)"框内,点击选中视图左侧的"intro",然后点击视图中间的第三个箭头,输入"单独的图(P)"框内,然后点击"添加(A)"按钮,此时三个变量的组合被输入视图中间的框内,可以看到"regfo * adapl * intro"。最后点击视图 5.24 最下面的"继续(C)"按钮,就回到主视图。

第四步,计算实验处理的均值和效应值,点击视图 5.6 中最右侧的第七行按钮"选项(O)",在新弹窗中,直接勾选"描述统计(D)"和"效应量估算(E)"即可,然后点击视图最下的"继续(C)"。回到主视图 5.6。

最后一步,击主视图最下方的"确定"按钮,即可在结果输出部分看到相应的结果。

(二)方差分析结果

主要包括三个表格和两幅图,第一个表格是关于三个自变量不同水平组的编码、命名及样本量情况,见表 5.11。

表 5.11　被试间因子信息
主体间因子

| | | 值标签 | 个案数 |
|---|---|---|---|
| 内省检验 | .00 | 无内省 | 128 |
| | 1.00 | 有内省 | 128 |
| 调节定向 | .00 | 防御定向 | 128 |
| | 1.00 | 促进定向 | 128 |
| 广告诉求 | 0.00 | 可行性 | 128 |
| | 1.00 | 合意性 | 128 |

第二个表格是描述性统计结果,见表 5.12。在该表格中,主要列出了八个处理组在因变量上的描述性统计结果,还包括每个自变量不同水平上对因变量影响的平均值和标准差(即各个总计显示的值)。从结果呈现中可以看到,进行方差分析输入自变量时,自变量的输入顺序决定了该表中各个实验处理的组合呈现顺序。目前的安排,对于解读三阶交互效应中的简单效应非常方便。读者可以自行尝试安排自变量的其他输入顺序,结合简单效应分析的结果,体会其中的差异。

**表 5.12　三因素被试间实验设计的描述性统计结果**
**描述性统计**

因变量:广告吸引力

| 内省检验 | 调节定向 | 广告诉求 | 平均值 | 标准偏差 | 个案数 |
|---|---|---|---|---|---|
| 无内省 | 防御定向 | 可行性 | 4.803 8 | .719 22 | 32 |
| | | 合意性 | 3.781 3 | .723 32 | 32 |
| | | 总计 | 4.292 5 | .881 76 | 64 |
| | 促进定向 | 可行性 | 3.750 0 | .712 79 | 32 |
| | | 合意性 | 4.773 4 | .682 03 | 32 |
| | | 总计 | 4.261 7 | .863 08 | 64 |
| | 总计 | 可行性 | 4.276 9 | .886 87 | 64 |
| | | 合意性 | 4.277 3 | .858 10 | 64 |
| | | 总计 | 4.277 1 | .869 16 | 128 |
| 有内省 | 防御定向 | 可行性 | 4.224 1 | .921 82 | 32 |
| | | 合意性 | 4.264 1 | 1.111 47 | 32 |
| | | 总计 | 4.244 1 | 1.013 12 | 64 |
| | 促进定向 | 可行性 | 4.173 4 | .951 99 | 32 |
| | | 合意性 | 4.179 7 | .933 76 | 32 |
| | | 总计 | 4.176 6 | .935 41 | 64 |
| | 总计 | 可行性 | 4.198 8 | .929 91 | 64 |
| | | 合意性 | 4.221 9 | 1.019 18 | 64 |
| | | 总计 | 4.210 3 | .971 79 | 128 |
| 总计 | 防御定向 | 可行性 | 4.513 9 | .870 64 | 64 |
| | | 合意性 | 4.022 7 | .961 52 | 64 |
| | | 总计 | 4.268 3 | .946 28 | 128 |
| | 促进定向 | 可行性 | 3.961 7 | .861 09 | 64 |
| | | 合意性 | 4.476 6 | .864 56 | 64 |
| | | 总计 | 4.219 1 | .897 44 | 128 |
| | 总计 | 可行性 | 4.237 8 | .905 91 | 128 |
| | | 合意性 | 4.249 6 | .938 79 | 128 |
| | | 总计 | 4.243 7 | .920 70 | 256 |

　　第三个表格是三因素被试间实验设计方差分析的主要结果,见表 5.13。

相对于两因素被试间实验设计,虽然只多了一个自变量,但二阶交互效应变成了三个,还要包括一个之前从未有过的三阶交互效应。同样道理,对于三因素实验设计,重点不是单个因素的主效应,甚至不是二阶交互效应,而是三阶交互效应。本案例中,实验假设存在三阶交互效应,因此首先看该效应。

**表 5.13　三因素被试间实验设计方差分析结果**
**主体间效应检验**

因变量:广告吸引力

| 源 | Ⅲ类平方和 | 自由度 | 均方 | F | 显著性 | 偏 Eta 平方 |
|---|---|---|---|---|---|---|
| 修正模型 | 33.975ª | 7 | 4.854 | 6.607 | .000 | .157 |
| 截距 | 4 610.325 | 1 | 4 610.325 | 6 275.754 | .000 | .962 |
| intro | .286 | 1 | .286 | .389 | .534 | .002 |
| regfo | .155 | 1 | .155 | .210 | .647 | .001 |
| adapl | .009 | 1 | .009 | .012 | .912 | .000 |
| intro * regfo | .022 | 1 | .022 | .029 | .864 | .000 |
| intro * adapl | .008 | 1 | .008 | .011 | .916 | .000 |
| regfo * adapl | 16.196 | 1 | 16.196 | 22.046 | .000 | .082 |
| intro * regfo * adapl | 17.300 | 1 | 17.300 | 23.550 | .000 | .087 |
| 误差 | 182.187 | 248 | .735 | | | |
| 总计 | 4 826.487 | 256 | | | | |
| 修正后总计 | 216.162 | 255 | | | | |

a.R 方 =.157(调整后 R 方 =.133)

首先,表 5.13 的第十行,"intro * regfo * adapl"即指"内省检验"、"调节定向"和"广告诉求"这三个自变量的三阶交互效应,$F(1,248)=23.55$,$p<.001$,$\eta_p^2=0.087$。从结果看,三者交互效应是显著的,因此需要进一步做简单交互效应和二级简单效应分析。

第四行、五行和第六行分别是第二调节变量"内省检验"(intro)、第一调节变量"调节定向"(regfo)和核心自变量"广告诉求"(adapl)的主效应,可以发现,三者的主效应都不显著,对于内省检验,$F(1,248)=0.39$,$p=.534$,$\eta_p^2=0.002$;对于调节定向,$F(1,248)=0.21$,$p=.647$,$\eta_p^2=0.001$;对于广告诉求,$F(1,248)=0.01$,$p=.912$,$\eta_p^2<0.001$。第七行,"intro * regfo"为"内省检验"与"调节定向"两个自变量的二阶交互效应,从结果看,两者交互效应并不显著,$F(1,248)=0.03$,$p=.864$,$\eta_p^2<0.001$;第八行,"intro * adapl"为"内省

254

检验"与"广告诉求"两个自变量的二阶交互效应,从结果看,两者交互效应也不显著,$F(1,248)=0.01,p=.916,\eta_p^2<0.001$;第九行,"regfo * adapl"为"调节定向"与"广告诉求"两个自变量的二阶交互效应,从结果看,两者交互效应显著,$F(1,248)=22.05,p<.001,\eta_p^2=0.082$。在做简单交互效应及二级简单效应分析的结果之前,可以先看看方差分析输出的交互效应图。

结果输出中包括两幅图,见图 5.25 和图 5.26(原图用不同颜色区分不同变量,在本书中做了微调,虚线对应原来的红线,实线对应原来的蓝线)。需要特别注意,下面两幅图与本章第一节中的两幅图的意义不同。

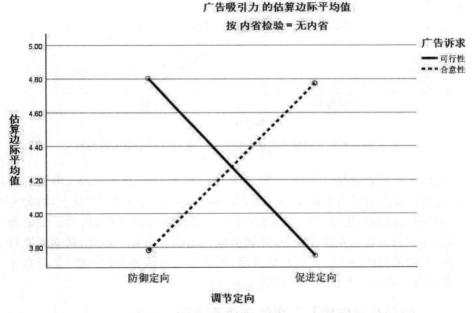

图 5.25　无内省的情况下调节定向和广告诉求对吸引力的影响

从图中可以看到,这两幅图分别反映了在调节变量"内省检验"不同水平下调节定向与广告诉求共同对广告吸引力的影响效果。从图 5.25 中可以发现,在无内省情况下,调节定向与广告诉求产生了交互效应,其模式与第四章中两因素被试间实验设计的结果是一样的,实际上,在无内省水平下的设计与两因素被试间实验设计是一致的;从图 5.26 中可以发现,似乎调节定向与广告诉求也可能发生交互效应,因为两条直线并不是完全平行,延长线也可能产

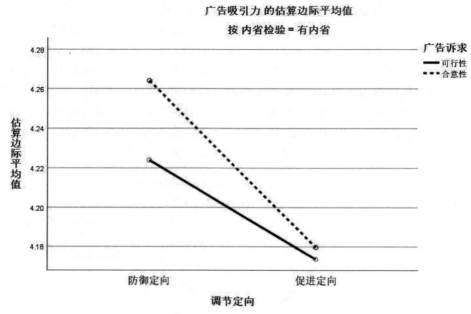

图 5.26　有内省的情况下调节定向和广告诉求对吸引力的影响

生交叉,但如果看纵轴上数字,几个点对应数值的差异很小,因此,即使有交叉,这样的交互效应也可能是不显著的。另外,从图 5.26 中,直观上,防御定向与促进定向的均值差异应该很大,因为线段有较大的斜率,但看纵轴的数值,就会发现两者差异其实很小,纵轴的取值单位很重要。因此,初学者要特别注意,图形只能给出一个直观的展示,不能作为判断效果的依据,是否存在显著的交互效应需要以数据统计的结果为准。

## 二、简单交互效应及二级简单效应语法

在本案例中,包括三阶交互效应,因而有必要进行简单交互效应和二级简单效应分析,这样的话,语法结构与无三阶交互效应的语法结构差异巨大,无论是多元方差分析(MANOVA)的语法还是一般线性模型(GLM)的语法。两者在计算简单交互效应和二级简单效应方面各有利弊。

对于简单交互效应,一般线性模型需要构建加权系数矩阵,矩阵的复杂程度依据变量水平数的增加而增加,即使是对于最简单的 2×2×2 三因素被试间设计,构建加权系数矩阵的难度也超过了多元方差分析的难度,然而,对于

二级简单效应,一般线性模型命令组合则比多元方差分析的命令组合简单得多,并且,一旦有些自变量包含两个以上的水平,一般线性模型还可以对自变量多个水平之间进行两两分析,这也是多元方差分析所不具备的。另外,一般线性模型结果可以输出每个检验的效应值,而且以表格形式,清晰易懂,这点是多元方差分析难以企及的。在此,我们同样会同时呈现多元方差分析的语法和一般线性模型,实际应用中,读者可以自行选择。

在有三阶交互效应的三因素被试间设计中,简单交互效应和二级简单效应是关注的重点,因此其他简单效应之类的不再检验,如果需要,按照规则自行编写即可,具体可以参照本章第二节中的相应语法内容。

（一）多元方差分析

1.使用多元方差分析的语法检验简单交互效应和二级简单效应,具体见图5.27。

第一行输入"MANOVA 因变量 BY 自变量(0,1)调节变量(0,1)调节变量(0,1)",首先确定调用多元方差分析"MANOVA",然后是因变量名称(即数据中的因变量名称,必须是英文或拼音),再后加入英文"BY",再后是自变量和两个调节变量的名称以及水平数。此处自变量与调节变量的顺序不重要。

第二行输入"/ERROR＝WITHIN",定义误差项。

```
MANOVAAT BY adapl(0,1)regfo(0,1)intro(0,1)
   /ERROR＝WITHIN
   /DESIGN＝adapl BY regfo WITHIN intro(1)
            adapl BY regfo WITHIN intro(2)
   /DESIGN＝adapl WITHIN regfo(1)WITHIN intro(1)
            adapl WITHIN regfo(2)WITHIN intro(1)
            adapl WITHIN regfo(1)WITHIN intro(2)
            adapl WITHIN regfo(2)WITHIN intro(2).
```

**图 5.27　三因素 2×2×2 简单效应分析语句**

第三行,输入"/DESIGN＝自变量 BY 第一个调节变量 WITHIN 第二个调节变量(1)",此处要检验的是在第二个调节变量水平1条件下,自变量与第一个调节变量的交互效应。

第四行,输入"自变量 BY 第一个调节变量 WITHIN 第二个调节变量(2)",此处要检验的是在第二个调节变量水平2条件下,自变量与第一个调节变量的交互效应。

第五行，输入"/DESIGN＝自变量 WITHIN 第一个调节变量（1）WITHIN 第二个调节变量(1)"，要检验的是自变量在第一个调节变量水平 1 和第二个调节变量水平 1 组合上的简单效应；此处调节变量后面括号内数值是指调节变量的水平 1，对应的编码应该是输入时的"0"。

第六行输入"/DESIGN＝自变量 WITHIN 第一个调节变量(2)WITHIN 第二个调节变量(1)"，要检验的是自变量在第一个调节变量水平 2 和第二个调节变量水平 1 组合上的简单效应。

第七行输入"/DESIGN＝自变量 WITHIN 第一个调节变量(1)WITHIN 第二个调节变量(2)"，要检验的是自变量在第一个调节变量水平 1 和第二个调节变量水平 2 组合上的简单效应。

第八行输入"/DESIGN＝自变量 WITHIN 第一个调节变量(2)WITHIN 第二个调节变量(2)"，要检验的是自变量在第一个调节变量水平 2 和第二个调节变量水平 2 组合上的简单效应。

如果某个调节变量包含三个及以上水平，继续按照上述规则输入即可。最后就可以运行此程序，在结果输出部分看到相应的结果。

2.多元方差分析的简单交互效应和二级简单效应的结果。结果输出包括三个部分，分别来看。

第一个部分是本次分析的数据汇总，见图 5.28 所示。

```
*****************Analysis of Variance*****

     256 cases accepted.
     0 cases rejected because of out-of-range factor values.
     0 cases rejected because of missing data.
     8 non-empty cells.

     2 designs will be processed.

----------------------------------------
```

**图 5.28　样本及处理信息汇总**

从图中可以看到：(1)本次处理样本量为 256 人；(2)没有超出范围的因子数据；(3)也没有缺失值；(4)数据包含八个单元格(cells)，对应的是八个实验处理；(5)要进行两项数据分析。

第二个部分，设计 1(Design 1)展示了自变量与第一调节变量在第二调节变量不同水平上交互效应的显著性，即自变量的简单交互效应，见图 5.29。

```
* * * * * * * * * * * * * * * * * Analysis of Variance -- Design 1 * * * * * * *

Tests of Significance for AT using UNIQUE sums of squares
Source of Variation        SS     DF     MS      F  Sig of F

WITHIN CELLS            182.19   248    .73
ADAPL BY REGFO WITHI     33.49     1   33.49   45.58   .000
N INTRO(1)
ADAPL BY REGFO WITHI       .01     1     .01     .01   .911
N INTRO(2)
```

**图 5.29 简单交互效应**

从图中第四行可以看到,在内省检验水平 1(INTRO(1))下,广告诉求(ADAPL)与调节定向(REGFO)的交互效应是显著的,$F(1,248)=45.58,p<.001$,而在内省检验水平 2(INTRO(2))下,广告诉求(ADAPL)与调节定向(REGFO)的交互效应是不显著的,$F(1,248)=0.01,p=.911$。该结果符合我们的实验假设,理论推导认为,当被试没有内省检验时,广告诉求与调节定向产生匹配效应,当被试产生内省检验时,两者的匹配效应消失,当然,背后的机制认为,这是由于没有内省时,两者匹配效应带来的加工流畅性影响了广告吸引力,而一旦被试产生内省,那么流畅性就不再影响广告吸引力。当然此处无法回答这个机制问题,需要后面条件过程分析。

第三个部分,设计 2(Design2)展示三阶交互效应下的简单效应,即自变量"广告诉求"在第一个调节变量"调节定向"和第二个调节变量"内省检验"四个水平组合上的简单效应,见图 5.30。

```
* * * * * * * * * * * * * * * * Analysis of Variance -- Design 2 * * * * *

Tests of Significance for AT using UNIQUE sums of squares
Source of Variation        SS     DF     MS      F  Sig of F

WITHIN CELLS            182.19   248    .73
ADAPL WITHIN REGFO(1    16.73     1   16.73   22.77   .000
) WITHIN INTRO(1)
ADAPL WITHIN REGFO(2    16.76     1   16.76   22.81   .000
) WITHIN INTRO(1)
ADAPL WITHIN REGFO(1      .03     1     .03     .03   .852
) WITHIN INTRO(2)
ADAPL WITHIN REGFO(2      .00     1     .00     .00   .977
) WITHIN INTRO(2)
```

**图 5.30 自变量在第一个调节变量和第二个调节变量不同水平组合上的简单效应**

图 5.30 中第四行,"ADAPL WITHIN REGFO(1) WITHIN INTRO(1)",该行数据表示,在被试没有内省检验[INTRO(1)],并且持有防御定向[REGFO

（1）]的情况下，不同广告诉求对于广告吸引力判断的影响存在显著差异，$F(1,248)=22.77$，$p<.001$；第五行，"ADAPL WITHIN REGFO(2) WITHIN INTRO(1)"，该行数据表示，在被试没有内省检验[INTRO(1)]，并且持有促进定向的情况下[REGFO(2)]，不同广告诉求对于广告吸引力判断的影响存在显著差异，$F(1,248)=22.81$，$p<0.001$；第六行，"ADAPL WITHIN REGFO(1) WITHIN INTRO(2)"，该行数据表示，在被试有内省检验[INTRO(2)]，并且持有防御定向[REGFO(1)]的情况下，不同广告诉求对于广告吸引力判断的影响不存在显著差异，$F(1,248)=0.03$，$p=.852$；第七行，"ADAPL WITHIN REGFO(2) WITHIN INTRO(2)"，该行数据表示，在被试有内省检验[INTRO(2)]，并且持有促进定向[REGFO(2)]的情况下，不同广告诉求对于广告吸引力判断的影响存在显著差异，$F(1,248)<0.01$[①]，$p=.977$。读者可以自行对照前面的图形（见图 5.25 和图 5.26）与简单效应分析的结果。

（二）一般线性模型

1.使用一般线性模型的语法检验简单交互效应和二级简单效应的语法，具体见图 5.31。对于二级简单效应，仍然使用"EMMEANS"和"COMPARE"命令即可满足需要，此处不再构建复杂的加权系数矩阵。但对简单交互效应，仍然需要构建加权系数矩阵。

```
GLM AT BY adapl regfo intro
/PRINT=ETASQ
  /LMATRIX"simple interaction adapl× regfo at intro 1"
                adapl * regfo          1 −1
                                      −1 1
                adapl * regfo * intro  1 0 −1 0
                                      −1 0 1 0
  /LMATRIX"simple interaction adapl× regfo at intro 2"
                adapl * regfo          1 −1
                                      −1 1
                adapl * regfo * intro  0 1 0 −1
                                       0 −1 0 1
/EMMEANS=TABLES(intro * regfo * adapl)COMPARE(adapl)ADJ(BONFERRONI).
```

图 5.31　一般线性模型计算简单交互效应和二级简单效应的语法

---

①　此处值过小，具体结果不能显示，因此只能以这种形式呈现。在正常状况下，$F$ 值要报告确定数字。

第一行,输入"GLM 因变量 BY 自变量 调节变量",首先确定调用一般线性模型"GLM",然后是因变量名称,再后加入英文"BY",再后是自变量和调节变量的名称。特别需要注意的是,在此处,三个自变量的输入顺序决定了后面 LMATRIX 权重系数的输入。此处输入顺序最好是"adapl"、"regfo"、"intro",因为后面 LMATRIX 权重系数的构造顺序就是以"adapl * regfo","intro"一定要在最后。

第二行,"/PRINT＝ETASQ"即要求结果输出中包含方差分析的效应值,$\eta_p^2$。

第三行,调用"/LMATRIX"命令,等号后面的双引号内,输入特定的文本,结果呈现时会严格按照输入的文本输出。注意双引号的格式。

第四行和第五行,自变量 adapl 和调节变量 regfo 交互效应的权重系数。要检验自变量 adapl 和调节变量 regfo 在调节变量 intro 不同水平上的简单交互效应,首先需要设定两者交互效应的权重系数,每个变量权重设定"1"和"−1",因此两者共同构成新的加权系数矩阵(两者的乘积)"1−1−1 1"。具体构建方法参见豪威尔(Howell et al.,2012)的研究。实际上,两行可以合并为一行。

第六行和第七行,要设定自变量 adapl 和调节变量 regfo 在调节变量 intro 水平 1 上的权重系数,调节变量 intro 水平 1 加权系数矩阵设定"1 0",与交互效应的权重系数相乘(交互效应加权系数矩阵在前,调节变量 intro 的加权系数矩阵在后),则获得新的加权系数矩阵,同样,第六行和第七行可以合并为一行。

第八行,再次调用"/LMATRIX"命令,要继续检验自变量 adapl 和调节变量 regfo 在调节变量 intro 水平 2 上的简单交互效应。构造规则同上。

第九行和第十行,自变量 adapl 和调节变量 regfo 交互效应的权重系数,不变。

第十一行和第十二行,要设定自变量 adapl 和调节变量 regfo 在调节变量 intro 水平 2 上的权重系数,调节变量 intro 水平 1 加权系数矩阵设定"0 1",与交互效应的权重系数相乘,则获得新的权重系数。同样,第十一行和第十二行可以合并为一行。

第十三行,"EMMEANS"和"COMPARE"命令组合,检验二级简单效应,"TABLES "框内的变量顺序最好按照第二调节变量、第一调节变量、核心自变量的顺序输入(intro * regfo * adapl)。最后要以英文的句号结尾。

2.一般线性模型命令的结果输出。此处共包含 10 个表格,第一和第二个表格是方差分析的结果。第三到第七个表格是核心自变量与第一个调节变量在第二调节变量不同水平上的简单交互效应,第八到第十个表格是核心自变量在两个调节变量不同水平组合上的二级简单效应。

第一个表格(见表 5.14)和第二个表格(表 5.15)与方差分析中的第一个表格(见表 5.11)和第三个表格(表 5.13)基本相同,只是由于两者在自变量输入顺序上不同,其结果输出顺序也有所不同,读者可以自行对照。

**表 5.14 自变量编码、标签及样本量信息**

**主体间因子**

|  |  | 值标签 | 个案数 |
|---|---|---|---|
| 广告诉求 | .00 | 可行性 | 128 |
|  | 1.00 | 合意性 | 128 |
| 调节定向 | .00 | 防御定向 | 128 |
|  | 1.00 | 促进定向 | 128 |
| 内省检验 | .00 | 无内省 | 128 |
|  | 1.00 | 有内省 | 128 |

**表 5.15 方差分析结果**

**主体间效应检验**

因变量:广告吸引力

| 源 | Ⅲ类平方和 | 自由度 | 均方 | F | 显著性 | 偏 Eta 平方 |
|---|---|---|---|---|---|---|
| 修正模型 | 33.975ᵃ | 7 | 4.854 | 6.607 | .000 | .157 |
| 截距 | 4 610.325 | 1 | 4 610.325 | 6 275.754 | .000 | .962 |
| adapl | .009 | 1 | .009 | .012 | .912 | .000 |
| regfo | .155 | 1 | .155 | .210 | .647 | .001 |
| intro | .286 | 1 | .286 | .389 | .534 | .002 |
| adapl * regfo | 16.196 | 1 | 16.196 | 22.046 | .000 | .082 |
| adapl * intro | .008 | 1 | .008 | .011 | .916 | .000 |
| regfo * intro | .022 | 1 | .022 | .029 | .864 | .000 |
| adapl * regfo * intro | 17.300 | 1 | 17.300 | 23.550 | .000 | .087 |
| 误差 | 182.187 | 248 | .735 |  |  |  |
| 总计 | 4 826.487 | 256 |  |  |  |  |
| 修正后总计 | 216.162 | 255 |  |  |  |  |

a.R 方＝.157(调整后 R 方＝.133)

第三个表格是关于权重系数定制矩阵的一些信息，见表 5.16，可以忽略。

表 5.16　定制矩阵信息<br>定制假设检验指标

| | | |
|---|---|---|
| 1 | 对比系数（L 矩阵） | LMATRIX 子命令 1：simple interaction adapl× regfo at intro 1 |
| | 转换系数（M 矩阵） | 恒等矩阵 |
| | 对比结果（K 矩阵） | 零矩阵 |
| 2 | 对比系数（L 矩阵） | LMATRIX 子命令 2：simple interaction adapl× dist at seot2 |
| | 转换系数（M 矩阵） | 恒等矩阵 |
| | 对比结果（K 矩阵） | 零矩阵 |

第四个表格是第一个假设检验的 K 矩阵，见表 5.17，可以忽略（Howell et al.，2012）。

表 5.17　第一个假设的 K 矩阵信息<br>对比结果（K 矩阵）[a]

| 对比 | | 因变量 |
|---|---|---|
| | | 广告吸引力 |
| L1 | 对比估算 | 2.046 |
| | 假设值 | 0 |
| | 差值（估算－假设） | 2.046 |
| | 标准误差 | .303 |
| | 显著性 | .000 |
| | 差值的 95% 置信区间　下限 | 1.449 |
| | 差值的 95% 置信区间　上限 | 2.643 |

a.基于用户指定的对比系数（L）矩阵：simple interaction adapl× regfo at intro 1

第五个表格是在第二个调节变量"内省检验"水平 1 下自变量广告诉求（adapl）与调节变量调节定向的简单交互效应，见表 5.18。从结果上看，该简单交互效应显著，可以对照多元方差分析的结果（见图 5.29）。此处还报告了该效应的效应值大小（$\eta_p^2$）。

表 5.18　第二个调节变量水平 1 下的简单交互效应
检验结果

因变量:广告吸引力

| 源 | 平方和 | 自由度 | 均方 | F | 显著性 | 偏 Eta 平方 |
|---|---|---|---|---|---|---|
| 对比 | 33.487 | 1 | 33.487 | 45.584 | .000 | .155 |
| 误差 | 182.187 | 248 | .735 | | | |

第六个表格,是第二个假设检验的 K 矩阵,见表 5.19,可以忽略。

表 5.19　第二个假设的 K 矩阵信息
对比结果(K 矩阵)ª

| 对比 | | 因变量 |
|---|---|---|
| | | 广告吸引力 |
| L1 | 对比估算 | −.034 |
| | 假设值 | 0 |
| | 差值(估算−假设) | −.034 |
| | 标准误差 | .303 |
| | 显著性 | .911 |
| | 差值的 95% 置信区间　下限 | −.631 |
| | 上限 | .563 |

a.基于用户指定的对比系数(L)矩阵:simple interaction adapl× dist at seot2

第七个表格是在第二个调节变量内省检验水平 2 下自变量广告诉求(adapl)与调节变量调节定向的简单交互效应,见表 5.20。从结果上看,该简单交互效应不显著,可以对照多元方差分析的结果(见图 5.29)。

表 5.20　第二个调节变量水平 2 下的简单交互效应
检验结果

因变量:广告吸引力

| 源 | 平方和 | 自由度 | 均方 | F | 显著性 | 偏 Eta 平方 |
|---|---|---|---|---|---|---|
| 对比 | .009 | 1 | .009 | .012 | .911 | .000 |
| 误差 | 182.187 | 248 | .735 | | | |

第八个表格是每个处理的均值、标准误差(SE)以及 95% 置信区间等方面信息,见表 5.21。自这个表格之后属于二级简单效应分析的结果。

**表 5.21 八个处理的描述性信息**
**估算值**

因变量:广告吸引力

| 内省检验 | 调节定向 | 广告诉求 | 平均值 | 标准误差 | 95％置信区间 | |
|---|---|---|---|---|---|---|
| | | | | | 下限 | 上限 |
| 无内省 | 防御定向 | 可行性 | 4.804 | .152 | 4.505 | 5.102 |
| | | 合意性 | 3.781 | .152 | 3.483 | 4.080 |
| | 促进定向 | 可行性 | 3.750 | .152 | 3.452 | 4.048 |
| | | 合意性 | 4.773 | .152 | 4.475 | 5.072 |
| 有内省 | 防御定向 | 可行性 | 4.224 | .152 | 3.926 | 4.522 |
| | | 合意性 | 4.264 | .152 | 3.966 | 4.562 |
| | 促进定向 | 可行性 | 4.173 | .152 | 3.875 | 4.472 |
| | | 合意性 | 4.180 | .152 | 3.881 | 4.478 |

第九个表格是多个变量水平组合之间的两两比较,见表 5.22。该表格的分组就是由 EMMEANS 命令中的 TABLES 括号内变量的输入顺序决定的。该多重比较在变量是多水平的条件下非常有用。

**表 5.22 变量水平间的成对比较**
**成对比较**

因变量:广告吸引力

| 内省检验 | 调节定向 | (I)广告诉求 | (J)广告诉求 | 平均值差值(I−J) | 标准误差 | 显著性[b] | 差值的95％置信区间[b] | |
|---|---|---|---|---|---|---|---|---|
| | | | | | | | 下限 | 上限 |
| 无内省 | 防御定向 | 可行性 | 合意性 | 1.023* | .214 | .000 | .600 | 1.445 |
| | | 合意性 | 可行性 | −1.023* | .214 | .000 | −1.445 | −.600 |
| | 促进定向 | 可行性 | 合意性 | −1.023* | .214 | .000 | −1.445 | −.601 |
| | | 合意性 | 可行性 | 1.023* | .214 | .000 | .601 | 1.445 |
| 有内省 | 防御定向 | 可行性 | 合意性 | −.040 | .214 | .852 | −.462 | .382 |
| | | 合意性 | 可行性 | .040 | .214 | .852 | −.382 | .462 |
| | 促进定向 | 可行性 | 合意性 | −.006 | .214 | .977 | −.428 | .416 |
| | | 合意性 | 可行性 | .006 | .214 | .977 | −.416 | .428 |

基于估算边际平均值

*.平均值差值的显著性水平为.050。

b.多重比较调节:邦弗伦尼法。

第十个表格即二级简单效应分析,见表5.23。从中可以看到,当被试无内省检验时,无论在调节变量的水平1(防御定向)还是在调节变量的水平2(促进定向)上,广告诉求对广告吸引力的影响都存在显著差异;而当被试有内省检验时,无论在调节变量的水平1(防御定向)还是在调节变量的水平2(促进定向)上,广告诉求对广告吸引力的影响都不存在显著差异。可以将此表格与图5.30相对照。

表 5.23  二级简单效应分析

单变量检验

因变量:广告吸引力

| 内省检验 | 调节定向 | | 平方和 | 自由度 | 均方 | F | 显著性 | 偏 Eta 平方 |
|---|---|---|---|---|---|---|---|---|
| 无内省 | 防御定向 | 对比 | 16.728 | 1 | 16.728 | 22.771 | .000 | .084 |
| | | 误差 | 182.187 | 248 | .735 | | | |
| | 促进定向 | 对比 | 16.759 | 1 | 16.759 | 22.813 | .000 | .084 |
| | | 误差 | 182.187 | 248 | .735 | | | |
| 有内省 | 防御定向 | 对比 | .026 | 1 | .026 | .035 | .852 | .000 |
| | | 误差 | 182.187 | 248 | .735 | | | |
| | 促进定向 | 对比 | .001 | 1 | .001 | .001 | .977 | .000 |
| | | 误差 | 182.187 | 248 | .735 | | | |

每个 F 都将检验其他所示效应的每个级别组合中广告诉求的简单效应。这些检验基于估算边际平均值之间的线性无关成对比较。

## 三、带有调节变量的中介分析(条件过程模型)

在本案例中,共包含三个受调节的中介模型,在 PROCESS 宏命令中进行 Bootstrapping 分析的过程基本相同,因此对于分析步骤统一讲述,对于结果解读则分别展开。

(一)Bootstrapping 分析步骤

首先打开相应的数据,然后,在数据视图下,点击第一行第六个按钮"分析(A)",然后在下拉菜单中将鼠标移到第十行"回归(R)",就会出现级联菜单,再将鼠标移到级联菜单的第五行"PROCESSv3.3 by Andrew F. Hayes",点击会出现图 5.32 弹窗。在该弹窗下:

第一步,输入自变量。点击选中左上角"Variables"框内的"广告诉求[adapl]",然后点击第二行箭头,输入右侧的"X variable";

第二步,输入因变量,本案例中,要检验三个条件过程模型,其中模型18和21的因变量相同,都是"广告吸引力",而模型11的因变量为"旅游地吸引力"。因此,在不同模型下,点击选中左上角"Variables"框内的"广告吸引力[AT]"或者"旅游地吸引力[TT]",然后点击第一行箭头,输入右侧的"Y variable"下面的框内。

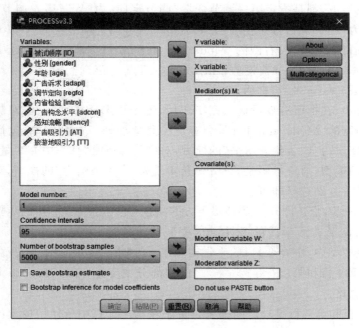

**图 5.32　PROCESS 分析主窗口**

第三步,输入中介变量。三个条件过程模型分别对应了不同的中介变量。模型18要检验的中介变量是构念水平,则需要点击选中左上角"Variables"框内的"广告构念水平[adcon]",然后点击第三行箭头,输入右侧的"Mediator(s) M"下面的框内;模型21要检验的中介变量是加工流畅性,则需要点击选中左上角"Variables"框内的"加工流畅性[proflue]",然后点击第三行箭头,输入右侧的"Mediator(s) M"下面的框内;模型11要检验的中介变量是广告吸引力,则需要点击选中左上角"Variables"框内的"广告吸引力[AT]",然后点击第三行箭头,输入右侧的"Mediator(s) M"下面的框内。注意,以上三种情况对应的是三个模型,需要在不同模型下分别输入。

第四步,输入调节变量。本案例中,包含两个调节变量,分别是"调节定向"和"内省检验",这两个调节变量的地位并不相同,在模型21中(见图5.4)比较容易说明。首先核心自变量"广告诉求"和第一调节变量"调节定向"共同影响了广告的"加工流畅性",加工流畅性又受到第二调节变量"内省检验"的调节,共同影响了"广告吸引力"。在其他两个模型中,也是类似情况。因此,在三个模型下,都是指定第一调节变量"调节定向"为"W",第二调节变量"内省检验"为"Z"。点击选中左上角"Variables"框内的"调节定向[regfo]",然后点击第五行箭头,输入右侧的"Moderator variable W"框内;点击选中左上角"Variables"框内的"内省检验[intro]",然后点击第六行箭头,输入右侧的"Moderator variable Z"框内。

第五步,在把所有变量输入完毕之后,还需要选择模型,点击左侧变量框下面第一行的"Model number",会有下拉菜单展开。本案例中,包括三个模型:中介变量为"广告构念水平"的模型,对应的号码是"18";中介变量为"加工流畅性"的模型,对应号码是"21";中介变量为"广告吸引力"的模型,对应的号码是"11"。分别选择即可。

最后一步,点击图5.32界面最下方的"确定"按钮。中介分析的步骤完成。

(二)调节在后半段的条件过程模型结果分析

在该模型中,中介变量是"广告构念水平"的模型,对应图5.3。在结果输出部分,第一行和第二行星号(∗)之前的部分主要是 PROCESS 版本和版权信息,可忽略。

第二行和第三行星号之间部分是关于在本次计算中所使用模型的基本信息,见图5.33。主要包含计算使用的模型18。因变量 Y:AT,自变量 X:adapl,中介变量 M:adcon,调节变量 W:regfo,调节变量 Z:intro,以及样本量256。

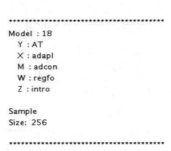

```
*****************************************
Model : 18
    Y : AT
    X : adapl
    M : adcon
    W : regfo
    Z : intro

Sample
Size: 256

*****************************************
```

**图5.33　模型基本信息**

第三行和第四行星号之间是结果的第一部分,见图5.34,是自变量与中介变量之间关系的回归检验。从"Model Summary"可以看出,该回归模型具有显著的统计学意义,可以直接看模型中各个变量的效应。自变量"广告诉求(adapl)"与中介变量"广告构念水平(adcon)"的回归系数1.21,之后是标准误差(SE)0.09,再后是该回归系数的显著性检验,采用t检验,$t=12.76,p<.001$,可以看到该回归系数是显著的;同理,还可以参考该回归系数的95%置信区间[1.023 1,1.396 6],该置信区间两端数据同号(在此都为正号),没有跨越0点,因此也可以表明该回归系数是显著的。

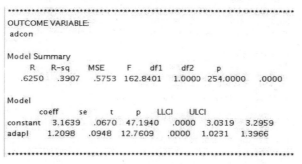

**图5.34 以中介变量为结果变量的回归模型**

第四行和第五行星号之间是结果的第二部分,分为图5.35和图5.36。图5.35部分所呈现的是自变量、中介变量、调节变量以及交互项与因变量之间关系的回归检验,实验设计的因变量为该多元回归模型的结果变量。

此处的回归分析,是目前为止最复杂的回归分析,包含了核心自变量(adapl)、中介变量(adcon)、第一调节变量(regfo)、第二调节变量(intro)的直接效应,还包含了中介变量与第一调节变量的交互效应(Int_1)、中介变量与第二调节变量的交互效应(Int_2)、两个调节变量的交互效应(Int_3),以及最重要的中介变量与第一和第二调节变量的三阶交互效应(Int_4)。在本模型中,重要的是看三阶交互效应是否显著。在"Int_4"行,可以看到该三阶交互是显著的,其实"Test(s) of highest order unconditional interactions(s)"下面的内容更直接地反映了三阶交互效应,当然,在三个变量都是两个水平的情况下(没有虚拟变量),该结果与上面"Int_4"行结果是一致的。

```
************************************************
OUTCOME VARIABLE:
 AT

Model Summary
     R    R-sq    MSE      F      df1      df2       p
  .3308   .1094  .7794  3.7929  8.0000  247.0000    .0003

Model
           coeff     se       t        p      LLCI     ULCI
constant  5.8463   .4038  14.4771   .0000   5.0509   6.6417
adapl      .1416   .1427    .9922   .3221   -.1395    .4227
adcon     -.4390   .1109  -3.9578   .0001   -.6575   -.2205
regfo    -3.0383   .6302  -4.8214   .0000  -4.2795  -1.7971
Int_1      .7983   .1609   4.9603   .0000    .4813   1.1153
intro     -.9464   .5881  -1.6092   .1088  -2.1047    .2119
Int_2      .2378   .1553   1.5310   .1270   -.0681    .5437
Int_3     2.7750   .9062   3.0623   .0024    .9902   4.5599
Int_4     -.7327   .2326  -3.1499   .0018  -1.1909   -.2746

Product terms key:
 Int_1  :    adcon    x    regfo
 Int_2  :    adcon    x    intro
 Int_3  :    regfo    x    intro
 Int_4  :    adcon    x    regfo    x    intro

Test(s) of highest order unconditional interaction(s):
        R2-chng      F      df1     df2       p
M*W*Z    .0358   9.9216  1.0000  247.0000   .0018
----------
```

**图 5.35　自变量、中介变量、调节变量及两者交互与因变量的回归分析**

图 5.36 展示了中介变量与两个调节变量的简单交互效应以及二级简单效应。核心预测变量（Focal predict）是实验设计的中介变量 adcon，第一调节变量（Modvar，W）是 regfo，第二调节变量（Modvar，Z）是 intro。"Test of conditional M * W interaction at value(s) of Z"下面的内容即简单交互效应，".0000"行即表示在第二调节变量内省检验（intro）水平 1（无内省检验）时，中介变量（adcon）与第一调节变量调节定向（regfo）的交互效应是显著的，$F(1, 247)=24.60$，$p<.001$；"1.0000"行即表示在第二调节变量内省检验（intro）水平 2（有内省检验）时，中介变量（adcon）与第一调节变量调节定向（regfo）的交互效应是不显著的，$F(1,247)=0.15$，$p=.697$。每行的效应值是由中介变量（adcon）与第一调节变量（regfo）的二阶交互项的回归系数加上中介变量与两个调节变量的三阶交互效应乘以第二调节变量相应取值的积得来的，以第二行为例，$0.0655=0.7983+(-0.7327)\times1$。此结果可以与方差分析中的结果相对照，只是方差分析中与第一调节变量（regfo）产生交互效应的不是中介变量（adcon），而是核心自变量（adapl）。

270

```
----------
    Focal predict: adcon  (M)
       Mod var: regfo  (W)
       Mod var: intro  (Z)

Test of conditional M*W interaction at value(s) of Z:
   intro   Effect      F     df1     df2        p
   .0000   .7983  24.6048  1.0000  247.0000   .0000
  1.0000   .0655    .1521  1.0000  247.0000   .6969

Conditional effects of the focal predictor at values of the moderator(s):

  regfo   intro  Effect    se       t       p      LLCI    ULCI
  .0000   .0000  -.4390  .1109  -3.9578   .0001   -.6575  -.2205
  .0000  1.0000  -.2012  .1249  -1.6108   .1085   -.4472   .0448
 1.0000   .0000   .3593  .1361   2.6406   .0088    .0913   .6272
 1.0000  1.0000  -.1357  .1289  -1.0523   .2937   -.3896   .1183

****************** DIRECT AND INDIRECT EFFECTS OF X ON Y ******************
```

**图 5.36 简单交互效应及二级简单效应**

"Conditional effects of the focal predictor at values of the moderator(s)"即表明核心预测变量在调节变量不同水平上的二级简单效应,可以发现,当处于第二调节变量"内省检验(intro)"水平 1 时(.0000),在第一调节变量"调节定向(regfo)"的两个水平上,中介变量"广告构念水平(adcon)"对因变量"广告态度(AT)"的影响都是显著的;当处于第二调节变量"内省检验(intro)"水平 2 时(1.0000),在第一调节变量"调节定向(regfo)"的两个水平上,中介变量"广告构念水平(adcon)"对因变量"广告态度(AT)"的影响都是不显著的。结果符合实验假设。

第五行和第六行星号之间是结果输出的第三部分,见图 5.37。这部分所呈现的是自变量(X)对因变量的(Y)的直接效应和间接效应。这部分包含了条件过程分析的关键信息。

从"Direct effect of X on Y"行可以看出,自变量"广告诉求(adapl)"对因变量"广告吸引力(AT)"直接效应并不显著。"Conditional indirect effects of X on Y"部分指出了受调节的中介过程是否显著,首先看"Index of moderated moderated mediation",(对应三阶交互效应)该指数是由自变量(adapl)对中介变量(adcon)的偏回归系数乘以中介变量(adcon)与第一调节变量(regfo)和第二调节变量(intro)的三阶交互项的偏回归系数的乘积,−0.886 5=1.209 8×(−0.732 7),该指数的 95% 置信区间为[−1.504 7,−0.361 8],反映了自变量通过中介变量(adcon)对因变量(AT)的间接影响受到两个调节变量(regfo 和 intro)的调节。"Indices of conditional moderated mediation by W"

```
****************** DIRECT AND INDIRECT EFFECTS OF X ON Y *************

Direct effect of X on Y
   Effect     se      t       p     LLCI    ULCI
   .1416    .1427   .9922   .3221  -.1395   .4227

Conditional indirect effects of X on Y:

INDIRECT EFFECT:
adapl    ->   adcon    ->   AT

   regfo    intro   Effect  BootSE  BootLLCI  BootULCI
   .0000    .0000   -.5311  .1223   -.7779   -.3021
   .0000   1.0000   -.2434  .1761   -.5901    .1097
  1.0000    .0000    .4347  .1500    .1737    .7632
  1.0000   1.0000   -.1641  .1731   -.5282    .1550

Index of moderated moderated mediation
Index    BootSE   BootLLCI  BootULCI
-.8865    .2928   -1.5047   -.3618

Indices of conditional moderated mediation by W
intro    Index    BootSE   BootLLCI  BootULCI
 .0000    .9658   .1784    .6483    1.3392
1.0000    .0793   .2319   -.3941     .5060
---

****************** ANALYSIS NOTES AND ERRORS ******************
```

**图 5.37　直接效应和间接效应**

（对应简单交互效应）反映了在第二调节变量（intro）不同水平上第一调节变量（regfo）对中介过程的调节，该系数是由自变量（adapl）对中介变量（adcon）的回归系数乘以中介变量（adcon）与第一调节变量（regfo）的交互项（Int_1）对因变量（AT）的偏回归系数，加上受调节的调节中介系数乘以第二调节变量（intro）的取值（此处为1），以表 5.45 最后一行为例，0.079 3＝1.209 8×0.798 3 ＋（−0.886 5）×1。另外，在"INDIRECT EFFECT"下面四行即在两个调节变量不同水平组合上的中介路径显著情况（对应二级简单效应）。可以看出，当在第二调节变量（intro）水平 1 时（即无内省），无论第一调节变量（regfo）取值如何，广告诉求都会通过广告构念水平影响广告吸引力，当然，这种影响在调节定向的不同水平上是相反的；而当在第二调节变量（intro）水平 2 时（即有内省），无论第一调节变量（regfo）取值如何，广告构念这一中介路径将不再起作用。

　　第六行和第七行星号之间是 Bootstrapping 检验设定的一些参数、置信区间的设置以及 Bootstrap 取样的次数，此处不再呈现。

　　（三）前半段和后半段都存在调节的中介模型

　　在该模型中，中介变量是"加工流畅性"的模型，对应图 5.4。在结果输出部分，第一行和第二行星号（＊）之前的部分主要关于 PROCESS 版本和版权信息，可忽略。

第二行和第三行星号之间部分是关于在本次计算中所使用模型的基本信息，见图 5.38。主要包含计算使用的模型 21。因变量 $Y$：AT，自变量 $X$：adapl，中介变量 $M$：proflue，调节变量 $W$：regfo，调节变量 $Z$：intro，以及样本量 256。

```
************************************
Model : 21
  Y : AT
  X : adapl
  M : proflue
  W : regfo
  Z : intro

Sample
Size: 256

************************************
```

**图 5.38　模型基本信息**

第三行和第四行星号之间是结果的第一部分，见图 5.39，是自变量、第一调节变量以及两者的交互项对中介变量的回归检验。从"Model Summary"可以看出，该回归模型具有显著的统计学意义，可以直接看模型中各个变量的效应。

```
***********************************************************
OUTCOME VARIABLE:
proflue

Model Summary
     R     R-sq    MSE      F      df1     df2      p
  .6329   .4006  1.3077  56.1426  3.0000  252.0000  .0000

Model
            coeff    se       t       p      LLCI    ULCI
constant   5.4427  .1429  38.0756   .0000  5.1611  5.7242
adapl     -2.4408  .2022 -12.0739   .0000 -2.8389 -2.0427
regfo     -1.8280  .2022  -9.0428   .0000 -2.2261 -1.4299
Int_1      3.3833  .2859  11.8343   .0000  2.8202  3.9463

Product terms key:
 Int_1  :   adapl   x   regfo

Test(s) of highest order unconditional interaction(s):
    R2-chng      F      df1     df2      p
X*W   .3331  140.0513  1.0000  252.0000  .0000
----------
  Focal predict: adapl  (X)
    Mod var: regfo  (W)

Conditional effects of the focal predictor at values of the moderator(s):

 regfo   Effect    se       t       p      LLCI    ULCI
 .0000  -2.4408  .2022 -12.0739   .0000 -2.8389 -2.0427
1.0000    .9425  .2022   4.6623   .0000   .5444  1.3406

***********************************************************
```

**图 5.39　以中介变量为结果变量的回归模型**

  此处最重要的是看自变量与第一调节变量的交互项对中介变量的回归系数是否显著，无论直接从"Int_1"行还是从"Test(s) of highest order unconditional interactions(s)"下面的内容中都可以看出，该交互效应是显著的。在"Conditional effects of the focal predictor at values of the moderator(s)"下面，还分别检验了自变量在第一调节变量（regfo）不同水平上的简单效应，结果表明两个简单效应也是显著的。

  第四行和第五行星号之间是结果的第二部分，见图 5.40，呈现的是自变量、中介变量与第二调节变量以及两者的交互项与因变量之间关系的回归检验，实验设计的因变量为该多元回归模型的结果变量。此处最重要的是看中介变量与第二调节变量的交互项对因变量的回归系数是否显著。同样，无论直接从"Int_1"行还是从"Test(s) of highest order unconditional interactions(s)"下面的内容中都可以看出，该交互效应是显著的。在"Conditional effects of the focal predictor at values of the moderator(s)"下面，还分别检验了中介变量在第二调节变量（intro）不同水平上的简单效应。

```
************************************************************
OUTCOME VARIABLE:
AT

Model Summary
      R     R-sq    MSE      F      df1     df2       p
   .3955   .1565   .7265  11.6385  4.0000 251.0000   .0000

Model
            coeff    se      t      p     LLCI    ULCI
constant  2.7554  .2415  11.4111  .0000  2.2798  3.2309
adapl      .1112  .1108   1.0034  .3166  -.1071   .3295
proflue    .3463  .0511   6.7778  .0000   .2456   .4469
intro     1.2547  .3222   3.8943  .0001   .6201  1.8892
Int_1     -.3107  .0733  -4.2416  .0000  -.4550  -.1665

Product terms key:
 Int_1 :    proflue  x    intro

Test(s) of highest order unconditional interaction(s):
      R2-chng    F      df1     df2       p
M*Z    .0605  17.9913  1.0000 251.0000   .0000
----------
   Focal predict: proflue  (M)
      Mod var: intro   (Z)

Conditional effects of the focal predictor at values of the moderator(s):

   intro   Effect    se      t      p     LLCI    ULCI
   .0000   .3463   .0511   6.7778  .0000   .2456   .4469
  1.0000   .0355   .0540   .6573   .5116  -.0709   .1419

****************** DIRECT AND INDIRECT EFFECTS OF X ON Y ******************
```

**图 5.40　自变量、中介变量与第二调节变量以及两者的交互项对因变量的回归分析**

第五行和第六行星号之间是结果输出的第三部分,见图 5.41。这部分所呈现的是自变量(adapl)对因变量的(AT)的直接效应和间接效应。这部分包含了条件过程分析的关键信息。

```
***************** DIRECT AND INDIRECT EFFECTS OF X ON Y *******

Direct effect of X on Y
  Effect    se      t      p     LLCI    ULCI
  .1112   .1108  1.0034  .3166  -.1071   .3295

Conditional indirect effects of X on Y:

INDIRECT EFFECT:
adapl  ->  proflue  ->  AT

  regfo   intro   Effect  BootSE  BootLLCI  BootULCI
  .0000   .0000  -.8451   .1412  -1.1313   -.5794
  .0000  1.0000  -.0867   .1611   -.4024    .2254
 1.0000   .0000   .3263   .0744    .1897    .4790
 1.0000  1.0000   .0335   .0631   -.0881    .1632

  Index of moderated moderated mediation
  Index   BootSE  BootLLCI  BootULCI
 -1.0513   .2707  -1.6009   -.5478

  Indices of conditional moderated mediation by W
intro    Index   BootSE  BootLLCI  BootULCI
  .0000  1.1715   .1880    .8129   1.5418
 1.0000   .1201   .2230   -.3159    .5586
---

*********************** ANALYSIS NOTES AND ERRORS ***************
```

**图 5.41 直接效应和间接效应**

从"Direct effect of X on Y"行可以看出,自变量"广告诉求(adapl)"对因变量"广告吸引力(AT)"直接效应并不显著。"Conditional indirect effects of X on Y"部分指出了受调节的中介过程是否显著,首先看"Index of moderated moderated mediation"(对应三阶交互效应),该指数是由自变量(adapl)与第一调节变量(regfo)的交互项乘以中介变量(adcon)与第二调节变量(intro)的交互项的乘积,$-1.051\,3 = 3.383\,3 \times (-0.310\,7)$,该指数的 95% 置信区间为 $[-1.600\,9, -0.547\,8]$,反映了自变量通过中介变量(proflue)对因变量(AT)的间接影响受到两个调节变量(regfo 和 intro)的调节。"Indices of conditional moderated mediation by W"(对应简单交互效应)反映了在第二调节变量(intro)不同水平上第一调节变量(regfo)对中介过程的调节,该系数是由自变量(adapl)与第一调节变量(regfo)的交互项乘以中介变量(adcon)对因变量(AT)的偏回归系数,加上受调节的调节中介系数乘以第二调节变量

(intro)的取值,以图 5.41 最后一行为例,0.120 1＝3.383 3×0.346 3＋(－1.051
3)×1。在"INDIRECT EFFECT"下面四行即在两个调节变量不同水平组合上
的中介路径显著情况(对应二级简单效应)。可以看出,当在第二调节变量
(intro)水平 1 时(即无内省),无论第一调节变量(regfo)取值如何,广告诉求都会
通过加工流畅性影响广告吸引力,当然,这种影响在调节定向的不同水平上是
相反的;而当在第二调节变量(intro)水平 2 时(即有内省),无论第一调节变
量(regfo)取值如何,加工流畅性这一中介路径将不再起作用。

第六行和第七行星号之间是 Bootstrapping 检验设定的一些参数、置信区
间的设置以及 Bootstrap 取样的次数,此处不再呈现。

(四)调节在前半段的条件过程模型

在该模型中,中介变量是"广告吸引力"的模型,对应图 5.5。在结果输出
部分,第一行和第二行星号(＊)之前的部分主要是 PROCESS 版本和版权信
息,可忽略。

第二行和第三行星号之间部分是关于在本次计算中所使用模型的基本信
息,见图 5.42。主要包含计算使用的模型 11。因变量 $Y$:TT,自变量 $X$:adapl,
中介变量 $M$:AT,调节变量 $W$:regfo,调节变量 $Z$:intro,以及样本量 256。

```
************************************
Model : 11
   Y : TT
   X : adapl
   M : AT
   W : regfo
   Z : intro

Sample
Size: 256

************************************
```

**图 5.42　模型基本信息**

第三行和第四行星号之间是结果的第一部分,分为图 5.43 和图 5.44。图
5.43 部分呈现的是自变量、两个调节变量以及三者的交互项对中介变量的回
归检验。从"Model Summary"可以看出,该回归模型具有显著的统计学意
义,在包含交互效应的回归模型中直接看交互效应。在"Int_4"行,可以看到
该三阶交互是显著的,其实"Test(s) of highest order unconditional interactions
(s)"下面的内容更直接地反映了三阶交互效应,当然,在三个变量都是两个水平
的情况下(没有虚拟变量),该结果与上面"Int_4"行结果是一致的。

```
**********************************************
OUTCOME VARIABLE:
AT

Model Summary
       R     R-sq    MSE      F      df1      df2       p
     .3965   .1572   .7346   6.6068  7.0000  248.0000   .0000

Model
           coeff     se       t        p      LLCI     ULCI
constant  4.8038   .1515   31.7046   .0000   4.5053   5.1022
adapl    -1.0225   .2143   -4.7719   .0000  -1.4445   -.6005
regfo    -1.0538   .2143   -4.9177   .0000  -1.4758   -.6317
Int_1     2.0459   .3030    6.7516   .0000   1.4491   2.6428
intro     -.5797   .2143   -2.7053   .0073  -1.0017   -.1577
Int_2     1.0625   .3030    3.5062   .0005    .4657   1.6593
Int_3     1.0031   .3030    3.3103   .0011    .4063   1.6000
Int_4    -2.0797   .4286   -4.8528   .0000  -2.9238  -1.2356

Product terms key:
Int_1  :   adapl    x    regfo
Int_2  :   adapl    x    intro
Int_3  :   regfo    x    intro
Int_4  :   adapl    x    regfo    x    intro

Test(s) of highest order unconditional interaction(s):
        R2-chng      F      df1      df2       p
X*W*Z    .0800   23.5500  1.0000  248.0000   .0000
----------
```

**图 5.43    以中介变量为结果变量的回归模型**

图 5.44 展示了自变量与两个调节变量的简单交互效应以及二级简单效应。

```
----------
 Focal predict: adapl   (X)
    Mod var: regfo   (W)
    Mod var: intro   (Z)

Test of conditional X*W interaction at value(s) of Z:
  intro    Effect      F      df1      df2       p
  .0000   2.0459   45.5836  1.0000  248.0000   .0000
 1.0000   -.0338    .0124   1.0000  248.0000   .9114

Conditional effects of the focal predictor at values of the moderator(s):

  regfo    intro    Effect     se      τ        p      LLCI     ULCI
  .0000   .0000   -1.0225   .2143   -4.7719   .0000  -1.4445   -.6005
  .0000   1.0000    .0400   .2143    .1867    .8521   -.3820    .4620
 1.0000   .0000    1.0234   .2143    4.7763   .0000    .6014   1.4455
 1.0000   1.0000    .0063   .2143    .0292    .9768   -.4158    .4283

**********************************************
```

**图 5.44    简单交互效应及二级简单效应**

"Test of conditional M * W interaction at value(s)of Z"下面的内容即简单交互效应,".0000"行即表示在第二调节变量内省检验(intro)水平 1(无内省检验)时,自变量(adapl)与第一调节变量调节定向(regfo)的交互效应是显著的,$F(1,248)=45.58,p<.001$;"1.0000"行即表示在第二调节变量内省检验(intro)水平 2(有内省检验)时,中介变量(adcon)与第一调节变量调节定向(regfo)的交互效应是不显著的,$F(1,248)=0.01,p=.911$。每行的效应值是由自变量(adapl)与第一调节变量(regfo)的二阶交互项的回归系数加上自变量与两个调节变量的三阶交互效应乘以第二调节变量相应取值的积得来的,以第二行为例,$-0.033\ 8=2.045\ 9+(-2.079\ 7)\times1$。此结果可以与第一部分的方差分析中的结果相对照,或者读者可以自行使用 PROCESS 宏命令进行调节分析,需选择模型 3,后果变量为广告吸引力(AT),核心自变量为广告诉求(adapl),两个调节变量分别是调节定向(regfo)和内省检验(intro)。"Conditional effects of the focal predictor at values of the moderator(s)"即表明核心预测变量在调节变量不同水平上的简单效应,可以发现,当处于第二调节变量"内省检验(intro)"水平 1 时(.0000),在第一调节变量"调节定向(regfo)"的两个水平上,自变量"广告诉求(adapl)"对因变量"广告态度(AT)"的影响都是显著的;当处于第二调节变量"内省检验(intro)"水平 2 时(1.0000),在第一调节变量"调节定向(regfo)"的两个水平上,自变量"广告诉求(adapl)"对因变量"广告态度(AT)"的影响都是不显著的。结果符合实验假设。

第四行和第五行星号之间是结果的第二部分,即自变量与中介变量对因变量的回归分析,见图 5.45。这部分的关键信息是中介变量(AT)对因变量(TT)的回归系数是否显著。另外,"adapl"行的结果则反映了自变量(adapl)

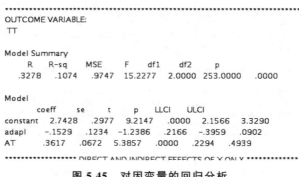

**图 5.45  对因变量的回归分析**

对因变量(**TT**)的直接效应大小以及是否显著。该结果与图 5.46 中的直接效应值是一致的。

　　第五行和第六行星号之间是结果输出的第三部分,见图 5.46。这部分所呈现的是自变量(X)对因变量的(Y)的直接效应和间接效应。这部分包含了条件过程分析的关键信息。

```
****************** DIRECT AND INDIRECT EFFECTS OF X ON Y **********

Direct effect of X on Y
   Effect     se      t      p     LLCI    ULCI
   -.1529   .1234  -1.2386  .2166  -.3959   .0902

Conditional indirect effects of X on Y:

INDIRECT EFFECT:
adapl   ->   AT    ->    TT

   regfo   intro   Effect   BootSE  BootLLCI  BootULCI
   .0000   .0000   -.3698   .0968    -.5769    -.1968
   .0000   1.0000   .0145   .0929    -.1890     .1826
  1.0000   .0000    .3701   .0963     .1932     .5745
  1.0000   1.0000   .0023   .0854    -.1567     .1788

   Index of moderated moderated mediation
   Index    BootSE  BootLLCI  BootULCI
   -.7521   .1949  -1.1531    -.3895

   Indices of conditional moderated mediation by W
   intro   Index    BootSE  BootLLCI  BootULCI
   .0000   .7399    .1697    .4269    1.0921
   1.0000  -.0122   .1262   -.2421     .2604
---

********************* ANALYSIS NOTES AND ERRORS ****************
```

**图 5.46　直接效应和间接效应**

　　从"Direct effect of X on Y"行可以看出,自变量"广告诉求(adapl)"对因变量"广告吸引力(AT)"直接效应并不显著。"Conditional indirect effects of X on Y"部分指出了受调节的中介过程是否显著。首先看"Index of moderated moderated mediation"(对应三阶交互效应),该指数是由自变量(adapl)与第一调节变量(regfo)和第二调节变量(intro)的三阶交互项乘以中介变量(AT)对因变量(TT)的偏回归系数得来的,$-0.7521 = (-2.0797) \times 0.3617$,该指数的 95% 置信区间为 $[-1.1531, -0.3895]$,反映了自变量(adapl)通过中介变量(AT)对因变量(TT)的间接影响受到两个调节变量(regfo 和 intro)的调节。"Indices of conditional moderated mediation by W"

（对应简单交互效应）反映了在第二调节变量（intro）不同水平上第一调节变量（regfo）对中介过程的调节，该系数是由自变量（adapl）与第一调节变量（regfo）的交互项（Int_1）对中介变量（AT）的偏回归系数乘以中介变量（AT）对因变量（TT）的偏回归系数，加上受调节的调节中介系数乘以第二调节变量（intro）的取值，以表 5.45 最后一行为例，$-0.012\ 2 = 2.045\ 9 \times 0.361\ 7 + (-0.752\ 1) \times 1$。"INDIRECT EFFECT"下面四行即在两个调节变量不同水平组合上的中介路径显著情况（对应二级简单效应）。可以看出，当在第二调节变量（intro）水平 1 时（即无内省），无论第一调节变量（regfo）取值如何，广告诉求都会通过广告吸引力影响旅游地吸引力，当然，这种影响在调节定向的不同水平上是相反的；而当在第二调节变量（intro）水平 2 时（即有内省），无论第一调节变量（regfo）取值如何，广告吸引力这一中介路径将不再起作用。

# 第六章 被试内实验设计

在广告学实验研究中,除了被试间实验设计之外,重复测量设计也是广告研究中常用的实验设计手段。重复测量设计,指的是同一个被试接受多次实验处理和观察的实验设计(王霏,2020)。对同一个被试进行多次实验处理和观察的好处是,通过对同一个体进行重复观察,比较有效地利用了样本,并且减小了由被试差异带来的误差。但重复测量设计也有一些问题,例如实验处理之间的相互影响、重复测量数据间往往存在相关等,这些都需要在实验设计和数据处理时格外注意。通常,重复测量设计主要包含完全被试内实验设计和同时具有被试间和被试内变量的混合实验设计。在本章中,仅详细分析完全被试内实验设计,混合实验设计将在第七章再详细讨论。

与被试间实验设计相比,被试内实验设计的变量操纵没有什么本质不同,但在实验程序设计方面则有较大差异。在被试间实验设计模式下,所有的被试都只面对一个实验处理(即使是多个自变量水平的组合),不存在安排实验处理顺序的问题,而被试内实验设计中,同一个被试要面对所有的实验处理,先出现的处理和测量可能影响后面出现的处理和测量,存在顺序效应的问题。因此,被试内实验设计在实验操纵上最大的不同在于如何平衡各类可能的干扰因素,如何安排实验处理顺序。顺序效应包含两种,一种是进行性效应(progressive effect),单纯地由多次实验处理造成的,包含练习效应和疲劳效应,是一种线性效应。如何消除进行性效应,在单个被试身上无解,但在一组被试身上,可以使用抵消平衡法。然而,对于延滞效应(carryover effect),即特定的处理对后面的处理会造成影响,这些难以通过抵消平衡法来消除。在被试内实验设计中,除了考虑顺序效应之外,实验处理的数量也需要考虑。如果自变量的水平数较少,比较容易安排顺序,采用完全平衡法即可;如果自变量水平数较多,则需要使用不完全平衡法(王霏,2020),甚至考虑使用其他类型的设计。只有确认实验处理之间以及测量之间不存在相互影响[①],实验处理和重复测量的数目适当,才可以使用被试内实验设计。

另外,与被试间实验设计相比,重复测量在实验设计和数据处理的原理和方法方面,都存在较大的差异。在数据处理上,被试内实验设计需要多次从同一个被试身上获得观察数据,这些数据之间存在一定程度的相关性,不能做到彼此间相互独立,并不满足方差分析、线性模型的前提条件(张文彤等,2004a),因而在数据的输入、数据分析的基本原理和手段方面存在不同。在本章中,会详细讨论以上问题。需要特别说明的是,由于包含重复测量数据,重复测量实验设计在中介分析上变得非常复杂,而且在现实的广告学研究中,较少见到。因此,本书第六章以及第七章,所有重复测量实验设计都不会涉及中介分析,需要的读者可以参考海耶斯的著作(Hayes,2017)和朱迪等的论文(Judd et al.,2001)。

同前面几章中单因素和多因素被试间实验设计一样,分析被试内实验设计,要依托一个具体的研究问题展开,我们仍然选定合意性诉求和可行性诉求为切入主题,考虑到重复测量实验设计的特点,我们引入了新的调节变量,探讨完全被试内实验的设计、变量、实施、数据统计以及结果解释等。原则上,完全被试内实验设计可以有无穷多种,但在现实实验研究中,自变量的数量通常以三个为限,常见的有单因素、两因素、三因素被试内实验设计。本章即对这三种类型的被试内实验设计进行详细解读,具体内容如下:

第一节,单因素被试内实验设计。单因素被试内实验设计与被试间实验设计在实验设计及程序上都存在较大不同,因此在本节中会详细阐述这些方面的问题。另外,被试数量的确定也是需要重点阐述的内容。对于数据处理部分,数据输入格式与被试间实验设计也有较大差异,因此也会被详细论述。数据分析结果包含较复杂的内容,会在相应部分详细论述。

第二节,两因素被试内实验设计。与单因素被试内实验设计相比,在数据输入和处理方面没有特别的差异,只是部分细节不同。对于重复部分,在本节中会直接忽略,仅仅解释直接相关的内容。另外,两个因素的设计会涉及两者间的交互效应,两因素被试内实验设计的交互作用语法也会被详细讨论。

第三节,三因素被试内实验设计。三因素被试内实验设计的最少重复测

---

[①] 事实上,在同一个被试身上重复多次观测,如果对这些测量数据进行相关性检验的话,一般会存在一定的相关关系,因此,在数据统计的时候一般使用多元方差分析。

量次数为 8 次(2×2×2),因此如何安排这些实验处理和测量是多因素被试内实验设计比较重要的问题。三因素设计,除了包括三个二阶交互效应之外,还会包括复杂的三阶交互效应,以及简单交互效应以及二级简单效应,因此,数据处理,除去与单因素和两因素被试内实验设计重合的部分,也会被详细讨论。

# 第一节　单因素被试内实验设计

　　单因素被试内实验设计,要处理的是只有一个自变量的情况,而且每个被试都要面对这个自变量所有的水平。自变量的水平数,原则上可以是 2 及 2 以上的任何数量。在这些设计中,最简单的是单因素两水平被试内实验设计,为了详细讲解数据分析中相关部分,本节以较复杂的单因素三水平被试内实验设计为例进行剖析。在本案例中,要探讨的主要问题是:旅游地合意性诉求和可行性诉求广告如何影响受众对旅游目的地距离的判断。相关理论在单因素被试间实验设计中已经详细论述了,读者可以自行参照理论进行推导,这里直接给出要检验的假设:相对于可行性诉求,合意性诉求广告会让受众认为目标旅游地距离自己更远;受众对直接邀约广告诉求的旅游地距离判断处于两者之间。

## 一、实验设计与程序

### (一)实验设计

　　单因素被试内实验设计仅仅包括一个自变量 $X$ ,这个自变量理论上可以有 2 个或 2 个以上任意水平,每个被试要接受这个自变量的所有水平,因此只包括一组被试。被试每次接受处理之后,都有一次因变量的测量,因而包含多次测量。在此,我们以单因素三水平被试内实验设计为例进行深入分析,其基本模式如下:

$$T_1 \quad O_1 \quad T_2 \quad O_2 \quad T_3 \quad O_3$$

　　在本案例中,自变量是广告诉求,只包含三个水平——可行性诉求、合意性诉求和作为对照的简单邀约,因变量的测量也需要测量三次,要求被试判断旅游地与自己的距离。被试第一次面对某个诉求,进行第一次因变量的测量之后,第二次和第三次面对其他诉求,再进行相应的因变量测量。首次面对某个问题与后续面对同类问题,差异不仅仅是自变量的操纵不同,还包含了经验、练习或者疲劳等因素的影响,也就是可能存在进行性效应。甚至,由于被试看到了所有的实验处理,前面的处理可能为后面的处理提供了线索,因而产生了延滞效应,这种情况下就不应该再用被试内设计。在本案例中,我们假定三个处理之间不存在延滞效应,研究者只需要将三个处理的呈现顺序做完全抵消平衡处理即可消除进行性效应的影响。

(二)实验程序

具体实验程序如下:

第一步,将被试随机分配为 6 组。这里的分组只是为了平衡顺序效应,实际上被试内实验设计的被试分组与被试间被试的分组有本质的不同,读者可以细心体会。实际上,单因素组内设计,所有的被试都属于同一组,都要接受所有的实验处理,只是接受实验处理的顺序有所不同。被试要接受的处理数目较少,可以使用完全平衡法来抵消平衡顺序效应。完全平衡法要求所有实验处理在所有"次序位"上都出现一次。把可行性诉求、合意性诉求、简单邀约诉求分别编号为 1、2、3,那么完全平衡下就需要 6 组,第一组 1、2、3,第二组 1、3、2,第三组 2、1、3,第四组 2、3、1,第五组 3、1、2,第六组 3、2、1。这样,第一组的被试首先看到可行性诉求广告,然后再看合意性诉求广告,最后看到简单邀约诉求广告,其他组的被试依此类推。虽然是单因素被试内实验设计,但要包含接受不同实验处理顺序的 6 个组,在这六个组中,实验顺序实际上是作为一种被试间变量出现的。因而即使是单因素被试内实验设计,也可以看作不包含交互效应的两因素混合实验设计①。

第二步,根据组别的不同,向被试呈现某个诉求的平面广告,要求被试仔细观看并进行相应的因变量测量。指导语如下:"下图是一座城市的旅游广告。请仔细观看,根据你的直觉,请判断该城市与你现在位置距离是?"然后给

① 在实际研究中,可能出现处理顺序的主效应,甚至出现处理顺序与被试内变量的交互效应。例如,无论先做哪个处理,后面做的实验处理得分总是很高,这样就会出现交互效应,表明实验处理顺序影响了结果。因此,一般在重复测量设计中,会把顺序作为一个被试间变量纳入方差分析中做预处理,只有顺序的主效应以及与其他变量的交互效应都不显著的情况下,才可以继续做后面的数据处理,更详细的解释见本节后文的数据处理部分。

被试呈现单条目语义区分量表(见本书第二章第一节第四部分的表 2.5)。

如果需要对自变量的操纵进行检验,在此处就要进行第一次检验,在呈现自变量的第二个水平之后,进行第二次检验,呈现自变量的第三个水平之后,还需要进行第三次检验。如果操纵检验的条目较多,或者自变量的水平数较多,就会造成实验程序非常冗长,带来其他额外影响因素。因此,如果使用被试内实验设计,尽量使用预实验的方式完成操纵检验。

第三步,同样依据组别不同,更换另外一则某个诉求的平面广告,要求被试仔细观看并进行相应的因变量测量。指导语如下:"下图是另外一座城市的旅游广告。请仔细观看,根据你的直觉,请判断该城市与你现在位置距离是?"然后给被试呈现单条目语义区分量表(同上)。

第四步,重复第三步的内容。至此,被试完成了全部三个实验处理并重复测量了三次因变量。只是每组被试接受实验处理的顺序并不相同。

最后一步,同前。

## 二、被试人数确定

对于样本量的确定,同被试间实验设计一样,采用 G * power 软件进行计算。在计算之前,假定我们已经找到了一篇与我们即将开展研究相似的前人的文献,相应的参数都可以找到。那么,根据前人研究参数确定自己研究被试人数的具体过程如下:

第一步,打开 G * power 软件,在"Test family"下拉菜单选定统计模型,我们选择 F tests,然后在"Statistical test"选择"MANOVA:Repeated measures,within factors"。其主窗口如图 6.1。实际上在该软件中,还包含一个一元方差分析的选项"ANOVA:Repeated measures,within factors"。这实际上涉及重复测量数据分析是参照一元分析还是多元分析的结果问题。一般来说,数据是否符合 Huynh-Feldt 条件是确定参照一元分析结果还是多元分析结果的决定因素,而判断的标准需要参照球形检验(Mauchly's test of sphericity)的结果。更具体的解释参见本节后面的数据分析部分。在无法确认测量获得的数据是否符合 Huynh-Feldt 条件的情况下,最好选取保守的多元方差分析模式。再后在"Type of power analysis"选择 "A priori:Compute required sample size-given α,power,and effect size"。

第二步,在"Input Parameters"部分,"Effect size f"原则上应该根据以往同类研究中获得的效应值填入,点击"Determine"按钮,主视图就会在其右侧

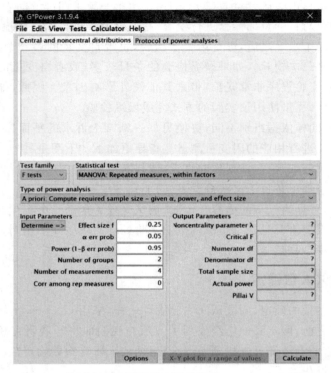

图 6.1　被试内实验设计样本量估计的 G＊power 主界面

展开新的视图,如图 6.2。

　　在此,有两种计算以往同类研究效应值大小的方法。第一种,根据以往研究的实验处理变异和组内变异大小决定,在"From variances"下面的"Variance explained by special effect"后面的框内输入以往研究中发现的实验处理导致的方差数字,在下面的"Variance within group"后面的框内输入以往研究中发现的组内方差数字,然后点击"Calculate"或者"Calculate and transfer to main window"按钮即可。第二种,根据以往研究的效应值大小即可,目前很多研究都会报告 $\eta_p^2$ 值,在"Direct"下面的"Partial $\eta^2$"后面的框内输入以往研究报告的 $\eta_p^2$ 值,然后点击"Calculate"或者"Calculate and transfer to main window"按钮即可获得效应值。在本案例中,我们保留软件默认的效应值不变。

　　第三步,回到主窗口,在"Input Parameters"部分,"α err prob"一般选

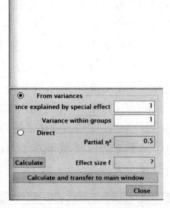

图 6.2　效应值计算窗口

"0.05",按照软件默认即可;在统计检验力方面,"Power(1—β err prob)"修改为"0.8";单因素被试内实验设计,只包括一组,因此在"Number of groups"输入"1";对于每个被试,都有三次测量,因此,在"Number of measurements"中输入"3"。我们假定三次测量之间互不相关,因此保留"Corr among rep measures"数值"0"不变。

第四步,点击视图右下角"Calculate",可以得到"Total sample size"为"55"。在实际操作中,为抵消平衡顺序效应,被试被分成了 6 组,为使每组人数相同,可以把总人数增加到 60 人,每组为 10 名被试。

### 三、数据处理[①]

SPSS 数据输入的两项基本原则不变,被试 ID 以及性别、年龄人口统计学变量输入方式不变,只是重复测量的数据,在输入格式上与被试间实验设计的输入格式有所不同。

单因素三水平被试内设计

#### (一)数据输入及预处理

在被试间实验设计中,同一个因变量只能出现在一列中,而在被试内实验设计中,重复测量的变量要作为多个因变量的形式出现在多列中。在本案例

---

① 此处所使用数据的文件名称为"6.1 第六章 单因素三水平被试内设计",请扫描二维码获取。

中,被试看完简单邀约诉求广告之后做出距离判断标记为"condis",标签命名为"邀约距离";被试看完可行性诉求广告之后做出距离判断标记为"feadis",标签命名为"可行性距离";被试看完合意性诉求广告之后做出距离判断标记为"desdis",标签命名为"合意性距离"。具体输入情况见图6.3。需要特别注意的是,有些被试完成这三种实验处理的顺序不同,例如,有些被试先完成合意性诉求条件下的距离判断,然后完成简单邀约条件下的距离判断,最后才完成可行性诉求条件下的距离判断,在输入数据的时候,尤其要注意分别对应。在本案例中,顺序虽然不是一个核心变量,但也要把这个信息录入。在后续的数据处理中,可以考虑把这个因素作为被试间变量纳入分析中。我们把按照不同顺序完成实验的六组被试分别编码为1到6。

| | ID | gender | age | order | condis | feadis | desdis | 变量 |
|---|---|---|---|---|---|---|---|---|
| 1 | 1.00 | 2.00 | 22.00 | 1.00 | 5.00 | 4.00 | 5.00 | |
| 2 | 2.00 | 1.00 | 23.00 | 2.00 | 4.00 | 5.00 | 5.00 | |
| 3 | 3.00 | 2.00 | 28.00 | 3.00 | 3.00 | 5.00 | 4.00 | |
| 4 | 4.00 | 1.00 | 45.00 | 4.00 | 4.00 | 5.00 | 6.00 | |
| 5 | 5.00 | 1.00 | 24.00 | 5.00 | 3.00 | 5.00 | 5.00 | |
| 6 | 6.00 | 1.00 | 31.00 | 6.00 | 4.00 | 4.00 | 6.00 | |
| 7 | 7.00 | 1.00 | 44.00 | 1.00 | 3.00 | 3.00 | 4.00 | |
| 8 | 8.00 | 2.00 | 33.00 | 2.00 | 4.00 | 4.00 | 4.00 | |
| 9 | 9.00 | 2.00 | 32.00 | 3.00 | 5.00 | 3.00 | 5.00 | |
| 10 | 10.00 | 1.00 | 32.00 | 4.00 | 4.00 | 4.00 | 4.00 | |
| 11 | 11.00 | 2.00 | 22.00 | 5.00 | 4.00 | 3.00 | 5.00 | |
| 12 | 12.00 | 1.00 | 26.00 | 6.00 | 4.00 | 4.00 | 6.00 | |
| 13 | 13.00 | 2.00 | 40.00 | 1.00 | 3.00 | 5.00 | 6.00 | |
| 14 | 14.00 | 2.00 | 33.00 | 2.00 | 3.00 | 4.00 | 4.00 | |
| 15 | 15.00 | 1.00 | 41.00 | 3.00 | 4.00 | 4.00 | 5.00 | |
| 16 | 16.00 | 2.00 | 34.00 | 4.00 | 5.00 | 4.00 | 3.00 | |

**图6.3 单因素被试内实验设计的数据输入示例**

在做正式的数据处理之前,可以做一个预处理,把顺序作为一个组间变量,纳入模型中①,检验是否存在顺序效应,一旦顺序因素出现主效应或交互

① 这实际上就相当于一个2×2混合实验设计。数据处理具体操作方式和结果解读可以参考第七章第一节的两因素混合实验设计部分。

效应,很可能表示这样的安排存在延滞效应或进行性效应,被试内实验设计是不合适的。在本案例中,顺序的主效应不显著,$F(5,54)=1.37$,$p=.249$,$\eta_p^2=0.113$,顺序与广告诉求的交互效应也不显著,$F(10,108)=0.48$,$p=.899$,$\eta_p^2=0.043$。两者均不显著,认为不存在顺序效应,可以进行后续的数据分析。

### (二)重复测量分析

单因素被试内实验设计的数据分析要使用 SPSS 中的重复测量处理。具体步骤如下:

第一步,在图 6.3 数据视图下,点击第一行第六个按钮"分析(A)",然后在下拉菜单中将鼠标移到第五行"一般线性模型(G)",就会出现级联菜单,再将鼠标移到级联菜单的第三行"重复测量(R)",点击会出现图 6.4 弹窗。此处要设置重复测量的因子名称以及水平数,有几个重复测量的因子就要设置几次。

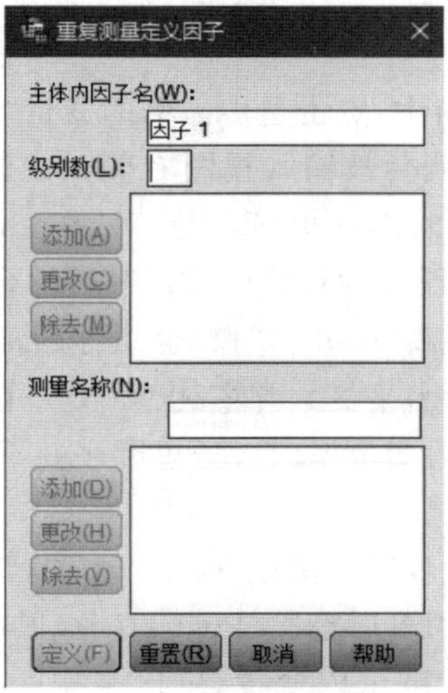

图 6.4　重复测量因子设定

本案例中,只有一个重复测量的因子——广告诉求,因此只设置一次。在"主体内因子名(W)"下面的框内设置重复测量因子的名称,此处设置为"adapl",然后在"级别数(L)"后面的框内填入"3",此处填写的是重复测量因变量的次数。接着,点击"添加(A)",就会看到"adapl(3)"被输入下方的大方框内。最后点击视图左下侧的"定义(F)"按钮,即可出现新的弹窗,见图 6.5。

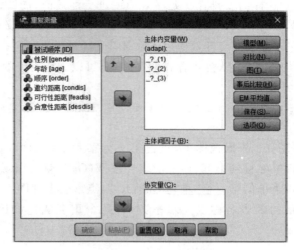

图 6.5 重复测量分析主弹窗

第二步,在图 6.5 弹窗中,点击选中左侧的变量"邀约距离[condis]",然后点击中间的箭头,该变量就会被输入视图右侧,"主体内变量(W)(adapl)"下的空白框内第一行"_? _(1)",这里"邀约距离[condis]"就被界定为广告诉求处理的水平 1。对变量"可行性距离[feadis]"以及"合意性距离[desdis]"做同样操作。这样,"可行性距离[feadis]"和"合意性距离[desdis]"被分别界定为广告诉求处理的水平 2 和水平 3。当然,也可以使用"Shift"键同时选中上述三个水平,同时输入右侧的变量框内。这里顺序并不十分重要,只是操作者要记住各个名称对应的水平。

第三步,由于本案例中,自变量包含三个水平,要比较两两水平之间的差异,在组间设计中通常使用事后检验(Post Hoc),但在被试内实验设计中则完全不适用。对于单因素的被试内变量,可以采用一般线性模型(GLM)中的"EMMEANS"命令。在图 6.5 弹窗中,点击图右侧第五个按钮"EM 平均值",就会出现新的弹窗,见图 6.6。

点击选中视图左侧"因子与因子交互(F)"中变量"adapl",然后点击中间的箭头,该变量就会被输入右侧的"显示下列各项的平均值(M)"框内。再后点击选中下面的"比较主效应(O)",再后点击"置信区间调整(N)"的下拉菜单,选择"邦弗伦尼"(Bonferroni),最后点击弹窗最下面的"继续(C)"按钮,即可回到主窗口。

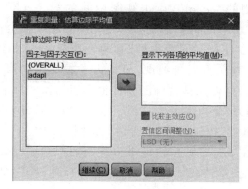

图 6.6　平均值比较弹窗

第四步,点击图 6.5 右侧第三个按钮"图(T)",就会弹出新弹窗,见图 6.7。

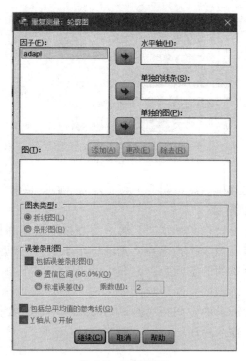

图 6.7　画图弹窗

点击选中视图左侧的"adapl",点击视图中间的第一个箭头,输入"水平轴(H)"框内,点击图 6.7 中部的"添加(A)"按钮,"adapl"便会被输入"图(T)"下面的框内。在图 6.7 下部,"图表类型"有两个选择——"折线图(L)"和"条形图(B)"。同样此处建议保留折线图,只是为了看三组均值变化的趋势,在实验报告中,研究者最好使用其他画图软件根据组均值和标准误(SE,或者标准差 SD)画出条形图,读者可参考本书第三章第二节图 3.10 部分的说明。点击视图 6.7 左下部"继续"按钮,回到主对话框视图 6.5 中。

　　第五步,点击图 6.5 右侧按钮最下方的"选项(O)",就会出现新的弹窗,见图 6.8。点击勾选"描述统计(D)"和"效应量估算(E)",然后点击视图最下的"继续(C)"。

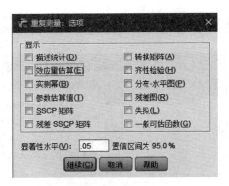

图 6.8　选项弹窗

　　第六步,回到主窗口,点击图 6.5 最下方的"确定"按钮,即可计算结果。

(三)结果输出解读

　　该部分包含十个表格和一张图。第一个表格为重复测量的三个水平相对应的命名,见表 6.1。该表格指出自变量的三个水平:广告诉求"adapl"水平 1,对应因变量是简单邀约的空间距离判断"condis";广告诉求"adapl"水平 2,对应因变量是可行性诉求的空间距离判断"desdis";广告诉求"adapl"水平 3,对应因变量是合意性诉求的空间距离判断"feadis"。此处结果呈现顺序对应了数据分析时变量的输入顺序。

表 6.1 单因素重复测量的三个水平
主体内因子

测量：MEASURE_1

| adapl | 因变量 |
|-------|--------|
| 1 | condis |
| 2 | feadis |
| 3 | desdis |

第二个表格是变量的描述性统计，见表 6.2。在该表格中，输出了三个处理组的均值、标准差（SD）和样本量。

表 6.2 描述性统计
描述性统计

|  | 平均值 | 标准偏差 | 个案数 |
|--|--------|----------|--------|
| 邀约距离 | 4.250 0 | .894 90 | 60 |
| 可行性距离 | 3.816 7 | .747 69 | 60 |
| 合意性距离 | 4.483 3 | .853 54 | 60 |

第三个表格是多元方差分析的结果，见表 6.3。在该表格中，输出了四个多元方差分析的统计量，实际上都是对重复测量因素的检验结果，通常，表格中的第一个比莱轨迹（Pillai's trace）最为稳健，当四个统计结果不一致时，应该以它为准（张文彤等，2004a）。在本案例中，无论哪种方法的方差值都是一样的。

表 6.3 多元方差分析结果
多变量检验[a]

| | 效应 | 值 | F | 假设自由度 | 误差自由度 | 显著性 | 偏 Eta 平方 |
|--|------|-----|---|-----------|-----------|--------|-------------|
| adapl | 比莱轨迹 | .311 | 13.099[b] | 2.000 | 58.000 | .000 | .311 |
| | 威尔克 Lambda | .689 | 13.099[b] | 2.000 | 58.000 | .000 | .311 |
| | 霍特林轨迹 | .452 | 13.099[b] | 2.000 | 58.000 | .000 | .311 |
| | 罗伊最大根 | .452 | 13.099[b] | 2.000 | 58.000 | .000 | .311 |

a.设计：截距
主体内设计：adapl
b.精确统计

从表 6.3 中比莱轨迹行可以看出,广告诉求对旅游地距离的判断影响差异显著,$F(2,58)=13.10$,$p<.001$,$\eta_p^2=0.311$。该结果表明,广告诉求的三个水平中至少有两个水平对旅游地距离的判断影响存在显著差异,当然,也可能三个水平两两比较都存在显著差异,需要借助事后检验的结果才能确定。

第四个表格是球形检验的结果,见表 6.4。该检验决定了分析的结果要参照前面的多元分析(Multivariate Tests)结果还是后面的一元分析(Tests of Within-Subjects Effects)结果。如果莫奇来(Mauchly)检验结果的 $p$ 值大于 0.05,则表明数据服从球形假设,看后面的一元分析结果(假设球形度);如果 p 值小于 0.05,则表明数据不服从球形假设,需要看前面的多元分析结果或者后面校正过的一元分析结果(张文彤等,2004a)。

### 表 6.4　球形检验结果
### 莫奇来球形度检验[a]

测量:MEASURE_1

| 主体内效应 | 莫奇来 W | 近似卡方 | 自由度 | 显著性 | Epsilon[b] | | |
|---|---|---|---|---|---|---|---|
| | | | | | 格林豪斯-盖斯勒 | 辛-费德特 | 下限 |
| adapl | .938 | 3.739 | 2 | .154 | .941 | .971 | .500 |

检验"正交化转换后因变量的误差协方差矩阵与恒等矩阵成比例"这一原假设。[a]
a.设计:截距
主体内设计:adapl
b.可用于调整平均显著性检验的自由度。修正检验将显示在"主体内效应检验"表中。

然而,莫奇来检验在一定条件下才会启动,即当单个因素(或交互项)包括三次或三次以上的重复测量时,球形检验才会有结果输出,因为球形检验的本质是检验多个测量之间两两之差的方差是否相等(Field,2018)。在本案例中,有三次重复测量,因此球形检验可以输出结果。从表 6.4 中可以看出,莫奇来检验 $p=.154$,表明数据符合球形假设,因此可以参看后面的一元分析结果。另外,在该表格中,还输出了 ε 校正系数,被用在后面的一元分析校正上。见第四个表格下面的注释 b。

第五个表格是一元分析结果,见表 6.5。在一元分析结果中,表格共呈现了四个结果:第一行的"假设球形度"(sphericity assumed)是指符合球形假设的情况下一元分析的结果;其余三个是进行 ε 校正后的结果,实际上这四个结果的 $F$ 值都是一样的,校正体现在对自由度的校正上。后三者的自由度分别等于符合球形假设的自由度乘以球形假设表格中的三者的校正系数。如第二

行的格林豪斯-盖斯勒(Greenhous-Geisser)校正,其自由度为 1.882,即为 2×
0.941 得来,其他两个同理。这三个校正中,自由度越小,结果越保守,因此,
"下限"(lower-bound)最保守,"辛-费德特"(Huynh-Feldt)最灵敏,在很多情
况下,甚至与符合球形假设的结果一致(张文彤等,2004a)。

表 6.5　一元分析结果<br>主体内效应检验

测量:MEASURE_1

| 源 | | Ⅲ类平方和 | 自由度 | 均方 | F | 显著性 | 偏 Eta平方 |
|---|---|---|---|---|---|---|---|
| adapl | 假设球形度 | 13.733 | 2 | 6.867 | 10.179 | .000 | .147 |
| | 格林豪斯-盖斯勒 | 13.733 | 1.882 | 7.295 | 10.179 | .000 | .147 |
| | 辛-费德特 | 13.733 | 1.942 | 7.070 | 10.179 | .000 | .147 |
| | 下限 | 13.733 | 1.000 | 13.733 | 10.179 | .002 | .147 |
| 误差(adapl) | 假设球形度 | 79.600 | 118 | .675 | | | |
| | 格林豪斯-盖斯勒 | 79.600 | 111.067 | .717 | | | |
| | 辛-费德特 | 79.600 | 114.606 | .695 | | | |
| | 下限 | 79.600 | 59.000 | 1.349 | | | |

在本案例中,数据符合球形假设的结果,因此可以参考表 6.5 中的第一行
和第五行,结果可以这样报告[①]——$F(2,118)=10.18$,$p<.001$,$\eta_p{}^2=0.147$,
该结果与多元分析的结果一致(虽然自由度和 F 的具体数值不同),表明广告
诉求对于旅游地距离的判断有影响。

第六个表格是多次重复测量观测值之间的多项式(polynomial)比较,即
各次重复测量值之间随着测量次数变化而变化的趋势(张文彤等,2004a),见
表 6.6。对于只有两次甚至三次测量,这样的对比没有太多的参考价值,通常
可以忽略该结果报告。

---

① 注意一元方差分析和多元方差分析的自由度不同。注意对比表 6.5 与表 6.3 中
误差项的自由度。

**表 6.6　被试内测量的变化趋势分析**
**主体内对比检验**

测量：MEASURE_1

| 源 | adapl | Ⅲ类平方和 | 自由度 | 均方 | F | 显著性 | 偏 Eta 平方 |
|---|---|---|---|---|---|---|---|
| adapl | 线性 | 5.633 | 1 | 5.633 | 8.895 | .004 | .131 |
| | 二次 | 8.100 | 1 | 8.100 | 11.316 | .001 | .161 |
| 误差（adapl） | 线性 | 37.367 | 59 | .633 | | | |
| | 二次 | 42.233 | 59 | .716 | | | |

　　第七个表格是被试间因素的一元方差分析结果，见表 6.7。由于在本案例中没有被试间变量，因此结果输出中只有截距和误差项的结果。在混合实验设计中，会出现组间变量的效果，在第七章我们会详细解释该结果。

**表 6.7　被试间因素的一元分析结果**
**主体间效应检验**

测量：MEASURE_1
转换后变量：平均

| 源 | Ⅲ类平方和 | 自由度 | 均方 | F | 显著性 | 偏 Eta 平方 |
|---|---|---|---|---|---|---|
| 截距 | 3 150.050 | 1 | 3 150.050 | 4 261.053 | .000 | .986 |
| 误差 | 43.617 | 59 | .739 | | | |

　　第八个表格是描述性统计，见表 6.8。该表格是"估算边际平均值"的组成部分之一，即"EM 平均值"命令输出结果。在该表格中展示了重复测量三个水平对应的因变量的平均值、标准误和 95% 置信区间。从表中可以看出，被试对可行性诉求广告中旅游地距离判断值为 $M=3.82$，标准误[①]为 SE=0.10；被试对合意性诉求广告中旅游地距离判断值为 $M=4.48$，标准误为 SE=0.11；被试对简单邀约诉求广告中旅游地距离判断值为 $M=4.25$，标准误为 SE=0.12。

---

　　① 　注意，此处输出结果是标准误 SE，而非一般描述性统计中输出的标准差 SD。

表 6.8　单因素被试内实验设计的描述性统计
估算值

测量：MEASURE_1

| adapl | 平均值 | 标准误差 | 95％置信区间 | |
|---|---|---|---|---|
| | | | 下限 | 上限 |
| 1 | 3.817 | .097 | 3.624 | 4.010 |
| 2 | 4.483 | .110 | 4.263 | 4.704 |
| 3 | 4.250 | .116 | 4.019 | 4.481 |

第九个表格是均值之间的两两比较，见表 6.9。从表中可以看到，广告诉求的水平 1（简单邀约）和水平 2（可行性诉求）比较，两者差异显著，$p = .012$；广告诉求的水平 1（简单邀约）和水平 3（合意性诉求）比较，两者差异不显著，$p = .503$；广告诉求的水平 2 和水平 3 比较，两者差异显著，$p < .001$。水平 1、2、3 分别对应的名称可以参照第一个表格（见表 6.1）。结合前面平均值的结果，可以发现相对于可行性诉求，合意性诉求和简单邀约诉求广告会令受众认为旅游地的距离自己更远，而合意性诉求和简单邀约诉求广告对受众的旅游地距离判断影响没有差异。

表 6.9　平均值的两两比较
成对比较

测量：MEASURE_1

| (I)adapl | (J)adapl | 平均值差值 (I−J) | 标准误差 | 显著性[b] | 差值的 95％置信区间[b] | |
|---|---|---|---|---|---|---|
| | | | | | 下限 | 上限 |
| 1 | 2 | .433* | .145 | .012 | .075 | .791 |
| | 3 | −.233 | .167 | .503 | −.645 | .178 |
| 2 | 1 | −.433* | .145 | .012 | −.791 | −.075 |
| | 3 | −.667* | .136 | .000 | −1.001 | −.332 |
| 3 | 1 | .233 | .167 | .503 | −.178 | .645 |
| | 2 | .667* | .136 | .000 | .332 | 1.001 |

基于估算边际平均值
*.平均值差值的显著性水平为.05。
b.多重比较调节：邦弗伦尼法。

第十个表格是多元分析结果，见表 6.10。该表格与第三个表格几乎完全重复,见表6.3。可以忽略。

表 6.10　多元方差分析结果
多变量检验

| | 值 | F | 假设自由度 | 误差自由度 | 显著性 | 偏 Eta 平方 |
|---|---|---|---|---|---|---|
| 比莱轨迹 | .311 | 13.099[a] | 2.000 | 58.000 | .000 | .311 |
| 威尔克 Lambda | .689 | 13.099[a] | 2.000 | 58.000 | .000 | .311 |
| 霍特林轨迹 | .452 | 13.099[a] | 2.000 | 58.000 | .000 | .311 |
| 罗伊最大根 | .452 | 13.099[a] | 2.000 | 58.000 | .000 | .311 |

　　每个 F 都将检验 adapl 的多变量效应。这些检验基于估算边际平均值之间的线性无关成对比较。

　　a.精确统计

　　最后是图形输出结果,见图 6.9,在图中可以看到在不同广告诉求水平时对应的空间距离判断数值。如果单纯从图中看,似乎广告诉求水平 1(简单邀约)与另外两个水平下的距离判断都存在差异,但事实上是否存在显著差异,需要参考上面两两比较的结果。而且,在实际报告中,研究者最好使用其他画图软件,画出条形图。

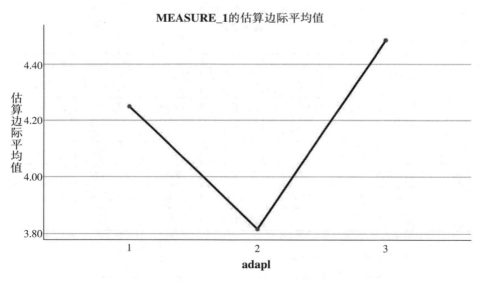

图 6.9　不同广告诉求水平下的空间距离判断

　　以上是对单因素被试内三水平设计,对于更简单的两水平的情况,数据处理和结果输出稍微有所不同。在数据处理中,无须第三步,因为只有两个水平,方差分析结果即两个水平比较的结果,不需要再进行两两比较,因而结果输出中也就不存在第七到第九个表格。并且,由于只是重复测量两次,因此球形检验就不会启动,没有输出结果。具体表现可以参见本章第二节中的结果。

# 第二节　两因素被试内实验设计

　　在本书被试间实验设计中,为了讲述各种类型自变量的构念与操纵、实验设计以及数据检验方法的需要,引入了多个调节变量。原则上,在被试内设计中,仍然沿用这些调节变量,会减小读者的认知负荷,把有限的认知资源放在实验设计和数据分析上——这才是本书的重点。然而,在被试间实验设计中引入的几个调节变量,如果由被试间变量改为被试内变量,会产生非常严重的延滞效应。对于第一个调节变量——被试的调节定向,实验中,需要使用启动方法操纵被试“短暂地”成为促进定向或者防御定向类型的人,如果采用被试内实验设计,很难保证前面启动的效果不会延滞到后面的操纵,或者为后面的启动带来需要特征,导致后面操纵失败;对于第二个调节变量——计划出行时间,实验中,该变量是由指导语操纵的,告知被试计划明天或者半年后出行,如果用作被试内变量,同样会给被试造成混乱或者带来需要特征,导致后面的操纵失败;对于第三个调节变量——内省检验,实验中,该变量也是由指导语操纵的,告知被试要关注或者警惕加工流畅的感觉,如果用作被试内变量,无论有内省还是无内省的操纵放在前面都会影响后面的操纵,同样导致后面的操纵失败。对这些变量的分析表明,并不是所有的变量都适合被试内设计的。因此,在重复测量设计中,我们将引入另外两个新的调节变量。

　　在本节中,我们首先引入第一个调节变量——空间距离。从构念上,空间距离与被试间实验设计中使用的计划出行时间属于同一个抽象构念,即心理距离。因此,在本节中所使用的理论与两因素被试间实验设计中所使用的理论完全一致,只是在抽象变量的操作化方面不同。也正是变量的操作化不同,使得实验设计由被试间设计转为被试内设计成为可能。要求被试先后想象明天和半年后出行是困难的,两者可能彼此干扰,然而,要求被试先后想象旅游地与自己的空间距离长短则是很自然的,也可能在现实中发生。对于空间距离的操作化相对简单,在近的空间距离条件下,让被试想象看到距离自己很近的一个城市的广告,在远的空间距离条件下,再想象看到距离自己很远的一个城市的广告。因此,在本案例中,研究问题是:与受众距离不同的旅游地,使用哪类广告诉求效果会更好。相关理论以及假设推导过程在两因素被试间实验设计中已经详细论述了,读者可以自行查阅,这里直接给出要检验的假设:当旅游地距离自己较近时,受众会认为可行性诉求广告比合意性诉求广告更有吸引力;而当旅游地距离自己较远时,受众会认为合意性诉求广告比可行性诉求广告更有吸引力。

## 一、实验设计与程序

### (一)实验设计

在两因素被试内实验设计中,包含两个自变量,$X$ 和 $Y$,假设自变量 $X$ 包含 $i$ 个水平,自变量 $Y$ 包含 $j$ 个水平,$i$ 和 $j$ 可以相同,也可以不同,而且原则上这两个数可以是 2 或 2 以上的任何数字。在被试内实验设计中,所有的被试被归为一组,每个被试都要接受 $i \times j$ 个实验处理。两因素被试内实验设计中,虽然只是比单因素被试内实验设计多了一个因素,但每个被试接受的处理数量往往会翻番甚至更多。例如,就算最简单的 $2 \times 2$ 两因素被试内实验设计,每个被试都要接受 4 次处理,如果每个因素包含 3 个水平,每个被试就要接受 $9(3 \times 3)$ 组处理,实验任务就会变得异常繁重,实验处理的顺序安排也会非常困难。在此,我们以 $2 \times 2$ 两因素被试内实验设计为例进行深入分析,其基本模式如下:

$$T_{x_1 y_1} \quad O_1 \quad T_{x_1 y_2} \quad O_2 \quad T_{x_2 y_1} \quad O_3 \quad T_{x_2 y_2} \quad O_4$$

在本案例中,包括两个自变量——广告诉求以及旅游地距离。每个变量只包含两个水平,该设计属于最简单的 $2 \times 2$ 两因素被试内实验设计,因变量测量也需要在每次的实验处理之后进行,因此需要重复测量四次。测量 O 的角标从 1 到 4,并不意味着每一位被试都是按照固定顺序接受处理和观察的。实验处理的顺序安排需要在不同被试间进行抵消平衡。在这里,如果采用完全抵消平衡法,需要 4!(4 的阶乘),即 24 组被试,实验程序会非常复杂。如果采用不完全抵消平衡法,那么可以选择的顺序排列可简可繁。比较简单的做法,如拉丁方法、随机分配法等,具体操作手段可以参考王霏(2020)著作中相应部分。在此我们分析一种较复杂的做法。

　　这种方法借鉴了区组随机化的思想,即固定某因素,然后变化另外一个因素不同水平的呈现顺序。例如,在本案例中,固定旅游地距离,对一组人先呈现近的距离后呈现远的距离,而对另外一组人先呈现远的距离再呈现近的距离,把旅游地距离的每个水平(近距离和远距离)看作一个区组(block),然后把另外一个因素——广告诉求的不同水平(合意性和可行性诉求)在单个区组内随机分配,完成一个区组之后,在另外的区组内如法炮制。这是一种折中的类似区组随机化(blockr andomization)的方法。当然,另外一种顺序处理方式是固定广告诉求,然后在不同广告诉求水平下平衡旅游地距离,道理是完全相同的。这两类顺序处理方式看似没有什么差别,但实际上,由于变量操作化的难度不一样,在制作刺激材料或安排实验程序上存在着显著不同。变量的操作化取决于变量本身的特性。

　　如果固定广告诉求,先让被试看到某个旅游地广告,然后询问被试,如果这个旅游地距离较远,那么广告吸引力如何;再询问被试,如果这个旅游地较近,广告的吸引力如何;更换一则广告,再做如上询问。旅游地距离通过指导语改变,重复出现比较自然,但任务要求同一个被试分别想象同一则广告是不同距离的旅游地的广告,然后对其吸引力做出评价,前面的判断任务也会影响后面的判断任务。被试接受了所有的实验处理,很容易看到不同实验处理之间的细微差异,也比较容易猜测到实验目的,从而产生系统性误差。使用这种顺序安排方式,实验材料几乎不需要改变,因而对自变量的操作化比较简单;但缺点是,很难避免需要特征(demand characteristic),容易产生顺序效应。

　　如果采用固定旅游地距离的方式,先让被试想象看到了某个较近(或较远)距离的旅游地广告两则,分别判断这两则广告的吸引力,然后再让被试想象看到了某个较远(或较近)距离的旅游地广告两则,分别判断这两则广告的吸引力。在此设计中,前后两次出现的广告内容要不一样。虽然两组广告都对应了可行性和合意性诉求,但在可行性和合意性诉求具体表现的内容上则完全不同,具体实例可以参见本书第二章第一节第二部分中两组广告内容。此处若使前后两组广告内容一致,则仍然会产生较强的需要特征,因为在前面的情境设定中,被试已经把这两则广告默认为距离自己较近的旅游地的广告,在此前提下对广告吸引力分别做出判断,而后面的情境设定中,又要求被试把广告设想为较远距离的旅游地广告,再次对同样的两则广告做出吸引力判断,这样做很容易促使被试猜测实验目的,导致前面判断任务影响后面判断任务。要做出两组不同诉求的广告,虽然在自变量操作化上相对复杂,但这样的操纵使得实验的需要特征在某种程度上得以减弱。

当然，上述两种顺序处理方式，无论哪种方法都无法完全消除可能存在的顺序效应，只是第二种看起来相对较好。一般来说，在不能排除顺序效应的情况下，应尽量采用被试间实验设计。

（二）实验程序

在本案例中，我们采用固定旅游地距离的方式安排实验程序，具体步骤如下：

第一步，将被试随机分配为两组。第一组被试先接受旅游地处于近距离的情况，然后再接受旅游地处于远距离的情况，可以称之为"先近后远组"；第二组被试则相反，可以称之为"先远后近组"。

第二步，分配到第一组的被试首先看到第一则指导语："假定有一处旅游胜地，距离您现在的位置很近，您恰好看到了这个旅游胜地的两则广告，请根据您的直觉，分别对这两则广告的吸引力打分"。分配到第二组的被试看到的指导语除"距离您现在的位置很远"之外，其他内容完全相同。

第三步，要求被试对两则不同诉求广告的吸引力进行判断。此处两则广告的呈现顺序可以有两种选择：第一种，随机抽取一则广告，评价完毕，再呈现另外一则；第二种，事先确定顺序，在被试间进行抵消平衡，即把每组被试再进行分成两组，一组被试先看可行性诉求广告，再看合意性诉求广告，而另外一组被试先看合意性诉求广告，再看可行性诉求广告。如果按照第二种方式，此处已经形成了4组被试。每看完一则广告，被试对这则广告的吸引力进行打分，因变量广告吸引力的测量参见第二章第二节的相关测量（见表2.2）。

第四步，分配到第一组的被试接着看到第二则指导语："假定有一处旅游胜地，距离您现在的位置很远，您恰好看到了这个旅游胜地的两则广告，请根据您的直觉，分别对这两则广告的吸引力打分"。同样，分配到第二组的被试看到的指导语除去"距离您现在的位置很近"之外，其他内容完全相同。

第五步，与第三步的操作相似，两则广告的呈现顺序也参照第三步的方式。如果是第一种方式，比较简单，也用随机抽取方法。但如果是第二种，则需要再次进行抵消平衡，此时实际上已经形成了8组被试。图6.10比较清晰地表现了不同步骤之后的分组情况和结果。实际上，如果使用"问卷星"等网络平台收集数据，这样的分法比随机分配不同的广告诉求更具有操作性。从一开始就把不同的程序设定为8组，随机分配给不同的被试即可。另外，第五步使用的两则广告与前面第三步中所使用的两则广告同属于可行性诉求和合意性诉求广告,只是具体内容不同,详细内容可参见第二章第二节的内容。

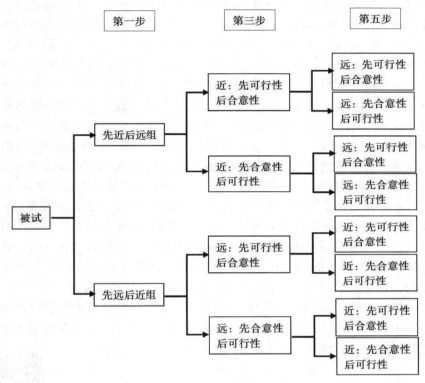

图 6.10　实验处理分配过程及结果

最后一步,同前。

## 二、被试人数确定

实验程序完成之后,就可以确定取样方法和数量了。取样仍然采用网络方式进行,样本数量确定流程与单因素被试内实验设计的确定流程没有本质差别,仍然采用 G * power 软件计算,其他参数基本不变,只是在参数输入的时候,测量次数"Number of measurements"修改为"4",计算出被试总数量为 48 人。

## 三、数据处理

数据输入原则不变,输入模式与第一节的单因素被试内实验设计并无本质不同。在本案例中,该设计包含两个因素,每个因素包含两个水平,广告诉求包括可行性诉求和合意性诉求,分别设定为水平 1 和水平 2,空间距离包括近距离和远距离,分别设定为水平 1 和水平 2。两个因素的所有水平都要彼此组合,因此形成四次处理。相应的每次处理之后都有一次因变量的观察,因此共有四个因变量,数据输入要占四列。可行性诉求广告与距离较近条件标记为"feanear",标签命名为"可行性近距离";可行性诉求广告与距离较远条件标记为"feafar",标签命名为"可行性远距离";合意性诉求广告与距离较近条件标记为"desnear",标签命名为"合意性近距离";合意性诉求广告与距离较远条件标记为"desfar",标签命名为"合意性远距离"。在本案例中,我们把空间距离作为调节变量,广告诉求作为核心自变量,因此最好的输入顺序应该以空间距离为区组,先完成空间距离水平 1 下面广告诉求两个组的输入,然后再完成空间距离水平 2 下广告诉求两个组的输入。但为了让读者感受一下数据输入与数据处理时的匹配对操作便利性的影响,在此我们以广告诉求为区组输入数据。另外,不同的被试在完成四次测量时的顺序是不同的,输入SPSS 时尤其需要注意。在第一节中,我们已经阐述了测量顺序作为被试间变量的处理情况,在本节中,顺序因素不再作为一个变量列入。

数据录入[①]完毕后即可进行后面的操作。在两因素被试内实验设计的数据处理中,因为涉及两个因素的交互效应,所以除了做一般的重复测量方差分析之外,还需要编写语句,进行简单效应分析。

（一）多元方差分析（MANOVA）

1.两因素被试内实验设计的多元方差分析与单因素被试内实验设计的多元方差分析没有本质差别,只是在本案例中,两个被试内因素都只包含两个水平,因此不再对水平之间的差异进行两两比较。具体步骤如下:

两因素被
试内设计

第一步,打开相应数据,在数据视图下,点击第一行第六个按钮"分析（A）",然后在下拉菜单中将鼠标移到第五行"一般线性模型（G）",就会出现级联菜单,再将鼠标移到级联菜单的第三行"重复测量（R）",点击会出现图 6.4 弹窗。

此处要设置重复测量的因子以及水平数,有几个重复测量的因子就要设置几次。在本案例中,包括两个重复测量的因子,分别是广告诉求和空间距

---

① 　此处所使用数据的文件名称为"6.2 第六章 两因素被试内实验设计",请扫描二维码获取。

离,因此需要设置两次,这里的设置决定了后面的测量水平输入是否方便。从前面数据输入中,首先输入的是"可行性近距离",然后输入的是"可行性远距离",再后输入的是"合意性近距离",最后输入的是"合意性远距离"。如果把广告诉求作为调节自变量,空间距离作为自变量,在变量设置时,先设置广告诉求,再设置空间距离。数据的输入顺序与变量的设置顺序相对应,数据分析会比较方便。但实际上,我们的研究设计是以广告诉求为自变量,而以空间距离为调节变量的,因此,这里我们设置空间距离为第一个自变量,而广告诉求为第二个自变量。读者可以直观感受数据输入顺序与后面变量输入顺序对数据分析便利性的影响。

变量设置过程同第一节中的单因素被试内实验设计。在图 6.4 中,在"主体内因子名(W)"下面的框内设置重复测量因子的名称,"空间距离"变量在此处被设置为"dist",然后在"级别数(L)"后面的框内填入"2",接着点击"添加(A)",就会看到"dist(2)"被输入下方的大方框内。重复上述操作,广告诉求"adapl(2)"被输入下方的大方框内。最后点击"定义(F)"就会出现弹窗图6.11。读者可以自行与图 6.5 相比较。

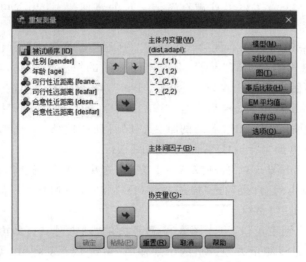

图 6.11　双因素重复测量分析弹窗

第二步,要把四列因变量输入对应的位置以便计算。此处变量组合输入顺序非常重要,需要认真观察,每一列变量组合所对应的水平组合,不能想当然的按照顺序输入。图 6.11 右侧"主体内变量（W）""（dist,adapl）"中的"_?_(1,1)"对应了近距离（空间距离水平 1）和可行性诉求（广告诉求水平 1），即左侧方框内的第四行的变量"可行性近距离"，用鼠标点击选中，然后点击中间的箭头，输入右侧方框内。而右侧"主体内变量（W）""（dist,adapl）"中的"_?_(1,2)"对应了近距离（空间距离水平 1）和合意性诉求（广告诉求水平 2），即左侧方框内的第六行的变量"合意性近距离"，点击选中，点击中间的箭头，输入右侧方框内，后面两个变量组合也做如上操作。

从以上的操作可以看出，在数据输入时，是以广告诉求为区组，先输入可行性诉求水平的数据，再输入合意性诉求水平的数据，在区组内再考虑空间距离的两个水平；而在数据分析时，则把空间距离作为区组，要求先输入近距离水平的变量组合，在输入远距离的变量组合，在区组再考虑广告诉求的两个水平。因此，在数据分析中，需要挑选前面的变量组合，非常不方便。所以，在数据输入就应该考虑到后面数据分析的需要，按照以调节变量为区组，然后再按照核心自变量不同水平组合的顺序输入；在变量设置时，先设置调节变量再设置核心自变量。这样在数据分析时，左侧的四个变量组合与右侧的水平组合一一对应，这一步的变量组合输入就会变得非常简单，使用"Shift"键就可以批量导入。读者可以自行尝试。

第三步，点击图 6.11 右侧第三个按钮"图（T）"，就会弹出新弹窗，见图 6.12。首先点击选中视图左侧的"dist"，点击视图中间的第一个箭头，输入"水平轴（H）"框内，然后点击选中视图左侧的"adapl"，点击视图中间的第二个箭头，输入"水平轴（H）"框内，再后点击图 6.12 中部的"添加（A）"按钮，"dist * adapl"便会被输入"图（T）"下面的框内。保留默认选项"折线图（L）"。最后点击视图最下方的"继续（C）"，回到主视图 6.11。

第四步，点击图 6.11 右侧按钮最下方的"选项（O）"，就会出现新的弹窗，见上文中的图 6.8。直接勾选"描述统计（D）"和"效应量估算（E）"即可，然后点击视图最下的"继续（C）"。

第五步，回到主窗口，点击图 6.11 最下方的"确定"按钮，即可计算结果。

2.两因素重复测量方差分析的结果输出，包含七个表格和一幅图。

第一个表格是重复测量两个因素水平组合相对应的命名，见表 6.11。在该表格中，指出两个自变量的不同水平组合的命名。其输出顺序与数据分析时在图 6.4 弹窗中界定自变量的顺序有关。在本案例中，我们首先界定了空间距离（dist）变量，并且将之视作调节变量，而将广告诉求视作核心自变量，

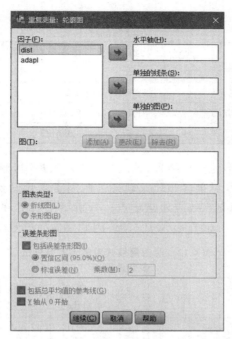

**图 6.12　两因素重复测量作图弹窗**

这样设置对应的结果输出便于我们对结果的解读。两个自变量的组合分别对应了相应的测量,近距离(dist1)与可行性诉求(adapl1)对应的是"feanear"测量,其余水平组合依此类推。

**表 6.11　双因素被试内实验设计的水平组合**
**主体内因子**

测量:MEASURE_1

| dist | adapl | 因变量 |
|------|-------|--------|
| 1    | 1     | feanear |
|      | 2     | desnear |
| 2    | 1     | feafar |
|      | 2     | desfar |

第二个表格是因变量的描述性统计,见表 6.12。该表格输出了四次测量的均值、标准差(SD)和样本量。在结果呈现时,这些数据需要报告。

表 6.12　四个因变量的描述性统计

描述性统计

|  | 平均值 | 标准偏差 | 个案数 |
|---|---|---|---|
| 可行性近距离 | 4.536 5 | 1.001 58 | 48 |
| 合意性近距离 | 3.743 0 | 1.234 59 | 48 |
| 可行性远距离 | 3.781 1 | 1.014 50 | 48 |
| 合意性远距离 | 4.894 6 | .896 27 | 48 |

第三个表格是多元分析结果,见表 6.13。该表格中,输出了两个自变量的主效应和交互效应。结果参照比莱轨迹。两因素实验设计中,主效应并不是关注的重点,两者的交互效应才是重点。分析结果表明,两者交互效应显著,$F(1,47)=41.67$,$p<.001$,$\eta_p^2=0.470$。因此要做简单效应分析。

表 6.13　两因素被试内多元方差分析

多变量检验[a]

| 效应 |  | 值 | F | 假设自由度 | 误差自由度 | 显著性 | 偏 Eta 平方 |
|---|---|---|---|---|---|---|---|
| dist | 比莱轨迹 | .034 | 1.669[b] | 1.000 | 47.000 | .203 | .034 |
|  | 威尔克 Lambda | .966 | 1.669[b] | 1.000 | 47.000 | .203 | .034 |
|  | 霍特林轨迹 | .036 | 1.669[b] | 1.000 | 47.000 | .203 | .034 |
|  | 罗伊最大根 | .036 | 1.669[b] | 1.000 | 47.000 | .203 | .034 |
| adapl | 比莱轨迹 | .032 | 1.576[b] | 1.000 | 47.000 | .215 | .032 |
|  | 威尔克 Lambda | .968 | 1.576[b] | 1.000 | 47.000 | .215 | .032 |
|  | 霍特林轨迹 | .034 | 1.576[b] | 1.000 | 47.000 | .215 | .032 |
|  | 罗伊最大根 | .034 | 1.576[b] | 1.000 | 47.000 | .215 | .032 |
| dist * adapl | 比莱轨迹 | .470 | 41.674[b] | 1.000 | 47.000 | .000 | .470 |
|  | 威尔克 Lambda | .530 | 41.674[b] | 1.000 | 47.000 | .000 | .470 |
|  | 霍特林轨迹 | .887 | 41.674[b] | 1.000 | 47.000 | .000 | .470 |
|  | 罗伊最大根 | .887 | 41.674[b] | 1.000 | 47.000 | .000 | .470 |

a.设计:截距

　主体内设计:dist＋adapl＋dist * adapl

b.精确统计

第四个表格是球形检验结果,见表 6.14。在上一节分析中已经指出,只有重复测量三次及以上,球形检验结果才会有输出。本案例中,只包括两次重复测量,因此没有输出。

### 表 6.14　球形检验
### 莫奇来球形度检验<sup>a</sup>

测量:MEASURE_1

| 主体内效应 | 莫奇来 W | 近似卡方 | 自由度 | 显著性 | Epsilon<sup>b</sup> | | |
|---|---|---|---|---|---|---|---|
| | | | | | 格林豪斯-盖斯勒 | 辛-费德特 | 下限 |
| dist | 1.000 | .000 | 0 | — | 1.000 | 1.000 | 1.000 |
| adapl | 1.000 | .000 | 0 | — | 1.000 | 1.000 | 1.000 |
| dist * adapl | 1.000 | .000 | 0 | — | 1.000 | 1.000 | 1.000 |

检验"正交化转换后因变量的误差协方差矩阵与恒等矩阵成比例"这一原假设。

　a.设计:截距

　主体内设计:dist＋adapl＋dist * adapl

b.可用于调整平均显著性检验的自由度。修正检验将显示在"主体内效应检验"表中。

　　第五个表格是一元方差分析结果,见表 6.15。前面球形假设检验中,三个修正系数都为 1,因此在一元分析中,三个修正的结果与符合球形检验的结果实际上是一样的。而且,一元方差分析结果与多元分析结果一模一样。在此处还需要注意的是,每个变量与变量的组合都对应了不同的误差项,虽然自由度都一样。

### 表 6.15　一元方差分析
### 主体内效应检验

测量:MEASURE_1

| | 源 | III 类平方和 | 自由度 | 均方 | F | 显著性 | 偏 Eta 平方 |
|---|---|---|---|---|---|---|---|
| dist | 假设球形度 | 1.884 | 1 | 1.884 | 1.669 | .203 | .034 |
| | 格林豪斯-盖斯勒 | 1.884 | 1.000 | 1.884 | 1.669 | .203 | .034 |
| | 辛-费德特 | 1.884 | 1.000 | 1.884 | 1.669 | .203 | .034 |
| | 下限 | 1.884 | 1.000 | 1.884 | 1.669 | .203 | .034 |
| 误差<br>(dist) | 假设球形度 | 53.055 | 47 | 1.129 | | | |
| | 格林豪斯-盖斯勒 | 53.055 | 47.000 | 1.129 | | | |
| | 辛-费德特 | 53.055 | 47.000 | 1.129 | | | |
| | 下限 | 53.055 | 47.000 | 1.129 | | | |

续表

| 源 | | Ⅲ类平方和 | 自由度 | 均方 | F | 显著性 | 偏 Eta 平方 |
|---|---|---|---|---|---|---|---|
| adapl | 假设球形度 | 1.229 | 1 | 1.229 | 1.576 | .215 | .032 |
| | 格林豪斯-盖斯勒 | 1.229 | 1.000 | 1.229 | 1.576 | .215 | .032 |
| | 辛-费德特 | 1.229 | 1.000 | 1.229 | 1.576 | .215 | .032 |
| | 下限 | 1.229 | 1.000 | 1.229 | 1.576 | .215 | .032 |
| 误差 (adapl) | 假设球形度 | 36.637 | 47 | .780 | | | |
| | 格林豪斯-盖斯勒 | 36.637 | 47.000 | .780 | | | |
| | 辛-费德特 | 36.637 | 47.000 | .780 | | | |
| | 下限 | 36.637 | 47.000 | .780 | | | |
| dist * adapl | 假设球形度 | 43.637 | 1 | 43.637 | 41.674 | .000 | .470 |
| | 格林豪斯-盖斯勒 | 43.637 | 1.000 | 43.637 | 41.674 | .000 | .470 |
| | 辛-费德特 | 43.637 | 1.000 | 43.637 | 41.674 | .000 | .470 |
| | 下限 | 43.637 | 1.000 | 43.637 | 41.674 | .000 | .470 |
| 误差 (dist * adapl) | 假设球形度 | 49.214 | 47 | 1.047 | | | |
| | 格林豪斯-盖斯勒 | 49.214 | 47.000 | 1.047 | | | |
| | 辛-费德特 | 49.214 | 47.000 | 1.047 | | | |
| | 下限 | 49.214 | 47.000 | 1.047 | | | |

第六个表格是重复测量观测值之间的多项式比较,见表 6.16。此表格对于两次甚至三次重复测量的设计没有多大的参考价值,可忽略。

**表 6.16　重复测量值的多项式比较**
**主体内对比检验**

测量：MEASURE_1

| 源 | dist | adapl | Ⅲ类平方和 | 自由度 | 均方 | F | 显著性 |
|---|---|---|---|---|---|---|---|
| dist | 线性 | | 1.884 | 1 | 1.884 | 1.669 | .203 |
| 误差 (dist) | 线性 | | 53.055 | 47 | 1.129 | | |
| adapl | | 线性 | 1.229 | 1 | 1.229 | 1.576 | .215 |

续表

| 源 | dist | adapl | Ⅲ类平方和 | 自由度 | 均方 | F | 显著性 |
|---|---|---|---|---|---|---|---|
| 误差<br>（adapl） | | 线性 | 36.637 | 47 | .780 | | |
| dist * adapl | 线性 | 线性 | 43.637 | 1 | 43.637 | 41.674 | .000 |
| 误差<br>（dist * adapl） | 线性 | 线性 | 49.214 | 47 | 1.047 | | |

第七个表格是被试间因素的一元方差分析结果，见表 6.17。在被试内实验设计中，不存在被试间变量，该表格报告了截距和误差的平方和、自由度、均方以及截距的显著性等信息。可忽略。

表 6.17　一元方差分析中被试间效应检验
主体间效应检验

测量：MEASURE_1
转换后变量：平均

| 源 | Ⅲ类平方和 | 自由度 | 均方 | F | 显著性 |
|---|---|---|---|---|---|
| 截距 | 3 449.721 | 1 | 3 449.721 | 2 456.301 | .000 |
| 误差 | 66.009 | 47 | 1.404 | | |

最后是图形输出结果，见图 6.13（原图用不同颜色区分不同变量，在本书中做了微调，实线对应原来的红线，虚线对应原来的蓝线）。以空间距离为横坐标轴，广告诉求为线条，广告（文案）吸引力为纵轴。广告诉求的两个线条存在交叉，似乎表明存在交互效应，实际结果还需要参考上文中对于交互效应检验的结果。

（二）简单效应分析

对于两因素被试内实验设计中可能出现的两因素交互效应，需要做进一步的简单效应分析。在此，同样会同时呈现多元方差分析（MANOVA）的语法和一般线性模型（GLM）的语法，两者是等效的。

1.图 6.14 即多元方差分析的简单效应语句：

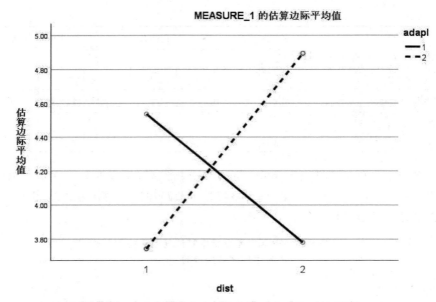

图 6.13　不同广告诉求在不同空间距离下的吸引力判断

```
MANOVA feanear desnear feafar desfar
  /WSFACTOR＝dist(2)adapl(2)
  /ERROR＝WITHIN
  /WSDESIGN＝adapl WITHIN dist(1)
              adapl WITHIN dist(2).
```

图 6.14　两因素被试内实验设计多元方差分析的简单效应分析

　　第一行,"MANOVA"后面界定因变量,即被试内两因素的四次测量变量,一般需要按顺序逐个列出,但如果变量命名时带有顺序特征,例如 $A_1B_1$,$A_1B_2$,$A_2B_1$,$A_2B_2$,可以不必逐个列出,直接写为 $A_1B_1$ TO $A_2B_2$。当自变量水平数为其他数值时,做同样处理,在第一个自变量水平 1 下,与第二个自变量不同水平组合依次输入,完毕之后在第一个自变量水平 2 下,与第二个自变量不同水平组合依次输入……在本案例中,四次测量的变量名称没有按照数字编码,在输入的时候,应该逐个列出,且注意排序规则。排序规则可以按照数据输入时的规则,在本案例中是以广告诉求为区组,然后输入空间距离的不同水平的方式。仔细观察图 6.14 第一行中变量的输入顺序,与数据输入顺序并不相同,而是采用了另外一种排序规则,即以空间距离为区组,然后输入广告诉求的不同水平的方式。无论哪种排序方式都没有问题,关键在于第二行中界定被试内因素时,要一一对应,否则会得到错误结论。

第二行,"/WSFACTORS"界定被试内因素,只要存在被试内因素,无论是完全被试内实验设计还是混合实验设计,必须对被试内因素进行界定,而且一定要在第二行就界定。括号内为被试内因素包含的水平数。在本案例中,有两个被试内变量,两者之间加空格。

在变量界定时,需要特别注意对应第一行中变量的顺序。变量输入的顺序是以空间距离为区组,然后输入广告诉求的不同水平,那么就需要先界定空间距离,再界定广告诉求。反之则相反。

第三行,"/ERROR"限定误差项为单元内残差。

第四行和第五行,"/WSDESIGN"进行简单效应分析,在被试间实验设计中,被试间变量的简单效应分析使用的命令是"DESIGN",而在重复测量实验设计中(包括完全被试内和混合实验设计),被试内变量的简单效应分析需要使用"WSDESIGN"。此处要检验的是广告诉求自变量分别在空间距离自变量水平 1 和水平 2 上的简单效应。当然,也可以继续输入第六行和第七行,检验空间距离自变量在广告诉求自变量两个水平上的简单效应。在本案例中,我们把空间距离视作调节变量,检验在这个调节变量不同水平上广告诉求的效果差异比较合理。

语句输入完毕,就可以点击绿色按钮,运行程序,然后就可以在结果输出部分看到相应的结果。

2.多元方差分析的简单效应分析结果。此处共包括四个部分,统一输出在一个文本中。

一是样本信息汇总,见图 6.15,具体含义可参考两因素被试间实验设计的解读。此处及以后不再赘述。

```
* * * * * * * * * * * * * * * * * Analysis of Variance * * * *'

        48 cases accepted.
        0 cases rejected because of out-of-range factor values.
        0 cases rejected because of missing data.
        1 non-empty cell.

        1 design will be processed.
------------------------------------------------
```

**图 6.15　样本及处理信息汇总**

二是被试间效应分析，见图 6.16。在本案例中，没有被试间变量，该表格报告了单元内变异（within cells）以及常数项（constant）的一些情况。

```
******************Analysis of Variance--Design 1****'
Tests of Between-Subjects Effects.

Tests of Significance for T1 using UNIQUE sums of squares
Source of Variation     SS    DF    MS      F  Sig of F

WITHIN CELLS         66.01   47   1.40
CONSTANT           3449.72    1 3449.72 2456.30    .000
------------------------------------------------------
```

**图 6.16　被试间效应分析**

三见图 6.17 为在调节变量"空间距离"水平 1 上（即近距离时）自变量"广告诉求"的简单效应，关键要找到 $F$ 值、两个自由度值和 $p$ 值。"WITHIN CELLS"行指出此处简单效应分析所使用的单元内变异的和方、自由度和均方，而"ADAPL WITHIN DIST(1)"行则指出了广告诉求在空间距离水平 1（近距离）情况下的和方、自由度以及均方，关键还有广告诉求在空间距离水平 1 上的简单效应，$F(1,47)=14.59, p<.001$。该结果表明在近距离时，广告诉求的简单效应显著，结合前面描述性统计，可以知道可行性诉求广告的吸引力（$M=4.54, SD=1.00$）高于合意性诉求广告的吸引力（$M=3.74, SD=1.23$）。

```
******************Analysis of Variance--Design 1***'
Tests involving 'ADAPL WITHIN DIST(1)' Within-Subject Effect.

Tests of Significance for T2 using UNIQUE sums of squares
Source of Variation       SS    DF    MS      F  Sig of F

WITHIN CELLS           48.69   47   1.04
ADAPL WITHIN DIST(1)   15.11    1  15.11   14.59    .000
------------------------------------------------------
```

**图 6.17　在调节变量水平 1 时自变量的简单效应**

四见图 6.18，为在调节变量"空间距离"水平 2 上（即远距离时），自变量"广告诉求"的简单效应。解读同前，$F(1,47)=37.63, p<.001$。该结果表明在远距离时，广告诉求的简单效应显著，结合前面描述性统计，可以知道合意性诉求广告的吸引力（$M=4.89, SD=0.90$）高于可行性性诉求广告的吸引力（$M=3.78, SD=1.01$）。

```
*****************Analysis of Variance--Design 1*

Tests involving 'ADAPL WITHIN DIST(2)' Within-Subject Effect.

Tests of Significance for T3 using UNIQUE sums of squares
Source of Variation      SS      DF     MS      F   Sig of F

WITHIN CELLS           37.16     47    .79
ADAPL WITHIN DIST(2)   29.76      1  29.76   37.63    .000
------------------------------------------------
```

**图 6.18　在调节变量水平 2 时自变量的简单效应**

3.图 6.19 即一般线性模型的简单效应分析语句:

```
GLM feanear desnear feafar desfar
    /WSFACTOR=dist(2)adapl(2)
    /PRINT=ETASQ
    /EMMEANS=TABLES(dist*adapl)COMPARE(adapl)ADJ(BONFERRONI).
```

**图 6.19　一般线性模型简单效应分析**

第一行,"GLM"之后,界定因变量,同样,两个因变量水平组合的输入顺序规则同多元方差分析的输入顺序。建议按照"调节变量区组一核心自变量"的顺序输入。

第二行,"/WSFACTOR"界定被试内因素,建议放在这一行。注意变量输入顺序要与第一行中的变量输入顺序一致。两个变量名称之间要加空格。

第三行,"/PRINT",可以输出效应量(effect size)$\eta_p^2$,当然,在此命令下,还可以输出描述性统计(DESCRIPTIVE),被试间因素(如果有)的方差齐性检验(HOMOGENEITY)等。在本案例中,只要求输出效应值。

第四行,"/EMMEANS",即对平均值的多重比较,在本章第一节中单因素被试内即使用过该命令。该命令结合后面的 COMPARE 命令,可以做简单效应分析。"TABLES()"命令即可输出括号内变量不同水平的平均值,如果括号内是两个变量的组合,如本案例的 dist*adapl,则可以输出四个水平组合的平均值;"COMPARE(adapl)"命令则可以比较广告诉求(adapl)这个变量在空间距离(dist)这个变量不同水平上对因变量影响的差异,即以空间距离为调节变量,检验自变量广告诉求的效果差异。一般来说,对于简单效应分析的多重比较默认方法是 LSD,但为了控制一类错误,通常需要修正的方法,即 ADJ 命令,后面加括号,共有三种方法可供选择——LSD 无修正,

BONFERRONI 和 SIDAK 修正（Howell et al.,2012）。BONFERRONI 修正更保守些,此处我们选择该修正方法。

语句输入完毕,点击绿色按钮,运行程序,就可以在结果输出部分看到相应的结果。

4.一般线性模型的简单效应分析结果。使用一般线性模型语法进行简单效应分析,也会完整输出多元分析结果和一元分析结果,前面 6 个表格与使用重复测量方差分析的窗口命令获得的结果（第一、第三到第七个表格）完全一致,在此不再详细解释,读者可以自行对比。

第七个表格是四次处理获得的因变量的描述性统计,见表 6.18。在该表格中,列出了自变量不同水平组合下对应测量的平均值、标准误差（SE）和95%置信区间。变量水平呈现顺序对应了语法中"EMEANS"行"TABLE()"命令中括号内的变量顺序。

**表 6.18　描述性统计**
**估算值**

测量:MEASURE_1

| dist | adapl | 平均值 | 标准误差 | 95%置信区间 | |
|---|---|---|---|---|---|
| | | | | 下限 | 上限 |
| 1 | 1 | 4.536 | .145 | 4.246 | 4.827 |
| | 2 | 3.743 | .178 | 3.384 | 4.101 |
| 2 | 1 | 3.781 | .146 | 3.487 | 4.076 |
| | 2 | 4.895 | .129 | 4.634 | 5.155 |

第八个表格是在调节变量空间距离（dist）不同水平下自变量广告诉求（adapl）的不同水平之间的两两比较。从表 6.19 中可以看到所有组之间两两比较结果是否达到显著。

**表 6.19　两两比较分析**
**成对比较**

测量:MEASURE_1

| dist | (I)adap | (J)adapl | 平均值差值(I−J) | 标准误差 | 显著性[b] | 差值的95%置信区间[b] | |
|---|---|---|---|---|---|---|---|
| | | | | | | 下限 | 上限 |
| 1 | 1 | 2 | .793* | .208 | .000 | .376 | 1.211 |
| | 2 | 1 | −.793* | .208 | .000 | −1.211 | −.376 |

续表

| dist | (I)adap | (J)adapl | 平均值差值 (I−J) | 标准误差 | 显著性[b] | 差值的95％置信区间[b] | |
|---|---|---|---|---|---|---|---|
| | | | | | | 下限 | 上限 |
| 2 | 1 | 2 | −1.113* | .182 | .000 | −1.479 | −.748 |
| | 2 | 1 | 1.113* | .182 | .000 | .748 | 1.479 |

基于估算边际平均值

*.平均值差值的显著性水平为.050。

b.多重比较调节：邦弗伦尼法。

第九个表格是在调节变量空间距离(dist)不同水平下，核心自变量显著性的多元方差分析结果，即简单效应分析，见表6.20。该结果类似于单因素被试内实验设计中的多元分析结果，可以反映某个自变量对因变量的影响是否显著，而第八个表格类似于单因素被试内实验设计中"EM平均值"命令计算的结果，是对自变量水平间做的两两比较。由于本案例中，自变量仅包含两个水平，所以在简单效应的报告中，既可以使用第八个表格的结果，也可以使用该表格中的结果，两者是等价的。

### 表6.20　简单效应的多元方差分析结果
#### 多变量检验

| dist | | 值 | F | 假设自由度 | 误差自由度 | 显著性 | 偏 Eta 平方 |
|---|---|---|---|---|---|---|---|
| 1 | 比莱轨迹 | .237 | 14.586[a] | 1.000 | 47.000 | .000 | .237 |
| | 威尔克 Lambda | .763 | 14.586[a] | 1.000 | 47.000 | .000 | .237 |
| | 霍特林轨迹 | .310 | 14.586[a] | 1.000 | 47.000 | .000 | .237 |
| | 罗伊最大根 | .310 | 14.586[a] | 1.000 | 47.000 | .000 | .237 |
| 2 | 比莱轨迹 | .445 | 37.634[a] | 1.000 | 47.000 | .000 | .445 |
| | 威尔克 Lambda | .555 | 37.634[a] | 1.000 | 47.000 | .000 | .445 |
| | 霍特林轨迹 | .801 | 37.634[a] | 1.000 | 47.000 | .000 | .445 |
| | 罗伊最大根 | .801 | 37.634[a] | 1.000 | 47.000 | .000 | .445 |

每个 F 都将检验其他所示效应的每个级别组合中 adapl 的多变量简单效应。这些检验基于估算边际平均值之间的线性无关成对比较。

a.精确统计

# 第三节　三因素被试内实验设计

对于三因素被试内实验设计,除了继续沿用两因素被试内实验设计中的核心自变量和调节变量之外,还需要引入第二个调节变量——社会距离。

从构念上看,社会距离,同空间距离和时间距离一样,都属于心理距离的这个抽象构念。社会距离的操纵同空间距离操纵相似,可以使用在被试内设计中,被试可能在实际生活中遇到这类情况。例如,就本案例而言,被试需要决定自己旅游出行的目的地,也可能帮助朋友决定旅游出行的目的地,让同一名被试先后为自己和朋友决策出行目的地也是比较自然的事情,在现实中也可能发生。因此,在三因素重复测量(完全被试内实验设计和三因素混合实验设计)实验设计中,我们将引入社会距离这个调节变量。社会距离的操作化比较简单:近社会距离的条件下,要求被试为自己的旅游目的地做相关决策,而在远社会距离条件下,要求被试为朋友的旅游目的地做相关决策。

在三因素被试间实验设计中,我们主要探讨了广告诉求、调节定向和内省检验的三因素交互效应,理论推导认为,广告诉求与调节定向存在匹配效应,而这种匹配效应只有在无内省时才影响广告吸引力,当被试存在内省时,两者的匹配效应消失,四种条件下对广告吸引力的影响没有差异。在本案例中,要探讨的主要问题是:与受众距离不同的旅游地,使用哪类广告诉求效果会更好?这种效果的差异在受众为自己决策或者为他人决策时是否存在不同?在两因素被试内实验设计中,已经探讨了第一个问题,涉及不同距离的旅游地使用两类广告诉求,受众对其吸引力的判断存在交互效应:在近距离时,可行性诉求被认为吸引力比较高;而在远距离时,合意性诉求被认为吸引力比较高。但吸引力判断任务默认的是对受众自身的吸引力,假如任务要求受众代替其他人对广告吸引力做出判断,其效果是否还会相同?根据构念水平理论(Trope et al.,2007),为他人决策和为自己决策,涉及的心理距离不同,对信息加工的抽象程度就不同,为他人做决策更偏好抽象的信息,而为自己做决策则偏好更具体的信息,此时空间距离不再起作用。因此本案例要检验的假设是:广告诉求、空间距离和社会距离三者交互影响了广告吸引力的评价。具体而言,当被试为自己决策时,可行性诉求广告在距离较近时更有吸引力,合意性诉求广告在较远距离时更有吸引力;而当被试代他人决策时,无论空间距离如何,合意性诉求广告都比可行性诉求广告更有吸引力。

## 一、实验设计与程序

### (一)实验设计

在三因素被试内实验设计中,包含三个自变量,$X$、$Y$ 和 $Z$,假设自变量 $X$ 包含 $i$ 个水平,自变量 $Y$ 包含 $j$ 个水平,自变量 $Z$ 包含 $k$ 个水平,$i$、$j$ 和 $k$ 可以相同,也可以不同,而且原则上这三个数可以是 2 或 2 以上的任何数字。实验的每个处理都是三个因素的某个水平的组合,而且所有的被试都被归为一组,都要接受每一个实验处理,即每个被试就要接受 $i \times j \times k$ 个实验处理。三因素被试内实验设计中,虽然只是比两因素被试内实验设计多了一个因素,但实验处理的数量至少翻了一番。在两因素被试内实验设计中,实验处理的顺序安排已经非常困难,在三因素被试内实验设计中,实验处理的顺序问题更加突出。即使是最简单的三因素被试内实验设计,每个被试也要接受 8 组处理。本节即以 $2 \times 2 \times 2$ 三因素被试内实验设计为例进行深入分析,其基本模式如下:

$$T_{x_1 y_1 z_1} O_1 \quad T_{x_1 y_1 z_2} O_2 \quad T_{x_1 y_2 z_1} O_3 \quad T_{x_1 y_2 z_2} O_4 \quad T_{x_2 y_1 z_1} O_5 \quad T_{x_2 y_1 z_2} O_6 \quad T_{x_2 y_2 z_1} O_7 \quad T_{x_2 y_2 z_2} O_8$$

在本案例中,包括三个自变量,即广告诉求、旅游地距离和社会距离。每个变量只包含两个水平,因此,该设计属于最简单的广告诉求(合意性 vs.可行性诉求)×空间距离(远 vs.近)×社会距离(为自己 vs.为他人)三因素被试内实验设计,同时,因变量测量也需要在每次的实验处理之后进行,需要重复测量 8 次。虽然观察 O 脚标是 1 到 8,但并不意味着在实际实施中,每个被试都是按照这个顺序接受实验处理和观察的。为了平衡顺序效应,还需要在不同被试间对这八种处理进行抵消平衡。如果使用完全平衡法,则需要 8!(8 的阶乘),即 40 320 组被试,显然是不可能完成的任务。当然,可以使用拉丁方法或者随机分配法,但这两种方法适合比较简单的多个刺激维度组合的情况,而在本案例中,涉及刺激特点自变量和指导语自变量,频繁改变容易造成被试困惑。例如,被试首先接到指导语,需要为自己决策,然后又接到指导语,需要为他人决策,再后又为自己决策,被试需要在为自己和为他人决策之间来回切换,以致难以分辨两者之间的差异。因此,仍然沿用本章第二节的区组随机化设计。首先以社会距离(为自己还是为他人决策)为区组,分为"先自己后他人组"和"先他人后自己组"两个区组,在这两个区组中,随后的划分和顺序平衡方式与第二节的方式相同。因此,最终形成16种顺序。这样的操作无论对被试还是对主试来说都是一种挑战。可以认为本案例中,采用完全被试内实验设计非常不合理,在实际研究中应避免采用。本节为了展示其中的问题以及随后的数据处理方式,树立这样一个可供批判的靶子。

(二)实验程序

具体步骤如下:

第一步,首先将被试随机分配为两组,第一组被试首先接受为自己决策后接受为他人决策的假定,第二组被试先接受为他人决策后接受为自己决策的假定。第一组可以称为"先自己后他人组",第二组可以称为"先他人后自己组"。

第二步,在第一步分组的基础上,每组被试再次被随机分配为两组。第一组被试先接受旅游地是近距离的情况,然后再接受旅游地是远距离的情况,可以称之为"先近后远组";第二组被试则相反,可以称之为"先远后近组"。这样,被试就会被分为四组:第一组,"先自己后他人且先近后远组";第二组,"先自己后他人且先远后近组";第三组,"先他人后自己且先近后远组";第四组,"先他人后自己且先远后近组"。

第三步,向被试呈现第一对可行性诉求和合意性诉求广告,同时,分配到各组的被试看到第一则指导语。例如,第一组的被试首先看到的指导语是:"假定您计划去一处旅游胜地,这个旅游地距离您现在的位置很近,您恰好看到了这个旅游胜地的两则广告,请根据您的直觉,分别对这两则广告的吸引力打分。"分配到其他组的被试看到的指导语依据条件修改关键的词句(您 vs.您的朋友,很近 vs.很远)。因变量广告吸引力的测量参见第二章第二节的相关测量。

第四步,向被试呈现第二对可行性诉求和合意性诉求广告,同时,分配到各组的被试看到第二则指导语。例如,第一组被试看到的指导语是:"假定您计划去另外一处旅游胜地,这个旅游地距离您现在的位置很远,您恰好看到了这个旅游胜地的两则广告,请根据您的直觉,分别对这两则广告的吸引力打分。"分配到其他组的被试看到的指导语依据条件修改关键的词句(您 vs.您的朋友,很近 vs.很远)。因变量广告吸引力的测量同前。

最后一步,同前。

## 二、被试数量确定

实验程序完成之后,需要确定取样方法和数量了。取样仍然采用网络方式进行,样本数量确定流程与单因素被试内实验设计的确定流程没有本质差

别,仍然采用 G ＊ power 软件计算,其他参数基本不变,只是测量次数
"Number of measurements"修改为"8",计算出被试总数量为 37 人。

## 三、数据处理

数据输入原则不变。在本案例中,该设计包含三个因素,每个因素包含两
个水平:广告诉求包括可行性诉求和合意性诉求,分别编码为水平 1 和水平
2;空间距离包括近距离和远距离,分别编码为水平 1 和水平 2;社会距离包括
为自己决策和为他人决策,分别编码为水平 1 和水平 2。三个因素的所有水
平都要彼此组合,因此形成 8 次处理,相应的每次处理之后都有一次因变量的
观察,因此共有 8 个因变量,数据输入要占 8 列。在此处数据输入时吸取第二
节数据输入的教训,按照第二调节变量—第一调节变量—核心自变量的顺序
输入,即社会距离—空间距离—广告诉求区组的方式,具体编码和输入顺序见
表 6.21 最后两列:

**表 6.21　数据分组及变量命名汇总**

| 分组 | | | 变量名 | 标签 |
|---|---|---|---|---|
| 为自己<br>决策 | 近距离 | 可行性诉求 | SNF | 自己近距离可行性 |
| | | 合意性诉求 | SND | 自己近距离合意性 |
| | 远距离 | 可行性诉求 | SFF | 自己远距离可行性 |
| | | 合意性诉求 | SFD | 自己远距离合意性 |
| 为他人<br>决策 | 近距离 | 可行性诉求 | ONF | 他人近距离可行性 |
| | | 合意性诉求 | OND | 他人近距离合意性 |
| | 远距离 | 可行性诉求 | OFF | 他人远距离可行性 |
| | | 合意性诉求 | OFD | 他人远距离合意性 |

同样,输入数据时,应注意被试实际接受测量的顺序与
SPSS 表格中变量输入顺序并不一致。数据录入[①]完毕后即可进
行后面的操作。接下来详细解读数据分析部分,除了一般的三
因素重复测量方差分析之外,二级简单效应及简单交互效应分
析是之前两因素被试内设计所没有的,在此重点解读。

三因素被
试内设计

---

① 此处所使用数据的文件名称为"6.3第六章 三因素被试内设计",请扫描二维码
获取。

(一)多元方差分析(MANOVA)

1.重复测量三因素的多元方差分析的具体步骤如下:

第一步,打开数据,在数据视图下,点击第一行第六个按钮"分析(A)",然后在下拉菜单中将鼠标移到第五行"一般线性模型(G)",就会出现级联菜单,再将鼠标移到级联菜单的第三行"重复测量(R)",点击会出现图6.4弹窗。

在本案例中,包括三个重复测量的因子,分别是"广告诉求"、"空间距离"和"社会距离",因此需要设置三次,吸取第二节变量输入的教训,本节数据输入按照"第二个调节变量—第一个调节变量—核心自变量"的顺序输入,在变量设置时也按照这样的顺序完成。在图6.4中,在"主体内因子名(W)"下面的框内设置重复测量因子的名称,"社会距离"变量在此处被设置为"seot",然后在"级别数(L)"后面的框内填入"2",接着点击"添加(A)",就会看到"seot(2)"被输入下方的大方框内。重复上述操作,空间距离"dist(2)"以及广告诉求 "adapl(2)"先后被输入下方的大方框内。最后点击"定义(F)"就会出现弹窗图6.20。

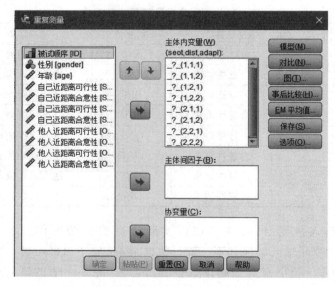

**图6.20 三因素被试内实验设计变量输入**

第二步,要把8个因变量输入对应的位置以便计算。实验处理输入的先后顺序非常重要。首先看右边方框上的"主体内变量(W)",下面的(seot,dist,adapl)三者决定了方框内8个实验处理的输入顺序。在本案例中,数据输入时就已经考虑到了数据输入顺序要和变量设定顺序一致，所以，在本案例中，变量的输入比较简单。点击选中左边方框内的第四行变量"自己近距离可行性[SNF]"，按住"Shift"键，再点击最后一行的"他人远距离合意性[OFD]"，这样8个因变量被完全选中，然后点击中间的箭头，所有的因变量都被一次性输入右侧方框内。

　　第三步，点击图6.20右侧第三个按钮"图（T）"，就会弹出新弹窗，见图6.21。首先点击选中视图左侧的"seot"，点击视图中间的第三个箭头，输入"单独的图（P）"框内，这样的安排将会以社会距离（seot）两个水平为分别作图的依据，形成两张图，具体见结果分析部分。然后，点击选中视图左侧的"dist"，点击视图中间的第一个箭头，输入"水平轴（H）"框内，再后点击选中视图左侧的"adapl"，点击视图中间的第二个箭头，输入"水平轴（H）"框内，再后点击图6.21中部的"添加（A）"按钮，"dist * adapl * seot"便会被输入"图（T）"下面的框内。保留默认选项"折线图（L）"。最后点击视图最下方的"继续（C）"，回到主视图6.20。

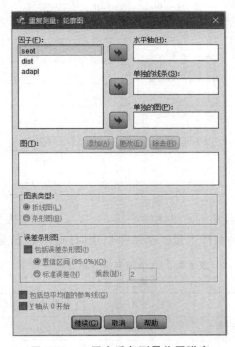

**图6.21　三因素重复测量作图弹窗**

第四步，点击视图 6.20 中最右侧的第七个按钮"选项（O）"会有新弹窗，见图 6.8。在新弹窗中，直接勾选"描述统计（D）"和"效应量估算（E）"即可，然后点击视图最下的"继续（C）"。回到主视图 6.20。

最后一步，回到主窗口，点击图 6.20 最下方的"确定"按钮，即可计算结果。

2.三因素重复测量的方差分析结果，包含七个表格和两幅图。

第一个表格重复测量三个因素水平组合相对应的命名。见表 6.22。在该表格中，指出两个自变量的不同水平组合的命名。其输出顺序与数据分析中界定自变量的顺序有关。在本案例中，数据输入顺序和变量界定顺序完全一致，在进行数据分析时比较方便。

**表 6.22　三因素被试内实验设计的水平组合**
**主体内因子**

测量：MEASURE_1

| seot | dist | adapl | 因变量 |
|------|------|-------|--------|
| 1 | 1 | 1 | SNF |
| | | 2 | SND |
| | 2 | 1 | SFF |
| | | 2 | SFD |
| 2 | 1 | 1 | ONF |
| | | 2 | OND |
| | 2 | 1 | OFF |
| | | 2 | OFD |

第二个表格是因变量的描述性统计，见表 6.23。该表格输出了 8 次测量的均值、标准差（SD）和样本量。在结果呈现时，这些数据需要报告。

**表 6.23　八个因变量的描述性统计**
**描述性统计**

| | 平均值 | 标准偏差 | 个案数 |
|------|--------|----------|--------|
| 自己近距离可行性 | 4.636 5 | .950 44 | 37 |
| 自己近距离合意性 | 3.824 3 | .855 67 | 37 |

续表

| | 平均值 | 标准偏差 | 个案数 |
|---|---|---|---|
| 自己远距离可行性 | 3.873 9 | .877 45 | 37 |
| 自己远距离合意性 | 4.513 5 | .903 42 | 37 |
| 他人近距离可行性 | 3.871 6 | .877 22 | 37 |
| 他人近距离合意性 | 4.323 0 | .914 66 | 37 |
| 他人远距离可行性 | 3.834 7 | .891 34 | 37 |
| 他人远距离合意性 | 4.263 5 | .790 45 | 37 |

以上两个表格与两因素重复测量的方差分析结果报告没有本质差别,只是内容更复杂。

第三个表格是对三因素重复测量的多元分析,相对于两因素重复测量的方差分析,这个表格复杂了很多,主要是包含更多的二阶交互效应和三阶交互效应,见表 6.24。

表 6.24　三因素重复测量的多元方差分析

多变量检验[a]

| 效应 | | 值 | F | 假设自由度 | 误差自由度 | 显著性 | 偏 Eta 平方 |
|---|---|---|---|---|---|---|---|
| seot | 比莱轨迹 | .040 | 1.518[b] | 1.000 | 36.000 | .226 | .040 |
| | 威尔克 Lambda | .960 | 1.518[b] | 1.000 | 36.000 | .226 | .040 |
| | 霍特林轨迹 | .042 | 1.518[b] | 1.000 | 36.000 | .226 | .040 |
| | 罗伊最大根 | .042 | 1.518[b] | 1.000 | 36.000 | .226 | .040 |
| dist | 比莱轨迹 | .007 | .260[b] | 1.000 | 36.000 | .613 | .007 |
| | 威尔克 Lambda | .993 | .260[b] | 1.000 | 36.000 | .613 | .007 |
| | 霍特林轨迹 | .007 | .260[b] | 1.000 | 36.000 | .613 | .007 |
| | 罗伊最大根 | .007 | .260[b] | 1.000 | 36.000 | .613 | .007 |
| adapl | 比莱轨迹 | .101 | 4.024[b] | 1.000 | 36.000 | .052 | .101 |
| | 威尔克 Lambda | .899 | 4.024[b] | 1.000 | 36.000 | .052 | .101 |
| | 霍特林轨迹 | .112 | 4.024[b] | 1.000 | 36.000 | .052 | .101 |
| | 罗伊最大根 | .112 | 4.024[b] | 1.000 | 36.000 | .052 | .101 |

续表

| 效应 | | 值 | F | 假设自由度 | 误差自由度 | 显著性 | 偏 Eta 平方 |
|---|---|---|---|---|---|---|---|
| seot * dist | 比莱轨迹 | .000 | .006$^b$ | 1.000 | 36.000 | .939 | .000 |
| | 威尔克 Lambda | 1.000 | .006$^b$ | 1.000 | 36.000 | .939 | .000 |
| | 霍特林轨迹 | .000 | .006$^b$ | 1.000 | 36.000 | .939 | .000 |
| | 罗伊最大根 | .000 | .006$^b$ | 1.000 | 36.000 | .939 | .000 |
| seot * adapl | 比莱轨迹 | .218 | 10.033$^b$ | 1.000 | 36.000 | .003 | .218 |
| | 威尔克 Lambda | .782 | 10.033$^b$ | 1.000 | 36.000 | .003 | .218 |
| | 霍特林轨迹 | .279 | 10.033$^b$ | 1.000 | 36.000 | .003 | .218 |
| | 罗伊最大根 | .279 | 10.033$^b$ | 1.000 | 36.000 | .003 | .218 |
| dist * adapl | 比莱轨迹 | .202 | 9.089$^b$ | 1.000 | 36.000 | .005 | .202 |
| | 威尔克 Lambda | .798 | 9.089$^b$ | 1.000 | 36.000 | .005 | .202 |
| | 霍特林轨迹 | .252 | 9.089$^b$ | 1.000 | 36.000 | .005 | .202 |
| | 罗伊最大根 | .252 | 9.089$^b$ | 1.000 | 36.000 | .005 | .202 |
| seot * dist * adapl | 比莱轨迹 | .164 | 7.085$^b$ | 1.000 | 36.000 | .012 | .164 |
| | 威尔克 Lambda | .836 | 7.085$^b$ | 1.000 | 36.000 | .012 | .164 |
| | 霍特林轨迹 | .197 | 7.085$^b$ | 1.000 | 36.000 | .012 | .164 |
| | 罗伊最大根 | .197 | 7.085$^b$ | 1.000 | 36.000 | .012 | .164 |

a.设计：截距

主体内设计：seot＋dist＋adapl＋seot * dist＋seot * adapl＋dist * adapl＋seot * dist * adapl

b.精确统计

在本案例中，三阶交互效应是关注的重点，如果三阶交互显著，可以进行后面的简单交互效应以及二级简单效应分析，可以提供更多的信息。在本案例中，三阶交互效应显著，$F(1,36)=7.09$，$p=.012$，$\eta_p^2=0.164$。从表 6.23 中还可以看出，有两个二阶交互效应也显著：社会距离与广告诉求二阶交互效应，$F(1,36)=10.03$，$p=.003$，$\eta_p^2=0.218$；空间距离与广告诉求二阶交互效应，$F(1,36)=9.09$，$p=.005$，$\eta_p^2=0.202$。因此，除了前面预先计划好的，要比较空间距离与广告诉求在不同社会距离上的简单交互效应，还可以增加一组比较社会距离与广告诉求在不同空间距离上的简单交互效应，读者可以根据学习过的语法编写知识,自行练习。

第四个表格是为球形检验的结果,见表 6.25。同样,由于所有变量的水平数都小于 3,因而没有有效输出。而且多元分析结果与一元分析结果没有差异。

**表 6.25　球形检验结果**
**莫奇来球形度检验[a]**

测量:MEASURE_1

| 主体内效应 | 莫奇来 W | 近似卡方 | 自由度 | 显著性 | Epsilon[b] | | |
|---|---|---|---|---|---|---|---|
| | | | | | 格林豪斯-盖斯勒 | 辛-费德特 | 下限 |
| seot | 1.000 | .000 | 0 | — | 1.000 | 1.000 | 1.000 |
| dist | 1.000 | .000 | 0 | — | 1.000 | 1.000 | 1.000 |
| adapl | 1.000 | .000 | 0 | — | 1.000 | 1.000 | 1.000 |
| seot * dist | 1.000 | .000 | 0 | — | 1.000 | 1.000 | 1.000 |
| seot * adapl | 1.000 | .000 | 0 | — | 1.000 | 1.000 | 1.000 |
| dist * adapl | 1.000 | .000 | 0 | — | 1.000 | 1.000 | 1.000 |
| seot * dist * adapl | 1.000 | .000 | 0 | — | 1.000 | 1.000 | 1.000 |

检验"正交化转换后因变量的误差协方差矩阵与恒等矩阵成比例"这一原假设。

a.设计:截距

　主体内设计:seot＋dist＋adapl＋seot * dist＋seot * adapl＋dist * adapl＋seot * dist * adapl

b.可用于调整平均显著性检验的自由度。修正检验将显示在"主体内效应检验"表中。

第五个表格为一元分析结果,见表 6.26,解读同第二节两因素被试内实验设计。而且结果与多元分析结果相同,在此不再赘述。

表 6.26　一元方差分析结果
主体内效应检验

测量：MEASURE_1

| 源 | | Ⅲ类平方和 | 自由度 | 均方 | F | 显著性 | 偏 Eta 平方 |
|---|---|---|---|---|---|---|---|
| seot | 假设球形度 | 1.427 | 1 | 1.427 | 1.518 | .226 | .040 |
| | 格林豪斯-盖斯勒 | 1.427 | 1.000 | 1.427 | 1.518 | .226 | .040 |
| | 辛-费德特 | 1.427 | 1.000 | 1.427 | 1.518 | .226 | .040 |
| | 下限 | 1.427 | 1.000 | 1.427 | 1.518 | .226 | .040 |
| 误差（seot） | 假设球形度 | 33.840 | 36 | .940 | | | |
| | 格林豪斯-盖斯勒 | 33.840 | 36.000 | .940 | | | |
| | 辛-费德特 | 33.840 | 36.000 | .940 | | | |
| | 下限 | 33.840 | 36.000 | .940 | | | |
| dist | 假设球形度 | .133 | 1 | .133 | .260 | .613 | .007 |
| | 格林豪斯-盖斯勒 | .133 | 1.000 | .133 | .260 | .613 | .007 |
| | 辛-费德特 | .133 | 1.000 | .133 | .260 | .613 | .007 |
| | 下限 | .133 | 1.000 | .133 | .260 | .613 | .007 |
| 误差（dist） | 假设球形度 | 18.438 | 36 | .512 | | | |
| | 格林豪斯-盖斯勒 | 18.438 | 36.000 | .512 | | | |
| | 辛-费德特 | 18.438 | 36.000 | .512 | | | |
| | 下限 | 18.438 | 36.000 | .512 | | | |
| adapl | 假设球形度 | 2.316 | 1 | 2.316 | 4.024 | .052 | .101 |
| | 格林豪斯-盖斯勒 | 2.316 | 1.000 | 2.316 | 4.024 | .052 | .101 |
| | 辛-费德特 | 2.316 | 1.000 | 2.316 | 4.024 | .052 | .101 |
| | 下限 | 2.316 | 1.000 | 2.316 | 4.024 | .052 | .101 |
| 误差（adapl） | 假设球形度 | 20.721 | 36 | .576 | | | |
| | 格林豪斯-盖斯勒 | 20.721 | 36.000 | .576 | | | |
| | 辛-费德特 | 20.721 | 36.000 | .576 | | | |
| | 下限 | 20.721 | 36.000 | .576 | | | |

续表

| 源 | | Ⅲ类平方和 | 自由度 | 均方 | F | 显著性 | 偏 Eta 平方 |
|---|---|---|---|---|---|---|---|
| seot * dist | 假设球形度 | .002 | 1 | .002 | .006 | .939 | .000 |
| | 格林豪斯-盖斯勒 | .002 | 1.000 | .002 | .006 | .939 | .000 |
| | 辛-费德特 | .002 | 1.000 | .002 | .006 | .939 | .000 |
| | 下限 | .002 | 1.000 | .002 | .006 | .939 | .000 |
| 误差（seot * dist） | 假设球形度 | 14.890 | 36 | .414 | | | |
| | 格林豪斯-盖斯勒 | 14.890 | 36.000 | .414 | | | |
| | 辛-费德特 | 14.890 | 36.000 | .414 | | | |
| | 下限 | 14.890 | 36.000 | .414 | | | |
| seot * adapl | 假设球形度 | 5.125 | 1 | 5.125 | 10.033 | .003 | .218 |
| | 格林豪斯-盖斯勒 | 5.125 | 1.000 | 5.125 | 10.033 | .003 | .218 |
| | 辛-费德特 | 5.125 | 1.000 | 5.125 | 10.033 | .003 | .218 |
| | 下限 | 5.125 | 1.000 | 5.125 | 10.033 | .003 | .218 |
| 误差（seot * adapl） | 假设球形度 | 18.391 | 36 | .511 | | | |
| | 格林豪斯-盖斯勒 | 18.391 | 36.000 | .511 | | | |
| | 辛-费德特 | 18.391 | 36.000 | .511 | | | |
| | 下限 | 18.391 | 36.000 | .511 | | | |
| dist * adapl | 假设球形度 | 9.448 | 1 | 9.448 | 9.089 | .005 | .202 |
| | 格林豪斯-盖斯勒 | 9.448 | 1.000 | 9.448 | 9.089 | .005 | .202 |
| | 辛-费德特 | 9.448 | 1.000 | 9.448 | 9.089 | .005 | .202 |
| | 下限 | 9.448 | 1.000 | 9.448 | 9.089 | .005 | .202 |
| 误差（dist * adapl） | 假设球形度 | 37.423 | 36 | 1.040 | | | |
| | 格林豪斯-盖斯勒 | 37.423 | 36.000 | 1.040 | | | |
| | 辛-费德特 | 37.423 | 36.000 | 1.040 | | | |
| | 下限 | 37.423 | 36.000 | 1.040 | | | |

续表

| 源 | | Ⅲ类平方和 | 自由度 | 均方 | F | 显著性 | 偏 Eta 平方 |
|---|---|---|---|---|---|---|---|
| seot * dist * adapl | 假设球形度 | 10.053 | 1 | 10.053 | 7.085 | .012 | .164 |
| | 格林豪斯-盖斯勒 | 10.053 | 1.000 | 10.053 | 7.085 | .012 | .164 |
| | 辛-费德特 | 10.053 | 1.000 | 10.053 | 7.085 | .012 | .164 |
| | 下限 | 10.053 | 1.000 | 10.053 | 7.085 | .012 | .164 |
| 误差（seot * dist * adapl) | 假设球形度 | 51.084 | 36 | 1.419 | | | |
| | 格林豪斯-盖斯勒 | 51.084 | 36.000 | 1.419 | | | |
| | 辛-费德特 | 51.084 | 36.000 | 1.419 | | | |
| | 下限 | 51.084 | 36.000 | 1.419 | | | |

第六个表格是重复测量观测值之间的多项式比较，见表6.27，对于两次甚至三次重复测量的设计没有多大的参考价值。可忽略。

**表 6.27　重复测量值的多项式比较**
**主体内对比检验**

测量：MEASURE_1

| 源 | seot | dist | adapl | Ⅲ类平方和 | 自由度 | 均方 | F | 显著性 | 偏 Eta 平方 |
|---|---|---|---|---|---|---|---|---|---|
| seot | 线性 | | | 1.427 | 1 | 1.427 | 1.518 | .226 | .040 |
| 误差（seot） | 线性 | | | 33.840 | 36 | .940 | | | |
| dist | | 线性 | | .133 | 1 | .133 | .260 | .613 | .007 |
| 误差（dist） | | 线性 | | 18.438 | 36 | .512 | | | |
| adapl | | | 线性 | 2.316 | 1 | 2.316 | 4.024 | .052 | .101 |
| 误差（adapl） | | | 线性 | 20.721 | 36 | .576 | | | |
| seot * dist | 线性 | 线性 | | .002 | 1 | .002 | .006 | .939 | .000 |

续表

| 源 | seot | dist | adapl | Ⅲ类平方和 | 自由度 | 均方 | F | 显著性 | 偏 Eta 平方 |
|---|---|---|---|---|---|---|---|---|---|
| 误差（seot * dist） | 线性 | 线性 | | 14.890 | 36 | .414 | | | |
| seot * adapl | 线性 | | 线性 | 5.125 | 1 | 5.125 | 10.033 | .003 | .218 |
| 误差（seot * adapl） | 线性 | | 线性 | 18.391 | 36 | .511 | | | |
| dist * adapl | | 线性 | 线性 | 9.448 | 1 | 9.448 | 9.089 | .005 | .202 |
| 误差（dist * adapl） | | 线性 | 线性 | 37.423 | 36 | 1.040 | | | |
| seot * dist * adapl | 线性 | 线性 | 线性 | 10.053 | 1 | 10.053 | 7.085 | .012 | .164 |
| 误差（seot * dist * adapl） | 线性 | 线性 | 线性 | 51.084 | 36 | 1.419 | | | |

第七个表格是被试间因素的一元方差分析结果，见表6.28。在被试内实验设计中，不存在被试间变量，该表格报告了截距和误差的平方和、自由度、均方以及截距的显著性等信息。

表 6.28　一元方差分析被试间效应检验
主体间效应检验

测量：MEASURE_1
转换后变量：平均

| 源 | Ⅲ类平方和 | 自由度 | 均方 | F | 显著性 | 偏 Eta 平方 |
|---|---|---|---|---|---|---|
| 截距 | 5 079.754 | 1 | 5 079.754 | 6 074.287 | .000 | .994 |
| 误差 | 30.106 | 36 | .836 | | | |

最后是图形输出结果,见图 6.22 和图 6.23(原图用不同颜色区分不同变量,在本书中做了微调,实线对应原来的蓝线,虚线对应原来的红线)。在这两幅图中,横坐标轴、纵坐标轴和线条所代表的变量都是一样的,只是图 6.22 反映了在社会距离水平 1(为自己决策)条件下广告诉求与空间距离对广告吸引力的影响,而图 6.23 则反映了在社会距离水平 2(为他人决策)条件下广告诉求与空间距离对广告吸引力的影响。从图 6.22 可以看到,广告诉求与空间距离可能存在交互效应,而在图 6.23 中,两者不存在交互效应,但看起来,合意性诉求的广告吸引力高于可行性诉求广告的吸引力。对比两幅图,可能说明社会距离、空间距离和广告诉求三者存在三阶交互效应,而且在社会距离水平 1 条件下的简单交互效应是显著的,而在社会距离水平 2 条件下的简单交互效应是不显著的。当然,这样的直观反映并不能作为判断结果是否显著的依据,需要分别参考三阶交互效应、简单交互效应和二级简单效应等分析结果。

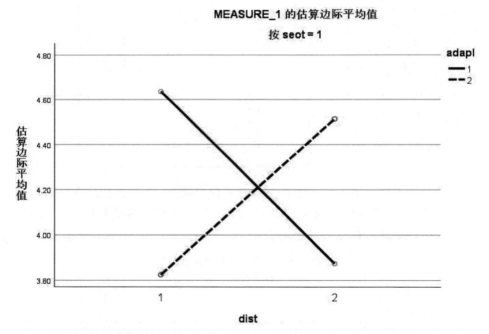

图 6.22　在社会距离水平 1(为自己决策)下广告诉求与空间距离对广告吸引力的影响

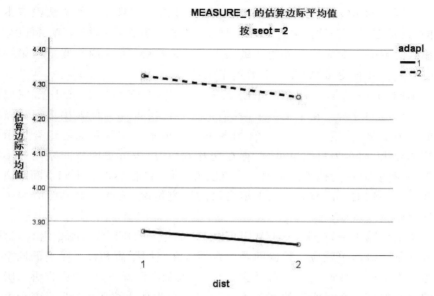

图 6.23　在社会距离水平 2（为朋友决策）下广告诉求与空间距离对广告吸引力的影响

## （二）简单交互效应与二级简单效应分析

三因素被试内实验设计可能出现三阶交互效应，此时可能需要了解简单交互效应以及二级简单效应。在此，同样会同时呈现多元方差分析（MANOVA）的语法和一般线性模型（GLM）的语法，两者是等效的。

1.多元方差模型语法，见图 6.24。

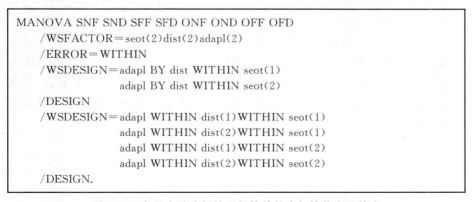

```
MANOVA SNF SND SFF SFD ONF OND OFF OFD
  /WSFACTOR＝seot(2)dist(2)adapl(2)
  /ERROR＝WITHIN
  /WSDESIGN＝adapl BY dist WITHIN seot(1)
              adapl BY dist WITHIN seot(2)
  /DESIGN
  /WSDESIGN＝adapl WITHIN dist(1)WITHIN seot(1)
              adapl WITHIN dist(2)WITHIN seot(1)
              adapl WITHIN dist(1)WITHIN seot(2)
              adapl WITHIN dist(2)WITHIN seot(2)
  /DESIGN.
```

图 6.24　多元方差分析的二级简单效应与简单交互效应

在图 6.24 中,前三行与第二节中两因素被试内实验设计的语法没有本质不同,只是多了一个被试内变量。同样,一定要注意在第一行与第二行中,变量输入时要一一对应。此处的变量输入顺序是按照"第二调节变量－第一调节变量－核心自变量"的分区组形式完成的。

第四、五行及第六行,/WSDESIGN 命令与/DESIGN 命令组合,完成简单交互效应的分析。在本案例中,我们把为自己决策和为他人决策视为较高层的调节变量,希望看到在这两种情况下广告诉求与空间距离的组合展示出不同的效果,即在为自己决策时,存在交互效应,广告诉求因空间距离的不同而效果不同,而在为他人决策时不存在交互效应,广告诉求在不同空间距离上的效果是一致的。研究者可以根据自己的研究情况,灵活设置检验哪两个变量的简单交互效应。

第七到第十一行,又一个/WSDESIGN 命令与/DESIGN 命令组合,这次完成的是二级简单效应。检验的是广告诉求在空间距离和社会距离的四个水平组合上的简单效应。当为自己决策时,在近距离情况下,不同广告诉求吸引力的差异如何? 在远距离的情况下又如何? 当为他人决策时,近距离和远距离情况下广告诉求吸引力的差异情况又如何?

需要特别注意的是,当存在被试内因素时,"/WSDESIGN"和"/DESIGN"要成对编写,这样可以进行多组分析。如果没有中间的"/DESIGN"(最后的"/DESIGN"反倒可以不写),那么软件只会执行最后面的那一组命令。

2.多元方差分析的简单交互效应及二级简单效应分析结果,此处包括九个部分,统一输出在一个大的文本中。

第一个部分是样本信息汇总,第二个部分是用作简单交互效应时的被试间效应分析,解读同第二节两因素被试内实验设计,在此不再赘述。

第三个部分是简单交互效应的第一个输出,见图 6.25,表明是广告诉求(adapl)与空间距离(dist)两者在社会距离水平 1(为自己决策)上的简单交互效应显著,$F(1,36)=13.18$,$p=.001$。该结果表明,在为自己决策时,广告诉求的吸引力差异取决于不同的空间距离,需要结合后面的二级简单效应做进一步解读。

```
* * * * * * * * * * * * * * * * Analysis of Variance -- Design 1 * * * * * * *

Tests involving 'ADAPL BY DIST WITHIN SEOT(1)' Within-Subject Effect.

Tests of Significance for T2 using UNIQUE sums of squares
Source of Variation      SS      DF      MS      F    Sig of F

WITHIN CELLS            53.24    36     1.48
ADAPL BY DIST WITHIN    19.50     1    19.50   13.18   .001
SEOT(1)
--------------------------------------------------------------
```

**图 6.25　社会距离水平 1 上广告诉求与空间距离的简单交互效应**

　　第四个部分是简单交互效应的第二个输出,见图 6.26,表明广告诉求(adapl)与空间距离(dist)两者在社会距离水平 2(为他人决策)上的简单交互效应不显著,$F(1,36)<0.01$,$p=.945$。该结果表明,在为他人决策时,广告诉求的吸引力差异并没有受到空间距离的影响。

```
* * * * * * * * * * * * * * * * * Analysis of Variance -- Design 1 * * *

Tests involving 'ADAPL BY DIST WITHIN SEOT(2)' Within-Subject Effect.

Tests of Significance for T3 using UNIQUE sums of squares
Source of Variation      SS      DF      MS      F    Sig of F

WITHIN CELLS            35.26    36      .98
ADAPL BY DIST WITHIN     .00      1      .00     .00    .945
SEOT(2)
--------------------------------------------------------------
```

**图 6.26　社会距离水平 2 上广告诉求与空间距离的简单交互效应**

　　第五个部分是做二级简单效应时用到的被试间效应检验,与第二个部分完全一致。同样不再做详细解读。

　　第六个部分是二级简单效应的第一个输出,见图 6.27。结果表明,当为自己决策时,在空间距离是近的情况下,两个广告诉求的吸引力存在显著差异,$F(1,36)=12.93$,$p=.001$,结合在该条件下的均值可知,在该情况下,可行性诉求广告的吸引力($M=4.64$,SD$=0.95$)高于合意性诉求广告的吸引力($M=3.82$,SD$=0.86$)。

```
* * * * * * * * * * * * * * * * * Analysis of Variance -- Design 2 * * * *

Tests involving 'ADAPL WITHIN DIST(1) WITHIN SEOT(1)' Within-Subject Effect.

Tests of Significance for T2 using UNIQUE sums of squares
Source of Variation      SS      DF      MS      F    Sig of F

WITHIN CELLS            33.98    36      .94
ADAPL WITHIN DIST(1)    12.20     1    12.20   12.93   .001
WITHIN SEOT(1)
--------------------------------------------------------------
```

**图 6.27　在社会距离水平 1 和空间距离水平 1 时广告诉求的二级简单效应**

第七个部分是二级简单效应的第二个输出,见图 6.28。结果表明,当为自己决策时,在空间距离是远的情况下,两个广告诉求的吸引力存在显著差异,$F(1,36)=8.07$,$p=.007$,需要结合在该条件下的均值可知,在该情况下,合意性诉求广告的吸引力($M=4.51$,SD$=0.90$)高于可行性诉求广告的吸引力($M=3.87$,SD$=0.88$)。

```
****************Analysis of Variance--Design 2****

Tests involving 'ADAPL WITHIN DIST(2) WITHIN SEOT(1)' Within-Subject Effect.

Tests of Significance for T3 using UNIQUE sums of squares
Source of Variation        SS    DF    MS      F Sig of F

WITHIN CELLS            33.75    36    .94
ADAPL WITHIN DIST(2)     7.57     1   7.57    8.07    .007
  WITHIN SEOT(1)

------------------------------------------------
```

**图 6.28　在社会距离水平 1 和空间距离水平 2 时广告诉求的二级简单效应**

第八个部分是二级简单效应的第三个输出,见图 6.29。结果表明,当为他人决策时,在空间距离是近的情况下,两个广告诉求的吸引力存在显著差异,$F(1,36)=4.43$,$p=.042$,结合在该条件下的均值可知,在该情况下,合意性诉求广告的吸引力($M=4.32$,SD$=0.91$)高于可行性诉求广告的吸引力($M=3.87$,SD$=0.88$)。

```
****************Analysis of Variance--Design 2****

Tests involving 'ADAPL WITHIN DIST(1) WITHIN SEOT(2)' Within-Subject Effect.

Tests of Significance for T4 using UNIQUE sums of squares
Source of Variation        SS    DF    MS      F Sig of F

WITHIN CELLS            30.63    36    .85
ADAPL WITHIN DIST(1)     3.77     1   3.77    4.43    .042
  WITHIN SEOT(2)

------------------------------------------------
```

**图 6.29　在社会距离水平 2 和空间距离水平 1 时广告诉求的二级简单效应**

第九个部分是二级简单效应的第四个输出,见图 6.30。结果表明,当为他人决策时,在空间距离是远的情况下,两个广告诉求的吸引力存在显著差异,$F(1,36)=4.19$,$p=.048$,结合在该条件下的均值可知,在该情况下,合意性诉求广告的吸引力($M=4.26$,SD$=0.79$)高于合意性诉求广告的吸引力($M=3.83$,SD$=0.89$)。

```
* * * * * * * * * * * * * * * * * Analysis of Variance -- Design 2 * * * *
Tests involving 'ADAPL WITHIN DIST(2) WITHIN SEOT(2)' Within-Subject Effect.

Tests of Significance for T5 using UNIQUE sums of squares
Source of Variation      SS    DF    MS     F   Sig of F

WITHIN CELLS           29.26   36   .81
ADAPL WITHIN DIST(2)    3.40    1   3.40  4.19    .048
 WITHIN SEOT(2)
- - - - - - - - - - - - - - - - - - - - - - - - - - - - - - - - - - - -
```

**图 6.30　在社会距离水平 2 和空间距离水平 2 时广告诉求的二级简单效应**

结合简单交互效应和二级简单效应的结果，可以完整的检验本案例提出的假设。

3.一般线性模型语法，见图 6.31。

```
GLM SNF SND SFF SFD ONF OND OFF OFD
  /WSFACTOR＝seot(2)dist(2)adapl(2)
  /PRINT＝ETASQ
  /MMATRIX 'simple interaction adapl× dist at seot 1'
           all 1−1−1 1 0 0 0 0;
           'simple interaction adapl× dist at seot 2'
           all 0 0 0 0 1−1−1 1
  /EMMEANS＝TABLES(seot * dist * adapl)COMPARE(adapl)ADJ(BONFERRONI).
```

**图 6.31　一般线性模型的简单交互效应和二级简单效应分析**

前面三行与第二节两因素被试内实验设计的分析没有本质差异，只是多了一个被试内变量，因此也需要清晰界定。并且特别需要注意的是，两行变量的输入顺序要严格对应。

第四行到第七行，"/MMATRIX"命令与前面被试间实验设计中一般线性模型（GLM）所用的"/LMATRIX"相似，也是用来定制特殊的比较时的命令。MMATRIX 代表了因变量的平均转换矩阵（average transformation matrix）（Howell et al.，2012），加权系数矩阵"all 1−1−1 1 0 0 0 0"后面的分号（;）必不可少。对于简单交互效应，需要构建矩阵来计算。对于 $2\times2\times2$ 被试内实验设计，矩阵比较简单，当任何一个变量水平超过 2 时，矩阵构建就会更复杂，具体构建方法仍然参见豪威尔等（Howell et al.，2012）的研究。

第八行，"/EMMEANS"命令分析的是二级简单效应。可以比较任意一个变量在另外两个变量不同水平组合上的简单效应，语句解读已经在第二节部分详细讲述，此处不再赘述。

4.一般线性模型分析的简单交互效应和二级简单效应,包含 12 个表格。同样,前面 6 个表格与使用重复测量设计窗口命令所得结果(第一、第三到第七个表格)完全一致,在此不再详细解释。

第七个表格是定制的矩阵结果比较,见表 6.29。该表格呈现了比较估算值(contrast estimate)、标准误、$p$ 值以及 95% 置信区间。该结果与后面的一元检验结果一致。我们直接参照后面一元分析的结果,此表可忽略。

表 6.29  定制矩阵的对比结果
对比结果(K 矩阵)

| 对比[a] | | | 转换后变量 | |
|---|---|---|---|---|
| | | | simple interaction adapl×dist at seot 1 | simple interaction adapl×dist at seot 2 |
| L1 | 对比估算 | | 1.452 | −.023 |
| | 假设值 | | 0 | 0 |
| | 差值(估算−假设) | | 1.452 | −.023 |
| | 标准误差 | | .400 | .325 |
| | 显著性 | | .001 | .945 |
| | 差值的 95% 置信区间 | 下限 | .641 | −.682 |
| | | 上限 | 2.263 | .637 |

a.截距的可估函数

第八个表格是多元检验结果,见表 6.30。当存在被试内变量时,输出结果会包括多元检验的表格。此表可忽略。

表 6.30  多元检验分析结果
多变量检验结果

| | 值 | F | 假设自由度 | 误差自由度 | 显著性 | 偏 Eta 平方 |
|---|---|---|---|---|---|---|
| 比莱轨迹 | .272 | 6.534[a] | 2.000 | 35.000 | .004 | .272 |
| 威尔克 Lambda | .728 | 6.534[a] | 2.000 | 35.000 | .004 | .272 |
| 霍特林轨迹 | .373 | 6.534[a] | 2.000 | 35.000 | .004 | .272 |
| 罗伊最大根 | .373 | 6.534[a] | 2.000 | 35.000 | .004 | .272 |

a.精确统计

第九个表格是一元分析的结果,见表 6.31。该表格呈现出两个简单交互效应的检验情况。在社会距离水平 1(第一行),即为自己决策时,广告诉求与空间距离的交互效应显著，$F(1,36)=13.18$，$p=.001$，$\eta_p{}^2=0.268$；而在社会距离水平 2（第二行），即为他人决策时，广告诉求与空间距离的交互效应不显著，$F(1,36)=0.01$，$p=.945$，$\eta_p{}^2<0.001$。结合二级简单效应可以做出更精细的对比。

表 6.31　一元检验分析结果<br>单变量检验结果

| 源 | 转换后变量 | 平方和 | 自由度 | 均方 | F | 显著性 | 偏 Eta 平方 |
|---|---|---|---|---|---|---|---|
| 对比 | simple interaction adapl×dist at seot 1 | 77.986 | 1 | 77.986 | 13.182 | .001 | .268 |
|  | simple interaction adapl×dist at seot 2 | .019 | 1 | .019 | .005 | .945 | .000 |
| 误差 | simple interaction adapl×dist at seot 1 | 212.977 | 36 | 5.916 |  |  |  |
|  | simple interaction adapl×dist at seot 2 | 141.050 | 36 | 3.918 |  |  |  |

以上是简单交互效应检验结果的分析，接下来是二级简单效应的结果分析。

第十个表格是 8 次测量数据的描述性统计，见表 6.32。该表格与第二节中两因素被试内实验设计输出的表格没有本质差异，只是多了一个被试内因素。在该表格中，列出了自变量不同水平组合下对应测量的平均值、标准误差（SE）和 95％置信区间。变量水平呈现顺序对应了语法中"EMEANS"行"TABLES"命令中括号内的变量顺序。

表 6.32　描述性统计<br>估算值

测量：MEASURE_1

| seot | dist | adapl | 平均值 | 标准误差 | 95％置信区间 下限 | 95％置信区间 上限 |
|---|---|---|---|---|---|---|
| 1 | 1 | 1 | 4.636 | .156 | 4.320 | 4.953 |
|  |  | 2 | 3.824 | .141 | 3.539 | 4.110 |
|  | 2 | 1 | 3.874 | .144 | 3.581 | 4.166 |
|  |  | 2 | 4.514 | .149 | 4.212 | 4.815 |

续表

| seot | dist | adapl | 平均值 | 标准误差 | 95％置信区间 | |
|---|---|---|---|---|---|---|
| | | | | | 下限 | 上限 |
| 2 | 1 | 1 | 3.872 | .144 | 3.579 | 4.164 |
| | | 2 | 4.323 | .150 | 4.018 | 4.628 |
| | 2 | 1 | 3.835 | .147 | 3.537 | 4.132 |
| | | 2 | 4.264 | .130 | 4.000 | 4.527 |

　　第十一个表格是自变量的不同水平在调节变量特定水平组合中两两比较的显著性检验,见表6.33。表中可以看到在调节变量社会距离和空间距离(dist)不同水平组合下自变量广告诉求(adapl)的不同水平之间的两两比较。因为本案例中自变量只有两个水平,因此该表格提供的信息与后面的第十二个表格提供的信息是等价的。

表 6.33　两两比较结果的显著性检验
成对比较

测量:MEASURE_1

| seot | dist | (I)adapl | (J)adapl | 平均值差值(I−J) | 标准误差 | 显著性[b] | 差值的95％置信区间[b] | |
|---|---|---|---|---|---|---|---|---|
| | | | | | | | 下限 | 上限 |
| 1 | 1 | 1 | 2 | .812* | .226 | .001 | .354 | 1.270 |
| | | 2 | 1 | −.812* | .226 | .001 | −1.270 | −.354 |
| | 2 | 1 | 2 | −.640* | .225 | .007 | −1.096 | −.183 |
| | | 2 | 1 | .640* | .225 | .007 | .183 | 1.096 |
| 2 | 1 | 1 | 2 | −.451* | .214 | .042 | −.886 | −.016 |
| | | 2 | 1 | .451* | .214 | .042 | .016 | .886 |
| | 2 | 1 | 2 | −.429* | .210 | .048 | −.854 | −.004 |
| | | 2 | 1 | .429* | .210 | .048 | .004 | .854 |

基于估算边际平均值

*.平均值差值的显著性水平为.050。

b.多重比较调节:邦弗伦尼法。

　　第十二个表格即为二级简单效应的多元方差分析结果,见表6.34。该结果与用多元方差分析语法获得的结果没有差异。只是结果呈现在表格中,格式更清晰;而且还报告了每个二级简单效应的效应值。

表 6.34  二级简单效应的多元方差分析结果
多变量检验

| seot | dist | 值 | F | 假设自由度 | 误差自由度 | 显著性 | 偏 Eta 平方 |
|---|---|---|---|---|---|---|---|
| 1 | 1 比莱轨迹 | .264 | 12.929ᵃ | 1.000 | 36.000 | .001 | .264 |
| | 威尔克 Lambda | .736 | 12.929ᵃ | 1.000 | 36.000 | .001 | .264 |
| | 霍特林轨迹 | .359 | 12.929ᵃ | 1.000 | 36.000 | .001 | .264 |
| | 罗伊最大根 | .359 | 12.929ᵃ | 1.000 | 36.000 | .001 | .264 |
| | 2 比莱轨迹 | .183 | 8.074ᵃ | 1.000 | 36.000 | .007 | .183 |
| | 威尔克 Lambda | .817 | 8.074ᵃ | 1.000 | 36.000 | .007 | .183 |
| | 霍特林轨迹 | .224 | 8.074ᵃ | 1.000 | 36.000 | .007 | .183 |
| | 罗伊最大根 | .224 | 8.074ᵃ | 1.000 | 36.000 | .007 | .183 |
| 2 | 1 比莱轨迹 | .110 | 4.430ᵃ | 1.000 | 36.000 | .042 | .110 |
| | 威尔克 Lambda | .890 | 4.430ᵃ | 1.000 | 36.000 | .042 | .110 |
| | 霍特林轨迹 | .123 | 4.430ᵃ | 1.000 | 36.000 | .042 | .110 |
| | 罗伊最大根 | .123 | 4.430ᵃ | 1.000 | 36.000 | .042 | .110 |
| | 2 比莱轨迹 | .104 | 4.185ᵃ | 1.000 | 36.000 | .048 | .104 |
| | 威尔克 Lambda | .896 | 4.185ᵃ | 1.000 | 36.000 | .048 | .104 |
| | 霍特林轨迹 | .116 | 4.185ᵃ | 1.000 | 36.000 | .048 | .104 |
| | 罗伊最大根 | .116 | 4.185ᵃ | 1.000 | 36.000 | .048 | .104 |

每个 F 都将检验其他所示效应的每个级别组合中 adapl 的多变量简单效应。这些检验基于估算边际平均值之间的线性无关成对比较。

a.精确统计

无论是多元方差分析语句还是一般线性模型,所获得的结果都是一致的。只需要使用任一手段即可。这些结果支持了我们前面做出的假设,读者可以仔细对照。

# 第七章　混合实验设计

　　混合实验设计属于重复测量设计中的一种。混合实验设计结合了被试内实验设计和被试间实验设计的特点，同时继承了两者的优点和缺点。在实验设计方面，混合实验设计需要考虑随机分配被试，也需要考虑同一个被试面对多个实验处理时的顺序效应；在变量操纵方面，混合实验设计与被试间和被试内实验设计并无本质不同；在数据录入方面，数据输入的两项基本原则不变，同时考虑被试间实验设计和被试内实验设计数据输入方式；但在数据处理方面，混合实验设计变得非常复杂，尤其是三因素混合实验设计，包括一个被试内因素的和两个被试内因素的混合实验设计，并且由于调节变量可能属于被试内因素，也可能属于被试间因素，因此，对简单交互效应以及二级简单效应的分析也包括了多种情况。

　　同前面几章中被试间实验和被试内实验设计一样，详细解读混合实验设计，要依托一个具体的研究问题展开。为了不增加太多额外信息，保证延续性，我们仍然选定合意性诉求和可行性诉求为切入主题，并采用第六章被试内实验设计中采用过的变量，对混合实验的设计、变量、实施、数据统计以及结果解释等方面进行详细的剖析。原则上，混合实验设计可以有无穷多种，但在现实实验研究中，自变量的数量通常以三个为限——常见的两因素混合实验设计、重复测量一个因素的三因素混合实验设计和重复测量两个因素的三因素混合实验设计。使用重复测量的方差分析对于混合实验设计的数据处理，基本步骤都差不多，但对于简单交互效应、简单效应和二级简单效应的语法分析差别则较大，本章把解读的重点放在语法编写和解读上面。具体内容如下：

　　第一节，两因素混合实验设计，即两个自变量中，一个自变量为被试间变量，另外一个自变量为被试内变量。即使是简单的两因素混合实验设计，也可能由于调节变量是被试内因素还是被试间因素的不同，使得简单效应的分析语法有所不同。本节会详细讨论全部两种情况下的语法编写。

　　第二节，重复测量一个因素的三因素混合实验设计。三因素混合实验设计在变量操纵甚至实验处理的顺序安排上与两因素混合实验设计没有本质差别,但在数据处理上包含复杂的三阶交互效应,还包括简单交互效应和二级简单效应,并且后两者往往会因为调节变量是被试内因素还是被试间因素的不同,使用的语法也不同。本节会重点讲述语法编写。

第三节,重复测量两个因素的三因素混合实验设计。同样,结果的方差分析与第二节中的方差分析步骤及结果解读没有本质差异,本节重点讲述这类实验设计的简单交互效应以及二级简单效应的语法。

# 第一节　两因素混合实验设计

两因素混合实验设计,包含一个被试内因素和一个被试间因素。在本案例中,要探讨的主要问题和实验假设仍然使用两因素被试内实验设计中的研究问题和实验假设。研究问题如下:与受众距离不同的旅游地,使用哪类广告诉求效果会更好。要检验的实验假设:当旅游地距离自己较近时,受众会认为可行性诉求广告比合意性诉求广告更有吸引力;而当旅游地距离自己较远时,受众会认为合意性诉求广告比可行性诉求广告更有吸引力。

## 一、实验设计与程序

### (一)实验设计

在两因素混合实验设计中,包含两个自变量,$X$ 和 $Y$,假设自变量 $X$ 包含 $i$ 个水平,自变量 $Y$ 包含 $j$ 个水平,$i$ 和 $j$ 可以相同,也可以不同,而且原则上这两个数可以是 2 或 2 以上的任何数。假定自变量 $X$ 为被试间因素,自变量 $Y$ 为被试内因素。那么,被试就要被随机分配到 $i$ 个组,每个被试需要面对 $j$ 次实验处理和测量。本节以最简单的 $2 \times 2$ 两因素混合实验设计为例进行深入剖析,其基本模式如下:

$$\begin{array}{ccc} & T_{y_1} & T_{y_2} \\ R \quad T_{x_1} & O_{11} & O_{12} \\ R \quad T_{x_2} & O_{21} & O_{22} \end{array}$$

在本案例中,包括两个自变量——广告诉求以及旅游地距离。每个变量只包含两个水平,该设计属于最简单的 $2 \times 2$ 两因素混合实验设计。从设计上看,被试被随机分配为两组,每组被试只需要面对自变量 $X$ 的某一个水平,但每组被试都要面对自变量 $Y$ 的两个水平。在这样的设计中,需要考虑哪个因素可以使用被试内设计,哪个因素必须使用被试间设计。在本案例中,广告诉求是核心自变量,而空间距离被视作调节变量,两者的角色是在理论模型中确定了的,因此是不变的。但哪个采用被试内设计、哪个采用被试间设计是不确定的。假定两个变量都可以采用被试内设计,那么在实验设计上能采用的就有两条路径,而且自变量采用被试内设计还是被试间设计影响了简单效应的语法编写。在此,我们分别对广告诉求为被试内自变量和被试间自变量的两种情况进行分析。

(二)第一种设计实验程序

自变量广告诉求为被试内变量,而调节变量空间距离为被试间变量时,实验程序如下[①]:

第一步,将被试随机分配为两组。第一组被试被分配到旅游地是近距离的情况,第二组被试被分配到旅游地是远距离的情况,可以称第一组为"近距离组",称第二组为"远距离组"。

第二步,分配到近距离组的被试看到一则指导语:"假定有一处旅游胜地,距离您现在的位置很近,您恰好看到了这个旅游胜地的两则广告,请根据您的直觉,分别对这两则广告的吸引力打分。"分配到远距离组的被试看到指导语中只有距离远近这个关键词不同,即"距离您现在的位置很远"。

第三步,要求被试对两则不同诉求广告的吸引力进行判断。不同广告诉求为被试内设计,同一个被试需要观看两则广告,因此存在顺序效应,需要进行抵消平衡。此时,再次把每组被试分成两组,一组被试先看可行性诉求广告,再看合意性诉求广告,而另外一组被试先看合意性诉求广告,再看可行性诉求广告。每看完一则广告,被试对这则广告的吸引力进行打分,因变量广告吸引力的测量参见第二章第二节的相关测量。

最后一步,同前。

(三)第二种设计实验程序

自变量广告诉求为被试间变量,而调节变量空间距离为被试内变量时,实验程序如下:

---

① 一定要注意区分与第六章第二节中的实验程序的差别。

　　第一步,将被试随机分配为两组。第一组被试被分配到可行性诉求广告组,第二组被试被分配到合意性诉求广告组,可以称第一组为"可行性诉求组",称第二组为"合意性诉求组"。

　　第二步,分配到可行性诉求组的被试再次被分为两组,其中一组在面对空间距离处理时先接受近距离处理的指导语,再接受远距离处理的指导语;另外一组则相反,先接受远距离处理的指导语,再接受近距离处理的指导语。对于合意性诉求组的被试,也做上述操作。

　　第三步,对于可行性诉求组中先近后远顺序处理的被试,首先向被试呈现可行性诉求广告,指导语如下:"这是一处旅游胜地的广告,请仔细观看。"给被试5~10秒时间观看,然后给出第二则指导语:"如果这处旅游地距离您现在的位置很近,请根据您的直觉,对这则广告的吸引力打分。"在被试打分完毕之后,给出第三则指导语:"如果这处旅游地距离您现在的位置很远,请根据您的直觉,对这则广告的吸引力打分。"对于可行性诉求组中先远后近组的被试,同样呈现可行性诉求广告,只是空间距离的两项任务顺序发生调换,即上述第二则指导语与第三则指导语互换位置。对于合意性诉求组中先近后远顺序处理以及先近后远顺序处理的被试,任务及指导语同可行性诉求组的被试。

　　最后一步,同前。

　　从设计上来看,第二种设计具有较强的需要特征,很容易让被试猜测实验目的,在实际设计中,尽量不要采用。在此为了展示简单效应语法的不同而保留。

## 二、被试人数确定

　　对于样本量的确定,同被试间设计一样,采用 G * power 软件进行计算。上述两种设计对于样本量的计算都是一致的。在计算之前,假定我们已经找到了一篇与我们即将开展研究相似的前人的文献,相应的参数都可以找到。那么,根据前人研究参数确定自己研究被试人数的具体过程如下:

　　第一步,打开 G * power 软件,在"Test family"下拉菜单选定统计模型,我们选择 F tests,然后在"Statistical test"选择"MANOVA:Repeated measures,within-between factors",因为混合设计中很可能包含了被试内变量和被试间变量的交互效应。其主窗口如图 7.1。

　　第二步,在"Input Parameters"部分,"Effect size f"原则上应该根据以往同类研究中获得的效应值填入,点击"Determine"按钮,主视图就会在其右侧

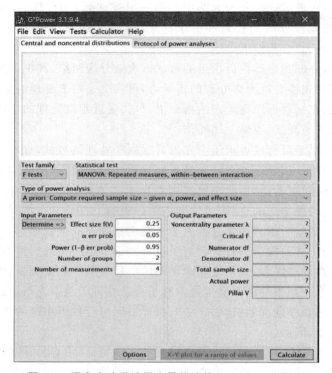

**图 7.1　混合实验设计样本量估计的 G * power 主界面**

展开新的视图,如图 7.2。有两类计算效应值大小的方法,即从均值和协方差计算或者直接从前人报告的效应值(Pillai V)计算。下面分别讲述这两类方法。

第一类方法是从平均值和协方差计算,是软件默认的选项。"Select procedure"下拉菜单默认"Effect size from mean and cov"。该类方法又包含了三种手段。这三种手段,无论哪一种手段,最好都在"Number of groups"后面的方框内填入组数,即被试间处理的数量,在本案例中,我们填入"2"。接着在"Number of measurements"后面的方框内填入重复测量的次数,在本案例中,我们应该填入"2";但为了更全面理解模式化相关系数(correlation pattern),我们填入"4",即重复测量四次的情况。

接下来可以在三个具体手段(variance-covariance matrix,SD and correlation matrix,SD and correlation pattern)中选择一个,也可以不选,直接点击下面的"Specify/Edit matrices"按钮,就会跳出新的窗口,见图 7.3。

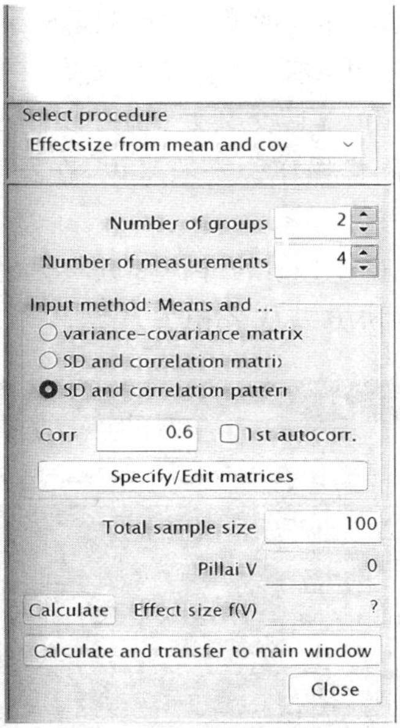

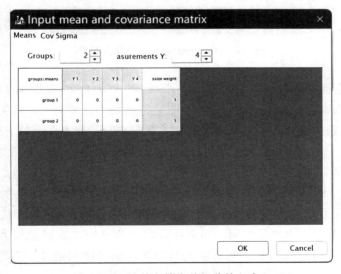

图 7.2　效应值计算窗口

图 7.3　组均值和协方差矩阵输入窗口

首先，要在"Means"选项卡下面的方框内输入各组及各次测量的平均值。实际上在该窗口可以看到，组数以及重复测量数在此处仍然可以重新设定。直接点击方框内"group1"和"Y1"交叉处，就可以输入第一组第一次测量的平均值，其他空白交叉处做同样操作。一般来说，在发表的文章中都会报告每组及每次测量的均值。

其次，点击窗口上的"Cov Sigma"标签，进入另外一个视窗，见图7.4。此处要输入多次测量之间的协方差或者相关系数。

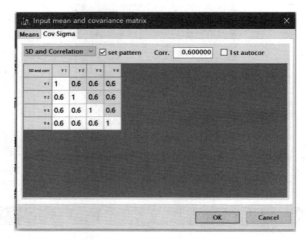

图7.4 "Cov Sigma"标签下输入窗口

点击下面的下拉菜单，选择"Covariances"，即各次测量之间的协方差，然后逐个输入即可。输入时注意多次测量之间的协方差要对应正确的位置。当然，也可以选择输入多次测量之间的相关系数，同样，点击下面的下拉菜单，选择"SD and correlation"，然后在方框内输入各次测量之间的相关系数即可。在特殊情况下，所有测量之间的相关系数都是一样的，那么就可以点击下拉菜单右侧的"set pattern"复选项，然后在右边"Corr."框内输入特定的相关系数即可。还有另外一种特殊情况，测量之间的相关系数，以指数形式存在。例如，第一次与第二次测量之间的相关系数为$\alpha$，那么第二次测量与第三次测量之间的相关系数为$\alpha^2$，相应的第三次与第四次测量之间的相关系数为$\alpha^3$，此时只需要在"Corr."框内输入特定的相关系数之后，再点击后面的"1st auto cor"复选框即可。

上述输入比较简单,但要在已经发表的文章中找到相应的参数却不容易。一般来说,文章中很可能较少报告测量之间的协方差,最多会报告重复测量两两之间的相关系数。因此使用"SD and correlation"的可能性比较大。当然,如果研究者能得到前人的原始数据,可以自行计算各组的协方差或者相关系数,计算其中一个即可,两者是等价的。计算方法可以参考一般的 SPSS 操作指南。

再次,点击图 7.3 视窗下的"OK"按钮,就会回到图 7.2 所示窗口。在该视窗下会发现,根据在图 7.3 中输入参数的不同,软件已经自动选择了三种具体手段(variance-covariance matrix,SD and correlation matrix,SD and correlation pattern)中的一个。

最后,在图 7.3 视窗下部"Total sample size"后面的方框内输入前人研究所使用的样本量。点击"Calculate"或者"Calculate and transfer to main window"按钮即可获得效应值。

第二类方法比较简单。直接根据前人文献中报告的效应值 Pillai V 来计算。首先需要点击图 7.2 中"Select procedure"下拉菜单,选择"Effect size from criterion",然后在下面 "Pillai V"行、"Number of groups"和"Number of measurements"行中的方框内填入前人文献中报告的相应的数值,最后点击"Calculate"或者"Calculate and transfer to main window"按钮即可获得效应值。在本案例中,我们仍然保留软件的默认值。

第三步,回到主窗口,在"Input Parameters"部分,"α err prob"一般选"0.05",按照软件默认即可;在统计检验力方面,"Power($1-β$ err prob)"修改为"0.8";两因素混合实验设计,被试间因素包括两个水平,因此包括两组,在"Number of groups"中输入"2";对于每组被试,都有两次测量,因此,在"Number of measurements"中输入"2"。

第四步,点击视图右下角"Calculate",可以得到"Total sample size"为"128",每组 64 人。

## 三、数据处理

SPSS 数据输入的两项基本原则不变,被试 ID 以及性别、年龄人口统计学变量输入方式不变,被试内及被试间变量的输入参照前面几章的输入方式。在本节中,实验设计分成了两种,这两类实验的数据输入有所不同,在方差分析时的步骤是一致的,只是在输入被试间变量和被试内变量时注意对应,在简单效应分析时,使用的语法又存在一些差异。下面将依次对照解读分析。

(一)数据输入及命名

数据输入时被试间变量和被试内变量的输入方式不同,因此首先要明确变量的对应情况。

在本案例中,对于第一种设计,广告诉求为被试内变量而空间距离为被试间变量,因此空间距离独占一列,变量名称命名为"dist",标签命名为"空间距离"。空间距离包括近距离和远距离两个水平,分别对应水平1和水平2,因而把相应的被试编码设为"0"或"1"。广告诉求为被试内变量,包括可行性诉求和合意性诉

两因素混合实验设计
(广告诉求被试内)

求,分别对应水平1和水平2,要占两列,可行性诉求广告吸引力的判断命名为"featt",标签命名为"可行性吸引力",而合意性诉求广告吸引力的判断命名为"deatt",标签命名为"合意性吸引力"。然后按照第三章数据录入的方法录入数据即可。数据录入①完毕后即可进行后面的操作。

对于第二种设计,广告诉求为被试间变量而空间距离为被试内变量,因此广告诉求独占一列,变量名称命名为"adapl",标签命名为"广告诉求"。广告诉求包括可行性诉求和合意性诉求两个水平,分别对应水平1和水平2,因而把相应的被试编码设为"0"或"1"。空间距离为被试内变量,包括近距离和远距离,分别对应水

两因素混合实验设计
(空间距离被试内)

平1和水平2,要占两列,在近距离下广告吸引力的判断命名为"neatt",标签命名为"近距离吸引力",而在远距离下广告吸引力的判断命名为"faatt",标签命名为"远距离吸引力"。然后按照第三章数据录入的方法录入数据即可。数据录入②完毕后即可进行后面的操作。

(二)多元方差分析

与被试内实验设计一样,混合实验设计也使用重复测量的命令完成,只是在变量输入时,不仅要设定被试内自变量,还要在主窗口输入被试间自变量。

---

① 此处所使用数据的文件名称为"7.11第七章 两因素混合实验设计(广告诉求被试内)",请扫描二维码获取。

② 此处所使用数据的文件名称为"7.12第七章 两因素混合实验设计(空间距离被试内)",请扫描二维码获取。

上述两种设计的分析过程没有本质差异，在此，我们以第一种设计为例，对数据分析的过程进行详细解读，第二种情况附带说明。

1.两因素混合实验设计的分析过程如下：

第一步，在数据视图下，点击第一行第六个按钮"分析（A）"，然后在下拉菜单中将鼠标移到第五行"一般线性模型（G）"，就会出现级联菜单，再将鼠标移到级联菜单的第三行"重复测量（R）"，点击会出现图7.5弹窗。此处要设置重复测量的因子以及水平数，有几个重复测量的因子就要设置几次。

图7.5　重复测量因子的设定

本案例中，设计一只有一个重复测量的因子——广告诉求，且该变量只包含两个水平。在"主体内因子名（W）"下面的框内设置重复测量因子的名称，此处设置为"adapl"，然后在"级别数（L）"后面的框内填入"2"，此处填写的是广告诉求这个重复测量次数。接着，点击"添加（A）"，就会看到"adapl（2）"被输入下方的大方框内。最后点击视图左下侧的"定义（F）"按钮，即可出现新的弹窗，见图7.6。

第二步，在图7.6弹窗中，点击选中左侧的变量"可行性吸引力［featt］"，然后点击中间的箭头，该变量就会被输入视图右侧，在"主体内变量（W）（adapl）"下的空白框内第一行"_?_（1）"，这里"可行性吸引力［featt］"就被界定为水平1。对变量"合意性吸引力［deatt］"做同样操作。此时，两个重复测量的因变量就被输入相应位置。接下来就要输入被试间变量，即"空间距离

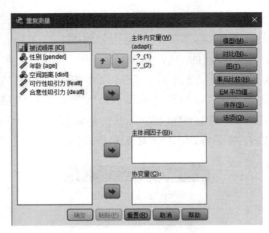

图 7.6　重复测量分析主窗口

[dist]"。用鼠标点击选中视图左侧方框内的该变量,然后点击中间第三排的箭头,该变量就会被输入右侧的"主体间因子(B)"下面的方框内。

　　第三步,点击图 7.5 右侧第三个按钮"图(T)",就会弹出新弹窗,见图 7.7。此弹窗与图 6.12 完全一样。

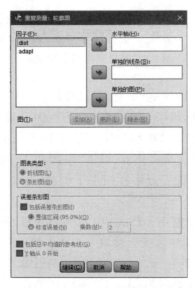

图 7.7　两因素重复测量作图弹窗

在图 7.7 中,首先点击选中视图左侧的"dist",点击视图中间的第一个箭头,输入"水平轴(H)"框内,然后点击选中视图左侧的"adapl",点击视图中间的第二个箭头,输入"单独的线条(S)"框内,再后点击图 7.7 中部的"添加(A)"按钮,"dist * adapl"便会被输入"图(T)"下面的框内。保留默认选项"折线图(L)"。最后点击图 7.7 最下方的"继续(C)",回到主视图 7.6。

第四步,点击图 7.6 右侧按钮最下方的"选项(O)",在新窗口下勾选"描述统计(D)"和"效应量估算(E)",然后点击"继续(C)"。该选项按钮在第六章已经详细讲述过了。

第五步,回到主窗口(图 7.6),点击最下方的"确定"按钮,即可计算结果。

对于本案例中第二种设计,步骤与上述步骤没有差异,只是在第一步界定被试内变量时,在"主体内因子名(W)"下面的框内设置"空间距离"的名称,此处设置为"dist",在"级别数(L)"后面的框内填入"2",然后在第二步中,再输入相应的被试内自变量和被试间自变量,其他步骤同第一种设计。在此不再赘述。

2.两因素混合实验设计重复测量的方差分析结果,包含八个表格和一幅图。

第一个表格是重复测量因素所有水平相对应的命名,见表 7.1。该表格指出被试内变量的不同水平的命名。在本案例中,只有一个被试内自变量"广告诉求"(adapl),对应的两次测量分别为"可行性诉求广告的吸引力"(featt)和"合意性诉求广告的吸引力"(deatt)。

**表 7.1　被试内变量的描述**
**主体内因子**

测量:MEASURE_1

| adapl | 因变量 |
|-------|--------|
| 1 | featt |
| 2 | deatt |

第二个表格是混合实验设计中被试间变量的描述,见表 7.2。在该表格中可以看到被试间变量"空间距离"两个水平的命名以及样本量。

**表 7.2　被试间变量的描述**
**主体间因子**

| | | 值标签 | 个案数 |
|--------|------|--------|--------|
| 空间距离 | 0 | 近距离 | 64 |
| | 1.00 | 远距离 | 64 |

在被试间设计或者被试内设计中,所有自变量要么是被试间设计,要么是被试内设计,因此通常只会有一个表格,描述相应的变量;但在混合实验设计中,则需要两个表格,分别描述相应的变量。

第三个表格是因变量的描述性统计,见表 7.3。该表格输出了多次测量的均值、标准差(SD)和样本量。在结果呈现时,这些数据需要报告。需要特别注意的是,在该表格中,结果报告是以被试内变量为第一阶分组,然后再以被试间变量为第二阶分组。读者可以自行对照本节中第二种设计下的数据输出结果。

表 7.3 因变量的描述性统计

描述性统计

| | 空间距离 | 平均值 | 标准偏差 | 个案数 |
|---|---|---|---|---|
| | 近距离 | 4.682 0 | .750 34 | 64 |
| 可行性吸引力 | 远距离 | 4.035 2 | .989 90 | 64 |
| | 总计 | 4.358 6 | .933 17 | 128 |
| | 近距离 | 3.925 8 | .930 33 | 64 |
| 合意性吸引力 | 远距离 | 4.652 3 | .772 93 | 64 |
| | 总计 | 4.289 1 | .926 67 | 128 |

第四个表格是多元分析结果,见表 7.4。该表格中,输出了两个自变量的主效应和交互效应。结果参照比莱轨迹。在本案例中,主效应并不是关注的重点,两者的交互效应才是重点。分析结果表明,两者交互效应显著,$F(1, 126) = 35.85$,$p < .001$,$\eta_p^2 = 0.222$。因此要做简单效应分析。

表 7.4 多元方差分析结果

多变量检验[a]

| 效应 | | 值 | F | 假设自由度 | 误差自由度 | 显著性 | 偏 Eta 平方 |
|---|---|---|---|---|---|---|---|
| | 比莱轨迹 | .003 | .368[b] | 1.000 | 126.000 | .545 | .003 |
| adapl | 威尔克 Lambda | .997 | .368[b] | 1.000 | 126.000 | .545 | .003 |
| | 霍特林轨迹 | .003 | .368[b] | 1.000 | 126.000 | .545 | .003 |
| | 罗伊最大根 | .003 | .368[b] | 1.000 | 126.000 | .545 | .003 |

续表

| 效应 | | 值 | F | 假设自由度 | 误差自由度 | 显著性 | 偏 Eta 平方 |
|---|---|---|---|---|---|---|---|
| adapl * dist | 比莱轨迹 | .222 | 35.851[b] | 1.000 | 126.000 | .000 | .222 |
| | 威尔克 Lambda | .778 | 35.851[b] | 1.000 | 126.000 | .000 | .222 |
| | 霍特林轨迹 | .285 | 35.851[b] | 1.000 | 126.000 | .000 | .222 |
| | 罗伊最大根 | .285 | 35.851[b] | 1.000 | 126.000 | .000 | .222 |

a.设计：截距＋dist
　主体内设计：adapl
b.精确统计

第五个表格是球形检验结果，见表 7.5。在第六章第一节分析中已经指出，只有重复测量三次及以上，球形检验结果才会有输出。本案例中，只包括两次重复测量，因此没有输出。

表 7.5　球形检验结果
莫奇来球形度检验[a]

测量：MEASURE_1

| 主体内效应 | 莫奇来 $W$ | 近似卡方 | 自由度 | 显著性 | Epsilon[b] | | |
|---|---|---|---|---|---|---|---|
| | | | | | 格林豪斯-盖斯勒 | 辛-费德特 | 下限 |
| adapl | 1.000 | .000 | 0 | — | 1.000 | 1.000 | 1.000 |

检验"正交化转换后因变量的误差协方差矩阵与恒等矩阵成比例"这一原假设。
a.设计：截距＋dist
　主体内设计：adapl
b.可用于调整平均显著性检验的自由度。修正检验将显示在"主体内效应检验"表中。

第六个表格是一元方差分析结果，见表 7.6。只需要参照假设球形度后面的结果即可，而且一元方差分析结果与多元分析结果一模一样。

表 7.6　一元方差分析中被试内效应检验
主体内效应检验

测量：MEASURE_1

| 源 | | III 类平方和 | 自由度 | 均方 | F | 显著性 | 偏 Eta 平方 |
|---|---|---|---|---|---|---|---|
| adapl | 假设球形度 | .309 | 1 | .309 | .368 | .545 | .003 |
| | 格林豪斯-盖斯勒 | .309 | 1.000 | .309 | .368 | .545 | .003 |
| | 辛-费德特 | .309 | 1.000 | .309 | .368 | .545 | .003 |
| | 下限 | .309 | 1.000 | .309 | .368 | .545 | .003 |

续表

| 源 | | Ⅲ类平方和 | 自由度 | 均方 | F | 显著性 | 偏 Eta 平方 |
|---|---|---|---|---|---|---|---|
| adapl * dist | 假设球形度 | 30.181 | 1 | 30.181 | 35.851 | .000 | .222 |
| | 格林豪斯-盖斯勒 | 30.181 | 1.000 | 30.181 | 35.851 | .000 | .222 |
| | 辛-费德特 | 30.181 | 1.000 | 30.181 | 35.851 | .000 | .222 |
| | 下限 | 30.181 | 1.000 | 30.181 | 35.851 | .000 | .222 |
| 误差（adapl） | 假设球形度 | 106.075 | 126 | .842 | | | |
| | 格林豪斯-盖斯勒 | 106.075 | 126.000 | .842 | | | |
| | 辛-费德特 | 106.075 | 126.000 | .842 | | | |
| | 下限 | 106.075 | 126.000 | .842 | | | |

第七个表格是重复测量观测值之间的多项式比较，见表 7.7，对于两次甚至三次重复测量的设计没有多大的参考价值，可忽略。

表 7.7　重复测量值的多项式比较
主体内对比检验

测量：MEASURE_1

| 源 | adapl | Ⅲ类平方和 | 自由度 | 均方 | F | 显著性 | 偏 Eta 平方 |
|---|---|---|---|---|---|---|---|
| adapl | 线性 | .309 | 1 | .309 | .368 | .545 | .003 |
| adapl * dist | 线性 | 30.181 | 1 | 30.181 | 35.851 | .000 | .222 |
| 误差（adapl） | 线性 | 106.075 | 126 | .842 | | | |

第八个表格是被试间因素的一元方差分析结果，见表7.8。在混合实验设计中，包含被试间变量的主效应以及被试间因素的交互效应。在本案例中，只有一个被试间因素——空间距离（dist），因此只有该变量的主效应。另外，还报告了截距和误差的平方和。

表 7.8　一元方差分析中被试间效应检验

主体间效应检验

测量:MEASURE_1

转换后变量:平均

| 源 | Ⅲ类平方和 | 自由度 | 均方 | F | 显著性 | 偏 Eta 平方 |
|---|---|---|---|---|---|---|
| 截距 | 4 786.045 | 1 | 4 786.045 | 7 239.957 | .000 | .983 |
| dist | .102 | 1 | .102 | .154 | .696 | .001 |
| 误差 | 83.294 | 126 | .661 | | | |

　　需要注意的是,此处的因变量与被试间实验设计的因变量计算有所不同,是多次重复测量的结果累加之后除以重复测量次数的平方根(张文彤等,2004a),而非简单的算术平均值。

　　最后是图形输出结果,见图 7.8(原图用不同颜色区分不同变量,在本书中做了微调,实线对应原来的红线,虚线对应原来的蓝线)。以空间距离为横坐

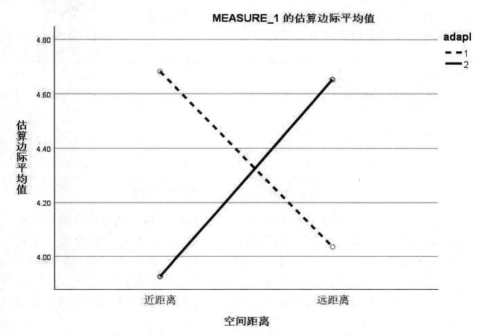

图 7.8　不同广告诉求在不同空间距离下的吸引力判断

标轴,广告诉求为线条,广告(文案)吸引力为纵轴。广告诉求的两个线条存在交叉,似乎表明存在交互效应,实际结果还需要参考上文中对于交互效应检验的结果。

以上即第一种设计数据分析的结果,第二种设计的数据分析结果的表格输出与第一种设计结果没有本质不同。两者的差别主要在于自变量(广告诉求)和调节变量(空间距离)对应的是被试间变量还是被试内变量。读者可以自行练习解读。

(三)简单效应分析

对于两因素混合实验设计中可能出现的两因素交互效应,需要做进一步的简单效应分析。在此,同样会同时呈现多元方差分析(MANOVA)的语法和一般线性模型(GLM)的语法,两者是等效的。需要特别注意的是,多元方差分析的语法随着调节变量是被试间变量还是被试内变量的不同而不同。一般线性模型的语法保持不变。

1.自变量是被试内变量而调节变量是被试间变量,这种情况对应了本案例中第一种设计[①],图 7.9 即该情况下的多元方差分析的简单效应语句:

两因素混合实验设计
(广告诉求被试内)

```
MANOVA featt deatt BY dist(0,1)
  /WSFACTOR=adapl(2)
  /ERROR=WITHIN
  /WSDESIGN=adapl
  /DESIGN=MWITHIN dist(1)
          MWITHIN dist(2).
```

图 7.9　自变量为被试内变量时简单效应检验

第一行,"MANOVA"后面界定因变量与自变量,与被试间设计的写法相似,前面是因变量,通过"BY"与后面的自变量相关联。只是在混合实验设计中,因变量要输入多个。另外因变量的输入顺序要严格对应数据的输入顺序。

第二行与第三行,与被试内实验设计的语法没有本质不同。

第四行与第五行,/WSDESIGN 命令与/DESIGN 命令组合,共同完成简

---

[①]　此处所使用数据的文件名称为"7.11 第七章 两因素混合实验设计(广告诉求被试内)",请扫描二维码获取。

单效应分析。检验的是在不同空间距离下,广告诉求吸引力是否存在显著差异。/WSDESIGN 命令后面总是跟被试内变量,而/DESIGN 命令后面总是跟被试间变量。在此处,有一个特殊的命令"MWITHIN",该命令也是用来分析简单效应的,只是在被试间实验设计和被试内实验设计中,简单效应分析的命令是"WITHIN",而在混合实验设计中,则必须用"MWITHIN"。

2.自变量广告诉求为被试内变量的设计(第一种设计)的结果分析,此处包括三个部分,统一输出在一个大文本中。

第一个部分是样本信息汇总,见图 7.10。

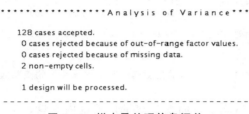

**图 7.10 样本及处理信息汇总**

第二个部分是被试间效应分析,见图 7.11。此处被试间效应实际上包含了一元分析中的截距和误差项的和方,对比表 7.8 和图 7.11 就可以发现,图 7.11 中空间距离两个水平上(dist1 和 dist2)的和方相加就是表 7.8 中截距的和方,图 7.11 中单元内(within cells)的平方和就是表 7.8 中误差项的平方和。

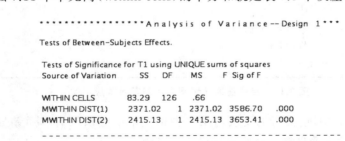

**图 7.11 被试间效应**

第三个部分是自变量"广告诉求"在调节变量"空间距离"两个水平上的简单效应,见图 7.12。在调节变量空间距离水平 1 上(即近距离时),$F(1,126)=21.74$,$p<.001$,说明在近距离时,广告诉求的简单效应显著;结合前面描述性统计,可以知道可行性诉求广告的吸引力($M=4.68$,$SD=0.75$)高于合意性诉

求广告的吸引力($M=3.93$,SD$=0.93$)。在调节变量空间距离水平 2 上(即远距离时),$F(1,126)=14.48$,$p<.001$,说明在远距离时,广告诉求的简单效应显著;结合前面描述性统计,可以知道合意性诉求广告的吸引力($M=4.65$,SD$=0.77$)高于可行性性诉求广告的吸引力($M=4.04$,SD$=0.99$)。

```
****************Analysis of Variance--Design 1***

Tests involving 'ADAPL' Within-Subject Effect.

Tests of Significance for T2 using UNIQUE sums of squares
Source of Variation      SS    DF    MS      F  Sig of F

WITHIN CELLS          106.07  126   .84
MWITHIN DIST(1) BY A    18.30    1  18.30  21.74   .000
DAPL
MWITHIN DIST(2) BY A    12.19    1  12.19  14.48   .000
DAPL
```

**图 7.12　广告诉求在空间距离不同水平上的简单效应**

3.自变量是被试间变量而调节变量是被试内变量,这种情况对应了本案例中第二种设计①,图 7.13 即该情况下的多元方差分析的简单效应语句:

**两因素混合实验设计
(空间距离被试内)**

```
MANOVA neatt faatt BY adapl(0,1)
  /WSFACTOR=dist(2)
  /ERROR=WITHIN
  /WSDESIGN=MWITHINdist(1)
             MWITHIN dist(2)
  /DESIGN=adapl.
```

**图 7.13　自变量为被试间变量时简单效应检验**

在图 7.13 中,前三行的语法与第一种情况下的语法没有本质差异,需要注意的是被试内变量和被试间变量设定的变化。

第四行与第五行,/WSDESIGN 命令与/DESIGN 命令组合,共同完成简单效应分析。检验的假设同第一种情况。/WSDESIGN 命令后面总是跟被

———————————

①　此处所使用数据的文件名称为"7.12 第七章 两因素混合实验设计(空间距离被试内)",请扫描二维码获取。

试内变量,而/DESIGN 命令后面总是跟被试间变量,这两个基本原则不变。但在第一种情况下,是以被试间变量为调节变量,探讨被试内变量在被试间变量不同水平上的差异是否显著,而在第二种情况下,是以被试内变量为调节变量,探讨被试间变量在被试内变量不同水平上的差异是否显著。读者应仔细对照两者的语法,细心体会两者差异。

4.自变量广告诉求为被试间变量的设计(第二种设计)的结果输出,此处包括三个部分,统一输出在一个文本中。

第一个部分同样是样本信息汇总,见图 7.14。

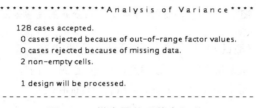

**图 7.14　样本及处理信息汇总**

第二个部分见图 7.15。在调节变量"空间距离"水平 1 上(即近距离时)自变量"广告诉求"的简单效应,$F(1,126)=38.08,p<.001$。这说明在近距离时,广告诉求的简单效应显著;结合前面描述性统计,可以知道可行性诉求广告的吸引力($M=4.80,SD=0.57$)高于合意性诉求广告的吸引力($M=3.95,SD=0.94$)。

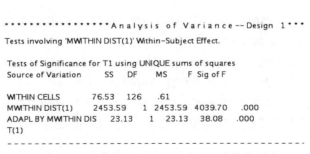

**图 7.15　在调节变量水平 1 时自变量的简单效应**

第三个部分见图 7.16。在调节变量"空间距离"水平 2 上(即远距离时)自变量"广告诉求"的简单效应,$F(1,126)=29.74,p<.001$。这说明在远距离时,广告诉求的简单效应显著;结合前面描述性统计,可以知道合意性诉求广

告的吸引力($M=4.70$,$SD=0.71$)高于可行性诉求广告的吸引力($M=3.91$, $SD=0.93$)。

```
* * * * * * * * * * * * * * * * *Analysis of Variance--Design 1***
Tests involving 'MWITHIN DIST(2)' Within-Subject Effect.

Tests of Significance for T2 using UNIQUE sums of squares
Source of Variation      SS    DF    MS    F  Sig of F

WITHIN CELLS          86.35  126   .69
MWITHIN DIST(2)     2371.19    1 2371.19 3459.84  .000
ADAPL BY MWITHIN DIS  20.38    1   20.38  29.74  .000
T(2)
------------------------------------------------
```

**图 7.16    在调节变量水平 2 时自变量的简单效应**

5.一般线性模型的语法。第一种设计①见图 7.17。第一行首先界定因变量和自变量,第二行界定被试内变量,第三行表示需要输出效应值,第四行即简单效应分析的语法。

**两因素混合实验设计（广告诉求被试内）**

```
GLM featt deatt BY dist
  /WSFACTOR=adapl(2)
  /PRINT=ETASQ
  /EMMEANS=TABLES(dist * adapl)COMPARE(adapl)ADJ(BONFERRONI).
```

**图 7.17    自变量为被试内变量的一般线性模型语法**

6.一般线性模型的简单效应分析结果。在第一种设计中,自变量是被试内设计,调节变量是被试间设计。

第一到第七个表格与前面重复测量的方差分析结果输出的第一、第三到第八个表格完全一致②。在此不再详细解释。

第八个表格是自变量四个水平组合对应的因变量的描述性统计,见表 7.9。在该表格中列出了所有处理对应的因变量的均值、标准误差(SE)和 $95\%$ 置信区间。

---

①　此处所使用数据的文件名称为"7.11第七章 两因素混合实验设计(广告诉求被试内)",请扫描二维码获取。

②　方差分析输出的第二个表格是由于选择了"选项"中的"描述统计",如果没有勾选该选项,也只会输出七个表格。

### 表 7.9　描述性统计
### 估算值

测量:MEASURE_1

| 空间距离 | adapl | 平均值 | 标准误差 | 95%置信区间 | |
|---|---|---|---|---|---|
| | | | | 下限 | 上限 |
| 近距离 | 1 | 4.682 | .110 | 4.465 | 4.899 |
| | 2 | 3.926 | .107 | 3.714 | 4.137 |
| 远距离 | 1 | 4.035 | .110 | 3.818 | 4.252 |
| | 2 | 4.652 | .107 | 4.441 | 4.864 |

第九个表格在调节变量空间距离(dist)不同水平下自变量广告诉求(adapl)的不同水平之间的两两比较。从表 7.10 中可以看到所有组之间两两比较结果是否显著。

### 表 7.10　两两比较分析
### 成对比较

测量:MEASURE_1

| 空间距离 | (I)adapl | (J)adapl | 平均值差值(I−J) | 标准误差 | 显著性[b] | 差值的 95%置信区间[b] | |
|---|---|---|---|---|---|---|---|
| | | | | | | 下限 | 上限 |
| 近距离 | 1 | 2 | .756* | .162 | .000 | .435 | 1.077 |
| | 2 | 1 | −.756* | .162 | .000 | −1.077 | −.435 |
| 远距离 | 1 | 2 | −.617* | .162 | .000 | −.938 | −.296 |
| | 2 | 1 | .617* | .162 | .000 | .296 | .938 |

基于估算边际平均值

*.平均值差值的显著性水平为.050。

b.多重比较调节:邦弗伦尼法。

第十个表格见表 7.11,是在调节变量"空间距离"(dist)不同水平下核心自变量显著性的多元方差分析结果,即简单效应分析。在本设计中,调节变量为被试间变量,而自变量"广告诉求"为被试内变量,要检验自变量在调节变量不同水平上的简单效应,因此是多元方差分析结果。

表 7.11　简单效应的多元方差分析结果

多变量检验

| 空间距离 | | 值 | F | 假设自由度 | 误差自由度 | 显著性 | 偏 Eta平方 |
|---|---|---|---|---|---|---|---|
| 近距离 | 比莱轨迹 | .147 | 21.739ᵃ | 1.000 | 126.000 | .000 | .147 |
| | 威尔克 Lambda | .853 | 21.739ᵃ | 1.000 | 126.000 | .000 | .147 |
| | 霍特林轨迹 | .173 | 21.739ᵃ | 1.000 | 126.000 | .000 | .147 |
| | 罗伊最大根 | .173 | 21.739ᵃ | 1.000 | 126.000 | .000 | .147 |
| 远距离 | 比莱轨迹 | .103 | 14.479ᵃ | 1.000 | 126.000 | .000 | .103 |
| | 威尔克 Lambda | .897 | 14.479ᵃ | 1.000 | 126.000 | .000 | .103 |
| | 霍特林轨迹 | .115 | 14.479ᵃ | 1.000 | 126.000 | .000 | .103 |
| | 罗伊最大根 | .115 | 14.479ᵃ | 1.000 | 126.000 | .000 | .103 |

每个 F 都将检验其他所示效应的每个级别组合中 adapl 的多变量简单效应。这些检验基于估算边际平均值之间的线性无关成对比较。

a.精确统计

7.一般线性模型语法,对应第二种设计①,见图 7.18。第一行首先界定因变量和自变量,第二行界定被试内变量,第三行表示需要输出效应值,第四行即简单效应分析的语法。对比图 7.18 和图 7.17 会发现,第一行中界定的两个因变量和自变量不同,第二行中界定的被试内变量也不同,这是由实验设计决定的。但对

两因素混合实验设计
(空间距离被试内)

于简单效应分析,语句是一样的,甚至该语法无论在被试间设计、被试内设计还是混合设计中都完全相同。

```
GLM neatt faatt BY adapl
  /WSFACTOR＝dist(2)
  /PRINT＝ETASQ
  /EMMEANS＝TABLES(dist * adapl)COMPARE(adapl)ADJ(BONFERRONI).
```

图 7.18　自变量为被试间变量的一般线性模型语法

---

①　此处所使用数据的文件名称为"7.12 第七章 两因素混合实验设计(空间距离被试内)",请扫描二维码获取。

8.第二种设计的结果解读。在第二种设计中,自变量是被试间设计,调节变量是被试内设计。第一到第七个表格与前面重复测量的方差分析结果输出的第一、第三到第八个表格完全一致。在此不再详细解释。

第八个表格是自变量四个水平组合对应的因变量的描述性统计,见表7.12。在该表格中列出了所有处理对应的因变量的均值、标准误差(SE)和95％置信区间。

表 7.12　描述性统计
估算值

测量:MEASURE_1

| dist | 广告诉求 | 平均值 | 标准误差 | 95％置信区间 | |
|---|---|---|---|---|---|
| | | | | 下限 | 上限 |
| 0 | 可行性诉求 | 4.803 | .097 | 4.610 | 4.996 |
| | 合意性诉求 | 3.953 | .097 | 3.760 | 4.146 |
| 1 | 可行性诉求 | 3.905 | .103 | 3.700 | 4.110 |
| | 合意性诉求 | 4.703 | .103 | 4.498 | 4.908 |

第九个表格是在调节变量空间距离(dist)不同水平下自变量广告诉求(adapl)的不同水平之间的两两比较。从表7.23中可以看到所有组之间两两比较结果是否达到显著。

表 7.13　两两比较分析
成对比较

测量:MEASURE_1

| dist | (I)广告诉求 | (J)广告诉求 | 平均值差值(I−J) | 标准误差 | 显著性[b] | 差值的95％置信区间[b] | |
|---|---|---|---|---|---|---|---|
| | | | | | | 下限 | 上限 |
| 0 | 可行性诉求 | 合意性诉求 | .850 * | .138 | .000 | .578 | 1.123 |
| | 合意性诉求 | 可行性诉求 | −.850 * | .138 | .000 | −1.123 | −.578 |
| 1 | 可行性诉求 | 合意性诉求 | −.798 * | .146 | .000 | −1.088 | −.509 |
| | 合意性诉求 | 可行性诉求 | .798 * | .146 | .000 | .509 | 1.088 |

基于估算边际平均值

*.平均值差值的显著性水平为.050。

b.多重比较调节:邦弗伦尼法。

第十个表格见表 7.14，是在调节变量"空间距离"（dist）不同水平下核心自变量显著性的多元方差分析结果，即简单效应分析。在本设计中，调节变量为被试内变量，而自变量"广告诉求"为被试间变量，要检验自变量在调节变量不同水平上的简单效应，因此是一元方差分析结果。

表 7.14　简单效应的一元方差分析
单变量检验

测量：MEASURE_1

| dist | | 平方和 | 自由度 | 均方 | F | 显著性 | 偏 Eta 平方 |
|---|---|---|---|---|---|---|---|
| 0 | 对比 | 23.129 | 1 | 23.129 | 38.080 | .000 | .232 |
| | 误差 | 76.529 | 126 | .607 | | | |
| 1 | 对比 | 20.384 | 1 | 20.384 | 29.743 | .000 | .191 |
| | 误差 | 86.354 | 126 | .685 | | | |

每个 F 都将检验其他所示效应的每个级别组合中广告诉求的简单效应。这些检验基于估算边际平均值之间的线性无关成对比较。

分别对照表 7.9 和表 7.12，表 7.10 和表 7.13，就会发现实际上两对表格输出的是同样的信息。尽管由于原始数据不同，所获得的具体数值并不相同，但对比表 7.11 和表 7.14 则发现，表 7.11 是多元方差分析结果，而表 7.14 是一元方差分析结果。这是因为虽然都是简单效应，但在设计一（表 7.11）的结果中，要比较的是被试内变量，而在设计二（表 7.14）的结果中，要比较的是被试间变量。

# 第二节　重复测量一个因素的三因素混合实验设计

三因素混合实验设计包含两种情况：第一种情况，包含一个被试内因素和两个被试间因素，即本节要详细分析的设计；第二种情况，包含两个被试内因素和一个被试间因素，我们将在第三节中详细分析该设计。

在本案例中，要探讨的主要问题和实验假设仍然使用三因素被试内实验设计中的研究问题和实验假设。研究问题如下：与受众距离不同的旅游地，使用哪类广告诉求效果会更好？这种效果的差异在受众为自己决策或者为他人决策时是否存在不同？要检验的实验假设:广告诉求、空间距离和社会距离三者交互影响了广告吸引力的评价。具体而言,当被试为自己决策时,可行性诉求广告在距离较近时更有吸引力,合意性诉求广告在较远距离时更有吸引力;而当被试代他人决策时,无论空间距离如何,合意性诉求广告都比可行性诉求广告更有吸引力。

## 一、实验设计与程序

### (一)实验设计

在重复测量一个因素的三因素混合实验设计中,包含三个自变量 $X$、$Y$ 和 $Z$,假设 $X$ 和 $Y$ 是被试间变量,而 $Z$ 是被试内变量,自变量 $X$ 包含 $i$ 个水平,自变量 $Y$ 包含 $j$ 个水平,自变量 $Z$ 包含 $k$ 个水平,$i$、$j$ 和 $k$ 可以相同,也可以不同,而且原则上这三个数可以是 2 或 2 以上的任何数字,那么所有被试要被随机分配为 $i \times j$ 个组,每个被试就要接受 $k$ 个实验处理。在此,我们以重复测量一个因素的 $2 \times 2 \times 2$ 三因素混合实验设计为例进行深入分析,其基本模式如下:

$$
\begin{array}{cccc}
 & & T_{z_1} & T_{z_2} \\
R & T_{x_1 y_1} & O_{11} & O_{12} \\
R & T_{x_1 y_2} & O_{21} & O_{22} \\
R & T_{x_2 y_1} & O_{31} & O_{32} \\
R & T_{x_2 y_2} & O_{41} & O_{42}
\end{array}
$$

在本案例中,包括三个自变量——广告诉求、旅游地距离和社会距离,每个变量只包含两个水平,属于最简单的广告诉求(合意性 vs.可行性诉求)×空间距离(远 vs.近)×社会距离(为自己 vs.为他人)三因素混合实验设计。两个被试间变量的每个水平相互组合,共形成四组,即 $X_1 Y_1$ 组到 $X_2 Y_2$ 组。同时,每组被试需要面对变量 $Z$ 的两个水平。同样,在本案例中,广告诉求为核心自变量,空间距离和社会距离是调节变量,变量的角色也是理论模型所确定的。然而,把哪些变量分配到被试间变量、哪个变量分配到被试内变量则需要考虑。分配为被试内变量或被试间变量取决于该变量是否适合做被试内变量。假定三个变量都适合做被试内变量,那么在设计上至少包括三种,即:广告诉求为被试内变量,其他两个为被试间变量;空间距离为被试内变量,其他两个为被试间变量;社会距离为被试内变量,其他两个为被试间变量。

(二)实验程序

三种设计在实验程序上有些微差异,在此分别阐述;在方差分析时步骤和结果解读没有太大差别,本案例只针对第一种设计进行演示和解读;第一种设计与第二种设计所涉及的简单交互效应和二级简单效应语法没有本质差异,读者可以自行体会,但两者与第三种设计的语法存在差异,因此本案例只针对第一种和第三种设计①的简单交互效应和简单效应进行详细分析。

1.第一种实验设计,核心自变量"广告诉求"为被试内变量,其他两个调节变量为被试间变量。实验程序②如下:

第一步,将被试随机分配为四组。这四组即空间距离的两个水平与社会距离的两个水平的完全组合,第一组被试被命名为"为自己决策近距离组",第二组为"为自己决策远距离组",第三组为"为他人决策近距离组",第四组为"为他人决策远距离组"。

第二步,分配到"为自己决策近距离组"的被试看到一则指导语:"假定您计划去一处旅游胜地,这个旅游地距离您现在的位置很近,您恰好看到了这个旅游胜地的两则广告,请根据您的直觉,分别对这两则广告的吸引力打分。"分配到其他组的被试看到的指导语依据条件修改关键的词句(您 vs.您的朋友,很近 vs.很远)。

第三步,要求被试对两则不同诉求广告的吸引力进行判断。不同广告诉求为被试内设计,同一个被试需要观看两则广告,因此存在顺序效应,需要进行抵消平衡。此时,再次把每组被试分成两组,一组被试先看可行性诉求广告,再看合意性诉求广告,而另外一组被试先看合意性诉求广告,再看可行性诉求广告。每看完一则广告,被试对这则广告的吸引力进行打分,因变量广告吸引力的测量参见第二章第二节的相关测量(见表 2.2)。

最后一步,同前。

2.第二种设计,调节变量"空间距离"为被试内变量,自变量"广告诉求"和调节变量"社会距离"为被试间变量。实验程序如下:

第一步,将被试随机分配为四组。这四组即广告诉求的两个水平与社会距离的两个水平的完全组合,第一组被试被命名为"为自己决策可行性组",第二组为"为自己决策合意性组",第三组为"为他人决策可行性组",第四组为

---

① 因此,本书只提供第一种和第三种设计的虚拟数据。

② 注意与三因素被试内设计的实验程序区分。

"为他人决策合意性组"。我们以第一组为例,继续后面的程序,其他组程序完全相同,只是改变指导语的关键词即可。

第二步,第一组人又被随机分配为两部分,这两部分被试接受相同的可行性诉求平面广告,但在接受以下两则指导语时的顺序先后不同。一半被试首先接受近距离情境然后接受远距离情境,而另外一半被试则首先接受远距离情境然后接受近距离情境。近距离情境指导语如下:"如果是您正计划去旅游,这处旅游地距离您现在的位置很近,请根据您的直觉,对这则广告的吸引力打分。"远距离情境指导语如下:"如果是您正计划去旅游,这处旅游地距离您现在的位置很远,请根据您的直觉,对这则广告的吸引力打分。"被试每次接受完一则指导语之后,按照指导语要求为广告吸引力打分,因变量的测量同前。

最后一步,同前。

对于其他三组被试,程序同第二到最后一步。只是指导语的关键词根据组别的不同而做相应改变即可。

3.第三种实验设计,调节变量"社会距离"为被试内变量,自变量"广告诉求"和调节变量"空间距离"为被试间变量。实验程序如下:

第一步,将被试随机分配为四组。这四组即广告诉求的两个水平与空间距离的两个水平的完全组合,第一组被试被命名为"近距离可行性组",第二组为"近距离合意性组",第三组为"远距离可行性组",第四组为"远距离合意性组"。我们以第一组为例,继续后面的程序,其他组程序完全相同,只是改变指导语的关键词即可。

第二步,向第一组被试呈现可行性诉求平面广告,指导语如下:"这是一处旅游胜地的广告,请仔细观看。"给被试 5～10 秒时间观看。

第三步,第一组被试又被随机分为两部分,一半被试首先接受为自己决策然后接受为他人决策的情境,另外一半被试首先接受为他人决策然后接受为自己决策的情境。为自己决策情境中的指导语如下:"这处旅游地距离您现在的位置很近,如果是您正计划去旅游,请根据您的直觉,对这则广告的吸引力打分。"为他人决策情境中的指导语:"如果是您的朋友正计划去旅游,请根据您的直觉,对这则广告的吸引力打分。"被试每次接受完一则指导语之后,按照指导语要求为广告吸引力打分,因变量的测量同前。

最后一步,同前。

对于其他三组被试,程序同第二到最后一步。只是指导语的关键词根据组别的不同而做相应改变即可。

## 二、取样方法和数量

实验程序完成之后，需要确定取样方法和数量了。取样仍然采用网络方式进行，样本数量确定流程与两因素混合实验设计的确定流程没有本质差别，仍然采用 G ∗ power 软件计算，其他参数基本不变，只是在"Number of groups"中输入"4"，在"Number of measurements"中输入"2"，计算出被试总数量为 179 人，为使四组每组人数一致，我们选定 180 人。

## 三、数据处理

SPSS 数据输入的两项基本原则不变，被试 ID 以及性别、年龄人口统计学变量输入方式不变，被试内及被试间变量的输入参照前面几章的输入方式。在本节中，实验设计分成了两种，这两类实验的数据输入有所不同，在方差分析时的步骤是一致的，只是在输入被试间变量和被试内变量时注意对应，在简单交互效应和二级简单效应分析时，使用的语法又存在一些差异。下面将依次对照解读分析。

（一）数据输入及命名

在本案例中，对于第一种设计，"广告诉求"为被试内变量而"空间距离"和"社会距离"为被试间变量，因此空间距离和社会距离各自独占一列。空间距离变量命名为"dist"，标签命名为"空间距离"；空间距离包括近距离和远距离两个水平，在对应的被试后面输入"0"或"1"。社会距离变量命名为"seot"，标签命名为"社会距离"，包括为自己决策和为他人决策两个水平，在对应的被试后面输入"0"或"1"；广告诉求为被试内变量，包括可行性诉求和合意性诉求，分别对应水平 1 和水平 2，要占两列，可行性诉求广告吸引力的判断命名为"featt"，标签命名为"可行性吸引力"，而合意性诉求广告吸引力的判断命名为"deatt"，标签命名为"合意性吸引力"。变量命名完成之后，按照第三章数据录入方式录入数据即可。

对于第三种设计，"社会距离"为被试内变量，"广告诉求"和"空间距离"为被试间变量，因此广告诉求和空间距离分别占一列。广告诉求命名为"adapl"，标签命名为"广告诉求"，包括可行性诉求和合意性诉求两个水平，在对应的被试后面输入"0"或"1"；空间距离命名为"dist"，标签命名为"空间距离"，包括近距离和远距离，在对应的被试后面输入"0"或"1"；社会距离为被试内变量，要占两列，在为自己决策下的广告吸引力命名为"seatt"，标签命名为"为自己吸引力"，而在为他人决策下的广告吸引力命名为"otatt",标签命名为"为他人吸引力"。变量命名完成之后,按照第三章数据录入的方法录入数据即可。

（二）重复测量的方差分析

此处我们仅以第一种实验设计,即核心自变量为被试内变量、其他两个调节变量为被试间变量的情况为例,进行数据分析,对于第二和第三种实验设计,某一个调节变量为被试内变量,而核心自变量和另外一个调节变量为被试间变量的情况,读者可以自行练习。

1.方差分析步骤[①]。重复测量一个因素的三因素混合实验设计,与两因素混合实验设计的分析步骤没有本质差别,重要的差别只有两处:第一处,需要多输入一次被试间变量"社会距离[seot]";第二处,生成交互效应图时,要把第二调节变量"seot"输入"单独的图（P）"中。读者可以对照本章第一节的步骤自行练习,检验自己学习的结果。在此不再赘述。

重复测量一个因素
的三因素混合设计

2.三因素混合实验设计重复测量的方差分析结果,包括八个表格和两幅图。

第一个表格是重复测量因素所有水平相对应的命名,见表 7.15。该表格指出被试内变量的不同水平的命名。在本案例中,只有一个被试内自变量,"广告诉求"(adapl),对应的两次测量分别为"可行性诉求广告的吸引力"(featt)和"合意性诉求广告的吸引力"(deatt)。

**表 7.15 被试内变量的描述**
**主体内因子**

测量:MEASURE_1

| adapl | 因变量 |
|-------|--------|
| 1 | featt |
| 2 | deatt |

第二个表格是混合实验设计中被试间变量的描述,见表 7.16。在该表格中可以看到被试间变量"空间距离"两个水平和"社会距离"两个水平的命名以及样本量。

---

① 本处所用的数据参见"7.21 第七章 重复测量一个因素的三因素混合设计",请扫描二维码获取。

表 7.16  被试间变量的描述
主体间因子

|  |  | 值标签 | 个案数 |
|---|---|---|---|
| 空间距离 | .00 | 近距离 | 90 |
|  | 1.00 | 远距离 | 90 |
| 社会距离 | .00 | 为自己 | 90 |
|  | 1.00 | 为他人 | 90 |

　　第三个表格是因变量的描述性统计,见表 7.17。该表格输出了多次测量的均值、标准差(SD)和样本量。在结果呈现时,这些数据需要报告。需要特别注意的是,在该表格中,结果报告是以被试内变量为第一阶分组,然后再以被试间变量为第二阶和第三阶分组。读者可以自行对照本节中第二种设计下的数据输出结果。

表 7.17  因变量的描述性统计
描述性统计

|  | 空间距离 | 社会距离 | 平均值 | 标准偏差 | 个案数 |
|---|---|---|---|---|---|
| 可行性吸引力 | 近距离 | 为自己 | 4.607 1 | .860 03 | 45 |
|  |  | 为他人 | 4.138 9 | .769 73 | 45 |
|  |  | 总计 | 4.373 0 | .844 99 | 90 |
|  | 远距离 | 为自己 | 4.018 5 | 1.150 44 | 45 |
|  |  | 为他人 | 4.203 7 | 1.137 56 | 45 |
|  |  | 总计 | 4.111 1 | 1.141 38 | 90 |
|  | 总计 | 为自己 | 4.312 8 | 1.052 42 | 90 |
|  |  | 为他人 | 4.171 3 | .966 30 | 90 |
|  |  | 总计 | 4.242 1 | 1.009 94 | 180 |

续表

| | 空间距离 | 社会距离 | 平均值 | 标准偏差 | 个案数 |
|---|---|---|---|---|---|
| 合意性吸引力 | 近距离 | 为自己 | 3.933 3 | .933 81 | 45 |
| | | 为他人 | 4.200 0 | .850 47 | 45 |
| | | 总计 | 4.066 7 | .898 14 | 90 |
| | 远距离 | 为自己 | 4.563 1 | .790 12 | 45 |
| | | 为他人 | 4.190 0 | .898 96 | 45 |
| | | 总计 | 4.376 6 | .862 18 | 90 |
| | 总计 | 为自己 | 4.248 2 | .916 52 | 90 |
| | | 为他人 | 4.195 0 | .870 14 | 90 |
| | | 总计 | 4.221 6 | .891 53 | 180 |

　　第四个表格是多元分析结果,见表 7.18。该表格输出了被试内自变量的主效应和被试内自变量与另外两个自变量的二阶和三阶交互效应(两个被试间自变量的交互效应没有在此表格中体现,要参照一元分析的结果)。结果参照比莱轨迹。在本案例中,主效应并不是关注的重点,甚至变量间的两阶交互效应也不是重点,三阶交互效应才是重点。直接看表格中的最后一组,结果表明,三阶交互效应显著,$F(1,176) = 9.86$,$p = .002$,$\eta_p^2 = 0.053$。因此要做简单效应分析。

表 7.18　多元方差分析结果
多变量检验[a]

| 效应 | | 值 | F | 假设自由度 | 误差自由度 | 显著性 | 偏 Eta 平方 |
|---|---|---|---|---|---|---|---|
| adapl | 比莱轨迹 | .000 | .039[b] | 1.000 | 176.000 | .843 | .000 |
| | 威尔克 Lambda | 1.000 | .039[b] | 1.000 | 176.000 | .843 | .000 |
| | 霍特林轨迹 | .000 | .039[b] | 1.000 | 176.000 | .843 | .000 |
| | 罗伊最大根 | .000 | .039[b] | 1.000 | 176.000 | .843 | .000 |

续表

| 效应 | | 值 | F | 假设自由度 | 误差自由度 | 显著性 | 偏 Eta 平方 |
|---|---|---|---|---|---|---|---|
| adapl * dist | 比莱轨迹 | .042 | 7.712[b] | 1.000 | 176.000 | .006 | .042 |
| | 威尔克 Lambda | .958 | 7.712[b] | 1.000 | 176.000 | .006 | .042 |
| | 霍特林轨迹 | .044 | 7.712[b] | 1.000 | 176.000 | .006 | .042 |
| | 罗伊最大根 | .044 | 7.712[b] | 1.000 | 176.000 | .006 | .042 |
| adapl * seot | 比莱轨迹 | .001 | .184[b] | 1.000 | 176.000 | .669 | .001 |
| | 威尔克 Lambda | .999 | .184[b] | 1.000 | 176.000 | .669 | .001 |
| | 霍特林轨迹 | .001 | .184[b] | 1.000 | 176.000 | .669 | .001 |
| | 罗伊最大根 | .001 | .184[b] | 1.000 | 176.000 | .669 | .001 |
| adapl * dist * seot | 比莱轨迹 | .053 | 9.862[b] | 1.000 | 176.000 | .002 | .053 |
| | 威尔克 Lambda | .947 | 9.862[b] | 1.000 | 176.000 | .002 | .053 |
| | 霍特林轨迹 | .056 | 9.862[b] | 1.000 | 176.000 | .002 | .053 |
| | 罗伊最大根 | .056 | 9.862[b] | 1.000 | 176.000 | .002 | .053 |

a.设计：截距＋dist＋seot＋dist * seot
主体内设计：adapl
b.精确统计

第五个表格是球形检验结果（表 7.19），与两因素混合实验设计的结果相似，同样没有输出。

表 7.19　球形检验结果
莫奇来球形度检验[a]

测量：MEASURE_1

| 主体内效应 | 莫奇来 W | 近似卡方 | 自由度 | 显著性 | Epsilon[b] | | |
|---|---|---|---|---|---|---|---|
| | | | | | 格林豪斯-盖斯勒 | 辛-费德特 | 下限 |
| adapl | 1.000 | .000 | 0 | — | 1.000 | 1.000 | 1.000 |

检验"正交化转换后因变量的误差协方差矩阵与恒等矩阵成比例"这一原假设。
a.设计：截距＋dist＋seot＋dist * seot
主体内设计：adapl
b.可用于调整平均显著性检验的自由度。修正检验将显示在"主体内效应检验"表中。

第六个表格是一元方差分析结果，见表 7.20。只需要参照表格中假设球形度后面的结果即可,而且一元方差分析结果与多元分析结果一模一样。

表 7.20　一元方差分析结果
主体内效应检验

测量:MEASURE_1

| 源 | | Ⅲ类平方和 | 自由度 | 均方 | F | 显著性 | 偏 Eta 平方 |
|---|---|---|---|---|---|---|---|
| adapl | 假设球形度 | .038 | 1 | .038 | .039 | .843 | .000 |
| | 格林豪斯-盖斯勒 | .038 | 1.000 | .038 | .039 | .843 | .000 |
| | 辛-费德特 | .038 | 1.000 | .038 | .039 | .843 | .000 |
| | 下限 | .038 | 1.000 | .038 | .039 | .843 | .000 |
| adapl * dist | 假设球形度 | 7.356 | 1 | 7.356 | 7.712 | .006 | .042 |
| | 格林豪斯-盖斯勒 | 7.356 | 1.000 | 7.356 | 7.712 | .006 | .042 |
| | 辛-费德特 | 7.356 | 1.000 | 7.356 | 7.712 | .006 | .042 |
| | 下限 | 7.356 | 1.000 | 7.356 | 7.712 | .006 | .042 |
| adapl * seot | 假设球形度 | .175 | 1 | .175 | .184 | .669 | .001 |
| | 格林豪斯-盖斯勒 | .175 | 1.000 | .175 | .184 | .669 | .001 |
| | 辛-费德特 | .175 | 1.000 | .175 | .184 | .669 | .001 |
| | 下限 | .175 | 1.000 | .175 | .184 | .669 | .001 |
| adapl * dist * seot | 假设球形度 | 9.407 | 1 | 9.407 | 9.862 | .002 | .053 |
| | 格林豪斯-盖斯勒 | 9.407 | 1.000 | 9.407 | 9.862 | .002 | .053 |
| | 辛-费德特 | 9.407 | 1.000 | 9.407 | 9.862 | .002 | .053 |
| | 下限 | 9.407 | 1.000 | 9.407 | 9.862 | .002 | .053 |
| 误差（adapl） | 假设球形度 | 167.878 | 176 | .954 | | | |
| | 格林豪斯-盖斯勒 | 167.878 | 176.000 | .954 | | | |
| | 辛-费德特 | 167.878 | 176.000 | .954 | | | |
| | 下限 | 167.878 | 176.000 | .954 | | | |

第七个表格是重复测量观测值之间的多项式比较,对于两次甚至三次重复测量的设计没有多大的参考价值。在此不再赘述。

第八个表格是被试间因素的一元方差分析结果,见表 7.21。在混合实验设计中,包含被试间变量的主效应以及被试间因素的交互效应。在本案例中,有两个被试间因素——空间距离（dist）和社会距离（seot），因此表格中分别报告了两者的主效应以及两者的交互效应，另外还报告了截距和误差的和方。

表 7.21　被试间自变量的一元分析结果<br>主体间效应检验

测量：MEASURE_1
转换后变量：平均

| 源 | Ⅲ类平方和 | 自由度 | 均方 | F | 显著性 | 偏 Eta 平方 |
|---|---|---|---|---|---|---|
| 截距 | 6 447.029 | 1 | 6 447.029 | 8 155.599 | .000 | .979 |
| seot | .853 | 1 | .853 | 1.079 | .300 | .006 |
| dist | .052 | 1 | .052 | .066 | .798 | .000 |
| seot * dist | .001 | 1 | .001 | .001 | .971 | .000 |
| 误差 | 139.129 | 176 | .791 | | | |

最后是图形输出结果，见图 7.19 和图 7.20（原图用不同颜色区分不同变量，在本书中做了微调，实线对应原来的蓝线，虚线对应原来的红线）。在这两幅图中，横坐标轴、纵坐标轴和线条所代表的变量都是一样的，只是图 7.19 反

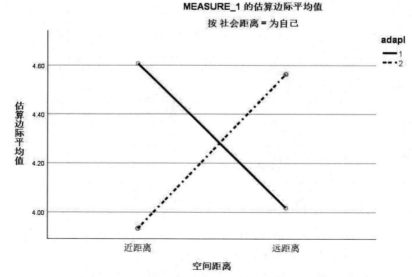

**图 7.19　在社会距离水平 1（为自己决策）下广告诉求与空间距离对广告吸引力的影响**

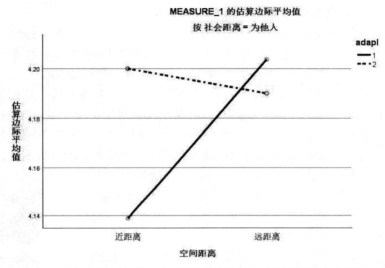

**图 7.20　在社会距离水平 2(为他人决策)下广告诉求与空间距离对广告吸引力的影响**

映了在社会距离水平 1(为自己决策)条件下广告诉求与空间距离对广告吸引力的影响,而图 7.20 则反映了在社会距离水平 2(为他人决策)条件下广告诉求与空间距离对广告吸引力的影响。

从图 7.19 和图 7.20 中可以看到,似乎在不同社会距离水平下,广告诉求与空间距离可能存在交互效应,然而对比纵轴的数值可以发现,在社会距离水平 2(图 7.20)中的几个点的差距并不是很大,说明即使两条线有交叉,也可能并不存在显著的交互效应。当然,是否存在显著性的交互效应,还需要看简单交互效应的结果。图形只是给出了一个直观印象,而且在实验报告中需要画成条形图。

以上即第一种设计数据分析的结果,第二种和第三种设计的数据①方差分析结果的表格输出与第一种设计结果没有本质不同。两者的差别主要在于自变量和两个调节变量分别对应的是被试间变量还是被试内变量。读者可以自行练习解读。

**重复测量一个因素的三因素混合设计**

————————

① 可以使用的数据参见"7.22 第七章 重复测量一个因素的三因素混合设计",请扫描二维码获取。本书只提供了第一种和第三种设计的数据。

### (三)简单交互效应和二级简单效应分析

对于三因素混合实验设计中可能出现的三阶交互效应,需要做进一步的简单交互效应和二级简单效应分析。在此,同样会同时呈现多元方差分析(MANOVA)的语法和一般线性模型(GLM)的语法,两者是等效的。

需要特别注意的是,多元方差分析的语法需要随着调节变量是被试间变量还是被试内变量的不同而不同。一般线性模型对于简单交互效应分析,需要根据设计不同而构造不同的矩阵,只有二级简单效应的语法不随变量类型变化而变化。下面将分别对第一种设计和第三种设计的数据进行解读。

1.多元方差分析的简单交互效应和二级简单效应分析。

(1)本案例中第一种设计①的语法,核心自变量是被试内变量而两个调节变量是被试间变量的情况,图 7.21即该情况下的语句②:

重复测量一个因素的三因素混合设计

前三行是常规的写法,与以往的语法没有什么差别。第一行中,后面两个被试间变量的顺序可以随意安排,只是需要注意被试间变量的水平数字对应数据中的水平编码(是 0,1 而非 1,2)。

```
MANOVA featt deatt BY seot(0,1)dist(0,1)
  /WSFACTOR=adapl(2)
  /ERROR=WITHIN
  /WSDESIGN=adapl
  /DESIGN=dist WITHIN seot(1)
          dist WITHIN seot(2)
  /WSDESIGN=adapl
  /DESIGN=MWITHIN dist(1)WITHIN seot(1)
          MWITHIN dist(2)WITHIN seot(1)
          MWITHIN dist(1)WITHIN seot(2)
          MWITHIN dist(2)WITHIN seot(2).
```

**图 7.21　自变量为被试内变量时简单交互效应及二级简单效应检验**

---

①　此处所用的数据参见"7.21 第七章 重复测量一个因素的三因素混合设计",请扫描二维码获取。

②　读者可以自行与完全被试内设计的简单交互效应和二级简单效应的分析语句相对照,见图 6.24。

第四、五行及第六行,/WSDESIGN 命令与/DESIGN 命令组合,完成简单交互效应的分析。/WSDESIGN 命令后面永远是被试内变量,/DESIGN 命令后面永远是被试间变量。两者结合要检验在社会距离不同水平上广告诉求与空间距离的交互效应。具体而言,本案例中,我们把为自己决策和为他人决策视为较高层的调节变量,希望看到在这两种情况下广告诉求与空间距离的组合展示出不同的效果,即在为自己决策时,存在交互效应,广告诉求因空间距离的不同而效果不同,而在为他人决策时不存在交互效应,广告诉求在不同空间距离上的效果是一致的。

第七到第十一行,又一个/WSDESIGN 命令与/DESIGN 命令组合,这次完成的是二级简单效应。检验的是广告诉求在空间距离和社会距离的四个水平组合上的简单效应。需要注意,在混合实验设计中,被试内变量与被试间变量之间要用 MWITHIN,被试间变量之间或者被试内变量之间用 WITHIN。另外,要注意变量之间的顺序。

对于第二种设计,空间距离为被试内变量的情况,语法变化不大,只是将空间距离和广告诉求两个变量的位置互换即可。

(2)分析结果解读。第一个部分是样本信息汇总,与两因素混合实验设计输出相似,不再赘述。

第二个部分是被试间效应分析,见图 7.22。"WITHIN CELLS"即误差项,后面两行是一个被试间变量在另外一个被试间变量上的简单效应(一级简单效应),即空间距离(dist)在社会距离(seot)不同水平上的简单效应,但这并不是我们研究关注的重点,可忽略。

```
* * * * * * * * * * * * * * * * * A n a l y s i s   o f   V a r i a n c e -- D e s i g n   1 * * *

Tests of Between-Subjects Effects.

Tests of Significance for T1 using UNIQUE sums of squares
Source of Variation      SS     DF     MS     F  Sig of F

WITHIN CELLS          139.13   176    .79
DIST WITHIN SEOT(1)      .02     1    .02    .02   .877
DIST WITHIN SEOT(2)      .03     1    .03    .04   .836

- - - - - - - - - - - - - - - - - - - - - - - - - - - - - - - - - - - - - - - -
```

**图 7.22 一级简单效应**

第三个部分是简单交互效应结果输出,见图 7.23。"WITHIN CELLS"即误差项,"ADAPL"行后面反映的是"广告诉求"的主效应,"DIST WITHIN SEOT

(1)BY ADAPL"行显示,广告诉求(adapl)与空间距离在社会距离水平 1(seot 1,即为自己决策的情况)下的简单交互效应显著,$F(1,176)=17.51$,$p<.001$。该结果表明,在为自己决策时,广告诉求的吸引力差异取决于不同的空间距离,需要结合后面的二级简单效应做进一步解读。"DIST WITHIN SEOT(2)BY ADAPL"行显示,广告诉求(adapl)与空间距离在社会距离水平 2(seot 2,即为他人决策的情况)下的简单交互效应不显著,$F(1,176)=0.07$,$p=.798$。该结果表明,在为他人决策时,广告诉求的吸引力并没有受到空间距离的影响。自此简单交互效应的分析结束。

```
* * * * * * * * * * * * * * * * * * A n a l y s i s   o f   V a r i a n c e -- D e s i g n   1 * * *
Tests involving 'ADAPL' Within-Subject Effect.

Tests of Significance for T2 using UNIQUE sums of squares
Source of Variation        SS     DF    MS      F  Sig of F

WITHIN CELLS           167.88    176   .95
ADAPL                     .04      1   .04    .04    .843
DIST WITHIN SEOT(1)     16.70      1  16.70  17.51   .000
BY ADAPL
DIST WITHIN SEOT(2)       .06      1   .06    .07    .798
BY ADAPL
- - - - - - - - - - - - - - - - - - - - - - - - - - - - - - - - - - - - - - - -
```

**图 7.23 简单交互效应**

第四个部分是做二级简单效应时用到的被试间效应检验,见图 7.24,"WITHIN CELLS"之下的四行数据反映的是空间距离与社会距离两个被试间变量的四个水平组合下的截距的效应,一般无须关注。

```
* * * * * * * * * * * * * * * * * * A n a l y s i s   o f   V a r i a n c e -- D e s i g n   2 * * *
Tests of Between-Subjects Effects.

Tests of Significance for T1 using UNIQUE sums of squares
Source of Variation        SS     DF    MS       F   Sig of F

WITHIN CELLS           139.13    176    .79
MWITHIN DIST(1) WITH  1641.13      1  1641.13  2076.06   .000
IN SEOT(1)
MWITHIN DIST(2) WITH  1657.00      1  1657.00  2096.13   .000
IN SEOT(1)
MWITHIN DIST(1) WITH  1564.58      1  1564.58  1979.22   .000
IN SEOT(2)
MWITHIN DIST(2) WITH  1585.22      1  1585.22  2005.33   .000
IN SEOT(2)
- - - - - - - - - - - - - - - - - - - - - - - - - - - - - - - - - - - - - - - -
```

**图 7.24 被试间效应(截距)**

第五个部分是二级简单效应的输出,见图 7.25。"WITHIN CELLS"之下的四行数据反映的是广告诉求在空间距离与社会距离两个被试间变量的四个水平组合下二级简单效应。

```
****************Analysis of Variance -- Design 2***

Tests involving 'ADAPL' Within-Subject Effect.

Tests of Significance for T2 using UNIQUE sums of squares
Source of Variation      SS     DF     MS      F  Sig of F

WITHIN CELLS          167.88   176    .95
MWITHIN DIST(1) WITH   10.21    1   10.21   10.71   .001
IN SEOT(1) BY ADAPL
MWITHIN DIST(2) WITH    6.67    1    6.67    7.00   .009
IN SEOT(1) BY ADAPL
MWITHIN DIST(1) WITH     .08    1     .08     .09   .767
IN SEOT(2) BY ADAPL
MWITHIN DIST(2) WITH     .00    1     .00     .00   .947
IN SEOT(2) BY ADAPL

--------------------------------------------------
```

图 7.25  二级简单效应

第一行表明,当为自己决策(seot 1)时,空间距离是近(dist 1)的情况下,两个广告诉求的吸引力存在显著差异,$F(1,176)=10.71$,$p=.001$;结合在该条件下的均值可知,在该情况下,可行性诉求广告的吸引力($M=4.61$,SD$=0.86$)高于合意性诉求广告的吸引力($M=3.93$,SD$=0.93$)。

第二行表明,当为自己决策时,空间距离是远的情况下,两个广告诉求的吸引力存在显著差异,$F(1,176)=7.00$,$p=.009$;结合在该条件下的均值可知,在该情况下,合意性诉求广告的吸引力($M=4.56$,SD$=0.79$)高于可行性诉求广告的吸引力($M=4.02$,SD$=1.15$)。

第三行表明,当为他人决策时,空间距离是近的情况下,两个广告诉求的吸引力不存在显著差异,$F(1,176)=0.09$,$p=.767$。该结果表明,在为他人决策时,广告诉求的吸引力差异并没有受到空间距离的影响。

第四行表明,当为他人决策时,空间距离是远的情况下,两个广告诉求的吸引力不存在显著差异,$F(1,176)<0.01$,$p=.947$。同样,该结果表明,在为他人决策时,广告诉求的吸引力差异并没有受到空间距离的影响。

（3）本案例中第三种设计①的语法，自变量是被试间变量而两个调节变量一个是被试内变量另外一个是被试间变量的情况，图 7.26 即该情况下的语句：

重复测量一个因素
的三因素混合设计

前三行是常规的写法，与以往的语法没有什么差别。第一行中，后面的两个被试间变量顺序可以互换，不影响结果，但需要注意被试间变量的水平数字对应数据中的水平编码（是 0，1，而非 1，2）。

```
MANOVA seatt otatt BY dist(0,1)adapl(0,1)
  /WSFACTOR＝seot(2)
  /ERROR＝WITHIN
  /WSDESIGN＝MWITHIN seot(1)
             MWITHIN seot(2)
  /DESIGN＝adapl BY dist
  /WSDESIGN＝MWITHIN seot(1)
             MWITHIN seot(2)
  /DESIGN＝adapl WITHIN dist(1)
            adapl WITHIN dist(2).
```

**图 7.26　自变量为被试间变量时简单交互效应及二级简单效应检验**

第四、五行及第六行，/WSDESIGN 命令与/DESIGN 命令组合，完成简单交互效应的分析。/WSDESIGN 命令后面永远是被试内变量，/DESIGN 命令后面永远是被试间变量。从语句中很容易看出是广告诉求与空间距离的交互效应（adapl BY dist），而且这个交互效应是在社会距离（seot）不同水平上的。

第七到第十行，又一个/WSDESIGN 命令与/DESIGN 命令组合，这次完成的是二级简单效应。广告诉求（adapl）和空间距离（dist）都是被试间变量，因此两者间的简单效应用 WITHIN，而社会距离（seot）是被试内变量，要结合被试间变量与被试内变量需要使用 MWITHIN。这些命令组合检验了广告诉求在空间距离和社会距离的四个水平组合上的简单效应。

（4）分析结果解读。第一个部分是样本信息汇总，同上，不再赘述。

---

①　此处所用的数据参见"7.22 第七章 重复测量一个因素的三因素混合设计"，请扫描二维码获取。

第二个部分是简单交互效应的第一个输出,见图 7.27,即在为自己决策时(seot1)广告诉求与空间距离的简单交互效应。"WITHIN CELLS"即误差项;"MWITHIN SEOT(1)"行后面反映的是在社会距离水平 1 时截距的效应,在分析中没有实际意义(张文彤等,2004a),可忽略;"ADAPL BY DIST MWITHIN SEOT(1)"行反映广告诉求(adapl)与空间距离在社会距离水平 1 下的简单交互效应显著,$F(1,176)=18.77,p<.001$。进一步的结果要结合二级简单效应。

```
* * * * * * * * * * * * * * * * * *Analysis of Variance--Design 1***

Tests involving 'MWITHIN SEOT(1)' Within-Subject Effect.

Tests of Significance for T1 using UNIQUE sums of squares
Source of Variation        SS    DF    MS      F  Sig of F

WITHIN CELLS          156.62   176    .89
MWITHIN SEOT(1)      3298.11     1  3298.11  3706.31  .000
ADAPL BY DIST BY MWI   16.70     1   16.70   18.77   .000
THIN SEOT(1)
```
------------------------------------------------

**图 7.27 社会距离水平 1 上的简单交互效应**

第三个部分是简单交互效应的第二个输出,见图 7.28,即在为他人决策时(seot2)广告诉求与空间距离的简单交互效应。"ADAPL BY DIST MWITHIN SEOT(2)"行即反映了广告诉求(adapl)与空间距离在社会距离水平 2 下的简单交互效应不显著,$F(1,176)=0.07,p=.786$。

```
* * * * * * * * * * * * * * * * * *Analysis of Variance--Design 1***

Tests involving 'MWITHIN SEOT(2)' Within-Subject Effect.

Tests of Significance for T2 using UNIQUE sums of squares
Source of Variation        SS    DF    MS      F  Sig of F

WITHIN CELLS          150.39   176    .85
MWITHIN SEOT(2)      3149.77     1  3149.77  3686.13  .000
ADAPL BY DIST BY MWI    .06     1    .06     .07    .786
THIN SEOT(2)
```
------------------------------------------------

**图 7.28 社会距离水平 2 上的简单交互效应**

第四个部分是二级简单效应的第一组输出,见图 7.29。"WITHIN CELLS"和"MWITHIN SEOT(1)"解读同前。

```
* * * * * * * * * * * * * * * * * * Analysis of Variance -- Design 2 * * *

Tests involving 'MWITHIN SEOT(1)' Within-Subject Effect.

Tests of Significance for T1 using UNIQUE sums of squares
Source of Variation      SS      DF      MS      F    Sig of F

WITHIN CELLS          156.62    176    .89
MWITHIN SEOT(1)      3298.11      1  3298.11  3706.31   .000
ADAPL WITHIN DIST(1)  10.21      1   10.21   11.48    .001
 BY MWITHIN SEOT(1)
ADAPL WITHIN DIST(2)   6.67      1    6.67    7.50    .007
 BY MWITHIN SEOT(1)
```

**图 7.29    二级简单效应第一组输出**

"ADAPL WITHIN DIST(1)BY MWITHIN SEOT(1)"反映的是在为自己决策(seot 1)、空间距离是近(dist 1)的情况下,两个广告诉求的吸引力存在显著差异,$F(1,176)=11.48,p=.001$,需要结合在该条件下的均值,读者可自行练习。"ADAPL WITHIN DIST(2)BY MWITHIN SEOT(1)"行反映的是在为自己决策(seot 1)、空间距离是远(dist 2)的情况下,两个广告诉求的吸引力存在显著差异,$F(1,176)=7.50,p=.007$。

第五个部分是二级简单效应的第二组输出,见图 7.30。"ADAPL WITHIN DIST(1)BY MWITHIN SEOT(2)"行反映的是在为他人决策(seot 2)、空间距离是近(dist 1)的情况下,两个广告诉求的吸引力不存在显著差异,$F(1,176)=0.10,p=.754$。"ADAPL WITHIN DIST(2)BY MWITHIN SEOT(2)"

```
* * * * * * * * * * * * * * * * * * Analysis of Variance -- Design 2 * * *

Tests involving 'MWITHIN SEOT(2)' Within-Subject Effect.

Tests of Significance for T2 using UNIQUE sums of squares
Source of Variation      SS      DF      MS      F    Sig of F

WITHIN CELLS          150.39    176    .85
MWITHIN SEOT(2)      3149.77      1  3149.77  3686.13   .000
ADAPL WITHIN DIST(1)   .08       1    .08     .10     .754
 BY MWITHIN SEOT(2)
ADAPL WITHIN DIST(2)   .00       1    .00     .00     .944
 BY MWITHIN SEOT(2)
```

**图 7.30    二级简单效应第二组输出**

行反映的是在为他人决策（seot2）、空间距离是远（dist 2）的情况下，两个广告诉求的吸引力不存在显著差异，$F(1,176)<0.01$，$p=.944$。

2.一般线性模型的简单交互效应和二级简单效应分析。

（1）本案例中第一种设计[①]，自变量是被试内变量而两个调节变量是被试间变量的情况，第二种设计语句与第一种设计的语句没有本质差异，注意互换广告诉求与空间距离的位置即可。图 7.31 是一般线性模型的简单交互效应和二级简单效应语法：

重复测量一个因素
的三因素混合设计

前面三行与之前的一般线性模型语法没有本质差异。需要特别注意的是，第一行后面两个被试间变量的顺序，不能调换，否则没有结果输出。放在前面的是与被试内变量交互的被试间变量，放在最后的被试间变量，正是在该变量的不同水平上检验简单交互效应的变量。

```
GLM featt deatt BY dist seot
 /WSFACTOR=adapl（2）
 /PRINT=ETASQ
 /LMATRIX 'simple interaction adapl× dist at seot1'
              dist          1－1
              dist * seot   1 0
                          －1 0
 /LMATRIX 'simple interaction adapl× dist at seot2'
              dist          1－1
              dist * seot   0 1
                            0－1
 /MMATRIX 'pooled adapl differences'
              all 1－1
 /EMMEANS= TABLES（seot * dist * adapl）COMPARE（adapl）ADJ（BONFERRONI）.
```

**图 7.31　一般线性模型的简单交互效应和二级简单效应分析**

第四行到第十三行，"/LMATRIX"和"/MMATRIX"命令相互组合，分别分析在为自己决策时（社会距离 seot1）广告诉求与空间距离的简单交互效应和为他人决策时（社会距离 seot2）广告诉求与空间距离的简单交互效应。

——————————

① 此处所用的数据参见"7.21 第七章 重复测量一个因素的三因素混合设计"，请扫描二维码获取。

第十四行,"/EMMEANS"命令分析的是二级简单效应,注意"TABLES"括号内变量的顺序,seot 最好放在 dist 前,这样在结果输出时,是以社会距离(seot)为区组,分别比较空间距离(dist)两个水平下广告诉求两个水平的差异。这样的结果输出符合我们研究的模型。

(2)结果解读。第一到第七个表格与前面重复测量的方差分析结果输出的第一、第三到第八个表格完全一致,在此不再详细解读。

第八个表格是定制假设检验的矩阵的一般信息,见图 7.22,表格中呈现了在社会距离两个水平上分别进行的简单交互效应分析相应的矩阵,可忽略。

表 7.22    定制假设检验的矩阵信息

定制假设检验指标

| | | |
|---|---|---|
| 1 | 对比系数(L 矩阵) | LMATRIX 子命令 1:simple interaction adapl× dist at seot1 |
| | 转换系数(M 矩阵) | MMATRIX 子命令 |
| | 对比结果(K 矩阵) | 零矩阵 |
| 2 | 对比系数(L 矩阵) | LMATRIX 子命令 2:simple interaction adapl× dist at seot2 |
| | 转换系数(M 矩阵) | MMATRIX 子命令 |
| | 对比结果(K 矩阵) | 零矩阵 |

第九个表格是定制的矩阵结果比较,是在社会距离水平 1 下广告诉求与空间距离交互效应值与假设值的比较,见表 7.23。该表格呈现了比较估算值、标准误、$p$ 值以及 95% 置信区间等信息。可忽略。

表 7.23    在社会距离水平 1 上的对比结果

对比结果(K 矩阵)[a]

| 对比 | | 转换后变量 |
|---|---|---|
| | | pooled adapl differences |
| L1 | 对比估算 | 1.218 |
| | 假设值 | 0 |
| | 差值(估算—假设) | 1.218 |
| | 标准误差 | .291 |
| | 显著性 | .000 |
| | 差值的 95% 置信区间 下限 | .644 |
| | 差值的 95% 置信区间 上限 | 1.793 |

a.基于用户指定的对比系数(L)矩阵:simple interaction adapl×dist at seot1

第十个表格即一元分析的结果,见表7.24。该表格呈现出在社会距离水平1下的简单交互效应的检验情况,即在为自己决策时,广告诉求与空间距离的交互效应显著,$F(1,176)=17.51$,$p<.001$,$\eta_p^2=0.090$。

表 7.24　简单交互效应一元检验分析结果

检验结果

转换后变量:pooled adapl differences

| 源 | 平方和 | 自由度 | 均方 | F | 显著性 | 偏 Eta 平方 |
|---|---|---|---|---|---|---|
| 对比 | 33.400 | 1 | 33.400 | 17.508 | .000 | .090 |
| 误差 | 335.756 | 176 | 1.908 | | | |

第十一个表格是定制的矩阵结果比较,是在社会距离水平2下广告诉求与空间距离交互效应值与假设值的比较,见表7.25。该表格与第九个表格相似。可忽略。

表 7.25　在社会距离水平 2 上的对比结果

对比结果(K 矩阵)[a]

| 对比 | | 转换后变量 |
|---|---|---|
| | | pooled adapl differences |
| L1 | 对比估算 | −.075 |
| | 假设值 | 0 |
| | 差值(估算—假设) | −.075 |
| | 标准误差 | .291 |
| | 显著性 | .798 |
| | 差值的 95% 置信区间　下限 | −.649 |
| | 差值的 95% 置信区间　上限 | .500 |

a.基于用户指定的对比系数(L)矩阵:simple interaction adapl×dist at seot2

第十二个表格是一元分析的结果,见表7.26。该表格呈现出在社会距离水平2下的简单交互效应的检验情况,即在为他人决策时,广告诉求与空间距离的交互效应不显著,$F(1,176)=0.07$,$p=.798$,$\eta_p^2<.001$。该表格可以与第十个表格(表7.24)对照。

**表 7.26　简单交互效应一元检验分析结果**
**检验结果**

转换后变量：pooled adapl differences

| 源 | 平方和 | 自由度 | 均方 | F | 显著性 | 偏 Eta 平方 |
|---|---|---|---|---|---|---|
| 对比 | .126 | 1 | .126 | .066 | .798 | .000 |
| 误差 | 335.756 | 176 | 1.908 | | | |

　　以上是简单交互效应检验结果的分析，接下来是二级简单效应的结果分析。

　　第十三个表格是三个自变量 8 个水平组合对应的因变量的描述性统计，见表 7.27。在该表格中列出了所有处理对应的因变量的均值、标准误差（SE）和 95％置信区间。

**表 7.27　描述性统计**
**估算值**

测量：MEASURE_1

| 社会距离 | 空间距离 | adapl | 平均值 | 标准误差 | 95％置信区间 | |
|---|---|---|---|---|---|---|
| | | | | | 下限 | 上限 |
| 为自己 | 近距离 | 1 | 4.607 | .148 | 4.315 | 4.899 |
| | | 2 | 3.933 | .130 | 3.677 | 4.189 |
| | 远距离 | 1 | 4.019 | .148 | 3.726 | 4.311 |
| | | 2 | 4.563 | .130 | 4.307 | 4.819 |
| 为他人 | 近距离 | 1 | 4.139 | .148 | 3.847 | 4.431 |
| | | 2 | 4.200 | .130 | 3.944 | 4.456 |
| | 远距离 | 1 | 4.204 | .148 | 3.911 | 4.496 |
| | | 2 | 4.190 | .130 | 3.934 | 4.446 |

　　第十四个表格是在调节变量社会距离和空间距离的四个水平组合下自变量广告诉求（adapl）的不同水平之间的两两比较，见表 7.28。这个表格对于自变量包含两个以上水平时更有价值。

表 7.28　两两比较分析
成对比较

测量：MEASURE_1

| 社会距离 | 空间距离 | (I)adapl | (J)adapl | 平均值差值(I−J) | 标准误差 | 显著性[b] | 差值的95%置信区间[b] | |
|---|---|---|---|---|---|---|---|---|
| | | | | | | | 下限 | 上限 |
| 为自己 | 近距离 | 1 | 2 | .674* | .206 | .001 | .267 | 1.080 |
| | | 2 | 1 | −.674* | .206 | .001 | −1.080 | −.267 |
| | 远距离 | 1 | 2 | −.545* | .206 | .009 | −.951 | −.138 |
| | | 2 | 1 | .545* | .206 | .009 | .138 | .951 |
| 为他人 | 近距离 | 1 | 2 | −.061 | .206 | .767 | −.467 | .345 |
| | | 2 | 1 | .061 | .206 | .767 | −.345 | .467 |
| | 远距离 | 1 | 2 | .014 | .206 | .947 | −.393 | .420 |
| | | 2 | 1 | −.014 | .206 | .947 | −.420 | .393 |

基于估算边际平均值

*.平均值差值的显著性水平为.050。

b.多重比较调节：邦弗伦尼法。

第十五个表格是多元分析的结果（见表 7.29），是在调节变量"社会距离"和"空间距离"四个水平组合下核心自变量显著性的多元方差分析结果，即简单效应分析。在本设计中，调节变量为被试间变量，而自变量"广告诉求"为被试内变量，要检验自变量在调节变量不同水平上的简单效应，因此是多元方差分析结果。结果参照比莱轨迹即可。

表 7.29　简单效应的多元方差分析结果
多变量检验

| 社会距离 | 空间距离 | | 值 | F | 假设自由度 | 误差自由度 | 显著性 | 偏 Eta 平方 |
|---|---|---|---|---|---|---|---|---|
| 为自己 | 近距离 | 比莱轨迹 | .057 | 10.709[a] | 1.000 | 176.000 | .001 | .057 |
| | | 威尔克 Lambda | .943 | 10.709[a] | 1.000 | 176.000 | .001 | .057 |
| | | 霍特林轨迹 | .061 | 10.709[a] | 1.000 | 176.000 | .001 | .057 |
| | | 罗伊最大根 | .061 | 10.709[a] | 1.000 | 176.000 | .001 | .057 |
| | 远距离 | 比莱轨迹 | .038 | 6.996[a] | 1.000 | 176.000 | .009 | .038 |
| | | 威尔克 Lambda | .962 | 6.996[a] | 1.000 | 176.000 | .009 | .038 |
| | | 霍特林轨迹 | .040 | 6.996[a] | 1.000 | 176.000 | .009 | .038 |
| | | 罗伊最大根 | .040 | 6.996[a] | 1.000 | 176.000 | .009 | .038 |

续表

| 社会距离 | 空间距离 | | 值 | F | 假设自由度 | 误差自由度 | 显著性 | 偏 Eta 平方 |
|---|---|---|---|---|---|---|---|---|
| 为他人 | 近距离 | 比莱轨迹 | .001 | .088ᵃ | 1.000 | 176.000 | .767 | .001 |
| | | 威尔克 Lambda | .999 | .088ᵃ | 1.000 | 176.000 | .767 | .001 |
| | | 霍特林轨迹 | .001 | .088ᵃ | 1.000 | 176.000 | .767 | .001 |
| | | 罗伊最大根 | .001 | .088ᵃ | 1.000 | 176.000 | .767 | .001 |
| | 远距离 | 比莱轨迹 | .000 | .004ᵃ | 1.000 | 176.000 | .947 | .000 |
| | | 威尔克 Lambda | 1.000 | .004ᵃ | 1.000 | 176.000 | .947 | .000 |
| | | 霍特林轨迹 | .000 | .004ᵃ | 1.000 | 176.000 | .947 | .000 |
| | | 罗伊最大根 | .000 | .004ᵃ | 1.000 | 176.000 | .947 | .000 |

每个 F 都将检验其他所示效应的每个级别组合中 adapl 的多变量简单效应。这些检验基于估算边际平均值之间的线性无关成对比较。

a.精确统计

(3)本案例中第三种设计[①]，自变量是被试间变量而两个调节变量一个是被试内变量另外一个是被试间变量的情况，图 7.32是一般线性模型分析的简单交互效应和二级简单效应语法：

重复测量一个因素的三因素混合设计

```
GLM seatt otatt BY adapl dist
  /WSFACTOR＝seot(2)
  /PRINT＝ETASQ
  /LMATRIX 'simple interaction adapl * dist'
                    adapl * dist 1－1
                          －1 1
  /MMATRIX 'fix at seot1'
          all 1 0;
          'fix at seot2'
          all 0 1
  /EMMEANS＝TABLES(seot * dist * adapl)COMPARE(adapl)ADJ(BONFERRONI).
```

**图 7.32 一般线性模型中的简单交互效应和二级简单效应分析**

---

① 此处所用的数据参见"7.22 第七章 重复测量一个因素的三因素混合设计"，请扫描二维码获取。

前面三行与之前的一般线性模型语法没有本质差异。第一行中，后面两个被试间变量的顺序可以互换，并不影响结果输出。

第四到第十行，"/LMATRIX"和"/MMATRIX"命令相互组合，完成简单交互效应的分析。在"/MMATRIX"命令中，'fix at seot1'仅仅是列标签说明，可以随意写，关键在于/MMATRIX 和后面矩阵的组合，从矩阵"all 1 0"中可以看出，上述命令是分析社会距离水平 1（为自己决策）下的简单交互效应，即广告诉求与空间距离的交互效应（adapl * dist）；列标签'fix at seot2'后的"all 0 1"是分析社会距离水平 2（为他人决策）下的广告诉求与空间距离的简单交互效应（adapl * dist）[①]。另外，需要特别注意的是，第一个矩阵之后的分号（;）必不可少。

第十一行，"/EMMEANS"命令分析的是二级简单效应，与第一类设计无差别，不再赘述。

（4）第三种设计的结果解读。第一到第七个表格与重复测量的方差分析结果输出的第一、第三到第八个表格完全一致，在此不再详细解读。

第八个表格是定制假设检验的矩阵的一般信息，见表 7.30。表格中呈现了定制假设检验相应的矩阵信息。

**表 7.30　定制假设检验的矩阵信息**
**定制假设检验指标**

| | | |
|---|---|---|
| 1 | 对比系数（L 矩阵） | LMATRIX 子命令 1：simple interaction adapl * dist |
| | 转换系数（M 矩阵） | MMATRIX 子命令 |
| | 对比结果（K 矩阵） | 零矩阵 |

第九个表格是定制的矩阵结果比较，是在社会距离两个水平下广告诉求与空间距离交互效应值与假设值的比较，见表 7.31。该表格呈现了比较估算值、标准误、$p$ 值以及 95% 置信区间等信息。

---

①　需要注意的是，豪威尔等（Howell et al.，2012）的文章附录 C 中指出，通常在一般线性模型中，只能有一个 MMATRIX 命令，因此建议使用多个 GLM 语法实现上述功能。然而，在完全被试内设计中（见本书第六章第三节图 6.31），同样是检验简单交互效应，则可以使用多个 M 矩阵。尚未验证当任意变量的水平数超过 2 之后是否仍然可以采用上述方式。推测起来似乎是可以的，因此，本次计算在一个 GLM 语法中，使用了两个 MMATRIX 命令，无须拆分成两个 GLM 语法。

表 7.31　在社会距离两个水平上的对比结果

对比结果（K 矩阵）[a]

| 对比 | | 转换后变量 | |
|---|---|---|---|
| | | fix at seot1 | fix at seot2 |
| **L1** | 对比估算 | 1.218 | −.075 |
| | 假设值 | 0 | 0 |
| | 差值（估算－假设） | 1.218 | −.075 |
| | 标准误差 | .281 | .276 |
| | 显著性 | .000 | .786 |
| | 差值的 95％置信区间　下限 | .663 | −.619 |
| | 上限 | 1.773 | .469 |

a.基于用户指定的对比系数（L）矩阵：simple interaction adapl * dist

第十个表格即多元分析的结果，见表 7.32。该结果反映了两个简单交互效应不一致的程度。简单交互效应主要参照后面一元分析的结果，该表格可忽略。

表 7.32　多元方差分析结果

多变量检验结果

| | 值 | F | 假设自由度 | 误差自由度 | 显著性 | 偏 Eta 平方 |
|---|---|---|---|---|---|---|
| 比莱轨迹 | .099 | 9.600[a] | 2.000 | 175.000 | .000 | .099 |
| 威尔克 Lambda | .901 | 9.600[a] | 2.000 | 175.000 | .000 | .099 |
| 霍特林轨迹 | .110 | 9.600[a] | 2.000 | 175.000 | .000 | .099 |
| 罗伊最大根 | .110 | 9.600[a] | 2.000 | 175.000 | .000 | .099 |

a.精确统计

第十一个表格即一元分析的结果，见表 7.33。该表格呈现出在社会距离两个水平下的简单交互效应的检验情况：在社会距离水平 1（即在为自己决策）时，广告诉求与空间距离的交互效应显著，$F(1,176)=18.77$，$p<.001$，$\eta_p^2=0.096$，在社会距离水平 2（即在为他人决策）时，广告诉求与空间距离的交互效应不显著，$F(1,176)=0.07$，$p=.786$，$\eta_p^2<.001$。

**表 7.33　简单交互效应的一元分析结果**

**单变量检验结果**

| 源 | 转换后变量 | 平方和 | 自由度 | 均方 | F | 显著性 | 偏 Eta 平方 |
|---|---|---|---|---|---|---|---|
| 对比 | fix at seot1 | 16.700 | 1 | 16.700 | 18.767 | .000 | .096 |
| | fix at seot2 | .063 | 1 | .063 | .074 | .786 | .000 |
| 误差 | fix at seot1 | 156.616 | 176 | .890 | | | |
| | fix at seot2 | 150.391 | 176 | .854 | | | |

　　以上是简单交互效应检验结果的分析,接下来是二级简单效应的结果分析。

　　第十二个表格是三个自变量 8 个水平组合对应的因变量的描述性统计,见表 7.34。在该表格中列出了所有处理对应的因变量的均值、标准误差(SE)和 95% 置信区间。

**表 7.34　描述性统计**

**估算值**

测量:MEASURE_1

| seot | 空间距离 | 广告诉求 | 平均值 | 标准误差 | 95% 置信区间 | |
|---|---|---|---|---|---|---|
| | | | | | 下限 | 上限 |
| 1 | 近距离 | 可行性 | 4.607 | .141 | 4.330 | 4.885 |
| | | 合意性 | 3.933 | .141 | 3.656 | 4.211 |
| | 远距离 | 可行性 | 4.019 | .141 | 3.741 | 4.296 |
| | | 合意性 | 4.563 | .141 | 4.286 | 4.841 |
| 2 | 近距离 | 可行性 | 4.139 | .138 | 3.867 | 4.411 |
| | | 合意性 | 4.200 | .138 | 3.928 | 4.472 |
| | 远距离 | 可行性 | 4.204 | .138 | 3.932 | 4.476 |
| | | 合意性 | 4.190 | .138 | 3.918 | 4.462 |

　　第十三个表格是在调节变量社会距离和空间距离的四个水平组合下自变量广告诉求(adapl)的不同水平之间的两两比较,见表 7.35。这个表格对于自变量包含两个以上水平时更有价值。

表 7.35　两两比较分析
成对比较

测量:MEASURE_1

| seot | 空间距离 | (I)广告诉求 | (J)广告诉求 | 平均值差值(I−J) | 标准误差 | 显著性[b] | 差值的 95% 置信区间[b] | |
|---|---|---|---|---|---|---|---|---|
| | | | | | | | 下限 | 上限 |
| 1 | 近距离 | 可行性 | 合意性 | .674* | .199 | .001 | .281 | 1.066 |
| | | 合意性 | 可行性 | −.674* | .199 | .001 | −1.066 | −.281 |
| | 远距离 | 可行性 | 合意性 | −.545* | .199 | .007 | −.937 | −.152 |
| | | 合意性 | 可行性 | .545* | .199 | .007 | .152 | .937 |
| 2 | 近距离 | 可行性 | 合意性 | −.061 | .195 | .754 | −.446 | .323 |
| | | 合意性 | 可行性 | .061 | .195 | .754 | −.323 | .446 |
| | 远距离 | 可行性 | 合意性 | .014 | .195 | .944 | −.371 | .398 |
| | | 合意性 | 可行性 | −.014 | .195 | .944 | −.398 | .371 |

基于估算边际平均值

*.平均值差值的显著性水平为.050。

b.多重比较调节:邦弗伦尼法。

第十五个表格是一元分析的结果(表 7.36),是在调节变量"社会距离"和"空间距离"四个水平组合下核心自变量显著性的一元方差分析结果,即简单效应分析。

表 7.36　二级简单效应的一元方差分析结果
单变量检验

测量:MEASURE_1

| seot | 空间距离 | | 平方和 | 自由度 | 均方 | F | 显著性 | 偏 Eta 平方 |
|---|---|---|---|---|---|---|---|---|
| 1 | 近距离 | 对比 | 10.214 | 1 | 10.214 | 11.479 | .001 | .061 |
| | | 误差 | 156.616 | 176 | .890 | | | |
| | 远距离 | 对比 | 6.673 | 1 | 6.673 | 7.499 | .007 | .041 |
| | | 误差 | 156.616 | 176 | .890 | | | |
| 2 | 近距离 | 对比 | .084 | 1 | .084 | .098 | .754 | .001 |
| | | 误差 | 150.391 | 176 | .854 | | | |
| | 远距离 | 对比 | .004 | 1 | .004 | .005 | .944 | .000 |
| | | 误差 | 150.391 | 176 | .854 | | | |

每个 F 都将检验其他所示效应的每个级别组合中广告诉求的简单效应。这些检验基于估算边际平均值之间的线性无关成对比较。

以上即重复测量一个因素的三因素混合实验设计的数据分析解读。读者可以交互对照不同分析方法所获得的结果。

# 第三节 重复测量两个因素的三因素混合实验设计

本节将详细解读第二种三因素混合实验设计,即包含两个重复测量变量的三因素混合实验设计。最简单的重复测量两个因素的三因素混合实验设计,每个因素包括两个水平。该类设计中只包含一个被试间变量,因此被试要被随机分配到两组中。要探讨的问题和研究假设与第二节重复测量一个因素的三因素混合实验设计完全相同。

## 一、实验设计与程序

### (一)实验设计

在重复测量两个因素的三因素混合实验设计中,包含三个自变量,$X$、$Y$和$Z$,假设$X$是被试间变量,而$Y$和$Z$是被试内变量,自变量$X$包含$i$个水平,自变量$Y$包含$j$个水平,自变量$Z$包含$k$个水平,$i$、$j$和$k$可以相同,也可以不同,而且原则上这三个数可以是2或2以上的任何数字,那么所有被试要被随机分配为$i$个组,每个被试就要接受$j \times k$个实验处理。在此,我们以重复测量两个因素的$2 \times 2 \times 2$三因素被试内实验设计为例进行深入分析,其基本模式如下:

$$
\begin{array}{ccccc}
 & & T_{y_1 z_1} & T_{y_1 z_2} & T_{y_2 z_1} & T_{y_2 z_2} \\
R & T_{x_1} & O_{11} & O_{12} & O_{13} & O_{14} \\
R & T_{x_2} & O_{21} & O_{22} & O_{23} & O_{24}
\end{array}
$$

在本案例中,包括三个自变量——广告诉求、空间距离和社会距离,每个变量只包含两个水平,属于最简单的广告诉求(合意性 vs.可行性诉求)×空间距离(远 vs.近)×社会距离(为自己 vs.为他人)三因素混合实验设计。一个被试间变量包含两个水平,形成两组,即$X_1$组和$X_2$组。同时,每组被试需要面对变量$Y$和$Z$的四个水平组合,即从$Y_1Z_1$到$Y_2Z_2$。同样,在本案例中,广告诉求为核心自变量,空间距离和社会距离是调节变量,变量的角色也是理论模型所确定的。然而,把哪个变量分配到被试间变量、哪些变量分配到被试内变量则需要考虑。分配为被试内变量或被试间变量取决于该变量是否适合做被试内变量。假定三个变量都适合做被试内变量,那么在设计上至少包括三种,即社会距离为被试间变量,其他两个为被试内变量;广告诉求为被试间变量,其他两个为被试内变量;空间距离为被试间变量,其他两个为被试内变量。

(二)实验程序

三种设计在实验程序上有些微差异,在方差分析时步骤和结果解读没有太大差别,但是在二级简单效应分析和简单交互效应分析中有多种可能,为充分讲述可能的情况,本案例针对前两种设计进行详细分析。第三种设计与第二种设计所涉及的简单交互效应和二级简单效应语法没有本质差异,读者可以自行体会。

1.第一种实验设计,第二调节变量"社会距离"为被试间变量,核心自变量"广告诉求"和第一调节变量"空间距离"为被试内变量。实验程序如下:

第一步,将被试随机分配为两组,即分别接受社会距离的两个水平的处理组,一组被试需要为自己决策,被命名为"为自己决策组",接受的第一则指导语是"假定您计划去一处旅游胜地";另外一组被试需要为他人决策,被命名为"为他人决策组",接受的第一则指导语是"假定您的朋友计划去一处旅游胜地"。

这两个组随后的步骤可以分别按照本书第六章第二节中的两因素被试内实验的程序完成。在此不再赘述。

2.第二种实验设计,核心自变量"广告诉求"为被试间变量,两个调节变量"社会距离"和"空间距离"为被试内变量。实验程序如下:

第一步,将被试随机分配为两组,即分别接受广告诉求的两个水平的处理组,一组被试只需要观看可行性诉求广告,被命名为"可行性诉求组",另外一组被试只需要观看合意性诉求广告,被命名为"合意性诉求组"。我们以可行性诉求组的被试为例,讲述后续的步骤,对于合意性诉求组,后面的步骤完全相同。

第二步,确定处理顺序。被试需要接受四种实验处理,即"为自己决策近距离"、"为自己决策远距离"、"为他人决策近距离"和"为他人决策远距离"。同样,这四种处理的顺序在不同被试间如何进行抵消平衡也是重点考虑的内容。完全平衡设计需要 24 组,以区组随机化方法抵消平衡则需要 8 组;如果用拉丁方法,只需要 4 组,但使用拉丁方法容易造成被试混乱。区组随机化方法见第六章,在此我们采用拉丁方法分配实验顺序,读者可以体会这种方法可能为被试造成的混乱。

假设我们把前面四种处理按顺序分别编码为 1、2、3、4,然后按照拉丁方法,则会产生四种顺序排列:第一种,1、2、4、3;第二种,2、3、1、4;第三种,3、4、2、1;第四种,4、1、3、2。对应这四种顺序,需要把可行性诉求组的被试再次随机分配到四组。

第三步,每组被试接受相应的顺序处理。以第四组(4、1、3、2)为例,

首先,被试需要接受“为他人决策远距离”处理,指导语如下:“假定您的朋友正计划去旅游,这是一处旅游地的广告,该旅游地距离您和您的朋友比较远,请根据您的直觉,对这则广告的吸引力打分。”

然后,被试需要接受“为自己决策近距离”的处理,指导语如下:“假定是您正计划去旅游,该旅游地距离您比较近,请根据您的直觉,对这则广告的吸引力打分。”

再后,接受“为他人决策近距离”处理,指导语如下:“再次假定是您的朋友计划去旅游,该旅游地距离您和您的朋友比较近,请根据您的直觉,对这则广告的吸引力打分。”

最后,被试需要接受“为自己决策远距离”的处理,指导语如下:“假定还是您计划去旅游,该旅游地距离您比较远,请根据您的直觉,对这则广告的吸引力打分。”

四个处理之后的因变量测量使用条目相同,可参考第二章第一节的内容(表 2.2)。

上述四个处理,对于被试来说,假定的场景一变再变,前面的处理很可能会影响后面的处理,而且处理之间本来差异不大,被试接受频繁改变的处理,可能会猜测实验的目的,从而影响了内部效度。当然,如果该实验程序由主试面对被试,一对一执行,复杂的顺序以及不同组之间的顺序变换,对于主试来说也是一个挑战。

最后一步,同前。

3.第三种设计,第一个调节变量“空间距离”为被试间变量,核心自变量“广告诉求”和调节变量“社会距离”为被试内变量。实验程序如下:

第一步,将被试随机分配为两组,即分别接受空间距离的两个水平的处理组,一组被试只需要接受旅游地为近距离的情境,被命名为“近距离组”,

另外一组被试只需要接受旅游地为远距离的情境,被命名为"远距离组"。我们以近距离组的被试为例,讲述后续的步骤,对于远距离组,后面的步骤完全相同。

第二步,确定处理顺序。被试需要接受四种实验处理,即"为自己决策可行性诉求"、"为自己决策合意性诉求"、"为他人决策可行性诉求"和"为他人决策合意性诉求"。假定上述四个处理的编号分别为 1、2、3、4。此处四个实验处理在被试种的施测排序将按照区组随机化方法,即近距离组被试再次被随机分为 8 个小组(远距离组也如此),第一小组的被试接受 1、2、3、4 的排序,第二小组接受 1、2、4、3 的排序,第三组小组接受 2、1、3、4 的,第四小组接受 2、1、4、3 的排序,第五小组接受 3、4、1、2 的排序,第六小组接受 3、4、2、1 的排序,第七小组接受 4、3、1、2 的排序,第八小组接受 4、3、2、1 的排序。

第三步,每组被试接受相应的顺序处理。以第一小组(1、2、3、4)为例

首先,需要接受"为自己决策可行性诉求"处理,向被试展示可行性诉求广告,指导语如下:"这是一处距离您比较近旅游地的广告,假定您正计划去旅游,请根据您的直觉,对这则广告的吸引力打分。"

然后,接受"为自己决策合意性诉求"处理,向被试展示合意性诉求广告,指导语如下:"这是一处距离您比较近旅游地的广告,假定您正计划去旅游,请根据您的直觉,对这则广告的吸引力打分。"

再后,接受"为他人决策可行性诉求"处理,向被试展示另外一幅可行性诉求广告,指导语如下:"这是一处距离您和您的朋友比较近旅游地的广告,假定是您的朋友计划去旅游,请根据您的直觉,对这则广告的吸引力打分。"

最后,接受"为他人决策合意性诉求"处理,向被试展示另外一幅合意性诉求广告,指导语如下:"这是一处距离您和您的朋友比较近旅游地的广告,假定您的朋友正计划去旅游,请根据您的直觉,对这则广告的吸引力打分。"

四个处理之后的因变量测量使用条目相同,可参考第二章第一节的内容(表 2.2)

最后一步,同前。

## 二、被试数量确定

实验程序完成之后,需要确定取样方法和数量了。取样仍然采用网络方式进行,样本数量确定流程与两因素混合实验设计的确定流程没有本质差别,仍然采用 G * power 软件计算,其他参数基本不变,只是在"Number of groups"

中输入"2",在"Number of measurements"中输入"4",计算出被试总数量为179人,为使两组每组人数一致,我们选定180人。

## 三、数据处理

SPSS数据输入原则同前。在本节中,实验设计分成了两种,这两类实验的数据输入有所不同,在方差分析时的步骤是一致的,只是在输入被试间变量和被试内变量时注意对应,在简单交互效应和二级简单效应分析时,使用的语法又存在一些差异。下面将依次对照解读分析。

### (一)数据输入及命名

在本案例中,对于第一种设计,"社会距离"为被试间变量,而"空间距离"和"广告诉求"为被试内变量,因此社会距离独占一列。社会距离变量命名为"seot",标签命名为"社会距离",包括为自己决策和为他人决策两个水平,在对应的被试后面输入"0"或"1";空间距离和广告诉求为被试内变量,两者的每个水平相互组合,形成四组处理,要占四列,对"近距离可行性诉求广告"的吸引力判断命名为"nefe",标签命名为"近距离可行性";"近距离合意性诉求广告"吸引力判断命名为"nede",标签命名为"近距离合意性";"远距离可行性诉求广告"的吸引力判断命名为"fafe",标签命名为"远距离可行性";"远距离合意性诉求广告"吸引力判断命名为"fade",标签命名为"远距离合意性"。变量命名完成之后,按照第三章数据录入方式录入数据即可。

第二种,"广告诉求"为被试间变量,"社会距离"和"空间距离"为被试内变量,因此广告诉求占一列。广告诉求命名为"adapl",标签命名为"广告诉求",包括可行性诉求和合意性诉求两个水平,在对应的被试后面输入"0"或"1";空间距离和社会距离为被试内变量,两者所有水平的相互组合,形成四组处理,要占四列,"为自己决策近距离"下的广告吸引力命名为"sene",标签命名为"自己近距离";"为自己决策远距离"下的广告吸引力命名为"sefa",标签命名为"自己远距离";"为他人决策近距离"下的广告吸引力命名为"otne",标签命名为"他人近距离";"为他人决策远距离"下的广告吸引力命名为"otfa",标签命名为"他人远距离"。变量命名完成之后,按照第三章数据录入的方法录入数据即可。

(二)重复测量的方差分析

1.此处,我们仍然以第一种实验设计①,即调节变量"社会距离"为被试间变量,而核心自变量"广告诉求"和第一调节变量"空间距离"为被试内变量为例,进行解读,对于第二种设计,即核心自变量为被试间变量、两个调节变量为被试内变量的情况,读者可以自行练习。重复测量两个因素的三因素混合实验设计,与重复测量一个因素的三因素实验设计以及两因素混合实验设计的分析步骤没有本质差别,只是在设定被试内变量时,需要设置空间距离和广告诉求。首先设置空间距离,命名为"dist",级别数为2,然后设置广告诉求,命名为"adapl",级别数也为2。其他步骤同重复测量一个因素的三因素实验设计方差分析步骤。读者可以对照本章第二节的步骤自行练习,检验自己学习的结果。在此不再赘述。

重复测量两个因素
的三因素混合设计

2.方差分析结果解读,包括八个表格和两幅图。

第一个表格是重复测量因素所有水平相对应的命名,见表7.37。该表格指出被试内变量不同水平组合的命名,两个被试内变量:空间距离(dist)和广告诉求(adapl)。

**表 7.37　被试内变量的描述**

主体内因子

测量:MEASURE_1

| dist | adapl | 因变量 |
| --- | --- | --- |
| 1 | 1 | nefe |
| | 2 | nede |
| 2 | 1 | fafe |
| | 2 | fade |

第二个表格是混合实验设计中被试间变量的描述,见表7.38。在该表格中可以看到被试间变量"社会距离"两个水平的命名以及样本量。

---

① 此处所用数据的文件名称为"7.31 第七章 重复测量两个因素的三因素混合设计",请扫描二维码获取。

表 7.38 被试间变量的描述
主体间因子

| | | 值标签 | 个案数 |
|---|---|---|---|
| 社会距离 | .00 | 为自己 | 90 |
| | 1.00 | 为他人 | 90 |

第三个表格是因变量的描述性统计,见表 7.39。该表格输出了多次测量的均值、标准差(SD)和样本量。同样,在表格中,结果呈现是以被试内变量为第一阶分组,被试间变量为第二阶分组。

表 7.39 因变量的描述性统计
描述性统计

| | 社会距离 | 平均值 | 标准偏差 | 个案数 |
|---|---|---|---|---|
| 近距离可行性 | 为自己 | 4.607 1 | .855 19 | 90 |
| | 为他人 | 4.138 9 | .765 40 | 90 |
| | 总计 | 4.373 0 | .842 63 | 180 |
| 近距离合意性 | 为自己 | 3.933 3 | .928 55 | 90 |
| | 为他人 | 4.200 0 | .845 68 | 90 |
| | 总计 | 4.066 7 | .895 63 | 180 |
| 远距离可行性 | 为自己 | 4.018 5 | 1.143 96 | 90 |
| | 为他人 | 4.203 7 | 1.131 16 | 90 |
| | 总计 | 4.111 1 | 1.138 19 | 180 |
| 远距离合意性 | 为自己 | 4.575 0 | .781 58 | 90 |
| | 为他人 | 4.190 0 | .893 90 | 90 |
| | 总计 | 4.382 5 | .859 23 | 180 |

第四个表格是多元分析结果,见表 7.40。该表格中,输出了被试内自变量的主效应和被试内自变量与另外两个自变量的二阶和三阶交互效应。在该表格中,所有的二阶交互效应和三阶交互效应都已经呈现。三阶交互效应是重点关注的结果。

**表 7.40 多元方差分析结果**

**多变量检验[a]**

| 效应 | | 值 | F | 假设自由度 | 误差自由度 | 显著性 | 偏 Eta 平方 |
|---|---|---|---|---|---|---|---|
| dist | 比莱轨迹 | .001 | .165[b] | 1.000 | 178.000 | .685 | .001 |
| | 威尔克 Lambda | .999 | .165[b] | 1.000 | 178.000 | .685 | .001 |
| | 霍特林轨迹 | .001 | .165[b] | 1.000 | 178.000 | .685 | .001 |
| | 罗伊最大根 | .001 | .165[b] | 1.000 | 178.000 | .685 | .001 |
| dist * seot | 比莱轨迹 | .000 | .000[b] | 1.000 | 178.000 | .995 | .000 |
| | 威尔克 Lambda | 1.000 | .000[b] | 1.000 | 178.000 | .995 | .000 |
| | 霍特林轨迹 | .000 | .000[b] | 1.000 | 178.000 | .995 | .000 |
| | 罗伊最大根 | .000 | .000[b] | 1.000 | 178.000 | .995 | .000 |
| adapl | 比莱轨迹 | .000 | .061[b] | 1.000 | 178.000 | .805 | .000 |
| | 威尔克 Lambda | 1.000 | .061[b] | 1.000 | 178.000 | .805 | .000 |
| | 霍特林轨迹 | .000 | .061[b] | 1.000 | 178.000 | .805 | .000 |
| | 罗伊最大根 | .000 | .061[b] | 1.000 | 178.000 | .805 | .000 |
| adapl * seot | 比莱轨迹 | .002 | .339[b] | 1.000 | 178.000 | .561 | .002 |
| | 威尔克 Lambda | .998 | .339[b] | 1.000 | 178.000 | .561 | .002 |
| | 霍特林轨迹 | .002 | .339[b] | 1.000 | 178.000 | .561 | .002 |
| | 罗伊最大根 | .002 | .339[b] | 1.000 | 178.000 | .561 | .002 |
| dist * adapl | 比莱轨迹 | .079 | 15.202[b] | 1.000 | 178.000 | .000 | .079 |
| | 威尔克 Lambda | .921 | 15.202[b] | 1.000 | 178.000 | .000 | .079 |
| | 霍特林轨迹 | .085 | 15.202[b] | 1.000 | 178.000 | .000 | .079 |
| | 罗伊最大根 | .085 | 15.202[b] | 1.000 | 178.000 | .000 | .079 |
| dist * adapl * seot | 比莱轨迹 | .098 | 19.395[b] | 1.000 | 178.000 | .000 | .098 |
| | 威尔克 Lambda | .902 | 19.395[b] | 1.000 | 178.000 | .000 | .098 |
| | 霍特林轨迹 | .109 | 19.395[b] | 1.000 | 178.000 | .000 | .098 |
| | 罗伊最大根 | .109 | 19.395[b] | 1.000 | 178.000 | .000 | .098 |

a.设计:截距＋seot

主体内设计:dist＋adapl＋dist * adapl

b.精确统计

第五个表格是球形检验结果（表 7.41），所有的因素自由度都小于 2，所以没有输出。

**表 7.41 球形检验结果**
**莫奇来球形度检验[a]**

测量：MEASURE_1

| 主体内效应 | 莫奇来 W | 近似卡方 | 自由度 | 显著性 | Epsilon[b] | | |
|---|---|---|---|---|---|---|---|
| | | | | | 格林豪斯-盖斯勒 | 辛-费德特 | 下限 |
| dist | 1.000 | .000 | 0 | — | 1.000 | 1.000 | 1.000 |
| adapl | 1.000 | .000 | 0 | — | 1.000 | 1.000 | 1.000 |
| dist * adapl | 1.000 | .000 | 0 | — | 1.000 | 1.000 | 1.000 |

检验"正交化转换后因变量的误差协方差矩阵与恒等矩阵成比例"这一原假设。

a.设计：截距＋seot
　主体内设计：dist＋adapl＋dist * adapl

b.可用于调整平均显著性检验的自由度。修正检验将显示在"主体内效应检验"表中。

第六个表格是一元方差分析结果，见表 7.42。只需要参照表格中假设球形度后面的结果即可，而且一元方差分析结果与多元分析结果一模一样。

**表 7.42 一元方差分析结果**
**主体内效应检验**

测量：MEASURE_1

| 源 | | Ⅲ类平方和 | 自由度 | 均方 | F | 显著性 | 偏 Eta 平方 |
|---|---|---|---|---|---|---|---|
| dist | 假设球形度 | .131 | 1 | .131 | .165 | .685 | .001 |
| | 格林豪斯-盖斯勒 | .131 | 1.000 | .131 | .165 | .685 | .001 |
| | 辛-费德特 | .131 | 1.000 | .131 | .165 | .685 | .001 |
| | 下限 | .131 | 1.000 | .131 | .165 | .685 | .001 |
| dist * seot | 假设球形度 | 3.409E-5 | 1 | 3.409E-5 | .000 | .995 | .000 |
| | 格林豪斯-盖斯勒 | 3.409E-5 | 1.000 | 3.409E-5 | .000 | .995 | .000 |
| | 辛-费德特 | 3.409E-5 | 1.000 | 3.409E-5 | .000 | .995 | .000 |
| | 下限 | 3.409E-5 | 1.000 | 3.409E-5 | .000 | .995 | .000 |

续表

| 源 | | Ⅲ类平方和 | 自由度 | 均方 | F | 显著性 | 偏 Eta平方 |
|---|---|---|---|---|---|---|---|
| 误差<br>（dist） | 假设球形度 | 140.942 | 178 | .792 | | | |
| | 格林豪斯-盖斯勒 | 140.942 | 178.000 | .792 | | | |
| | 辛-费德特 | 140.942 | 178.000 | .792 | | | |
| | 下限 | 140.942 | 178.000 | .792 | | | |
| adapl | 假设球形度 | .055 | 1 | .055 | .061 | .805 | .000 |
| | 格林豪斯-盖斯勒 | .055 | 1.000 | .055 | .061 | .805 | .000 |
| | 辛-费德特 | .055 | 1.000 | .055 | .061 | .805 | .000 |
| | 下限 | .055 | 1.000 | .055 | .061 | .805 | .000 |
| adapl * seot | 假设球形度 | .305 | 1 | .305 | .339 | .561 | .002 |
| | 格林豪斯-盖斯勒 | .305 | 1.000 | .305 | .339 | .561 | .002 |
| | 辛-费德特 | .305 | 1.000 | .305 | .339 | .561 | .002 |
| | 下限 | .305 | 1.000 | .305 | .339 | .561 | .002 |
| 误差<br>（adapl） | 假设球形度 | 160.046 | 178 | .899 | | | |
| | 格林豪斯-盖斯勒 | 160.046 | 178.000 | .899 | | | |
| | 辛-费德特 | 160.046 | 178.000 | .899 | | | |
| | 下限 | 160.046 | 178.000 | .899 | | | |
| dist * adapl | 假设球形度 | 15.019 | 1 | 15.019 | 15.202 | .000 | .079 |
| | 格林豪斯-盖斯勒 | 15.019 | 1.000 | 15.019 | 15.202 | .000 | .079 |
| | 辛-费德特 | 15.019 | 1.000 | 15.019 | 15.202 | .000 | .079 |
| | 下限 | 15.019 | 1.000 | 15.019 | 15.202 | .000 | .079 |
| dist *<br>adapl *<br>seot | 假设球形度 | 19.161 | 1 | 19.161 | 19.395 | .000 | .098 |
| | 格林豪斯-盖斯勒 | 19.161 | 1.000 | 19.161 | 19.395 | .000 | .098 |
| | 辛-费德特 | 19.161 | 1.000 | 19.161 | 19.395 | .000 | .098 |
| | 下限 | 19.161 | 1.000 | 19.161 | 19.395 | .000 | .098 |
| 误差<br>（dist *<br>adapl） | 假设球形度 | 175.857 | 178 | .988 | | | |
| | 格林豪斯-盖斯勒 | 175.857 | 178.000 | .988 | | | |
| | 辛-费德特 | 175.857 | 178.000 | .988 | | | |
| | 下限 | 175.857 | 178.000 | .988 | | | |

第七个表格是重复测量观测值之间的多项式比较,对于两次甚至三次重复测量的设计没有多大的参考价值。此处不再赘述。

第八个表格是被试间因素的一元方差分析结果,见表 7.43。在混合实验设计中,包含被试间变量的主效应以及被试间因素的交互效应。在本案例中,只有被试间因素社会距离(seot),因此表格中只报告了该因素的主效应。另外,还报告了截距和误差的和方。

表 7.43　被试间自变量的一元分析结果
主体间效应检验

测量:MEASURE_1
转换后变量:平均

| 源 | Ⅲ 类平方和 | 自由度 | 均方 | F | 显著性 | 偏 Eta 平方 |
|---|---|---|---|---|---|---|
| 截距 | 12 903.115 | 1 | 12 903.115 | 16 814.119 | .000 | .990 |
| seot | 1.812 | 1 | 1.812 | 2.362 | 0.126 | .013 |
| 误差 | 136.597 | 178 | .767 | | | |

最后是图形输出结果,见图 7.33 和图 7.34(原图用不同颜色区分不同变量,在本书中做了微调,实线对应原来的蓝线,虚线对应原来的红线)。在这两

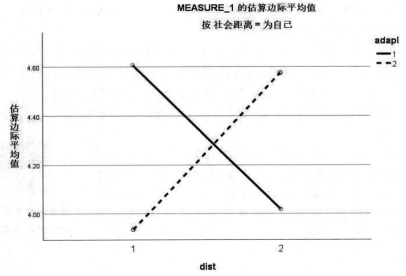

图 7.33　在社会距离水平 1(为自己决策)下广告诉求与空间距离对广告吸引力的影响

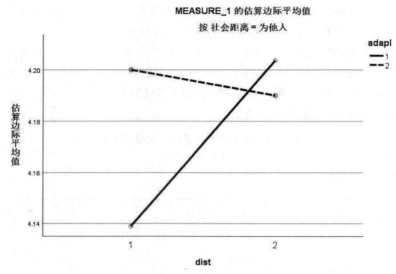

图 7.34　在社会距离水平 2(为他人决策)下广告诉求与空间距离对广告吸引力的影响

幅图中,横坐标轴、纵坐标轴和线条所代表的变量都是一样的,只是图 7.33 反映了在社会距离水平 1(为自己决策)条件下广告诉求与空间距离对广告吸引力的影响,而图 7.34 则反映了在社会距离水平 2(为他人决策)条件下广告诉求与空间距离对广告吸引力的影响。

　　从图 7.33 和图 7.34 中可以看出,似乎在不同社会距离水平下,广告诉求与空间距离都存在交互效应,需要根据简单交互效应的结果来检查是否达到了显著水平。仔细观察纵轴数值,可以发现图 7.12 中的几个点的差距并不是很大,说明即使两条线有交叉,也可能并不存在显著的交互效应。具体可参考后面的内容。

　　以上即第一种设计数据分析的结果,第二种和第三种设计的数据①分析结果的表格输出与第一种设计结果没有本质不同。两者的差别主要在于自变量和两个调节变量分别对应的是被试间变量还是被试内变量不同。读者可以自行练习解读。

重复测量两个因素
的三因素混合设计

――――――――――――

　　①　所用的数据参见"7.32 第七章 重复测量两个因素的三因素混合设计",请扫描二维码获取。在本书中,只提供第一种和第三种实验设计的数据。

（三）简单交互效应和二级简单效应分析

同样，无论对于重复测量一个因素还是重复测量两个因素的三因素混合实验设计中，只要可能出现三阶交互效应，就需要做进一步的简单交互效应和二级简单效应分析。在此，同样会同时呈现多元方差分析（MANOVA）的语法和一般线性模型（GLM）的语法，两者是等效的。需要特别注意的是，多元方差分析的语法需要随着调节变量是被试间变量还是被试内变量的不同而不同。一般线性模型对于简单交互效应分析，需要根据设计不同而构造不同的加权系数矩阵，对于二级简单效应的语法则保持不变。

1.多元方差分析的简单交互效应和二级简单效应。

（1）本案例中第一种设计①——一个调节变量是被试间变量，自变量和另外一个调节变量是被试内变量的情况，图 7.35 即该情况下的语句。此图可以与重复测量一个因素的三因素混合实验设计中第二种设计的图（见图 7.26）相对照。

重复测量两个因素
的三因素混合设计

前三行是常规的写法，与以往的语法没有什么差别。

```
MANOVA nefe nede fafe fade BY seot(0,1)
  /WSFACTOR=dist(2)adapl(2)
  /ERROR=WITHIN
  /WSDESIGN=adapl BY dist
  /DESIGN=MWITHIN seot(1)
          MWITHIN seot(2)
  /WSDESIGN=adapl WITHIN dist(1)
            adapl WITHIN dist(2)
  /DESIGN=MWITHIN seot(1)
          MWITHIN seot(2).
```

**图 7.35　一个调节变量为被试间变量时的简单交互效应和二级简单效应检验**

第四、五行及第六行，/WSDESIGN 命令与/DESIGN 命令组合，完成简单交互效应的分析。/WSDESIGN 命令后面永远是被试内变量，/DESIGN 命令后面永远是被试间变量。两者结合要检验在社会距离不同水平上广告诉

---

①　此处所用的数据参见"7.31 第七章 重复测量两个因素的三因素混合设计"，请扫描二维码获取。

求与空间距离的交互效应。

第七到第十行,又一个/WSDESIGN 命令与/DESIGN 命令组合,这次完成的是二级简单效应。检验的是广告诉求在空间距离和社会距离的四个水平组合上的简单效应。

(2)结果解读。一个调节变量是被试间变量,自变量和另外一个调节变量是被试内变量。第一部分是样本信息汇总,与之前的设计输出相似,不再赘述。

第二个简单交互效应的第一个输出,关于被试间变量的效应,反映的是单元内变异以及在调节变量"社会距离"不同水平上的截距,见图 7.36。一般无须关注。

```
* * * * * * * * * * * * * * * * * *Analysis of Variance--Design 1***
Tests of Between-Subjects Effects.

Tests of Significance for T1 using UNIQUE sums of squares
Source of Variation      SS     DF    MS      F Sig of F

WITHIN CELLS          136.60   178   .77
MWITHIN SEOT(1)      6605.39     1  6605.39 8607.51   .000
MWITHIN SEOT(2)      6299.54     1  6299.54 8208.97   .000
- - - - - - - - - - - - - - - - - - - - - - - - - - - - - - - - - - -
```

**图 7.36  简单交互效应的截距**

第三部分是简单交互效应结果输出,见图 7.37。"MWITHIN SEOT(1) BY ADAPL BY DIST"反映的是广告诉求(adapl)与空间距离在社会距离水平 1 下的简单交互效应显著,$F(1,178)=34.47, p<.001$。进一步的结果要结合二级简单效应。"MWITHIN SEOT(2)BY ADAPL BY DIST"反映的是广告诉求(adapl)与空间距离在社会距离水平 2 下的简单交互效应不显著,$F(1,178)=0.13, p=.721$。

```
* * * * * * * * * * * * * * * *Analysis of Variance -- Design 1***`
Tests involving 'ADAPL BY DIST' Within-Subject Effect.

Tests of Significance for T2 using UNIQUE sums of squares
Source of Variation      SS     DF    MS      F Sig of F

WITHIN CELLS          175.86   178   .99
MWITHIN SEOT(1) BY A  34.05     1   34.05   34.47   .000
DAPL BY DIST
MWITHIN SEOT(2) BY A    .13     1    .13     .13    .721
DAPL BY DIST
- - - - - - - - - - - - - - - - - - - - - - - - - - - - - - - - - - -
```

**图 7.37  简单交互效应**

第四部分是二级简单效应的第一个输出,见图7.38,反映的是单元内变异以及在调节变量"社会距离"不同水平上的截距。对比图7.38和图7.36,发现两者完全相同,表明在本案例的设计模式下,简单交互效应和二级简单效应使用了相同的模型。一般无须关注。

```
* * * * * * * * * * * * * * * * * * A n a l y s i s   o f   V a r i a n c e - - D e s i g n   2 * * *
Tests of Between-Subjects Effects.

Tests of Significance for T1 using UNIQUE sums of squares
Source of Variation      SS      DF     MS      F Sig of F

WITHIN CELLS          136.60    178    .77
MWITHIN SEOT(1)      6605.39      1  6605.39  8607.51    .000
MWITHIN SEOT(2)      6299.54      1  6299.54  8208.97    .000
- - - - - - - - - - - - - - - - - - - - - - - - - - - - - - - - - -
```

**图 7.38　二级简单效应的第一组输出**

第五部分是二级简单效应的第二组输出,见图7.39。"MWITHIN SEOT(1)BY ADAPLWITHIN DIST(1)"反映的是在为自己决策(seot 1)、空间距离是近(dist 1)的情况下,两个广告诉求的吸引力存在显著差异,$F(1,178)=24.94$,$p<.001$,但究竟是可行性广告诉求吸引力高,还是合意性广告诉求吸引力高,则需要结合在该条件下的均值,读者可自行练习。"MWITHIN SEOT(2)BY ADAPLWITHIN DIST(1)"反映的是在为他人决策(seot 2)、空间距离是近(dist 1)的情况下,两个广告诉求的吸引力不存在显著差异,$F(1,178)=0.21$,$p=.651$。

```
* * * * * * * * * * * * * * * * * * A n a l y s i s   o f   V a r i a n c e - - D e s i g n   2 * * * *
Tests involving 'ADAPL WITHIN DIST(1)' Within-Subject Effect.

Tests of Significance for T2 using UNIQUE sums of squares
Source of Variation      SS      DF     MS      F Sig of F

WITHIN CELLS          145.81    178    .82
MWITHIN SEOT(1) BY A   20.43      1   20.43   24.94    .000
DAPL WITHIN DIST(1)
MWITHIN SEOT(2) BY A     .17      1     .17     .21    .651
DAPL WITHIN DIST(1)
- - - - - - - - - - - - - - - - - - - - - - - - - - - - - - - - - -
```

**图 7.39　二级简单效应的第二组输出**

第六部分是二级简单效应的第三组输出,见图7.40。"MWITHIN SEOT(1)BY ADAPLWITHIN DIST(2)"反映的是在为自己决策(seot 1)、空间距离是远(dist 2)的情况下,两个广告诉求的吸引力存在显著差异,$F(1,178)=$

$13.05$，$p<.001$。是合意性诉求还是可行性诉求广告的吸引力更高，需要结合在该条件下的均值进行比较，读者可自行练习。"MWITHIN SEOT(2)BY ADAPLWITHIN DIST(2)"反映的是在为他人决策（seot 2）、空间距离是远（dist 2）的情况下，两个广告诉求的吸引力不存在显著差异，$F(1,178)=0.01$，$p=.929$。

```
* * * * * * * * * * * * * * * * * * A n a l y s i s  o f  V a r i a n c e -- D e s i g n  2 * * * '
Tests involving 'ADAPL WITHIN DIST(2)' Within-Subject Effect.

Tests of Significance for T3 using UNIQUE sums of squares
Source of Variation      SS     DF    MS      F   Sig of F

WITHIN CELLS          190.09   178   1.07
MWITHIN SEOT(1) BY A   13.94     1  13.94  13.05   .000
DAPL WITHIN DIST(2)
MWITHIN SEOT(2) BY A     .01     1    .01    .01   .929
DAPL WITHIN DIST(2)
- - - - - - - - - - - - - - - - - - - - - - - - - - - - - - - -
```

**图 7.40　二级简单效应的第三组输出**

（3）本案例中第二种设计[①]，即自变量是被试间变量而两个调节变量是被试内变量的情况，图 7.41 即该情况下的语句。此图可以与重复测量一个因素的三因素混合实验设计中第一种设计的语句（见图 7.21）相对照。

**重复测量两个因素的三因素混合设计**

前三行是常规的写法，与以往的语法没有什么差别。

```
MANOVA sene sefa otne otfa BY adapl(0,1)
  /WSFACTOR＝seot(2)dist(2)
  /ERROR＝WITHIN
  /WSDESIGN＝dist WITHIN seot(1)
           dist WITHIN seot(2)
  /DESIGN＝adapl
  /WSDESIGN＝MWITHIN dist(1)WITHIN seot(1)
           MWITHIN dist(2)WITHIN seot(1)
           MWITHIN dist(1)WITHIN seot(2)
           MWITHIN dist(2)WITHIN seot(2)
  /DESIGN＝adapl.
```

**图 7.41　自变量是被试间变量时简单交互效应及二级简单效应检验**

---

①　此处所用的数据参见"7.32 第七章 重复测量两个因素的三因素混合设计"，请扫描二维码获取。

第四、五行及第六行,/WSDESIGN 命令与/DESIGN 命令组合,完成简单交互效应的分析。

第七到第十一行,又一个/WSDESIGN 命令与/DESIGN 命令组合,完成的是二级简单效应。

(4)结果解读。自变量是被试间变量而两个调节变量是被试内变量的情况。第一个部分是样本信息汇总,同上,不再赘述。

第二个部分,简单交互效应的第一个输出,被试间变量的主效应,见图7.42。此处反映的是被试间变量广告诉求(adapl)的主效应,与方差分析的结果一致。可忽略。

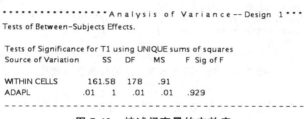

图 7.42　被试间变量的主效应

第三个部分是简单交互效应的第二个输出,见图 7.43,即在为自己决策时(seot 1)广告诉求与空间距离的简单交互效应。"WITHIN CELLS"即误差项,"DIST WITHIN SEOT(1)"行后面反映的是在社会距离水平 1 时空间距离的一级简单效应,可忽略。"ADAPL BY DIST WITHIN SEOT(1)"行反映的是广告诉求(adapl)与空间距离在社会距离水平 1 下的简单交互效应显著,$F(1,178)=21.27,p<.001$,进一步的结果要结合二级简单效应。

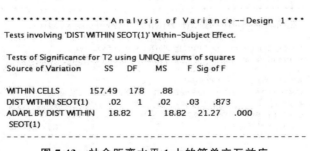

图 7.43　社会距离水平 1 上的简单交互效应

第四个部分是简单交互效应的第三个输出,见图7.44,即在为他人决策时(seot 2)广告诉求与空间距离的简单交互效应。其他两行解读见上一张图。"ADAPL BY DIST WITHIN SEOT(2)"行即反映了广告诉求(adapl)与空间距离在社会距离水平2下的简单交互效应不显著,$F(1,176)=0.17,p=.681$。

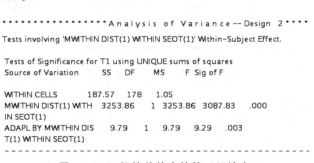

```
****************Analysis of Variance -- Design 1**
Tests involving 'DIST WITHIN SEOT(2)' Within-Subject Effect.

Tests of Significance for T3 using UNIQUE sums of squares
Source of Variation      SS     DF    MS      F   Sig of F

WITHIN CELLS          174.72   178    .98
DIST WITHIN SEOT(2)      .03     1    .03    .03    .862
ADAPL BY DIST WITHIN     .17     1    .17    .17    .681
SEOT(2)
```

**图7.44　社会距离水平2上的简单交互效应**

第五个部分是二级简单效应的第一组输出,见图7.45。"WITHIN CELLS"解读同前。"MWITHIN DIST WITHIN SEOT(1)"反映了空间距离水平1与社会距离水平1组合下的截距的效应,可忽略。"ADAPL BY MWITHIN DIST(1) WITHIN SEOT(1)"行反映的是当为自己决策(seot 1)时,在空间距离是近(dist 1)的情况下,两个广告诉求的吸引力存在显著差异,$F(1,178)=9.29,p=.002$,结合在该条件下的均值可知,在该情况下,可行性诉求广告的吸引力($M=4.48$,SD$=0.89$)高于合意性诉求广告的吸引力($M=4.01$,SD$=1.14$)。

```
****************Analysis of Variance -- Design 2****
Tests involving 'MWITHIN DIST(1) WITHIN SEOT(1)' Within-Subject Effect.

Tests of Significance for T1 using UNIQUE sums of squares
Source of Variation      SS      DF     MS       F   Sig of F

WITHIN CELLS          187.57    178   1.05
MWITHIN DIST(1) WITH 3253.86     1  3253.86  3087.83   .000
IN SEOT(1)
ADAPL BY MWITHIN DIS    9.79     1    9.79    9.29    .003
T(1) WITHIN SEOT(1)
```

**图7.45　二级简单效应的第一组输出**

第六个部分是二级简单效应的第二组输出,见图 7.46。"ADAPL BY MWITHIN DIST(2)WITHIN SEOT(1)"行反映的是当为自己决策(seot 1)时,在空间距离是远(dist 2)的情况下,两个广告诉求的吸引力存在显著差异,$F(1,178)=12.69,p<.001$,结合在该条件下的均值可知,在该情况下,合意性诉求广告的吸引力($M=4.49,SD=0.79$)高于可行性诉求广告的吸引力($M=4.04,SD=0.90$)。

```
* * * * * * * * * * * * * * * * * A n a l y s i s   o f   V a r i a n c e -- D e s i g n   2 * * *

Tests involving 'MWITHIN DIST(2) WITHIN SEOT(1)' Within-Subject Effect.

Tests of Significance for T2 using UNIQUE sums of squares
Source of Variation        SS      DF      MS      F   Sig of F

WITHIN CELLS            126.78    178     .71
MWITHIN DIST(2) WITH    3278.25    1   3278.25  4602.86   .000
IN SEOT(1)
ADAPL BY MWITHIN DIS      9.04     1     9.04    12.69    .000
T(2) WITHIN SEOT(1)
```

**图 7.46 二级简单效应的第二组输出**

第七个部分是二级简单效应的第三组输出,见图 7.47。"ADAPL BY MWITHIN DIST(1)WITHIN SEOT(2)"行反映的是当为他人决策(seot 2)时,在空间距离是近(dist 1)的情况下,两个广告诉求的吸引力不存在显著差异,$F(1,178)=0.20,p=.653$。

```
* * * * * * * * * * * * * * * * * A n a l y s i s   o f   V a r i a n c e -- D e s i g n   2 * * *

Tests involving 'MWITHIN DIST(1) WITHIN SEOT(2)' Within-Subject Effect.

Tests of Significance for T3 using UNIQUE sums of squares
Source of Variation        SS      DF      MS      F   Sig of F

WITHIN CELLS            166.02    178     .93
MWITHIN DIST(1) WITH    3131.95    1   3131.95  3358.04   .000
IN SEOT(2)
ADAPL BY MWITHIN DIS      .19      1     .19     .20     .653
T(1) WITHIN SEOT(2)
```

**图 7.47 二级简单效应的第三组输出**

第八个部分是二级简单效应的第四组输出,见图 7.48。"ADAPL BY MWITHIN DIST(2)WITHIN SEOT(2)"行反映的是当为他人决策(seot 2)

时,在空间距离是远(dist 2)的情况下,两个广告诉求的吸引力不存在显著差异,$F(1,178)=0.03,p=.870$。

```
***************Analysis of Variance--Design 2***
Tests involving 'MWITHIN DIST(2) WITHIN SEOT(2)' Within-Subject Effect.

Tests of Significance for T4 using UNIQUE sums of squares
Source of Variation      SS    DF    MS      F  Sig of F

WITHIN CELLS          132.13   178   .74
MWITHIN DIST(2) WITH  3159.26    1  3159.26 4255.88  .000
IN SEOT(2)
ADAPL BY MWITHIN DIS    .02     1    .02    .03    .870
T(2) WITHIN SEOT(2)
------------------------------------------------
```

**图 7.48　二级简单效应的第四组输出**

2.一般线性模型的简单交互效应和二级简单效应检验。

(1)本案例中第一种设计①,一个调节变量是被试间变量,自变量和另外一个调节变量是被试内变量的情况,图 7.49 是一般线性模型的简单交互效应和二级简单效应语法:

重复测量两个因素
的三因素混合设计

```
GLM nefe nede fafe fade BY seot
  /WSFACTOR=dist(2)adapl(2)
  /PRINT=ETASQ
  /LMATRIX "simple interaction adapl× dist at seot1"
          seot 1 0
  /LMATRIX "simple interaction adapl× dist at seot2"
          seot 0 1
  /MMATRIX "simple interaction adapl× dist"
          all 1−1−1 1
  /EMMEANS=TABLES(seot * dist * adapl)COMPARE(adapl) ADJ(BONFERRONI).
```

**图 7.49　一般线性模型的简单效应和二级简单效应分析**

第四行到第九行,"/LMATRIX"和"/MMATRIX"命令相互组合,分别分析在为自己决策时(社会距离 seot1)广告诉求与空间距离的简单交互效应和

---

① 此处所用数据的文件名称为"7.31 第七章 重复测量两个因素的三因素混合设计",请扫描二维码获取。

为他人决策时(社会距离 seot2)广告诉求与空间距离的简单交互效应。

第十行,"/EMMEANS"命令分析的是二级简单效应,与其他设计无差别,不再赘述。

需要特别说明的是,针对第一种设计,上述语句在语法规则上是没问题的[①],但 L 矩阵不可估,因而没有结果输出(具体见数据分析结果部分第九、十个表格)。然而,当该被试间变量包含三个水平或以上时,L 矩阵变得可估,才会有结果输出。

(2)结果分析。一个调节变量是被试间变量,自变量和另外一个调节变量是被试内变量的情况。前面七个表格跟重复测量的方差分析结果相同,在此不再赘述。

第八个表格是定制假设检验的矩阵的一般信息,见表 7.44,与其多因素混合实验设计的输出是一样的。

**表 7.44　定制假设检验的矩阵信息**

**定制假设检验指标**

| | | |
|---|---|---|
| 1 | 对比系数(L 矩阵) | LMATRIX 子命令 1：simple interaction adapl × dist at seot1 |
| | 转换系数(M 矩阵) | MMATRIX 子命令 |
| | 对比结果(K 矩阵) | 零矩阵 |
| 2 | 对比系数(L 矩阵) | LMATRIX 子命令 2：simple interaction adapl × dist at seot2 |
| | 转换系数(M 矩阵) | MMATRIX 子命令 |
| | 对比结果(K 矩阵) | 零矩阵 |

第九个表格呈现对比系数矩阵,指出该矩阵不可估,无法进行假设检验,见表 7.45。

**表 7.45　对比系数矩阵**

**对比系数(L 矩阵)[a]**

a.这个 L 矩阵不可估。无法计算假设检验。

---

① 本书作者曾专门致信 Lacroix 求教,但遗憾的是,他回复:"无法给出技术性支持(technical support)。"

第十个表格,在社会距离水平 1(seot1)下,对比结果,见表 7.46。由于 L 矩阵不可估,无法与对比矩阵比较,因而无法进行假设检验。在该表格之后,也就没有多元或一元分析结果。

**表 7.46  在社会距离水平 1 下的对比结果**
**对比结果(K 矩阵)ᵃ**

| 对比 | | 转换后变量 |
|---|---|---|
| | | simple interaction adapl× dist |
| L1 | 对比估算 | — |
| | 假设值 | 0 |
| | 差值(估算－假设) | — |
| | 标准误差 | — |
| | 显著性 | — |
| | 差值的 95% 置信区间 下限 | — |
| | 差值的 95% 置信区间 上限 | — |

a.基于用户指定的对比系数(L)矩阵:simple interaction adapl× dist at seot1

第十一和第十二个表格反映的是定制假设检验 2 的对比系数矩阵和对比结果矩阵。其输出与定制假设检验 1 相同,L 矩阵不可估,无法计算假设检验,因而也没有有效输出。在此不再赘述。

以上是简单交互效应检验结果的分析,接下来是二级简单效应的结果分析。

第十三个表格是三个自变量 8 个水平组合对应的因变量的描述性统计,见表 7.47。在该表格中列出了所有处理对应的因变量的均值、标准误差(SE)和 95% 置信区间。

**表 7.47  描述性统计**
**估算值**

测量:MEASURE_1

| 社会距离 | dist | adapl | 平均值 | 标准误差 | 95% 置信区间 | |
|---|---|---|---|---|---|---|
| | | | | | 下限 | 上限 |
| 为自己 | 1 | 1 | 4.607 | .086 | 4.438 | 4.776 |
| | 1 | 2 | 3.933 | .094 | 3.749 | 4.118 |
| | 2 | 1 | 4.019 | .120 | 3.782 | 4.255 |
| | 2 | 2 | 4.575 | .089 | 4.400 | 4.750 |

续表

| 社会距离 | dist | adapl | 平均值 | 标准误差 | 95％置信区间 | |
|---|---|---|---|---|---|---|
| | | | | | 下限 | 上限 |
| 为他人 | 1 | 1 | 4.139 | .086 | 3.970 | 4.308 |
| | | 2 | 4.200 | .094 | 4.015 | 4.385 |
| | 2 | 1 | 4.204 | .120 | 3.967 | 4.440 |
| | | 2 | 4.190 | .089 | 4.015 | 4.365 |

第十四个表格是在调节变量社会距离和空间距离的四个水平组合下自变量广告诉求（adapl）的不同水平之间的两两比较，见表 7.48。这个表格对于自变量包含两个以上水平时更有价值。

表 7.48　两两比较分析

成对比较

测量：MEASURE_1

| 社会距离 | dist | (I)adapl | (J)adapl | 平均值差值(I−J) | 标准误差 | 显著性[b] | 差值的 95％置信区间[b] | |
|---|---|---|---|---|---|---|---|---|
| | | | | | | | 下限 | 上限 |
| 为自己 | 1 | 1 | 2 | .674 * | .135 | .000 | .408 | .940 |
| | | 2 | 1 | −.674 * | .135 | .000 | −.940 | −.408 |
| | 2 | 1 | 2 | −.556 * | .154 | .000 | −.860 | −.252 |
| | | 2 | 1 | .556 * | .154 | .000 | .252 | .860 |
| 为他人 | 1 | 1 | 2 | −.061 | .135 | .651 | −.327 | .205 |
| | | 2 | 1 | .061 | .135 | .651 | −.205 | .327 |
| | 2 | 1 | 2 | .014 | .154 | .929 | −.290 | .318 |
| | | 2 | 1 | −.014 | .154 | .929 | −.318 | .290 |

基于估算边际平均值

＊.平均值差值的显著性水平为.050。

b.多重比较调节：邦弗伦尼法。

第十五个表格即二级简单效应多元分析的结果，见表 7.49。在调节变量"社会距离"和"空间距离"四个水平组合下，核心自变量显著性的多元方差分析结果，读者可以自行与多元方差分析的结果相对照。

表 7.49　二级简单效应的多元方差分析

多变量检验

| 社会距离 | | dist | 值 | F | 假设自由度 | 误差自由度 | 显著性 | 偏 Eta 平方 |
|---|---|---|---|---|---|---|---|---|
| 为自己 | 1 | 比莱轨迹 | .123 | 24.938ᵃ | 1.000 | 178.000 | .000 | .123 |
| | | 威尔克 Lambda | .877 | 24.938ᵃ | 1.000 | 178.000 | .000 | .123 |
| | | 霍特林轨迹 | .140 | 24.938ᵃ | 1.000 | 178.000 | .000 | .123 |
| | | 罗伊最大根 | .140 | 24.938ᵃ | 1.000 | 178.000 | .000 | .123 |
| | 2 | 比莱轨迹 | .068 | 13.049ᵃ | 1.000 | 178.000 | .000 | .068 |
| | | 威尔克 Lambda | .932 | 13.049ᵃ | 1.000 | 178.000 | .000 | .068 |
| | | 霍特林轨迹 | .073 | 13.049ᵃ | 1.000 | 178.000 | .000 | .068 |
| | | 罗伊最大根 | .073 | 13.049ᵃ | 1.000 | 178.000 | .000 | .068 |
| 为他人 | 1 | 比莱轨迹 | .001 | .205ᵃ | 1.000 | 178.000 | .651 | .001 |
| | | 威尔克 Lambda | .999 | .205ᵃ | 1.000 | 178.000 | .651 | .001 |
| | | 霍特林轨迹 | .001 | .205ᵃ | 1.000 | 178.000 | .651 | .001 |
| | | 罗伊最大根 | .001 | .205ᵃ | 1.000 | 178.000 | .651 | .001 |
| | 2 | 比莱轨迹 | .000 | .008ᵃ | 1.000 | 178.000 | .929 | .000 |
| | | 威尔克 Lambda | 1.000 | .008ᵃ | 1.000 | 178.000 | .929 | .000 |
| | | 霍特林轨迹 | .000 | .008ᵃ | 1.000 | 178.000 | .929 | .000 |
| | | 罗伊最大根 | .000 | .008ᵃ | 1.000 | 178.000 | .929 | .000 |

　　每个 F 都将检验其他所示效应的每个级别组合中 adapl 的多变量简单效应。这些检验基于估算边际平均值之间的线性无关成对比较。

　　a.精确统计

　　（3）本案例中第二种设计①，即自变量是被试间变量而两个调节变量是被试内变量的情况，图 7.50 即该情况下的语句。

**重复测量两个因素
的三因素混合设计**

---

　　①　此处所用数据的文件名称为"7.32 第七章 重复测量两个因素的三因素混合设计"，请扫描二维码获取。

```
GLM sene sefa otne otfa BY adapl
  /WSFACTOR＝seot(2)dist(2)
  /PRINT＝ETASQ
  /LMATRIX "adapl 1 vs.adapl 2"
           adapl 1－1
  /MMATRIX "simple interaction dist * adapl at seot1"
           all 1－1 0 0；
           "simple interaction dist * adapl at seot2"
           all 0 0 1－1
  /EMMEANS＝TABLES(seot * dist * adapl)COMPARE(adapl) ADJ(BONFERRONI).
```

**图 7.50　一般线性模型中的简单交互效应和二级简单效应分析**

第四到第九行,"/LMATRIX"和"/MMATRIX"命令相互组合,完成简单交互效应的分析。

第十行,"/EMMEANS"命令分析的是二级简单效应,与其他设计无差别,不再赘述。

(4)第二种设计,即自变量是被试间变量而两个调节变量是被试内变量的情况。前面七个表格跟重复测量的方差分析结果相同,在此不再赘述。

第八个表格是定制假设检验的矩阵的一般信息,见表 7.50。表格中呈现了定制假设检验相应的矩阵信息。

**表 7.50　定制假设检验的矩阵信息**
**定制假设检验指标**

| | | |
|---|---|---|
| 1 | 对比系数(L 矩阵) | LMATRIX 子命令 1：adapl 1 vs.adapl 2 |
| | 转换系数(M 矩阵) | MMATRIX 子命令 |
| | 对比结果(K 矩阵) | 零矩阵 |

第九个表格是定制的矩阵结果比较,是在社会距离两个水平下广告诉求与空间距离交互效应值与假设值的比较,见表 7.51。该表格呈现了比较估算值、标准误、$p$ 值以及 95％置信区间等信息。

**表 7.51　在社会距离两个水平上的对比结果**

**对比结果(K 矩阵)ᵃ**

| 对比 | | 转换后变量 | |
|---|---|---|---|
| | | simple interaction dist * adapl at seot1 | simple interaction dist * adapl at seot2 |
| L1 | 对比估算 | .914 | −.086 |
| | 假设值 | 0 | 0 |
| | 差值(估算−假设) | .914 | −.086 |
| | 标准误差 | .198 | .209 |
| | 显著性 | .000 | .681 |
| | 差值的 95％置信区间　下限 | 0.523 | −.498 |
| | 差值的 95％置信区间　上限 | 1.306 | .326 |

a.基于用户指定的对比系数(L)矩阵:adapl 1 vs.adapl 2

　　第十个表格即多元分析的结果,见表 7.52。该结果反映了两个简单交互效应不一致的程度。简单交互效应主要参照后面一元分析的结果,该表格可忽略。

**表 7.52　多元方差分析的结果**

**多变量检验结果**

| | 值 | F | 假设自由度 | 误差自由度 | 显著性 | 偏 Eta 平方 |
|---|---|---|---|---|---|---|
| 比莱轨迹 | .109 | 10.787ᵃ | 2.000 | 177.000 | .000 | .109 |
| 威尔克 Lambda | .891 | 10.787ᵃ | 2.000 | 177.000 | .000 | .109 |
| 霍特林轨迹 | .122 | 10.787ᵃ | 2.000 | 177.000 | .000 | .109 |
| 罗伊最大根 | .122 | 10.787ᵃ | 2.000 | 177.000 | .000 | .109 |

a.精确统计

　　第十一个表格即一元分析的结果,见表 7.53。该表格呈现出在社会距离两个水平下的简单交互效应的检验情况,在社会距离水平 1(即在为自己决策)时,广告诉求与空间距离的交互效应显著,$F(1,178)=21.27$,$p<.001$,$\eta_p^2=0.107$。在社会距离水平 2(即在为他人决策)时,广告诉求与空间距离的交互效应不显著,$F(1,178)=0.17$,$p=.6816$,$\eta_p^2=.001$。

**表 7.53 简单交互效应的一元分析结果**
**单变量检验结果**

| 源 | 转换后变量 | 平方和 | 自由度 | 均方 | F | 显著性 | 偏 Eta 平方 |
|---|---|---|---|---|---|---|---|
| 对比 | simple interaction dist * adap1 at seot1 | 37.632 | 1 | 37.632 | 21.267 | .000 | .107 |
| | simple interaction dist * adap1 at seot2 | .332 | 1 | .332 | .169 | .681 | .001 |
| 误差 | simple interaction dist * adap1 at seot1 | 314.978 | 178 | 1.770 | | | |
| | simple interaction dist * adap1 at seot2 | 349.433 | 178 | 1.963 | | | |

以上是简单交互效应检验结果的分析,接下来是二级简单效应的结果分析。

第十二个表格是三个自变量 8 个水平组合对应的因变量的描述性统计,见表 7.54。在该表格中列出了所有处理对应的因变量的均值、标准误差(SE)和 95% 置信区间。

**表 7.54 描述性统计**
**估算值**

测量:MEASURE_1

| seot | dist | 广告诉求 | 平均值 | 标准误差 | 95% 置信区间 | |
|---|---|---|---|---|---|---|
| | | | | | 下限 | 上限 |
| 1 | 1 | 可行性诉求 | 4.485 | .108 | 4.271 | 4.698 |
| | | 合意性诉求 | 4.019 | .108 | 3.805 | 4.232 |
| | 2 | 可行性诉求 | 4.044 | .089 | 3.868 | 4.219 |
| | | 合意性诉求 | 4.492 | .089 | 4.316 | 4.667 |
| 2 | 1 | 可行性诉求 | 4.139 | .102 | 3.938 | 4.340 |
| | | 合意性诉求 | 4.204 | .102 | 4.003 | 4.405 |
| | 2 | 可行性诉求 | 4.200 | .091 | 4.021 | 4.379 |
| | | 合意性诉求 | 4.179 | .091 | 4.000 | 4.358 |

第十三个表格是在调节变量社会距离和空间距离的四个水平组合下自变量广告诉求(adap1)的不同水平之间的两两比较,见表 7.55。这个表格对于自

变量包含两个以上水平时更有价值。

表 7.55　两两比较分析<br>成对比较

测量：MEASURE_1

| seot | dist | (I)广告诉求 | (J)广告诉求 | 平均值差值(I−J) | 标准误差 | 显著性[b] | 差值的 95％置信区间[b] | |
|---|---|---|---|---|---|---|---|---|
| | | | | | | | 下限 | 上限 |
| 1 | 1 | 可行性诉求 | 合意性诉求 | .466* | .153 | .003 | .164 | .768 |
| | | 合意性诉求 | 可行性诉求 | −.466* | .153 | .003 | −.768 | −.164 |
| | 2 | 可行性诉求 | 合意性诉求 | −.448* | .126 | .000 | −.696 | −.200 |
| | | 合意性诉求 | 可行性诉求 | .448* | .126 | .000 | .200 | .696 |
| 2 | 1 | 可行性诉求 | 合意性诉求 | −.065 | .144 | .653 | −.349 | .219 |
| | | 合意性诉求 | 可行性诉求 | .065 | .144 | .653 | −.219 | .349 |
| | 2 | 可行性诉求 | 合意性诉求 | .021 | .128 | .870 | −.232 | .275 |
| | | 合意性诉求 | 可行性诉求 | −.021 | .128 | .870 | −.275 | .232 |

基于估算边际平均值

*.平均值差值的显著性水平为.050。

b.多重比较调节：邦弗伦尼法。

第十四个表格是一元分析的结果（表 7.56），是在调节变量"社会距离"和"空间距离"四个水平组合下核心自变量显著性的一元方差分析结果，即简单效应分析。

表 7.56　简单效应的多元方差分析结果<br>单变量检验

测量：MEASURE_1

| seot | dist | | 平方和 | 自由度 | 均方 | F | 显著性 | 偏 Eta 平方 |
|---|---|---|---|---|---|---|---|---|
| 1 | 1 | 对比 | 9.788 | 1 | 9.788 | 9.288 | .003 | .050 |
| | | 误差 | 187.571 | 178 | 1.054 | | | |
| | 2 | 对比 | 9.036 | 1 | 9.036 | 12.687 | .000 | .067 |
| | | 误差 | 126.775 | 178 | .712 | | | |

续表

| seot | dist | | 平方和 | 自由度 | 均方 | F | 显著性 | 偏 Eta 平方 |
|---|---|---|---|---|---|---|---|---|
| 2 | 1 | 对比 | .189 | 1 | .189 | .203 | .653 | .001 |
| | | 误差 | 166.015 | 178 | .933 | | | |
| | 2 | 对比 | .020 | 1 | .020 | .027 | .870 | .000 |
| | | 误差 | 132.134 | 178 | .742 | | | |

每个 F 都将检验其他所示效应的每个级别组合中广告诉求的简单效应。这些检验基于估算边际平均值之间的线性无关成对比较。

# 参考文献

## 一、中文

[1] 陈海贤,何贵兵.识解水平对跨期选择和风险选择的影响[J].心理学报,2012,43:442-452.

[2] 黄敏学,王艺婷,廖俊云,等. 评论不一致性对消费者的双面影响:产品属性与调节定向的调节[J].心理学报,2017,49(3):370-382.

[3] 舒华.心理与教育研究中的多因素实验设计[M].北京:北京师范大学出版社,1994.

[4] 王霏.实验广告学[M]. 厦门:厦门大学出版社,2020.

[5] 王重鸣.心理学研究方法[M]. 北京:人民教育出版社,2001.

[6] 谢宇.回归分析[M].北京:社会科学文献出版社,2010.

[7] 张厚粲,徐建平.现代心理与教育统计学[M]. 北京:北京师范大学出版社,2009.

[8] 张文彤,董伟.SPSS 统计分析高级教程[M]. 北京:高等教育出版社,2004a.

[9] 张文彤,董伟.SPSS 统计分析基础教程[M]. 北京:高等教育出版社,2004b.

[10] 朱滢.实验心理学[M]. 北京:北京大学出版社,2000.

## 二、英文

[1] AGGARWAL P, LAW S. Role of relationship norms in processing brand information[J]. *Journal of Consumer Research*,2005,32:453-464.

[2] ALTER A L, OPPENHEIMER D M. Uniting the tribes of fluency to form a metacognitive nation[J]. Personality and social psychology review,2009,13(3):219-235.

[3] APPELT K C, MILCH K F, HANDGRAAF M J, et al. The decision making individual differences inventory and guidelines for the study of individual differences in judgment and decision-making research[J]. *Judgment and Decision making*, 2011, 6(3): 252-262.

[4] ARGO J J, DAHL D W, MORALES A C. Positive consumer contagion: responses to attractive others in a retail context[J]. *Journal of marketing research*, 2008, 45(6): 690-701.

[5] AVNET T, HIGGINS E T. How regulatory fit affects value in consumer choices and opinions[J]. *Journal of Marketing research*, 2006, 43 (1): 1-10.

[6] BALOGLU S, MCCLEARY K W. A model of destination image formation[J]. *Annals of Tourism Research*, 1999, 26: 868-897.

[7] BERGKVIST L, ROSSITER J. The predictive validity of multiple-item versus single-item measures of the same constructs[J]. *Journal of Marketing Research*, 2007, 44: 175-184.

[8] BIJLEVELD E, CUSTERS R, AARTS H. The unconscious eye opener pupil dilation reveals strategic recruitment of resources upon presentation of subliminal reward cues [J]. *Psychological Science*, 2009, 20: 1313-1315.

[9] BROCKNER J, PARUCHURI S, IDSON L C, et al. Regulatory focus and the probability estimates of conjunctive and disjunctive events[J]. *Organizational behavior and human decision processes*, 2002, 87(1): 5-24.

[10] BRUNEL F, TIETJE B, GREENWALD A. Is the implicit association test a valid and valuable measure of implicit consumer social cognition? [J].*Journal of Consumer Psychology*, 2004, 14: 385-404.

[11] BRY C, FOLLENFANT A, MEYER T. Blonde like me: when self-construals moderate stereotype priming effects on intellectual performance[J]. *Journal of Experimental Social Psychology*, 2008, 44 (3): 751-757.

[12] CARVER C S, WHITE T L. Behavioral inhibition, behavioral activation, and affective responses to impending reward and punishment: the BIS/BAS scales[J]. *Journal of personality and social psychology*, 1994,

67(2): 319.

[13] CESARIO J, GRANT H, HIGGINS E T. Regulatory fit and persuasion: transfer from "feeling right" [J]. *Journal of personality and social psychology*, 2004, 86(3): 388.

[14] CHAN H-Y, BOKSEM M, SMIDTS A. Neural profiling of brands: mapping brand image in consumers' brains with visual templates [J]. *Journal of Marketing Research*, 2018, 55: 600-615.

[15] CHANG C. Feeling ambivalent about going green[J]. *Journal of Advertising*, 2011, 40(4): 19-32.

[16] CHANG H, ZHANG L, XIE G X. Message framing in green advertising: the effect of construal level and consumer environmental concern [J].*International Journal of Advertising*, 2015, 34: 158-176.

[17] CIAN L, LONGONI C, KRISHNA A. Advertising a desired change: when process simulation fosters (vs. hinders) credibility and persuasion[J]. *Journal of Marketing Research*, 2020, 57: 489-508.

[18] COLEMAN J T, ROYNE M B, POUNDERS K R. Pride, guilt, and self-regulation in cause-related marketing advertisements[J]. *Journal of Advertising*, 2020, 49(1): 34-60.

[19] DE HOUWER J, TEIGE-MOCIGEMBA S, SPRUYT A, et al. Implicit measures: a normative analysis and review[J]. *Psychological bulletin*, 2009, 135: 347-368.

[20] DUBOIS D, RUCKER D D, GALINSKY A D. Social class, power, and selfishness: when and why upper and lower class individuals behave unethically[J]. *Journal of personality and social psychology*, 2015, 108 (3): 436-449.

[21] EVANS J S B. How to be a researcher : a strategic guide for academic success[M]. New York: Routledge, 2016.

[22] FAZELI Z, SHUKLA P, PERKS K. Digital buying behavior: the role of regulatory fit and self-construal in online luxury goods purchase intentions[J]. *Psychology & Marketing*, 2020, 37(1): 15-26.

[23] FIELD A. Discovering statistics using IBM SPSS statistics[M]. 5 ed.Sage, 2018.

[24] FIORILLO C D. Two dimensions of value: dopamine neurons represent reward but not aversiveness[J]. *Science*, 2013, 341: 546-549.

[25] FREITAS A L, HIGGINS E T. Enjoying goal-directed action: the role of regulatory fit[J]. *Psychological science*, 2002, 13(1): 1-6.

[26] FRIEDMAN R S, FöRSTER J. The effects of promotion and prevention cues on creativity [J]. *Journal of personality and social psychology*, 2001, 81(6): 1001-1013.

[27] GARAY L. ♯Visitspain. Breaking down affective and cognitive attributes in the social media construction of the tourist destination image[J]. *Tourism Management Perspectives*, 2019, 32: 100560.

[28] GIBSON B. Can evaluative conditioning change attitudes toward mature brands? New evidence from the implicit association test[J]. *Journal of Consumer Research*, 2008, 35: 178-188.

[29] GOODWIN C J. Research in psychology: methods and design[M]. John Wiley & Sons., 2009.

[30] GREENWALD A G, FARNHAM S D. Using the Implicit Association Test to measure self-esteem and self-concept[J]. *Journal of Personality and Social Psychology*, 2000, 79: 1022-1038.

[31] GREENWALD A G, NOSEK B A, BANAJI M R. Understanding and using the implicit association test: I. An improved scoring algorithm[J]. *Journal of Personality and Social Psychology*, 2003, 85(2): 197-216.

[32] HAN N R, BAEK T H, YOON S, et al. Is that coffee mug smiling at me? How anthropomorphism impacts the effectiveness of desirability vs. feasibility appeals in sustainability advertising[J]. *Journal of Retailing and Consumer Services*, 2019, 51: 352-361.

[33] HAWS K L, DHOLAKIA U M, BEARDEN W O. An assessment of chronic regulatory focus measures[J]. *Journal of Marketing Research*, 2010 47: 967-982.

[34] HAYES A F. Introduction to mediation, moderation, and conditional process analysis: a regression-based approach[M]. Guilford publications, 2017.

[35] HIGGINS E T. Beyond pleasure and pain[J]. *The American psy-*

*chologist*, 1997, 52(1): 280-300.

[36]HIGGINS E T. Making a good decision: value from fit[J]. *American Psychologist*, 2000, 55(11): 1217-1233.

[37] HIGGINS E T, FRIEDMAN R S, HARLOW R E, et al. Achievement orientations from subjective histories of success: promotion pride versus prevention pride[J]. *European Journal of Social Psychology*, 2001, 31(1): 3-23.

[38] HOLLAND R W, HENDRIKS M, AARTS H. Smells like clean spirit nonconscious effects of scent on cognition and behavior[J]. *Psychological Science*, 2005, 16(9): 689-693.

[39] HONG J, CHANG H H. "I" follow my heart and "We" rely on reasons: the impact of self-construal on reliance on feelings versus reasons in decision making[J]. *Journal of Consumer Research*, 2015, 41(6): 1392-1411.

[40] HONG J, LEE A Y. Be fit and be strong: mastering self-regulation through regulatory fit[J]. *Journal of Consumer Research*, 2008, 34 (5): 682-695.

[41] HOWELL G T, LACROIX G L. Decomposing interactions using GLM in combination with the COMPARE, LMATRIX and MMATRIX subcommands in SPSS[J]. *Tutorials in Quantitative Methods for Psychology*, 2012, 8: 1-22.

[42] HUTTON S B, NOLTE S. The effect of gaze cues on attention to print advertisements[M]. Applied Cognitive Psychology, 2011: 887-892.

[43] JANG S C S, LIPING C. Travel motivations and destination choice: a study of British outbound market[J]. *Journal of Travel and Tourism Marketing*, 2002, 13: 111-133.

[44] JUDD C M, KENNY D A, MCCLELLAND G H. Estimating and testing mediation and moderation in within-subject designs [J]. *Psychological methods*, 2001, 6(2): 115.

[45] KANTOWITZ B, ROEDIGER III H, ELMES D. Experimental psychology[M]. Cengage Learning, 2014.

[46] KAZAKOVA S, CAUBERGHE V, HUDDERS L, et al. The impact of media multitasking on the cognitive and attitudinal responses to tele-

vision commercials: the moderating role of type of advertising appeal[J].
*Journal of Advertising*, 2016, 45: 403-416.

[47] KEES J, BURTON S, TANGARI A H. The impact of regulatory
focus, temporal orientation, and fit on consumer responses to health-related
advertising[J]. *Journal of Advertising*, 2010, 39(1): 19-34.

[48] KIM D H, SUNG Y, DRUMWRIGHT M. "Where I come from"
determines, "how I construe my future": the fit effect of culture, temporal
distance, and construal level[J]. *International Journal of Advertising*,
2018, 37: 270-288.

[49] KIM H, RAO A R, LEE A Y. It's time to vote: the effect of
matching message orientation and temporal frame on political persuasion[J].
*Journal of Consumer Research*, 2009, 35: 877-889.

[50] KIM S, HALEY E, KOO G-Y. Comparison of the paths from
consumer involvement types to ad responses between corporate advertising
and product advertising[J].*Journal of Advertising*, 2009, 38(3): 67-80.

[51] KIM S, YOON Y. The hierarchical effects of affective and cogni-
tive components on tourism destination image[J]. *Journal of Travel and
Tourism Marketing*, 2003, 14: 1-22.

[52] KNUTSON B, RICK S, WIMMER G. Neural predictors of pur-
chases[J]. *Neuron*, 2007, 53: 147-156.

[53] KÜHNEN U, HANNOVER B. Assimilation and contrast in social
comparisons as a consequence of self-construal activation[J].*European Jour-
nal of Social Psychology*, 2000, 30: 799-811.

[54] LEE A Y, AAKER J L. Bringing the frame into focus: the influ-
ence of regulatory fit on processing fluency and persuasion[J]. *Journal of
personality and social psychology*, 2004, 86(2): 205.

[55] LEE A Y, KELLER P A, STERNTHAL B. Value from
regulatory construal fit: the persuasive impact of fit between consumer goals
and message concreteness[J].*Journal of Consumer Research*, 2010, 36:
735-747.

[56] LEE K, CHOI J, LI Y J. Regulatory focus as a predictor of atti-
tudes toward partitioned and combined pricing[J]. *Journal of Consumer*

*Psychology*，2014，24(3)：355-362.

[57] LI M，CAI L A，LEHTO X Y，et al. A missing link in understanding revisit intention-the role of motivation and image[J].*Journal of Travel and Tourism Marketing*，2010，27：335-348.

[58] LIBERMAN N，TROPE Y. The role of feasibility and desirability considerations in near and distant future decisions：a test of temporal construal theory[J]. *Journal of personality and social psychology*，1998，75 (1)：5.

[59] LIBERMAN N，TROPE Y. Traversing psychological distance[J]. *Trends in cognitive sciences*，2014，18(7)：1-6.

[60] LIN C H，MORAIS D B，KERSTETTER D L，et al. Examining the role of cognitive and affective image in predicting choice across natural，developed，and theme-park destinations[J]. *Journal of Travel Research*，2007，46：183-194.

[61] LOCKWOOD P，JORDAN C H，KUNDA Z. Motivation by positive or negative role models：regulatory focus determines who will best inspire us [J]. *Journal of personality and social psychology*，2002，83 (4)：854.

[62] MANER J，MILLER S.Submitting to defeat social anxiety，dominance threat，and decrements in testosterone[J]. *Psychological Science*，2008，19：764-768.

[63] MARTIN B A S，GNOTH J，STRONG C. Temporal construal in advertising：The moderating role of temporal orientation and attribute importance[J]. *Journal of Advertising*，2009，38：5-20.

[64] MARTiN H，BOSQUE I A. Exploring the cognitive-affective nature of destination image and the role of psychological factors in its formation[J].*Tourism Management*，2008，29：263-277.

[65] MATHôT S，SIEBOLD A. Large pupils predict goal-driven eye movements[J].*Journal of Experimental Psychology：General*，2015，144：513-521.

[66] MCCLURE S M，LI J，TOMLIN D，et al.Neural correlates of behavioral preference for culturally familiar drinks[J].*Neuron*，2004，44：379-387.

[67] MEYERS-LEVY J, MAHESWARAN D.Exploring message framing outcomes when systematic, heuristic, or both types of processing occur [J].*Journal of Consumer Psychology*, 2004, 14(1-2): 159-167.

[68] MONAHAN L, ROMERO M. Heading the right way? The influence of motion direction in advertising on brand trust[J].*Journal of Advertising*, 2020, 49: 250-269.

[69] MOORE S G, FITZSIMONS G J. Yes, we have no bananas: consumer responses to restoration of freedom[J].*Journal of Consumer Psychology*, 2014, 24(4): 541-548.

[70] NAVE G, NADLER A, DUBOIS D, et al. Single-dose testosterone administration increases men's preference for status goods[J].*Nature Communications*,2018, 9: 1-8.

[71] PARK S-Y, MORTON C R. The role of regulatory focus, social distance, and involvement in anti-high-risk drinking advertising: a construal-level theory perspective[J].*Journal of Advertising*, 2015, 44(4): 338-348.

[72] PAYNE B K, CHENG C M, GOVORUN O, et al. An inkblot for attitudes: affect misattribution as implicit measurement[J]. *Journal of personality and social psychology*, 2005, 89(3): 277-293.

[73] PHAM MICHEL T, AVNET T.Ideals and oughts and the reliance on affect versus substance in persuasion[J].*Journal of Consumer Research*, 2004, 30(4): 503-518.

[74] PODSAKOFF P M, MACKENZIE S B, LEE J-Y, et al. Common method biases in behavioral research: a critical review of the literature and recommended remedies[J].*The Journal of applied psychology*, 2003, 88 (5): 879-903.

[75] POUNDERS K R, LEE S, MACKERT M. Matching temporal frame, self-view, and message frame valence: improving persuasiveness in health communications[J].*Journal of Advertising*, 2015, 44(4): 388-402.

[76] RAGHUBIR P, MORWITZ V G, CHAKRAVARTI A. Spatial categorization and time perception: why does it take less time to get home? [J]. *Journal of Consumer Psychology*, 2011, 21(2): 192-198.

[77] RAYNER K, MILLER B, ROTELLO C M.Eye movements when

looking at print advertisements: the goal of the viewer matters[J]. *Applied Cognitive Psychology*, 2008, 22(5): 697-707.

[78] RAYNER K, ROTELLO C M, STEWART A J, et al. Integrating text and pictorial information: eye movements when looking at print advertisements[J]. *Journal of Experimental Psychology: Applied*, 2001, 7(3): 219.

[79] REINHARD D A, KONRATH S H, LOPEZ W D, et al. Expensive egos: narcissistic males have higher cortisol[J]. *PloS one*, 2012, 7: e30858.

[80] RYOO Y, HYUN N K, SUNG Y.The effect of descriptive norms and construal level on consumers' sustainable behaviors[J]. *Journal of Advertising*, 2017, 46: 536-549.

[81] SAAD G, VONGAS J G. The effect of conspicuous consumption on men's testosterone levels[J].*Organizational Behavior and Human Decision Processes* ,2009, 110: 80-92.

[82] SCHLOSSER A E. The sweet taste of gratitude: feeling grateful increases choice and consumption of sweets[J]. *Journal of Consumer Psychology*, 2015, 25(4): 561-576.

[83] SERFAS B G, BüTTNER O B, FLORACK A. Eyes wide shopped: shopping situations trigger arousal in impulsive buyers[J]. *PloS one*. 2014, 9: e114593.

[84] SMITH R, DAVIS S. The psychologist as detective: an introduction to conducting research in psychology[M]. 5 ed. Upper Saddle River: Pearson Education, 2012.

[85] SPENCER S J, ZANNA M P, FONG G T. Establishing a causal chain: why experiments are often more effective than mediational analyses in examining psychological processes[J]. *Journal of Personality and Social Psychology*, 2005, 89(6): 845-851.

[86] STANOVICH K E. How to think straight about psychology[M]. 10th ed. Boston: Person Education,2013.

[87] STEARNS S C. Some modest advice for graduate students[J]. *Bulletin of the Ecological Society of America* , 1987: 145-150.

[88] STEPHENS R, ATKINS J, KINGSTON A. Swearing as a response to pain[J].*Neuroreport*, 2009, 20(12): 1056-1060.

[89] STYLOS N, ANDRONIKIDIS A. Exploring the cognitive image of a tourism destination[J]. *Tourismos*, 2013, 8: 77-98.

[90] SUN J, KEH H T, LEE A Y.Shaping consumer preference using alignable attributes: the roles of regulatory orientation and construal level [J]. *International Journal of Research in Marketing*, 2019, 36 (1): 151-168.

[91] TANG L R, JANG S S.Information value and destination image: investigating the moderating role of processing fluency[J].*Journal of Hospitality Marketing and Management*, 2014, 23: 790-814.

[92] TROPE Y, LIBERMAN N. Temporal construal and time-dependent changes in preference[J]. *Journal of personality and social psychology*, 2000, 79(6): 876.

[93] TROPE Y, LIBERMAN N. Temporal construal[J].*Psychological Review*, 2003, 110: 403-421.

[94] TROPE Y, LIBERMAN N. Construal-level theory of psychological distance[J]. *Psychological Review*, 2010, 117(2): 440-463.

[95] TROPE Y, LIBERMAN N, WAKSLAK C. Construal levels and psychological distance: Effects on representation, prediction, evaluation, and behavior[J].*Journal of Consumer Psychology*, 2007, 17: 83-95.

[96] USREY B, PALIHAWADANA D, SARIDAKIS C, et al. How downplaying product greenness affects performance evaluations: examining the effects of implicit and explicit green signals in advertising[J].*Journal of Advertising*, 2020, 49(2): 125-40.

[97] UTZ S. Self-activation is a two-edged sword: the effects of I primes on cooperation[J]. *Journal of Experimental Social Psychology*, 2004, 40: 769-776.

[98] VALLACHER R R, WEGNER D M. Levels of personal agency: individual variation in action identification[J].*Journal of Personality and Social psychology*, 1989, 57(4): 660.

[99] VENKATRAMAN V, DIMOKA A, PAVLOU P A, et al. Pre-

dicting advertising success beyond traditional measures: new insights from neurophysiological methods and market response modeling[J]. *Journal of Marketing Research*, 2015, 52: 436-452.

[100] WANG F, FENG Y, WANG Z-J. Inspiring desirability or ensuring feasibility: destination image and psychological distance[J]. *International Journal of Tourism Research*, 2022. https://doi.org/10.1002/jtr.2529.

[101] WANG J, LEE A Y. The role of regulatory focus in preference construction[J]. *Journal of Marketing research*, 2006, 43(1): 28-38.

[102] WANG Y J, MINOR M S. Validity, reliability, and applicability of psychophysiological techniques in marketing research[J]. *Psychology & Marketing*, 2008, 25(2): 197-232.

[103] WHITE K, ARGO J, SENGUPTA J. Dissociative versus associative responses to social identity threat: the role of consumer self-construal [J]. *The Journal of Consumer Research*, 2012, 2: 1-36.

[104] YANG D, LU Y, ZHU W, et al. Going green: how different advertising appeals impact green consumption behavior [J]. *Journal of Business Research*, 2015, 68: 2663-2675.

[105] YANG X, MAO H, JIA L, et al. A sweet romance: divergent effects of romantic stimuli on the consumption of sweets[J]. *Journal of Consumer Research*, 2019, 45(6): 1213-1229.

[106] YI S, BAUMGARTNER H. Regulatory focus and message framing: a test of three accounts [J]. *Motivation and Emotion*, 2009, 33(4): 435-443.

[107] ZHANG H, FU X, CAI L A, et al. Destination image and tourist loyalty: a meta-analysis [J]. *Tourism Management*, 2014, 40: 213-223.

[108] ZHANG Y, FEICK L, PRICE L J. The impact of self-construal on aesthetic preference for angular versus rounded shapes[J]. *Personality and Social Psychology Bulletin*, 2006, 32(6): 794-805.

[109] ZHANG Y, KWAK H, JEONG H, et al. Facing the "right" side? The effect of product facing direction[J]. *Journal of Advertising*,

2019，48：153-166.

[110] ZHANG Z. Monte Carlo based statistical power analysis for mediation models：methods and software[J]. *Behavior research methods*，2014，46(4)：1184-1198.

[111] ZHAO G，PECHMANN C. The impact of regulatory focus on adolescents' response to antismoking advertising campaigns[J].*Journal of Marketing Research*，2007，44(4)：671-687.

# 后　记
## 不识刘阮天台登仙路，惟做满脸油汗笨功夫

　　我写了第一本《实验广告学》，并于 2020 年 6 月出版。后来竟然觉得自己真的还有东西可讲，于 2019 年 8 月第一本书草稿完成之际，突然就冒出来要写第二本《实验广告学》——也就是这一本的想法。这还没完，大概在 2020 年 6 月，第一本书即将出版之际又突然冒出来要写第三本《实验广告学》——对，还有第三本的想法。

　　在写第一本书的时候，我固执地相信，其他社会科学使用的研究方法也应该适用于新闻传播学科，考虑到实验法在研究方法中的根本性地位和在其他学科中成功的范例——例如实验心理学、实验经济学、实验哲学等——那么在新闻传播学研究中，实验法也应该占有这样的根本性地位，乃至衍生出像实验广告学或者实验传播学这样的分支学科。虽然心里很清楚，研究方法应该由一流的研究者来写，容易产生高屋建瓴、茅塞顿开的效果，然而在新闻传播学领域，实在缺乏这样一流的研究者来专门写实验法，那我这样的三流研究者就来凑数。好在，研究方法类似京剧演员的基本功，坐科的学生不必一开始就要跟名角学习，二路角色也能教好基本功。把基本的规范和道理教给初学者，引导他们进入这个领域的同时，如果能够激发他们对这个领域发生兴趣则属额外的收益。

　　在国内新闻传播领域，用实证方法研究广告或新闻传播现象本来就小众，实验法是小众之中的小众，没有多少人关心。对于一般读者来说，更属于屠龙之技。当然，对于要写学位论文的本科生和研究生，如果希望使用实验法做研究，第一本《实验广告学》或许有一点用处。只是第一本书主要关注较宏观的学科确立基础以及实验设计的一般理论，还不够细致，不具操作化，初学者单凭阅读那本书并不能真的做出实验来。还需要一本类似《摩托车维修指南》一类的手册来手把手地教初学者如何做实验，把实验设

计从头至尾、事无巨细地写清楚,这也正是本书《实验广告学——操作指南》的初衷。

　　第一本书写作过程是一个笃信实验法在新闻传播研究中价值的过程。然而,这本书的写作过程,则是对用实验法研究新闻传播学现象价值产生怀疑的过程。怀疑最初来自对具体实验设计适用性的焦虑——包含广告在内的各类信息传播现象,如气象上的云团,对于个人和社会的影响往往是滞后而缓慢、长期的,当然也是复杂而不确定的。本书包含的设计,解决的往往是即时的、个人层面的效果问题,对于信息传播的长期效果或社会层面的效果则没有涉及。信息传播活动甚至早已超出了个人乃至组织的掌控范围,许多活动就这样自然而然地发生了,累积了大量原始材料。对于这类更广泛存在的现象,或许交叉滞后分析和中断时间序列设计等手段更有价值。而本书阐述重点放在了被试间设计和重复测量设计中,是否有避重就轻之嫌?

　　怀疑进而扩展到使用量化研究方法探讨新闻传播现象是否有必要。作为新闻传播学的门外汉,虽然接触这个学科10年之久,但仍然是雾里看花,对其没有一个清晰的认识。一直以来,令我最为困惑和好奇的是,为什么在这个学科中是业界在引导乃至教导学界,而不是像其他学科那样相反?为什么新闻传播史类在该学科中占有重要地位?也正是这本书的写作过程让我顿悟,深刻理解了从事新闻传播学教育的人所说的这句话:新闻传播学是一门实用性、应用性极强的学科。活跃于业界者总是处在实践活动的第一线,在某种意义上,他们以及组织的实践活动创造了现在的乃至未来的研究对象,而他们也从实践活动中获得了第一手鲜活经验,业界的人才是冲在新闻传播学科前沿的人。这或许就是业界能够引导乃至教育学界的重要原因。当然,过去的人和组织的信息传播实践活动也构成了这门学科的重要研究对象,因而寻找、挖掘、记录、梳理这类事件活动显得更有意义。这也是新闻传播史、广告史在这个学科中的地位如此重要的原因。因此,新闻传播学科关键在于实践,使用某些质性研究方法对新闻传播学现象进行一般描述性的研究,似乎已经足够了。另外,也许是我的偏见与误解,新闻传播学实践中所使用的理论往往来自其他基础学科,本学科似乎没有什么原生性抽象理论,而且似乎也没有必要构建独立的抽象理论。以实验法为代表的量化研究方法的确是构建抽象理论的强大工具,然而，如果一个学科没有抽象理论需要构建，实验法还有提倡的必要吗？强行引入实验法，这不正应了在其他地方丢了钥匙，却因为路灯下比较亮而只在路灯下寻找的笑话吗？

然而，把新闻传播学与经济学进行粗浅的类比，又让我消除了上述怀疑与偏见，在很大程度上恢复了引入实验法的信心，甚至勃发出雄心。经济学，同样是一门实践性、应用性很强的学科，但几乎没有人否认，经济学发展出了独特的理论。在经济学中，经济史和经济思想史的确是其重要分支，但并不妨碍其分裂、演变出诸多分支学科，每个分支学科都有独特的研究方法和对象，并发展出影响广泛的理论。依照我粗浅的理解，所谓经济学就是研究资源如何有效率地分配的问题。同样粗浅的理解，新闻传播学就是研究信息如何传播扩散的种种问题。经济学蓬勃发展，可能由于资源分配是人与社会需要面对的最重要的根本性问题，因而吸引了大量的智慧头脑参与其中。经过了农业革命、工业革命到现在的信息革命，人类基本生存保障似乎已经解决，而信息技术发展或许会使得信息传播、扩散问题成为与一般资源分配同等重要的问题。那么，承担如此重任的新闻传播学学科的未来发展，可能有赖于统计学、计算机学、信息学、社会学、心理学等各类视角和方法的交叉融合，从而发展出自己的原生理论。虽然长期来看，以计算机科学为主导的数据挖掘可能会成为新闻传播学学科的主流研究手段，但就像经济学中发展出实验经济学，实验法在未来的新闻传播学研究中占有一席之地也是可能的。有这样的需求和前景，强调实验法在新闻传播学中的地位也不为过。

尽管自2004年考入中国科学院心理研究所，接触和使用社会科学中的实验法大概有17年了，但惭愧的是，我至今也没有做几个拿得出手的实验，更没有一篇特别满意的论文，有虽老于年，未老于行之憾。我也了解自己的局限，所做研究"老实得像火腿一样"，尽是些满脸油汗的笨功夫，没有什么高超的路径，没有能够让初学者乍看之下，就能醍醐灌顶、顿悟得道的妙法窍门。这本书的写作，更像是教一门手艺，只是讲了要怎么做，不应该怎么做，但很少能讲到为什么要这样或者不这样做，哪种路径才是最好的策略。当然，本书目的仅仅是帮助那些做学位论文研究的学生规范化他们的研究，或者提供哪怕一点点信息，只要帮到为数不多处于迷茫之中的新手，也不枉这断断续续近一年的时间写作。然而，我又担心自己远离新手的经验太久,已经忘记了新手对哪些部分存在困惑,在哪些部分更容易出错。或许没有用处的部分啰里啰唆,而对新手有用的部分却被忽视了。我总疑心自己把过多的精力投入了细枝末节上,比如权重系数矩阵的算法、某些参数的含义和计算方式。这些内容在实验设计和数据处理中,一般不需要理会其内涵,只要能操作软件、获得结果、解读结果就够了。然而,这类东西一旦需要了解内涵,就很难找到相关信息,许多教科书默认大家都懂,一般情况下不会详细讲。而在本书中,不厌其烦地介绍了这些内容。当然,要让别人明白,自己要彻底明白,我已经非常努力想让自己了解每种方法和参数的意义。饶是如此,还有很多没有弄明白,尤其是数学推理部分,完全是知其然,不知其所以然。不过,如果我能弄明白这些复杂的数学推理,当年也不必改行,到现在说不定是位物理学教授,而不是广告学教授。

　　希望这本书不只是我个人职业发展的敲门砖,更是能真正成为广告学乃至新闻传播学学科研究方法发展的铺路石。当然,这样的愿望也是奢侈的,最老实的愿望就是能为初学者提供一点有用的技术或解答。

　　还是以一则故事结束这篇后记。这是一篇《阅微草堂笔记·滦阳消夏录三》中的短文,初读即印象深刻,三遍成诵。时不时拿出来提醒自己。

　　"一寺藏经阁上有狐居,诸僧多栖止阁下。一日,天酷暑,有打包僧厌其嚣杂,径移坐具住阁上。诸僧忽闻梁上狐语曰:'大众且各归房,我眷属不少,将移住阁下'。僧问:'久居阁上,何忽又欲据此?'曰:'和尚在彼。'问:'汝避和尚耶?'曰:'和尚佛子,安敢不避?'又问:'我辈非和尚耶?'狐不答。固问之,曰:'汝辈自以为和尚,我复何言!'"

王霏

于厦门

**2021 年 10 月 10 日**